吉永進一セレクション

Yoshinaga Shin'ichi Selections

第一巻

栗田英彦編

霊的近代の興隆

霊術・民間精神療法

吉永進一

国書刊行会

はじめに

栗田英彦

本書『吉永進一セレクション』第一巻は、「霊術・民間精神療法」に関連する主要な論考をまとめた選集である。

著者の吉永進一先生は、二〇二二年三月に亡くなられた（ここでは師への礼を執って先生と呼称することをお許しいただきたい）。広く人文学の諸領域において近代オカルティズム史・霊性思想史に注目が集まっている昨今、吉永先生の研究は分野を超えて脚光を浴び、さらに発展していくだろうと、多くの研究者が期待していた最中である。例えば、近代仏教史では、吉永先生は「いま目の前に広がる近代仏教研究の新たな波の、象徴的な人物」とまで評価されていた。[1] そうした目に見える研究業績だけではない。吉永先生は、研究会やワークショップの開催による国内外に跨る研究ネットワークの構築に水面下で非常に大きな貢献をしており、その分け隔てのない人柄から多くの（特に下の世代の）研究者から慕われ、複数の共同研究の中心的結節点としてもなくてはならない人であった。

追随を許さない該博な知識、独自の視点からのインスパイアに富むコメント、そして軽妙かつ真摯な研究姿勢は、こうした研究交流を通じて大学内外の多くの知の生産者に感化を及ぼし続けていたのである。

こうした状況のなかで、その早すぎる死を惜しむ声が後を絶たなかったのは、けだし当然であろう。亡くなって一か月もたたないうちに選集の企画が立ち上がったのも、そういった声に後押しされてのことだったと思われる。

霊術・民間精神療法は、そのような吉永先生の研究の中核にあった主題である。一九七九年の論文「心霊学と霊術家」（『ピラミッドの友』三号、色神博士名義）から二〇一二年の論文集『日本心霊学会」研究』（人文書院）へ寄稿予定だった「木原鬼仏から渡辺藤交への術の系譜」についての新稿まで[2]、すなわち学部生の頃からまさしく最晩年まで、生涯を通じて探求され続けたテーマであった。

戦前日本で「精神療法」と呼ばれた一群の治療法は、現在の意味のそれとは異なり、「暗示、気合、お手当、霊動（身体の自動運動）などによる奇跡的な治病、精神力の効果を証明するための鉄火術（灼熱の鉄棒を握る術）や刀渡り術（真剣の上に立つ術）といった見世物的な危険術、さらにはテレパシーなどの超心理現象なども、そうした療法家のレパートリーとなって[3]」おり、別名「霊術」とも呼ばれていた。霊術・民間精神療法と混同されやすい隣接領域には、心霊主義《スピリチュアリズム》（心霊術・交霊術）や心霊研究《サイキカル・リサーチ》（心霊現象研究）がある。心霊主義とは、霊媒を通じて死者霊と交流することを目的とする実践と思想、およびその潮流である。日本では浅野和三郎の心霊科学研究会が著名だろう。現象的には重なりつつも、人格霊を重視する心霊主義に対して、精神力や霊的エネルギーを重視して人格的霊魂観をほとんど採用しない民間精神療法というように、解釈において大きな違いがあることに注意されたい。心霊研究とは、心霊主義や霊術的な超心理現象を検証する実験や調査のことである。懐疑的・否定的なものから肯定的なものまで調査者の立場はさまざまであるが、心霊研究は基本的に調査研究であり、プラクティカルな霊術や心霊主義とは志向において異なる。ただし、心霊研究で集められた事例や心霊研究家が構築した理論が、霊術・民間精神療法に採用されるということは頻繁にあるし、実験目的として交霊会（霊媒を通じて死者霊と交流する心霊主義の会合）を心霊研究会の主催で行うこともある。これらは、本書を通じても示されるように実際には相互に関係し、渾然一体となって近代霊性思想史を彩っているのだが、ひとまず基本的な語彙の意味を共有することで本書でメインに扱う主題を明確にしておく。

ともあれ、霊術・民間精神療法は明治末から昭和初期に大流行し、霊術家名鑑『霊術と霊術家』（二松堂書店、一九二八年）によれば、治療家の数は三万人とも言われていた。今ではほとんど忘れられているが、その潜在的影響力は現在にも及んでいる。二〇〇〇年代以降、吉永先生はこの一群の療法運動を研究領域として確立することに尽力してこられた。霊術・民間精神療法史研究の学術的意義については本書の「編者解説」で詳述するが、ここではひとまず、それが吉永先生の代名詞的な研究主題であったことを確認しておきたい。本書は、その研究の軌跡を辿るうえで欠かせない諸論考が収められている。

本書に収められた論文の初出は、一九八〇年から二〇一六年に及んでいる。内容に沿って章立てを行ったため、必ずしも全体として時系列に並べられているわけではないが、第一部は一九九〇年代、第二部以降はおおむね二〇〇〇年代以降の論文で構成されており、また各部のなかでは時系列になっている。

第一部「魅する《メスメリック》電磁気流体と近代日本」では、科学と宗教のはざまに生み出され続ける流体説の変遷と拡散を描写した論考を収録した。第一章「「電気的」身体——精妙な流体概念について」では、デカルトの心身問題から稿を起こし、それを解決すべく提出された「精妙な流体」概念の変遷を辿り、エーテル説、動物磁気説（メスメリズム）、電気説、ドイツ・ロマン主義自然哲学を経て、一九世紀アメリカのメスメリスト、ジョン・ブーヴィー・ドッズに及んでいる。第二章「動物磁気からサブリミナルへ——メスメリズムの思想史」は、流体論の歴史がさらに探求され、心理学にも影響を与えたフレデリック・マイヤーズの潜在意識論に至る軌跡を描いている。第三章「呼吸法とオーラ——オカルト心身論の行方」では、こうした歴史を踏まえながら、その日本への導入を論じたものである。第一部の諸章は、二〇〇〇年代以降の霊術・民間精神療法史研究のジャンルとしての確立を準備しつつ、その研究対象が流体説をめぐるグローバルな思想史に位置づけられることを示したものと言える。

第二部「民間精神療法の諸相」は、まさに霊術・民間精神療法史研究の確立を目指した論考群である。先述のように第二部以降は二〇〇〇年代以降の論文で占められるが、唯一の例外が一九八〇年初出の第四章「霊と熱狂——日本スピリチュアリズム史序説」である。この論考からは、吉永先生の霊術・民間精神療法への関心が学部生時代にまでさかのぼることが確認できるとともに、そのテーマが心霊主義、心霊研究、神智学、近代仏教と重なりあっていることが見て取れる。後の吉永先生の諸研究の萌芽が出そろっているという点でも注目すべきだろう。第五章「原坦山の心理学的禅——その思想と歴史的影響」は、民間精神療法の先駆者ともいうべき原坦山による耳根円通法の系譜をたどるものである。原坦山は近代仏教史でも重要な人物の一人であり、仏教と霊術の境界が現在のように明確なものではなく、しかし、それは伝統的な心身観や療法観を単に背負っているからではなく、むしろ近代的心身観を受容したうえでの仏教改革の一つであったことがクリアに論証されている。第六章「精神の力——民間精神療法の思想」は、明治期の民間精神療法史における最重要人物とも言える桑原俊郎に至る思想的・技法的系譜の記述を軸に、伝統的な憑物祓いから精神療法に転向した永井霊洋を分析して民間精神療法思想の特徴を析出し、さらに先述のジョン・ブーヴィー・ドッズとの国際比較まで射程に収めた密度の濃い論考である。「民間精神療法」という概念を副題に冠しており、ジャンル確立への意欲が公になった点でも特筆される。第七章「民間精神療法の心身＝宇宙観」は、明治から昭和初期までの霊術・民間精神療法史の概観になっており、吉永先生の民間精神療法史の構想が形成されつつあることが窺える。以上の第二部は、霊術・民間精神療法史の総論とも言うべき位置づけである。

続く第三部「田中守平と太霊道の時代」は、霊術・民間精神療法の各論として、大正期に最もよく知られた霊術団体である太霊道を取り上げている。第八章「太霊と国家——太霊道における国家観の意味」では、太霊道の教義とその創始者の田中守平の経歴を記述しながら、その政治的側面を明らかにした点で重要な論文である。第九章「太霊道と精神療法の変容——田中守平から桑田欣児へ」では、太霊道に加えて、太霊道出身の霊術家・桑田欣児の帝国心霊研究会を扱った点で注目すべきである。貴重資料を駆使して、従来知られていなかった桑田欣児の活動が明らかにされただけでなく、地方における霊術家の現実が浮き彫りにされた点で、一つの社会史もしくはライフヒストリー研究の趣もある。

最後に第四部「大正期のカルト的場」では、第一〇章「大川周明、ポール・リシャール、ミラ・リシャール——ある邂逅」および第一一章「大正期大本教の宗教的場——出口王仁三郎、浅野和三郎、宗教的遍歴者たち」を収録し、霊術・民間精神療法の越境的な広がりを確認することができるようにした。前者では、アジア主義の政治活動家として知られる大川周明が、道会やリシャール夫妻との交流を通じて、霊術を含む霊性運動の思想圏と深く関わっていたことを論じたものである。後者は、従来は民衆宗教あるいは新宗教とみなされてきた神道系教団「大本教」に対して、霊術・民間精神療法を含む近代霊性思想との関わりから新たな光を当てた論文である。〃政治思想〃家や〃民衆宗教〃運動を、従来では無視あるいは軽視されてきた側面から見ることで、「政治」「民衆」「宗教」

というカテゴリーを揺るがし、新たな歴史と実践の系譜を探り出すものであり、まさに霊術・民間精神療法史というジャンルの持つ戦略的かつ学術的な意義がいかんなく発揮された論考群である。

以上の四部に渡る諸章は、吉永先生の研究遍歴を知ることができるだけでなく、今もって新たな学びを得ることができる貴重な情報や啓発的な視点に富む。ここで示された主題は、先述のように人文学の広い関心となりつつあるだけでなく、コロナ禍を経て、昨今のスピリチュアリティの政治化や陰謀論の前景化、あるいは宗教と政治と科学の関わりが問い直されるという状況において、改めて広く読み直される価値があると言えるだろう。

霊的近代の興隆——霊術・民間精神療法

§目次§

Ⅳ　大正期のカルト的場

凡例

一、誤植や明らかな間違いなどは訂正し、さらに、意味を明瞭にするために句点を整えたり、改行をほどこすなどの編集をおこなった。

一、表記の不統一や不整合については、はなはだしい場合を除き、原文を尊重してそのままとした。

一、欧米の人名のカタカナ表記は、基本的に『リーダーズ英和辞典』（研究社）及び『リーダーズ・プラス』（研究社）に準拠して統一した。ただし、両辞典に立項されていないものについては、その限りでないし、著者の表記法を残した場合もある。

一、各論文名は基本的に初出のままであるが、本セレクション全体の体裁を統一するために、見出しを新たに加えたり副題を付けるなどした。

一、引用文は、欧語文献と邦語文献の双方において、可能な限り原典と照合し修訂した。

一、引用文が旧漢字・旧仮名づかいの場合は、著者の方針にしたがって、常用漢字・新かなづかいに改めた。

一、初出時の本文における（ ）に入った長い註記は、本セレクションの体裁を整えるために、巻末註に移動した。

一、〔 〕は、編者が不明瞭な文意を補ったり簡潔な註を付けたりするのに用いた。
一、和暦には（　）内に西暦を補った。
一、書誌情報や出典は、可能な限り補った。
一、初出時に挿入されていた図版は基本的に収録しなかった。

霊的近代の興隆——霊術・民間精神療法

I

魅《メスメリック》する電磁気流体と近代日本

第一章　「電気的」身体——精妙な流体概念について

「電気は、他のいかなる獣類におけるよりもいっそう変化ある組合せによって、人間にあらわれてはいないだろうか」

オノレ・ド・バルザック（1）

序

かつて電気は驚異であった。遍在する潜在力であり、いかなる物質よりも微細な流体であり、あるロマン主義者にとっては、精神と物質、神と世界を媒介する存在でさえあった。いや、それほどロマンチックでもない技術者にとってもそうであった。例えば、十九世紀中葉、電信について書かれた技術史の本には次のような一節がある。

いかなる現代科学の驚異的な成果と比べても、電信はずばぬけて偉大であり人類に貢献するものである。それは永遠の奇跡であり、いかに馴れ親しもうと陳腐なものになることはない。（中略）今まで不可能だった、すぐれて精神的《スピリチュアル》な目的を達成するためにほかならない。物質の変形や移動ではなく思考の伝達であり、これを行うために用いられている媒体は、本性があまりに精妙なので物質的力というよりは精神的力と呼ぶのがふさわしい。電気の強大な力は、あらゆる形態の物質や地中、空中、水中に潜在的に存在していて、宇宙のあらゆる場所あらゆる粒子に満ち溢れ、創造力を思うままにしながらも、不可視であまりに精妙なので分析できない(2)。

電信という新発明がどれほど素晴らしいものだったかを考えれば、電信への誇大な賞賛ぶりは理解できる。しかし後半の魔術的とも言える「電気」観は何なのだろうか。

当時、電磁気学はいまだ発展途上にあり、実のところ、この引用文に見られるような機械論的というより生気論的な「電気」理解はさほど異端的な考えではなかった。歴史的に見れば科学的「電気」概念も、古代からあった「精気」や「火」といった自然哲学の概念の上に構築されたものであり、その概念自体にもどこかしら魔術的な香りが残っていたのである。その上、十八世紀後半から十九世紀半ばにかけて自然科学の外でも、メスメリスト、ロマン主義自然哲学者、スピリチュアリストなどが電気の概念を利用したために、電気という言葉は再び古代的な生気を取り戻していた。とりわけ興味深いのは、電気的な身体論であろう。というのも、それはデカルトの心身二元論によって機械化された「精妙な流体」概念を再び精神と物質の間に置くことで世界を再神話化したとも言えるからである。

ともかく、こうした生気論的な「電気」概念や、とりわけその生理学的な側面は、二十世紀の電磁気学への進歩として描かれる科学的な電気技術史の話題となることはなかった。ただアメリカの少数の研究家が文学や社会史の問題としているに過ぎない(3)。本論文は、デカルトの動物精気論、十八世紀の電磁気学と動物磁気説、そして十九世紀アメリカのメスメリストを材料として、この概念の歴史と広がりの骨格を示したいと思う。

なお言うまでもないが、本論文は科学的電気理解の歴史ではないことをご了承願いたい。

1　動物精気という流体

自然哲学者から機械論的デカルトへ――機械化する精気

古代からルネサンスまでの自然哲学者が、磁力や静電気現象などの引力や斥力を説明するのに「隠れた性質」という言葉に頼らざるをえなかったように、説明不能な現象を説明するために不可視の存在を想定することは珍しくない。とりわけ生命と非生命の区別や精神と身体との関係という、解剖学的に説明できない問題については、物質を超えた何かをそこに考えてきた。

霊魂と身体の間に「内なるプネウマ」を想定したのはアリストテレスであり、霊魂精気（spiritus

animales）となるものを想定したのはローマ時代の医師で長く西洋医学の古典とされたガレノスである。アリストテレスの場合は、運動の源はすべて霊魂にあり身体はいわば操り人形のような受動的な存在とされたが、ガレノスの場合には、霊魂精気それ自体に生気があり筋肉を収縮させるなどの緊張作用を持つものとされた。いずれにしてもプネウマ（風）、スピリトゥス（呼吸）という言葉から分かるように、呼吸作用という実際の現象に生命の秘密を見ていたのである。

こうした「精気」のような「精妙な流体」の意義について、ロジャー・K・フレンチは次のように指摘している。

> 目的を持った随意的な運動は、人間の理性を備えた霊魂から生ずるものと一般に考えられていたが、この霊魂はまた非物質的で不死のもので、この二点で身体と異なるものと広く考えられていた。それでは、どうやって非物質的霊魂が物質に運動を起こすことができるのか。一つの回答は、非常に精妙なために霊魂の非物質性にも身体の物質性にもかかわる流体を措定することである。(4)

しかし、精神対身体という断絶がはっきりと問題意識に上るようになったのはデカルトからであろう。周知のようにデカルトは、「霊魂」（精神）を縦横高さの延長の無い実体であるとして、延長のある実体の「物質」と対置させた。原子論者でもあったデカルトは、すべての物質は粒子から成り、その粒子はつねに渦巻き運動を続けていると考えた。しかも空間にも延長がある以上、何も存在しない空間はありえない。ということは、一見何も無いように見える空間も渦巻く微小な粒子で構成されるエーテルで満たされていて、このエーテルがさまざまな力の媒体となっている。しかし、こうした粒子自体には運動を生み出す力はなく、すべての運動は神に由来する。

> 神は、はじめに物質を、運動および静止とともに創造したのであり、いまもなお、そのとき物質全体のうちに設けたのと同じだけの量の運動と静止を、みずからの通常の協力のみによって、保存しているのである。[5]

神がある粒子を動かすことで、次から次へと連鎖的に運動が広がっていく。もちろん身体も物質でできている以上、この粒子の連鎖的作用の中で動いているだけであって、アリストテレスのように霊魂が原動力となっているわけではないし、逆に物質自体が運動を発生させることもない。そこが彼の生理学の特徴である。

ガレノスと同じ spiritus animales という語を用いながら、エーテル粒子と同様に、デカルトは根本的な修正を加えている（デカルトの場合は動物精気と訳す）。これは血液の微細な部分で心臓で熱せられて脳に入ったものを言うが、「微細な空気または風」[6]とも言われ、「松明からでる焔の粒子と同様、きわめて微小できわめて速く動く物体であるという以上に、なんら他の特性をもっていない」[7]ものであるという。つまりガレノスの精気自体にあった自発的活動性はデカルトの精気にはない。

この精気は、神経繊維の中の空間を通って筋肉に運ばれる。神経から伝わった微小な精気の変化がどうして大きな四肢の運動に変わるのかについてデカルトは巧妙な説明を与えている。つまり筋肉はつねに二つ対抗しあっていて、それが釣り合っているときには運動は起こらないのだが、内部では精気がきわめて速く運動している。筋肉間には精気の移動を可能にする穴があって、この穴は精気量に僅かでも差ができると、その差を拡大するように精気の流れに対し選択的に働く。そのためにほんの僅かな精気の動きでも四肢を動かすには充分なのである。(8)一方、脳はいくつもの神経管がつながった精気のつまった空室である。感覚器官からは神経管の中の精気を通じて感覚刺激が伝えられ、その結果運動神経の管の孔の大きさが変化することで精気の量が変化し筋肉が動く。身体と脳を精気を媒体とする一種の水力学的な自動機械と見なしたことで、不随意運動の問題は解決される。

われわれの意志があずかることなしにわれわれのなすあらゆる運動（中略）はわれわれの身体の構造と動物精気の流れ方（中略）とにのみ依存する。それは、時計の運動が、ただのゼンマイの力と、その多くの車輪の形とによって、生ずるのと同様である。(9)

デカルト以前は、不随意運動の存在が医学の大きな謎の一つだった。霊魂が身体の原動力となっているのなら、なぜ内臓の運動などの不随意運動は意識されないのか。デカルトの体系ではそうした問題は解決されたが、随意運動の側に問題が残った。延長のない精神がどうして延長のある身体を動かすことができるのか。デカルトは、脳を前後二室に分ける関門に位置する松果腺に注目し、精神はこの部分をわずかに動かすことで脳全体を統御していると述べている。筋肉を微細な精気の動きが支配し、その精気の動きをさらに微細な松果腺の動きが支配するという、いかにもアドホックな説明は、その説得力を「微細」という言葉の連想にのみに頼っているように見える。

とはいえ、確かに「精神」は内省的には一個の実体として感じられながら物理的に発見できるものではない。それでも、デカルト自身も認めているように、その精神が物質的身体と合一しているのも事実である。精神対物質という問題設定においてはデカルトはこのうえなく正しい。しかしほかの問題設定も可能ではなかろうか。

パラケルスス主義者——星辰的身体から化学的生理学へ

デカルトは、それまでのアリストテレス自然学で原因不明の現象に対して使われていた「隠れた性質」という暗蒙な概念を排除し、明晰な機械論的体系を打ち立て、これが大陸の自然科学に大きな影響力を及ぼしたのは言うまでもない。しかし、むしろ「隠れた性質」を問題とし後の化学につながる系譜も存在していた。スイス生まれの医師でガレノスを批判した西洋医学の改革者として有名なパラケルススを祖とする流れである。

パラケルススの人間論では、人間の身体は土と水に分解する「元素的身体」と、太陽の光のように微細で空気と光に分解する不可視の「星辰的身体」と、神の閃光であり不滅の「光の体」の三者から成る[10]。星辰的身体は「生命の運動をかの身体にもたらすべく働く[11]」生命原理であると同時に、天空の影響を受けて「知恵と芸術と理性[12]」という高次の精神生活をもたらすとされる。精神作用と身体性や物質性が不可分に結びついた彼の身体論は、主観＝精神／客観＝身体という二分とは根本的にまったく別個の視点を提供している。

無論、この星辰的身体説はその後科学史から表面的には姿を消し神秘家たちの好んで使う用語となっていくが、身体に不可視の生命原理が隠されているという基本的な考え方は、ベルギーの医師ファン・ヘルモントを経て、イギリスの医師で自然哲学者のトーマス・ウィリスという経験科学的な方向をとったパラケルスス主義者に引き継がれ化学的生理学を生み出すことになる[13]。

デカルトより一世代後の人間で十七世紀半ばすぎまで活躍したウィリスの場合、もはやパラケルススのような魔術的な身体説はとれない。「精妙な流体」は神経流体に同定され、デカルトと同様、血液から精製された粒子からなるとされる。しかしウィリスの精気は単に受動的な粒子ではない。科学史家ジョルジュ・カンギレムは、次のようにデカルトとウィリスの「精気」説を比較している。神経管内を通る流体という点は両者変わらないが「確かにデカルトは、精気は火や炎であると言っている。だがこの火は微細な物体であり、潜在的なエネルギー源ではない。そして炎という語は単なる比喩にしか過ぎない[14]」。しかしウィリスの精気は「光」に通じた性質を持ち、筋肉に達すると爆発を起こし筋収縮を引き起こす。つまり「火になるのを待っている光である」[15]。

それ自体に活動性があるか否かはどうあれ、十八世紀に入ると研究者たちは神経管を流れているはずの「精妙な流体」の正体に関してさまざまな意見を提出する。フレンチはそれを、古典的な動物運動論、電気、熱、デカルトの「微細な物質」、ニュートンのエーテルの五つに分類している[16]。

とりわけ、ウィリスのように、なんらかの熱や火によって、火、エーテル、熱、光などから動物の生命を統一的に説明しようという野心的な主張が多く出された。例えばスコットランドではある学者が動物の熱が神経内のエーテル流体に支配されると主張したために論争を呼び、ある学生は神経内のエーテルとニュートンのエーテルを同一視したためにある学者から批判を浴びている[17]。実際、十八世紀は、そうした自然界に隠れた一般的力に関する思弁的な主張が盛んに発表され、経験的知識より体系的知識がもてはやされた時代であった。そのことは次に見ることにしよう。

2　電気と動物磁気

十八世紀の電気学略史

電気現象の最初のイメージは風だった。電気は古くから発見されていたが摩擦による静電気の引力という形で知られていたためである。計ることのできないほど軽い元素（「不可秤量物」［effluvium］）である物体内の「電気素」が摩擦熱によって周囲に発散し、回りに電気の大気圏（atmosphere）を形成するとされていた。十八世紀に入っても電気を脈動する大気と考えた理論家グラヴェサンデの「不可秤量物の風」(effluvium wind)説がしばらく流行した。しかし十八世紀の電気理論と技術の発展は急速である。まず簡単に電気学史を追ってみることにしよう。

一七三〇年代に電気火花と電気ショックが発見されて、火や光と電気が結びつけて論じられるようになった。二種の電気を発見したフランス人実験家デュフェイは電気素説に基づいてこう述べている。

すべての物質は(中略)その物質が気化した「大気圏」に包まれている。電光の物質は(中略)生物や金属体の大気の中にある物質と結合して、「本当の感じられる」火へと変化するのである。(18)

あるいは同じく二流体説を主張したジャン・アソトワーヌ・ノレは、電気物質は元素の火と粗雑な物質が結合したものだと主張した。二つの流体がぶつかり合うことで粗雑な物質をはぎ取り、元素の火をむき出しにし、熱と火をもたらすのである。(19) 電気が空気から「隠れた火」へとイメージを変えた影響は後述する。

一七四〇年代には早くも電気火花とショックが見せ物と病気治療に用いられるようになっていた。ノレは毛細管現象を電気が促進するのを見て、生体内の血液循環も促進されて病原が除かれると述べ、イタリアのある弁護士は電気を通じさせることで薬剤などを微細な形で体内に注入できると考え実験を繰り返していた[20]。

そして世紀の半ばにはベンジャミン・フランクリンによって一流体説が主張され、大気電流の存在が世に広く知られるようになる。十八世紀末にはガルヴァーニが蛙の痙攣から生体内の生命電気を発見し「動物電気」と名づけた。これは一時熱狂的に受け入れられ、後にヴォルタによってその間違いは訂正され〔たが〕、電気＝生命エネルギーというイメージを定着させた。

さてこれらの発見の中でも電気療法と大気電気は、同時代の動物磁気説に類似した大気電気の衛生学とでも言えるものを生み出した。現在では忘れ去られたこれらの電気医学のいくつかが科学史家ジェフリー・サットンによって発掘されている。例えば、一七七六年にフランス王立医学会から電気治療の調査を委託されたP・J・C・モーデュイは、フランクリンの説を基に大気電流と健康状態の関係を認める結論を出した。

> 寒さと乾燥は電気を強める。熱と湿気はその勢いを減少させる。器官の周囲を循環し刺激する電気流体の量が、大気の状態によって増減することで、人と動物の生命力を強めたり弱めたりする[21]。

北風は大気電気を増し、南風は減らす、午前中は電気が増大し、正午を境に減少に転ずる、などなど。

七七年にリヨンの学士院が募集した健康と大気電流に関するコンテストに入選した論文は、この理論をさらに敷延したものである。その著者のベルトロンなる僧侶は、リヨンの出生率を調べ、七〇年が六八年より出生件数が多かったのは北風が強く吹いて大気電流が増加したためだと述べている。[22] さらに「月の地球に対する位置が変化することで、電気流体の質、量、エネルギーが変化する」ために、月の満ちかけと月経周期には関係があるとされた。

電気治療の開始とメスマーの動物磁気説

さらに七八年には、科学実験と講演を見せ物にしていたニコラー＝フィリップ・ル・ドリュが電気治療を開業している。パリの医学界から嫌われたメスマーとちがい、彼は一時はソルボンヌの医学部から開業許可をもらい賞賛を集めた。サットンによると彼の理論はこうである。

電気はすべての物質の中でも最も精妙なものである、身体においてはそれは〔神経内を通る〕生命流体に最も似ている。それゆえ彼は、電気はその運動を最も導く通路として神経を通ろうとするだろうと推論した。このより微細でよりエネルギーにあふれた流体は、生命流体がつまった通路を掃除し、粘着性の沈殿物を取り除くだろう。[23]

この理論は、その後も変わることなく二十世紀まで続く電気治療理論の基本となった(24)。サットンはこれらの研究者が実験よりは思弁を専らとし、モーデュイはフランクリンから、ベルトロンはモーデュイから演繹して体系化しただけに過ぎないと指摘している。そうした体系化指向という点では、治療の実践を数多く行ったはずのフランツ・アントン・メスマーも同様であった。彼の動物磁気理論は、十八世紀の大陸自然科学の典型的な例と言えるかもしれない。

彼は一七六七年に出された学位論文「惑星の影響に関する物理医学的考究」の時点ですでに、後の動物磁気説でも繰り返される、宇宙的エネルギーと身体の関係についての思索を展開している。ニュートンの万有引力説と潮の干満現象を引いて惑星の身体に及ぼす影響力を論じ、万有引力現象と動物の生命現象の原因となる根本的一般力を想定して、それをこの時点では「動物重力」と呼んでいる。ベルトロンの電気説も天体の影響力について同様の主張をしていた。

この七年後にヒステリー患者に磁石治療を試み成功したのがきっかけで、メスマーは催眠現象と隠れた治癒能力を発見するのだが、この経緯から分かるように、彼は現象自体に即して「動物磁気」説を発見したわけではなくて、最初から遍在する流体に関する概念が別個にあって、それを後から現象に当てはめたのである。その結果、彼自体の理論は矛盾が目立ち、また当時の医者としては当然ながらデカルトの影響が色濃く反映したものとなっている。一七七八年パリ大学に動物磁気説を認めさせるために『回想』を公刊したメスマーは、その中で二十七の命題を挙げているのだが、そこにはいかにもデカルト的な理論が並べられている。

命題二　ある流体が一分の隙もなく宇宙全体に広がっており、そのため宇宙には真空は存在しない。

命題六　［この普遍的流体を］媒介にして天体や地球、および地球上の諸要素は互いに影響を及ぼしあう(25)。

命題八　動物の体はこの干満に反応する。この反応は流体が神経そのものに直接入りこむことにより即座に引き起こされる(26)。

命題二十一　動物磁気に関する理論体系は、火や光の持つ性質、重力説、自然界に見られる干満現象、磁気と電気などについて新たな説明を与えることであろう(27)。

この媒体は、それ自体は受動的なものに過ぎないのかどうか、精神と身体の関係について完全な二元論をとっていたのかどうか、この命題からは判然としない。ただ彼が催眠現象で発見したと思っていたのは、動物機械（この語は学位論文中で用いられている）である人間の身体を動かす物理的力である。とはいえ彼は必ずしも体系的発想のみに縛られていたわけではなく、その一方で実験結果を重視した命題もある。命題二十では動物磁気が鉱物磁気と根本的に異なること、命題十八ではすべての生物が動物磁気に反応するわけではないことを指摘している（ここで彼は動物磁気の普遍性を損なわないよう反動物磁気力の存在を認めたため、却って混乱をきたしている）。

確かに天体の力までを視野に入れたメスマーの理論は大胆である。しかし「すべての電気学者もメスメリストも世界を同じ様に見ていた。単一の原因がさまざまな結果を生み出すような世界である。電気と天候、天候と健康、電気と健康の関係を見よ」とサットンが指摘しているように[28]、彼の理論が飛び抜けて奇矯だったわけではない。フランスの学界からメスマーは結局公認されなかったが、その原因が彼の理論の不備にあるわけではない。

十八世紀の機械論的宇宙観

このように、十八世紀に入ると機械論的宇宙が広く受け入れられ、それと同時に「精妙な流体」の宇宙的役割がはっきり意識されるようになった。

十八世紀に特徴的な一般的見解によれば、物質は不活発なものであるので、重力、結合から動物の成長に至るまであらゆる種類の現象を説明するために、物質の上に重なった活動的な媒体が必要とされた。しばしばこの活動力の源として提案されたのがエーテル流体であった[29]

と科学史家G・N・カンターは述べている。

問題はそのエーテル的流体自体の運動の源であった。デカルトのように徹底した二元論を取るので無い限り、自発的な力をエーテルに認めることになる。一つの回答は、さらにその上に「霊」などの実体を想定することであり、あるいはもう一つの回答はエーテル自体に内在する活動力を認めることである。カンターは後者の例として哲学者ジョージ・バークリーの『シリス』（一七四四年）を挙げているが、バークリーは、エーテルを火や光の物質と等しい存在で宇宙の第二の動因であるという機械論的な解釈を与えると同時に、世界の植物霊魂で生命霊であり神性にあずかるものというアニミスティックな解釈を行っている。(30) さらにバークリーから影響を受けたダブリンの聖職者リチャード・バートンは、キリスト教の枠組み内でエーテルと聖霊の対比を行っている。

機械論哲学者のおかげでエーテルが引力、筋力などの尋常ならざる物質的現象の原因となったのだから、聖霊もすべての霊的行いの原因となる。(31)

彼はさらに火と電気をエーテルと同一視しているが、しかし物質的エーテルと聖霊の関係は対比にとどまっている。

しかし同時期、さらに大胆に電気とキリスト教について考察を巡らしたのは錬金術的素養のある中欧の自然哲学者たちであった。一七六五年チューービンゲンで発行された『自然魔術』（*Magia Naturalis*）と題する論集は、「創世記」の最初の日に現れる光を電気の火で解釈し、神学を自然科学に基礎付けようという試みとなる論文が収められていた。著者はモラヴィアの司祭で避雷針の発明者プロコプ・ディヴィッシュ、ルター派の神学者で神秘学に造詣の深いF・Ch・エティンガー、その弟子の牧師J・L・フリッカーなどであった。

ディヴィッシュによれば、神は最初の光（自然の光）を万物に吹き込んだが、これが霊という最も精妙な物質であり、生命力であるという。この光はさらに、元素を支配する受動的で女性的な「元素の火」と混合物を支配する能動的で男性的な「電気の火」に分かれる。要するに、すべての物質、それも大地のような重く湿った物体にも霊的な光の潜在を認めることで（アダムは創造の光を含む大地から創造されたために霊魂を得た）、物質が霊化された世界観を描いたのである[32]。

カンギレムは「思考と延長というデカルト的区別や、理性的で自由な人間の魂が持つ形而上学的特異性を放棄する以上、人間をも含めたすべての生物にとって一義的な運動や感受性の理論をこしらえようとする際、人々は、一体魂を物質化しているのか、物質に生命を吹き込んでいるのかもはやよくは分からなくなるのだ」と指摘しているが[33]、確かに、ディヴィッシュの体系から創造と神を剝奪してしまえば、レチフ・ド・ラ・ブルトンヌの世界に何と接近することだろう。

すべては自然内の物質である（中略）知的部分は、エーテル、熱、太陽光よりも清浄な流体であり、電磁知的神聖流体である。知的な流体は（中略）神の電気的流体で、その流体はそれを受けるにふさわしい宇宙の全存在物を潤す[34]。

ユング＝シュティリング『霊学理論』

以上見てきたように電気説と動物磁気説は類似した体系であった。しかも、十八世紀末にはガルヴァーニが発見した動物電気を見て、メスメリストの側は科学が動物磁気を立証したように考えた。それだけでなく十九世紀初めには、フンボルトによる神経電流の研究が発表されると、メスメリストたちはこれを根拠に神経の回りに神経大気圏（nervous atmosphere）を想定し、遠隔相互作用を可能にする物理的機構が立証されたと主張した(35)。

電気と動物磁気説をつなげることは誰にでも考えうることだったし、実際そうであった。しかし、中でも影響力の大きかった著作はJ・H・ユング＝シュティリングの『霊学理論』（一八〇八年）であろう。彼はドイツ・ロマン主義の自然哲学、動物磁気の実験と霊的な超自然現象をはじめさまざまな神秘主義的要素を取り入れて、動物磁気、エーテル、電気など自然の諸力に対し単純な統一的理論を提出した。

例えば、彼が主張したテーゼには次のようなものがある。

〔九〕動物磁気説は、我々には、理性と意志を持つ神の火花である不死の霊と、それから分離できない輝ける肉体から構成された内的人間つまり魂が存在することを否定できないまでに証明した。

〔一〇〕光、電気、磁気、ガルヴァーニ体とエーテルは、さまざまな様態をとった同一の物体であるように思われる。この光つまりエーテルが、魂と肉体をつなぎ、霊的世界と物質的世界をつなぐ要素である。

〔一一〕内的人間である人間の魂が、〔感覚の働く〕内なる領域を捨てて、生命機能だけを存続させるとき、肉体はトランス状態つまり深い睡眠状態に落ち、その間に魂はかなり自由に、力強く、積極的に動き回り、その能力は増す(36)。

もちろんパラケルススの人間論の影響は言うまでもないだろう。しかし、ユング＝シュティリングの場合、パラケルススではは っきりと意識されていなかった心身の分離が意識され、しかも催眠状態の中で魂が物質的身体を離脱することを良しとしているのは興味深い。回りを包む何の体も無く肉体とつなぐものが何もないデカルトの「精神」は肉体と合一して離れないのだから。

3　電気心理学——ジョン・ブーヴィー・ドッズ『電気心理学の哲学』

ユング＝シュティリングの著作は英語に翻訳され、英語圏のフレノロジスト、メスメリスト、スピリチュアリストにも大きな影響を与えた。もっともアメリカ人にとって電気は、ロマン派のもののと異なり、かなり現実的なものであった。他界への神秘的な憧憬につながるものではなく、進歩のシンボルであり実社会での積極的な活動を意味し、とりわけ性的能力と関係して論じられることも多かった（神経衰弱の流行と電気医療器の関係についてはジョン・L・グリーンウェイの研究を参照されたい）[37]。例えば、ジョージ・ムーアは『精神に関係した肉体の使用法』（一八四七年）の中で、精子は電気的な核であり、戸外の空気は電気を与え血液を新鮮にすると述べている[38]。

十九世紀中葉のアメリカではフレノロジー（骨相学）の著作が多数出版され、大衆向けのさまざまな新しい科学知識の窓口となっていた。有名な骨相学出版社オーソン&ファウラーは電気理論を取り入れたさまざまな骨相学と衛生学の著作を出す一方で、メスメリストの本の出版も行っていた。ここで取り上げる人物ジョン・ブーヴィー・ドッズもこの出版社から著作を出したメスメリストである。

ドッズはユニバーサリストの説教師からメスメリズムの施術師、講演者となった人物で、当時最も有名なメスメリストの一人であった。催眠術師としては、神経を圧迫する、金属片を凝視させるという新しい方法を発明し、ホメオパシーや水療法などのさまざまな療法を総合的に実践する治療家でもあった。著書『メスメリズム哲学六講』は出版後一カ月で三千部を売り切った[39]ほどのベストセラーとなっている。ここでは、一八五〇年にワシントンで行われた講演の記録をまとめた『電気心理学の哲学』から彼の思想の一端を紹介してみよう。

彼はさしあたり物質と精神を区別した上で、物質には運動がなく「精神は内在する運動と生命力をその主要な効力として持つ宇宙で唯一の実体である[40]」と主張するが、彼の思想はデカルト的心身二元論ではなく、むしろ霊魂論である。精神の非物質性についてはデカルト説を正面から批判し、延長も無いものが存在するなどとはナンセンスであると断言している。精神は「実体であり元素である。空気とか水がそうであるように。しかし存在するすべての活動のない実体とは物質的に異なる[41]」。精神の実体とは何であるか、彼はこれ以上詳しく述べてはいないが、要するに、精神には姿も形もあると彼は主張しているのだ。つまり彼の説は、表現を変えた霊魂説と考えてもよいだろう。

精神は肉体に直接接触できないのでまず「意志」という心的エネルギーを脳に送り、脳が「電信のように」末端に伝わって運動を起こす。電気はデカルトの精気と同様、原理的にはそれ自体で運動を持たない物質であり、力学的媒体の働きしかない。「私は電気が考えられないくらい精妙で稀薄で微細であるということを完全に理解している[42]」。重さが量れないほどに軽く（つまり不可秤量物）最も動かしやすい物質である。

さらに古代医学やデカルトの精気と同じく、電気は呼吸によって摂取され肺から血管に入って脳内に蓄えられる。この電気は、プラスマイナスの力で血液を循環させているため、電気の作用が悪化すると血液循環が悪化して病気になる。すべての病気はこれが原因だとされる。また、電気を吸収しているので身体の周囲には電気・磁気の輪ができ、この輪が接触しあうことで催眠現象が起こる。

ドッズは一方で陰陽両電気間の引力や斥力を血液循環の説明に利用しているにもかかわらず、意志の力を重視して、基本的には電気を精神から動かされるだけの微細な物体としか考えていない。そのために電気自体の持つ活動性は弱く、不可視のエネルギー（「隠れた炎」）という側面は彼の電気説には見られない。メスメリズムという一種神秘的な現象を扱いながらも、彼の電気的な生理学にはあまり神秘性はない。しかし、電気は身体の内部とその表面にとどまるものではなく、宇宙に遍在し創造に関与するとされる。

通常キリスト教では「無からの創造」と言われるが、ドッズはこれを否定する。無は無しか生み出さない以上、本当の無からの創造などありえない。聖書に言う無とは「不可視」のことであり、「不可視で計りきれない実体で原初の永遠の物体」[43]である電気からの創造のことであると主張する。天地創造は、電気を濃縮して空気を造り、そこから水そして大地を生み出す過程である。電気の中には地上の百の元素の原型が入っていて、それらと現実の元素とはコードで結ばれている。原型の段階の元素はプラスで、濃縮して地中に含まれている元素はマイナスである。神は無限の精神とも呼ばれるが、随意的力と不随意的力を持ち、前者が創造作業、後者が維持作用と分かれている（これはガレノスなどの霊魂論による不随意運動の説明に類似している）。創造は一回きりではなく永遠に続き、神の奇跡は種を生み出すことにある。創造された生物の原型はやはり電気の中に存在し、そうした種の原型が神の肉体を構成する。[44]

おそらく、この宇宙創造説の源はスウェーデンボルグにあると想像されるが、[45]彼の小宇宙と大宇宙の相応の原理を持ち出すまでもなく、ドッズの説明する心身過程と宇宙創造が並行関係にあることは明かだろう。錬金術的な化学と宇宙的な広がりをもった「電気」という古代的な概念は、十九世紀半ばのアメリカでも消えなかったわけである。

おわりに

冒頭に引用した一文が単なる修辞ではなく、古代から続く概念の上に書かれたものであることは以上でお分かりいただけただろうか。可視の世界だけですべてが説明できず、何かがそこに残る時、私たちは見えないものに頼る。その構造はフレンチがまとめた通りであり、この論文で取り上げた者全員が微細な物質からなる「精妙な流体」という概念を利用していた。しかし、機械論、生気論、霊魂論と解釈はばらばらであった。「物質」という言葉で示されるものにしても、霊魂に近い物質もあれば、そうでないものもあった。デカルトが出した解答は一見決定的なものに見えて、その実私たちが納得できていないことは、その後もさまざまな反論が出現したことに明らかに示されている。

結局のところは、精神と物質の間のこの曖昧な領域に唯一の解答は無いということだろうか。あるいは、精神と物質という区分を前提とする問題設定そのものが、正しかったのかどうか。パラケルススのように精神と物質の区分を考えずに、別種の霊的な物質とでもいうべき存在の三階梯を問題とすることも可能だったはずである。とはいえ、そういう方向を歴史は取らなかったわけだが、そうであっても「精妙な流体」という言葉の持つイメージには、何か解答を暗示しているようなところが感じられるから、私たちはこの概念を使い続けてきたのだろうし、デカルトさえもそのイメージに精神との接点を求めざるをえなかった。

精妙な流体に比定された物体の中でも「電気流体」のイメージは長い間私たちの想像力をひきつけて止まなかったし、今でもそうである。ここからは電気をめぐる文化史の問題になるが、それは稿を改めて論じてみたい。

第二章　動物磁気からサブリミナルへ——メスメリズムの思想史

はじめに

精神分析、無意識の発見の歴史を遡ると、十八世紀末、ウィーンの開業医フランツ・アントン・メスマーの発見したメスメリズムに至ることは良く知られている。メスマーは、同居していた女性のヒステリー発作を治すために磁石の利用を試みたところ、痛みは磁石の動きに応じて位置を変え、最後に手足から消えていったといわれる。

ご存じのように、メスメリズムは催眠術（hypnotism）の祖とされ、ひいては精神分析の遠祖とされている。この歴史についてはエレンベルガーの大著を始め、精神分析や催眠術の源流を辿った通史はいくつか出ているが[1]、それを簡単に要約するとこうである。

——メスマーは、生命現象を司る一種の物理的流体が宇宙に遍在していて（これを動物磁気と命名した）、それを操作することで患者に痙攣を起こさせて万病を治すと主張した。メスメリストの多くは、このように術者と被術者の間に疑似物理的な力が働いていることを想定して、被術者のトランスや暗示効果などを説明したのであるが、こういう理論を、まとめて流体説と呼ぶ。一方、メスマーの弟子ピュイセギュール侯爵は、磁気治療の最中に、患者が「夢遊病的」(sonmambule、あるいは磁気睡眠、覚醒睡眠)と呼ばれる状態に入ることを発見した。その後、催眠現象を巡ってはいつまでも発見されえない物理的な説明原理はその影響力を失い、心理的な暗示効果を原因とする心理説が優位になっていく。さらに、ブレイドが催眠術という言葉を造語したこともあって、流体説は名称の上からも一掃される(以下、流体説をメスメリズム／動物磁気説、心理説を催眠術と区別する)。十九世紀後半には、リエボー、ベルネーム、シャルコーらのフランスの医学者が催眠現象を研究し始め、それが精神分析につながっていったとされる。

こうして、メスマーの唱えた動物磁気説は、医学的催眠術の進展と共に、科学の領域では顧みられることのない遺物となった。しかし、十九世紀前半には、科学以外の領域を考えた場合、動物磁気説が残した遺産は大きい(例えば、スピリチュアリズム、ニューソートがそうである)。むしろ私たちは、メスマーの精神的な遺産をそのような正統科学以外の領域――宗教と科学の重なり合う領域――に探し求めることができるように思われるが、しかし、その歴史を辿った研究は少ない。

本論文は、流体説と総称されるメスメリストの思想について具体的に触れ、物質と精神との関係を軸に、メスメリズムからスピリチュアリズム、心霊研究までの思想的な流れを追っていきたい。以下、メスマー、クルーゲ、タウンゼンド、ハドックという四名のメスメリストを順に辿り、その類似と相違を論じ、最後に心霊研究家マイヤーズの宇宙観との近親性について論じていく。

1　メスマー

メスマーの治療体系と科学者からの拒絶

十八世紀末になると、最も正統的なメスメリズム治療法を行っていたのはメスマーのほか数名だけであったと言われるが、(2) その方法とはこうであった。術者は患者と向かいあい、掌を体の上にかざして（接触させずに）撫でることで動物磁気を患者に与える。すると患者は奇妙な心理状態を経験し、中には分利《クリーズ》と呼ばれる烈しい痙攣発作を起こすものもいた。この発作を起こさせることが治癒の必要条件となり、患者は病気よりもむしろ分利を恐れたとさえ伝えられている。

さて、この治療にはとりたてて新しいものは含まれていない。痙攣が宗教的な場で起こることは周知の事実であり、メスマーの同時代にはガスナーという悪魔払いで有名なカトリック僧侶がおり、(3) その治療儀式には動物磁気現象とまったく同様の痙攣が伴っていた。

さらに当時すでに静電気や電気を使った電気療法は実用化されていた。例えば一七四〇年に科学者ジャン・アントワーヌ・ノレは電気ショックを与えて血液循環を改善し麻痺患者を治療しようとしている。(4) あるいはオランダでは電気鰻を使っての治療が行われていた。(5) 実際、メスマーの患者の中にも以前受けた電気ショック療法で病状を悪化させていた女性もいた。(6) 病因の点（体液あるいは動物磁気の滞留）、治療概念の点（外部から何らかのショックを与えることで、患者を痙攣させて循環を回復させる）、両者はかなり類似していた。磁気桶と呼ばれた動物磁気を蓄える器具は、ライデン瓶を模したものであった。しかしながら、電気治療は学界から認められ、メスマーは認められなかった(7)。メスマーは優秀な実践家ではあったが、本人が思っているほどには優秀な思索家でも体系家でもなかった。

とはいえ、彼の体系が非科学的であったというわけでも、異端的な独創というわけでもなかった。当時からも既に指摘されていたが(8)、宇宙に遍在する流体という概念は、元々パラケルスス、ファン・ヘルモント、フラッド、マックスウェルらの前世紀の自然哲学者に多くを負っている。しかし、ポドモアが指摘しているように、マックスウェルでさえ、物体を動かすものは「至高の精神」であり、万物は「摂理の黄金の連鎖に連結している」と見なし、その宇宙観には宗教的な部分をとどめていた(9)。対してメスマーはさらに機械論的な宇宙観を描いた。一七七八年に書かれた、メスメリズムの基本となる二十七箇条の命題の中で、動物磁気は万物の間に充満し、運動作用を伝え、神経を介して動物へ影響を与える、既知の物理力とは別種の力であると彼は断言していた(10)。彼は生理学と物理学を統合する概念を発見したと考えていたのであって、心理学的概念とは考えてもいなかった。

精神医学史家ジルボーグは、メスメリズムはそれまで伝統的に霊魂や悪魔と結びつけられていた現象を扱っていたから、科学から不当な扱いを受けたと述べている(11)。しかし、そのために、啓蒙の世紀のウィーン、パリでもてはやされたのである（逆にガスナーは不遇の晩年を迎えた）。啓蒙と理性の時代は、同時に啓明主義《イリュミニスム》、神智主義《テオソフィスム》などさまざまな神秘主義秘密結社の活動が活発な時期でもあった。[12] 魔術的、超自然的と思われていた事柄に一見自然的説明を与えたために、大衆に受け入れられたのは当然の成り行きだろう。一方で説明に空白の部分を残していたために（つまり既存の科学的概念に分類されないために）、科学者には却って冷たい目で見られた。一七八四年、フランス国王の意を受けて二つのメスメリズム調査委員会が発足したが、科学アカデミー会員とパリ大学医学部から成る委員会は、動物磁気が物理学的に検出できないゆえに存在しない、従ってメスメリズムは効果がないとの結論を出した。[13]

メスマーの失敗は、身体という物質を動かすのは物質であるという前提に立ちながら、現象をとらえうるだけの拡がりのある概念を構築しようとして、動物磁気概念に物理実体以上のものが入る余地を残さざるをえなかった点にある。二元論の前提の上に一元論を構想していたようにも思われる。しかし、いずれにしても、逆にこの曖昧さのゆえに、動物磁気はさまざまな現象や意味を取り込み術語として生き残ったのである。

ピュイセギュール――メスメリズムの基礎理論

一七八四年に弟子のピュイセギュール侯爵が、分利の際に磁気睡眠に入った患者を発見したことが次の転換点になった。磁気睡眠はいわゆる催眠状態である。催眠から覚醒した際にその間の記憶を失っていることなどもはやくから分かっていた。ただ、現在の催眠と異なる点がいくつかある。

まず一つは、磁気睡眠中の患者は通常ではない知性を示し、病気の診断能力を発揮したことである（ピュイセギュールの治療所ではこうした患者は「先生」と呼ばれ、病気の診断と処方を行った）。しかも体内の故障箇所を「透視」する被術者もいた（同時期のメスメリスト、タルディ・ド・モンラヴァルが使っていたN嬢は、磁気流体が見えるともいった(14)）。

ピュイセギュールの催眠法は、被術者の頭や胃の上に手を置き、意志を集中させて催眠状態に誘導するというものだったが、これについて彼は、流体説に立ち、磁気流体は「意志」の力で制御でき、施術者と被術者の間で流体が循環する「交流関係《ラポール》」（rapport）が生じることによって磁気睡眠状態に入ると説いた。交流状態が進めば、施術者は意志するだけで被術者に行動を起こさせることも可能である、ともされた。

ピュイセギュールが意志について確信していたのはたった一つのことである。それは身体の機能ではなくて、自由で非物質的な霊魂の機能であるということだ。磁気流体は、いわば、意志が直接作用できる、物質としては最後の段階のもっとも霊的なものである(15)。

磁気催眠、透視、一種のテレパシー現象といったものが、患者側の詐術という疑いはあるが、今となっては確かめようがない。ただピュイセギュールの『回想』出版（一七八四年）以降、症例報告が競って出版されるようになったのも(16)、こうした異常現象が頻出した原因の一つだったかもしれない。ともあれ、ピュイセギュールの理論と現象は、その後長きに渡ってメスメリズムの基本となり、十九世紀前半のメスメリストは根本的には大きな変化をもたらさなかった。以下、ドイツと英米について、順に見ていきたい。

2　ドイツ・メスメリズム

神智的ドイツ・メスメリズム

エレンベルガーは、ドイツ・ロマン主義者に動物磁気が浸透した理由を二つ挙げている。一つは、ロマン派自然哲学者も類似の宇宙観（宇宙は全体に浸透した魂を持つ一個の有機体）を持っていたためであり、いま一つは、ピュイセギュールの発見した磁気的夢遊病者の透視能力によって、ロマン主義者は世界霊魂と交流する可能性が開けると期待したからだと指摘している。

フランス人が超透見的夢遊病者を医療助手にしようと捜したのと対照的に、ドイツ人はそういう人たちを使って実験形而上学という大胆な試みを行った(17)。

例えば一七八六年にはドイツにピュイセギュール流のメスメリズムが移植されると、早くもその翌年にはカールスルーエの女性が、催眠中に、霊魂の秘密、神の秘密などの託宣を行ったという(18)。

そうした預言者、透視家の中でも最も有名な存在が、医師ユスティヌス・ケルナーの記録した「プレフォールストの女予言者」フリーデリケ・ハウフェである。彼女はほとんど磁気睡眠状態で過ごし、現実界だけでなく、「太陽圏」「生命圏」といった霊界の模様を伝え、人類の原言語を話したと伝えられる。

しかし、ここではそうした霊媒たちを含めてドイツ・メスメリズムの全貌に触れるまでの余裕はないが、より実証的なフランスに比べ、ドイツ・メスメリズムの持っていた神智的な傾向はこの一事を以て明らかだろう。ここでは、さしあたり、二つの理論的な点に絞って論じたい。代表例としてクルーゲの動物磁気理論と、ドイツに特徴的だった電気理論についてである。

クルーゲの動物磁気理論

一八一一年にベルリンの医師C・A・F・クルーゲが出版した『動物磁気提要』は、同時期の催眠術実験報告と理論をまとめたもので、当時の動物磁気理論の典型的な例を提供している。以下、アラン・ゴールドによって、まとめておく。まず催眠状態は、体温が上昇した状態から、完全な透視能力を得た段階まで、六つに分けられている。第三段階は睡眠の状態で、これは外界の感覚が閉ざされた段階、次の第四段階で被術者は意識を取り戻す（覚醒睡眠状態）。この移行は「内的目覚め」と呼ばれている。第四段階以上の患者は、通常の視覚は使わないが、胃のところで物体を見ることができる（これもそれ以前から報告されていた「透視」の形式である）。段階が進めば、障害物を通しても対象を知覚したり、身体内の器官を透視したり、治療法を処方したりすることもできる。[19]

透視については、次のような生理学的仮説を立てた。まず彼は当時の生理学に従って、神経組織を大脳系と神経節系（交感神経系）と区別した。後者（植物的生つまり生命維持活動を司るとされた）から体内に伸びる神経系から神経流体が体外に漏れ出て、身体の回りに「大気圏」を構成している。動物磁気をかけられることによって、肉体をとりかこむ感覚的な大気圏が膨らみ、外部の対象に鋭敏に反応するようになる。第四の段階では、神経節系と大脳系の間がつながり、大気園↓神経節↓大脳系と情報が伝わっていき、言葉で情報を伝えたり、脳にはっきりしない感覚を残す。第五、第六段階となると、神経節自体が太陽神経叢を中心とする新たな神経系を構成するとされる。「交流関係」もこの「大気圏」で説明されている。[20]

なお、この説で重視されている太陽神経叢はロマン派では特に重視された器官で、ロマン主義者〔ゴットヒルフ・ハインリヒ・〕シューベルトは、太陽神経叢を直感的認識の器官と見なし、個々人の神経系と宇宙全体のエーテル的精神とつなぐ輪であると考えていた。[21]

ともかく、ゴールドも指摘している通り、神経流体の「大気圏」では遠距離の透視や交流関係を説明することはできない。そこでクルーゲは、透視機能を持った霊魂説を加えるのだが、彼の説の真価は、科学的成果を使った体系的理論づけにある。神経系の回りに発生する大気圏という理論は、十八世紀までの電磁気学理論に近く（静電気の起こす電界は、不可秤量物〔effluvium〕である電気素が、摩擦熱によって周囲に大気圏を構成するものと解釈されていた）、神経電流の発見という最新の知見とも容易に接合しうる理論である。現代ではどうであれ、当時では流体説を補強するかなり説得力のある意見であった。

後にフランスの医師レオン・ロスタンも、『医学辞典』（一八二一―二八年）中で、神経流は電気もしくは電気に近いものであると述べ、帯電した物体が周囲に力の場を発生させるように、神経を流れる電流も回りに同様の領域を発生させると書いた。そしてこれを引用したフランスのメスメリスト、デュポテ・ド・サンスボワはこの説に立って、「催眠術師の神経組織から術をかけられる人間へと磁気流体が転移するという」[22]ことを主張している。

ユング＝シュティリング『霊学理論』

ドイツでは、こうした医学的な動物磁気説だけでなく、さらに一層、霊的な説も唱えられていたのだが、そこでも電気概念が頻繁に登場した。ここでは最も典型的な説としてユング＝シュティリングの説を挙げておこう。彼は内科医、眼科医、教師、農学から経済学まで多数の学科教授を勤めたが、パラケルスス、ベーメ、スウェーデンボルグに深い影響を受け、メスメリズムにも当然通じていた。

その説は『霊学理論』（一八〇八年）にまとめられているが、彼は魂と物質の間に両者をつなぐ精妙な媒体を措定する。それは動物磁気でもあり、光、電気、磁気、ガルヴァニー体、エーテルとも呼ばれる物質である。しかし彼の言う魂は、質量を持たない精神ではなく、理性と意志を持った神の火花である霊が輝ける肉体に包まれた姿である（従って、魂は内的人間とも呼ばれる）。この魂は、人間がトランス状態になっている際、自由に体外へ出ることができる。そして、「魂が肉体から切り離されたとき、それは思う場所にいける。というのも空間は、思考の形態に過ぎなくて、理念の中のみに存在するからである[23]（後略）」。

この単純な説は、しかし、霊魂の行方、死後の問題に悩む人間には大いなる福音となり、後の英米のスピリチュアリズムにも影響を与えることになる、ドイツのメスメリズムは、フランスと比べて、目立った形では英米に影響を与えたようには思われないが、この説がどう利用されるかは、後でみることになる。

ロマン主義の詩的な電気経験

さて、メスマー本人は賢明にも動物磁気と物理的な力（電気、磁気）との同一視を避けていたが、この仮説にドイツのメスメリストが熱中したのはなぜだろうか。

歴史的には、十八世紀中欧の錬金術的自然哲学に元々電気を神聖視する動きがあったことが挙げられる[24]。次に、ルイジ・ガルヴァーニによる電気の発見がある。彼は筋肉の収縮を生体電気の力であるとして、ヴォルタから批判され、電磁気学では彼の説は姿を消すが、ドイツではF・A・フォン・フンボルトがガルヴァーニを支持したために生体電気説は広まり、生命エネルギーや動物磁気と同一視されることもあった。

しかし、ロマン主義に内在していた知的な企図を無視してはならないだろう。代表的ロマン主義自然哲学者シェリングは、世界霊魂というネオプラトニズムの知的伝統を同時代の自然科学において取り返そうとしたと指摘されている[25]（ちなみに、現代科学において最古の知恵を回復するという企図は、学位論文で占星術理論の現代的復活を主張したメスマーの企図にも近いものがある）。シェリングは、宇宙はあらゆる部分が共感で結ばれている生命体であり、その発展は対立による進化であり、「極性の法則」があらゆる自然現象に行き渡っていると考えた（例えば、男性／光／プラス電気に対し、女性／重力／マイナス電気など）。

科学の側にも不明の領域が多かったとはいえ、ロマン主義の物質観は私たちの考える物質とはひどく異なったものである。例えば、「電気」という用語が指す内容は、私たちが日常経験する物質とはかなりかけはなれたものである。私たちの電気が散文的で限定されたものであるのに対し、彼らの電気は神秘的で想像的で創造的でさえある。しかし、歴史が教えるように、結局は散文的な電気経験が、詩的な電気経験に勝利したのである。

メスメリズムは「あまりに未分化であって科学とも疑似科学とも言えない」「むしろ、スピリチュアリズムの派手な始まりと見た方がよい」という評価がある[26]。無論、これは当時の急速に変貌する科学の姿を理解していない一面的な意見であって、メスメリズムはその出現時は科学的であった。そしてドイツでは、当時の特殊事情からすれば、必ずしも疑似科学とも言えない位置にあった。しかしすでに見たように、後半の指摘には充分首肯できるものがある。十九世紀半ばにアメリカで始まったスピリチュアリズムは、メスメリズムの遺産の上に拡大していった。ハウフェの事例は、現象的には、そのまま後のスピリチュアリズムの霊媒行為につながるものである。多くの元・催眠透視者が霊媒に転向し、用語や行為もそのままスピリチュアリズムに引き継がれた（例えば、メスメリズムの集会とスピリチュアリズムの交霊会を指す「セアンス」［séance］がそうである）。

ただし、理論面では大きく変化していた。動物磁気説は、ガスナーのエクソシズムのような霊魂説を捨てて、機械的あるいは生気的な流体論に移行したわけである。さらに催眠術に至って「外部からの侵入」という枠組みを捨てて「内部の変化」という理解の枠組みを使うようになった。対して、死者霊の仕業でほとんどの超常現象を説明するスピリチュアリズムは、その点では先祖返りしたと言える（もちろんガスナーが駆逐した陰鬱な悪霊たちと、スピリチュアリストの喜ばしい霊の帰還ではずいぶん差はあるが）。その単純な理論への不満から十九世紀後半に起こった運動が神智学であったし、おそらく「心霊研究」を開始した学者たちもそう考えたのではなかろうか。そして、私たちは、共感的宇宙の住人、世界霊の信奉者を、この心霊研究者の一群の中に見いだすのである。

先を急ぎすぎたが、私たちはまずイギリスのメスメリストについて触れ、ドイツの影響、スピリチュアリズムへの移行を見た後で、代表的心霊研究者F・W・H・マイヤーズについて述べることとしたい。

3　イギリスの流体論者

ヘア・タウンゼンド『メスメリズムの実相』――アメリカ・メスメリズムの非公式な規範

イギリスではメスメリズムの本格的な流入は遅れた。一八三七年にフランスの有名な動物磁気治療家デュポテ男爵が、ロンドンのユニヴァーシティ・カレッジ病院の医師ジョン・エリオットソンに教えたのが、本格的な流入の始まりと言われている。ただしイギリスでは、メスメリズムを外科手術の際の麻酔に利用する目的で医療現場で使われ始めたため、エーテルが出現すると共に医療からは消えてしまい、独仏ほどの数の専門的な研究家は出現しなかった。

一般的な影響の点では、エリオットソンの知人であったチョーンシー・ヘア・タウンゼンドの存在は大きい。彼は牧師で詩人で、一八四〇年に発表した『メスメリズムの実相』は、E・A・ポーに大きな影響を与えただけでなく、「アメリカのメスメリストが、観察したものを哲学的に理論化しようとする際、非公式な規範となった(27)」。そして、彼の「人間意識の現象学的類型論は、一八七〇年代、八〇年代のニューソートまで含め、後の著述家たちが人間の内的生命とより広い霊的環境を結びつける哲学的体系を洗練させる際に、心理学的モデルとして使われるようになった(28)」。彼は旅行家としても有名だったが、メスメリズムを知ったのも大陸を旅行中のことであり、ドイツのメスメリズムの状況にも充分に通じていた。自国の軽佻な文化とドイツを比べ、「我々がこのように人間とメスメリズム（人間とほとんど同意語であるが）を研究するまでは、ドイツの形而上学と生理学から取り残されているだろう(29)」とも慨嘆している。

『メスメリズムの実相』は、前半が二人の透視者を使った実験録で、後半が理論編である。その意識論は、トマス・ブラウン(30)に影響を受けたもので、意識の単一性とその機能（「単純な意識」と呼ぶ）を強調する。

感覚、知覚、注意、反省は心のある種の働きを表すのにすぐれた用語だが、いわゆる機能なるものが意識のさまざまな形態の現れであることを忘れてはならない(31)。

ただ、分析のために意識の状態を、単純意識、回顧的意識、内省的意識の三つに分ける。単純意識は思考がその瞬間に起こって消える状態、回顧は過去の思考や感覚を再び顧みる状態、内省的は単純と回顧の交互に混じって起こる状態である。さらに、この三つの意識状態は、肉体に対しても存在するとされる。単純活動は注意を伴わない場合、回顧的活動は過去の運動を繰り返す場合、内省的活動は注意して行動する場合である。

以上の前提で、メスメリズム意識と通常意識の共通性を三点に渡って説いている。まず内省的意識が無くなると思考と運動の力が増す。宇宙の問題を解いた哲学者が我を忘れるのと、危うい場所を歩く（病的な）夢遊病者がその好例である。催眠被術者が覚醒時にはできない知的、肉体的能力を発揮するのも、内省意識状態が無いからである。次に、知的意識が昂進するにつれて肉体意識は衰える。最後に、意識は一点に集中すればするほど強烈になる。催眠被術者は、覚醒時の人間よりも精神集中を行えるから、常人以上の理性や知覚が可能である。

以上、いずれも日常経験に根差して、とりたてて驚くべき内容ではない。要するに、意識の活動には一定の量があって、それをどこかへ集中的に回せば、よそがおろそかになるというだけのことである。ただ、催眠被験者の能力と一般的な精神能力との連続を重視した点は画期的であった。メスメリズムは奇蹟ではなく人間に内在する機能を発展させたものであり、意志を集中しさえすれば、催眠被験者の驚異的な能力も可能である。

実際、この著書の眼目は、心身二元論と物質主義によって物質の働きに還元され無力と化した「意志」や「精神」の位置を取り戻すという点にある。例えば、感覚内容を経験するのは精神であって感覚器官ではない、感覚内容は精神によって選択的に経験される以上、感覚は受動的な機能ではない。さらに言えば、メスメリズムでは精神が外部の人間を動かすので不思議とされるが、厳密な物質主義では精神が指を動かすのも否定されるのである。

意志は無であろうか。その影響力は、人間に関するあらゆる事柄を扱う際には考察から外されるべきなのであろうか(32)。

透視現象については、障害物を通過できる何らかの媒体を措定しなければ説明がつかないとし、その一例として磁気を挙げ、磁気は電気の作用の一つであるから「それゆえ、メスマー的感覚の謎を解く、物を通過し偏在する媒体を探し求めれば、おのずと電気の力に思い至るであろう」(33)と述べている。さらに媒体は脳の活動によって振動するものと彼は説く。

今日では否定しようと思う者はほとんどいないと思うが、自然界を通じて偏在する一つの限りなく弾力性と造形性に富んだ媒体があることを認めるならば、その結果、私たちの思考は、脳を活動させる際に、生気ある物も生気ない物も存在する大いなる海を動かしていることになる。(34)催眠被験者は、この振動の波を受けて他者の思考を読むことができるのであり、交流関係を可能にするのはこの媒体のおかげである。

ここから彼の理論はさらに思弁的、霊的なものとなっていく。脳と他者の脳が振動し合うだけではなく、精神と脳の間にも何らかの媒体が必要ではないかと問う。その場合、精妙な流体であろうと考えられる。つまり、メスマー流体がその正体ではないか。精神は、この精妙な流体をまとった状態で存在し、それが聖パウロの言う、霊的肉体であり、復活の際の肉体である。身体には可視と不可視の二種類があり、「この粗雑な覆いが壊れることを我々は死と呼ぶ（中略）しかし、内的な身体と私たちは離れることはなく、その結果、その後も個々の存在を維持し続けるだろう」(35)。

言うまでもなく、電気と内的人間はドイツのメスメリストから得たものであろう。意志の積極的な肯定、楽観的な自然の摂理への信頼、明るい死後の生命観は、その後のアメリカのメスメリズム、スピリチュアリズム、ニューソートに影響を与えたと考えられる。

ジョゼフ・ハドック『ソムノリズムとサイキズム』

しかし、さらに直接的にスピリチュアリズムにつながるメスメリストとして、スウェーデンボルグ主義者であったと思われる医師ジョゼフ・ハドックの場合を『ソムノリズムとサイキズム、あるいは生命磁気論あるいはメスメリズム』（一八四九年）という小著について見てみる。

まず彼も霊魂と肉体の二元論を否定する。人間の肉体が単純な実体ではなく複雑な複合物ならば、そこから推測すると「自然の肉体の親にして監督者である、精神あるいは霊的肉体がそれほど単純な実体であり、多くの形而上学者が言うところの抽象的無ではありえない(36)」。人間は霊・魂・体の三つから成立しており、純粋な霊と体の間に両者をつなぐ魂の部分がある。つまり私たちの肉体の中には魂に包まれた形の霊が存在している。死後、この魂の部分に意識的感覚と感情が移行し、霊は魂を肉体として自然の肉体から離れる。

死の際のように魂（psyche）が自由に体外へ脱し霊界へ移行する高度なメスメリズムが、ハドックのいうサイキズムであり、そこまでいかない初歩的な段階がソムノリズムである。万物は自らが発する「不可秤量」「大気圏」に包まれていて、霊的身体もそうした「大気圏」を有している。サイキズムの状態に入ると、この「大気圏」を感じとることができる。

ハドックの場合、クルーゲやタウンゼンドと比べてみると、霊と身体の媒体に関する物理学的生理学な議論は少ない。魂と肉体を結びつけるのは照応というスウェーデンボルグ的概念であり、その物質性、電気流体との関係、霊と身体の間のメカニズムなどに関する細かな議論は省かれている。科学が未分化で、メスメリズムも精神の問題なのか身体の問題なのか区別がつかず、心身と霊界と自然が同じ地平の用語で論じうる時代は過ぎたのであろう。自然哲学的電気流体概念が後景に去り、代わりに霊界や霊魂の離脱といったスピリチュアリズム概念が前景に出てきている。それを端的に証明しているのは付録に付けられた磁気睡眠実験である。

彼が実験台としたのはエマという名の女性で、彼女は最初エーテルを使って、自分で「催眠」をかけていた。ハドックは最初エーテルで実験を重ねたが、次第に量を減らし、最後はエーテルの瓶を見ただけで、さらには櫛を見つめさせてトランス状態にした。その後、透視能力を発揮し、患者の病状を診断して薬を処方し（彼女はホメオパシー薬を指定）、最後には霊的存在を周囲に見るまでになった。


彼女の話からすると、死の直後、人は死体から殻を抜けるように起き上がるのだという。仲間の霊的存在を感覚的に知覚することもまったく可能であり、さまざまな霊的圏域の美しい景色を見ることもできる。(37)

同時多発的な霊界通信の発生とスピリチュアリズムの発生

このハドックの実験が行われたのが一八四八年、この年の始めフランスではカアネの『磁気術――明かされた来世の奥義』が出版されていた。この本もやはりメスメリズムを使った霊界調査の記録で、ブルーノという磁気睡眠者に天使ガブリエルが訪れて霊界の様子を語った記録などが含まれていた。そして、アメリカのハイズヴィルで起きたフォックス家の幽霊屋敷事件が話題になるのもこの年である。

このように同時多発的に霊界通信が発生した理由は分からないが、ともかくこうしてスピリチュアリズムという、団体も無く教義もはっきりしない一種の運動が発生し各地に広まっていくことになる。霊魂は体と質量を持っているものとされ、その矛盾した関係が問題にされることもなくなっていく。感覚的に確認できない媒体を使わなくても、霊魂が体外に抜け出して透視を行うとすれば（あるいは守護霊が教えてくれるとすれば）説明は可能であり、磁気睡眠者の人格転換も霊の憑依で説明できる。こうして驚異的現象はスピリチュアリズムの所有となり、科学というよりはむしろ信仰の対象となった。一方で催眠術と名を換えたメスメリズムは科学的な研究対象となっていくが、それは「精神」や「意識」に限られた現象のみを探究していくことになる。

一八八二年、ケンブリッジ大関係の研究者が集まって、心霊研究協会を発足させる。スピリチュアリズム現象を科学的に研究しようとしてできた団体だったが、実際には、心霊研究に限らず、催眠、多重人格などの異常心理学についての先駆的研究を残した。テレパシーや透視などの超常現象を真剣に研究し、その成果を使って人間観、世界観を根本的に考え直そうとした点で、ロマン主義メスメリストの系譜を引く者たちだったと言えよう。最後に、同会の中心人物だったフレデリック・マイヤーズとその世界観について簡単に触れてみたい。

4　マイヤーズ

サブリミナル説

マイヤーズはまず自動筆記について実験と研究を行い、さらに催眠術へと研究を進めていった。自動筆記中に現れる人格形成の萌芽に着目し、多重人格はほかに特殊な原因があるのではなくて、そもそも私たちの心の構造そのものがそうできているのだという結論に達した。

同一の人物の中に、二つあるいはそれ以上の記憶、感情、意志が共存しうるし、それらにはさまざまな手段で接近することができることが（中略）今や認められた。(38)

病院のヒステリー患者だけでなく、私たちすべてに人格転換の可能性があって、それがいつ出現するかは分からない。彼は次のような言葉で、基本的な立場を明らかにしている。

私たちが習慣的に暮らしている〔際の〕意識の流れは、私たちの生命体とつながっている唯一の意識ではない。私たちの習慣的、経験的意識は、無数の思考や感覚から選ばれたものからできているに過ぎないのかもしれない。そうした無数の思考などのうち、少なくともいくつかのものは私たちが経験的に知っているものと同程度意識的である。私は通常の覚醒状態の自己を第一のものとは思わない。ただ、私の潜在的な自己の内では、このものが普通の生活の必要を満たすのに最も適しているように思われるだけである。私は、この意識がそれ以上要求する権利は無いと考えている。孤立しているものであれ、連続しているものであれ、他の考え、感じ、記憶が今にも活発に、いわば「私たちの中で」意識を持ち始める可能性は充分にある。（中略）将来のいつか、別の環境で、それらをすべて思い出せるかもしれないと考えている。単一の意識の中でこれらのさまざまな人格を装うかもしれない。単一の究極で完全な意識の中では、今この瞬間に私の手を動かしている意識は、多数の中の一つの要素に過ぎなくなってしまうかもしれない。(39)

しかし、こうした多数の自我の芽が分裂してしまわないように心はできているとマイヤーズは仮定する。要するに彼も認めているように、霊、魂という語に等しいのだが、それらの持つ余計な意味合いを避けるために、この心の統一性を「個体性」（individuality）、「人格」（personality）と呼んでいる。心にはさらに意識より下の部分があり、これを彼は「サブリミナル」(subliminal)と名づけ、対して日常に経験している自己を「スープラリミナル」(supraliminal)と名づけた。

サブリミナルな意識とサブリミナルな記憶は、私たちのスープラリミナルな意識や記憶に明らかにされているよりもはるかに広大な範囲の心身活動をとどめているかもしれない[40]。

このサブリミナルな領域から日常意識に向かって上ってくる情報が幻覚の原因である。さらに、サブリミナルな領域では別々の個人同士の交流が可能であるとも考え、テレパシーの存在は疑問の余地無く立証されたものと信じていた。しかし一方で、その法則については不可解と述べている。

テレパシーに関しては、〔大文字の〕生命には自らを〔小文字の〕生命に対して発現する力がある、という以上のことを断言しても大丈夫なのかどうか疑問である[41]。

マイヤーズの主張は、かなり複雑なのだが、結局のところ、個々人が時間的、空間的に限定された人間の有り様は根本から間違っているという言い方に集約できるのではなかろうか。私たちの自己がその一部でしかないような大文字で始まる自己(Self)、あるいは私たちの生命の本源である生命(Life)は、限定された私たちの視界から届かないところまでの広がりを持っているのであり、それは別の事柄や原理で説明されるものではなく、原事実としか言いようのないものなのである。個体と個体は科学的には証明できない何かでつながっていて、全体で大きな網を作っているが、テレパシーの存在こそ、この事実の証左である。

流体説の代替としてのサブリミナル説

主著『人格の死後存続』の末尾では、明確に自らの宗教性を述べているが、例えば次の言葉に心霊研究の目的がどこにあったかはっきりと出ている。

愛は一種の高邁で未分化なテレパシーである。テレパシーの法則の基礎となる霊の相互の友愛の最も単純で普遍的な現れである（中略）〔孤独、生存競争などへの〕そうした恐れは、自分を他の人につないでいるのが自分の魂であることを知ったとき消えていく。(42)

以上で分かる通り、マイヤーズの求めたものとロマン主義メスメリストの求めたものはさほど違わない世界観であった。互いに共鳴しあい生成を続ける宇宙。しかし遍在し結びつける流体の物質的概念はすでに科学の間尺に合わないものとなっていた。マイヤーズの「サブリミナル説」は、科学と宗教的世界観を接合させるための流体説の代替品ではなかっただろうか。流体説には必ず理論面の不徹底さがあったが、それは物質と精神という本質的に異なるものを結合させるために必要な曖昧さであった、サブリミナル説の曖昧さも、流体説の曖昧さと同様、意味があるものではなかろうか。心と体、生と死については、本当のところは誰にも分からないのであるから。マイヤーズはこう述べている。

生命の法則について私たちが知っているのは〔中略〕物質と結びついた生命の法則だけである。こう限定されては〔大文字の〕生命の本当の性質に関しては、ほとんど分からない。私たちは〔大文字の〕生命が制御する力なのか、あるいは他方、効果的エネルギーなのか、それがどのようにして物質に作用するかも知らない。意識と身体の関係を定義することも絶対にできないのである。(43)

マイヤーズが、催眠現象や超常現象を日常経験と統一的に説明するために取った方法は、霊魂や流体といった疑似物理学的な概念を排除して、さしあたり心理的な概念に回収しようというものであった。サブリミナルな領域を措定することによって、それまでの説明原理を一応は不要なものとした。

しかし彼はデカルトの心身二元論に基礎を置く心理学の主流からは大きくずれていた。というのは、個の意識を先に置くそれまでの考え方から、彼は多数の意識を先に置いたからである。存在するのは個人の人格ではなく、それを生み出した背後のさらに大きな自己である。日常の自我意識は最初から存在の根拠が無いものであるから、それが死に際して断絶するか連続するかという事柄は重要な問題ではない。しかも実際に存在する多重人格が証明しているように、肉体の死以前にそれまでの意識が変わってしまう場合もある。自我意識に疑いえない根拠を見たのがデカルト主義ならば、それを転倒させ、意識以前の「生命」自体に価値を見たのがマイヤーズの自我説なのである。

結　語

動物磁気説の歴史的研究はいまだ端緒についたばかりであり、本論文では歴史のおおまかな道筋を描いたに過ぎない。とはいえ、ここで一応まとめるならば、メスメリズムはピュイセギュールによって、その思想面の根本は決定されたのであり、ドイツ・ロマン派からアメリカの動物磁気治療師、そしてニューソートに至るさまざまな心理療法まで、その影響は見て取れる。

一方、十九世紀半ば、スピリチュアリズムの発生と共に、磁気現象から霊媒現象へという現象ならびに説明原理での大きな変化があったわけだが、ドイツ・ロマン派にすでにその胚胎は見られた。そして心霊研究者の中でも最も独自な理論を展開し、ウィリアム・ジェイムズ、C・G・ユング等に影響を与えたと言われるマイヤーズにもロマン派的な色彩は強かった。その間に繰り返し問われたのは、意識と身体という二分法が果たして非日常的事柄を含めた私たちの多様な「生」の経験を説明できるのかどうか、という問いである。

現在からすると、メスメリズム、心霊研究は、西欧の精神文化の異端的傍流とも思われかねないが、しかし、その根底には西洋の精神文化の根本をなす緊張関係があるのを見ることができるのである。

第三章　呼吸法とオーラ――オカルト心身論の行方

はじめに

日露戦争後から昭和初めにかけて、特に大正期を中心に、日本ではオカルト的な風潮が流行したことは、今さら言うまでもないだろう。東大心理学科の福来友吉による透視・念写実験がマスコミをにぎわし、催眠術や心霊主義の本が出版される。太霊道などの霊術、あるいは鎮魂帰神法を行う大本教に人が群がり、さらに加えて静坐法、呼吸法などの修養法がブームになっている。

この時期は、日露戦争後、民心の大きく変化した時期であった。明治三十八年（一九〇五）、ロシアとの講和条約に反対して日比谷焼打事件が起こっている。原因は、戦勝のための犠牲に比べて得るものが少なすぎるとして、大衆の不満が爆発したのである。国家の命運ではなく、人々は自分の問題に目覚めた。日露戦争後の民心について徳富蘇峰はこう書いている。

露骨に語らしめよ。日本は三十七八年役迄は、所謂る国是なるもの、儼然として存在したりき。官民を問わず、文武を論ぜず。凡そ日本国民をして、以心伝心的に、此の国是の遂行に、孜々汲々として、努力猛進するを以て、其の職分と心得ざる者なかりし也。（中略）而してその結果は、之を三十七八年役に於て之を見たり。是と同時に、我が日本帝国は、殆ど其の国是を失墜し去れり。(1)

大正九年（一九二〇）になると、ある医師はこう書いている。

殊に我が国は特に急速度を以て皮相な物質文明が発達しただけそれ丈諸先進国よりも一層多く此種の病者［引用者註　神経衰弱患者のこと］を出すようになりました。(2)

目標の喪失、急速な都市化、工業化、こうした社会情勢の変化に伴い、神経衰弱などの心身の不調に悩まされる人々が続出し、その結果、霊術が隆盛を極めた。この「霊術」とは明治三十年代から昭和初めにかけて流行した、一群の精神療法を指す。催眠術、気合術などの手法を利用して、精神力による病気治療を行い、あるいは治療術を伝授した。さらに霊術家たちは、遠隔治療、透視などのオカルト現象も可能だと豪語していた。オカルト現象とは、要するに、物質を操作できるほどの強い精神力の存在証明だからである。

腹式呼吸や静坐法などの修養がもてはやされたのも当然であろう。しかも、そうした修養法も強い精神力を目標にする以上、オカルト現象に結びついた。気海丹田、胆力、観念力、精神力と透視、念写が一緒に語られた（3）。

こうした流行は、当時次第に盛んになりつつあった欧米のオカルト流行と連動した動きでもあった。実は、近代日本人の欧米オカルト思想との本格的な出会いは驚くほど早く（4）、またすでに催眠術や神智学は紹介されている。大正期にはスピリチュアリズム文献もかなり紹介されており（5）、それ以外にも、さまざまな欧米のオカルト思想や技法が入ってきているが、それらのなかには姿を消したものも多い。ここでは、呼吸法という身体論とその背後にある思想がどうなったか、その行方を探ってみたい。その前に、欧米のオカルト思想と、同時代の日本人の反応を見ることにしよう。

1　オカルト的心身論

心身二元論に対する解答としてのオカルティズム

オカルトの歴史にはいくつかの軸があるが、その一つに心身二元論の難問がある。

物質は有形であり、精神は無形であるというのが、デカルト以降の近代人の常識である。しかし、無形の精神がどうやって有形の物を操作するのかという問題は、今に至るまで未解決のままである。さらに、存在するのは物質だけで、精神は物質の産物にすぎないという物質主義がある。こうした傾向にどうやって抗するか。オカルト思想も、結局はこの一般的な問題に対する解答の一つなのである。

さて、図式的に言うと、二十世紀初めまでのオカルト思想の流れのなかで、物心の議論はおよそ三段階を経ているように思われる。まず最初の世代は、一八四八年のスピリチュアリズムの発生から七〇年代までで、心霊現象の原因を死者霊と見るスピリチュアリズムと、魔術師の意志とするフランスのオカルティスト、エリファス・レヴィの説の二系統があるが、いずれにしても超常現象によって、精神が物質という条件づけを克服できる可能性を示すことが、この世代の第一の問題であった。また、人体を三部構成（肉体、霊魂、その間を埋める流体）で考える者が多かった。なお、物質と精神の中間に位置する疑似物質で、生命力の源であり、宇宙に遍在する「流体」は、アストラル光、オド力、プラーナなどいろいろの名称で呼ばれたが、なかでも催眠術の創始者で十八世紀の医師フランツ・アントン・メスマーが想定した「磁気流体」が最も有名だった。

次の段階になると、その現象を起こす精神（霊魂）自体についての思索が出てくる。神智学を興したロシア人女性ヘレナ・ペトロヴナ・ブラヴァツキーの説では、人間の心身は物質的肉体を含めて七つの身体から構成される。物質的身体を越えた霊的な部分といっても、死と共に消える生命体（プラーナ）から、宇宙霊につながる崇高な部分まであり、すべてが高尚で永遠のものではないと説いた。一方、学問寄りの研究では、超常現象の科学的研究を目指す心霊研究協会が一八八二年に発足している。この会の中心人物F・W・H・マイヤーズは、個々人の心は意識下で他の意識とつながっているというサブリミナル・セルフ説を主張し、心理学の文脈でロマン主義的な宇宙霊の概念を復活させた（これはその後ユングの集合無意識に受け継がれている）。さらに十九世紀後半のアメリカでは、催眠術を発展させた精神的治病術であるニューソートが出現しているが、その理論的な祖の一人とされるウォレン・フェルト・エヴァンズも、魂を最も高次のプネウマ（内なるキリストで健康の源）から動物的部分まで分類しているなど[6]、霊魂の構造についての説が出てきた。

さらに次の段階では、十九世紀末に飛躍的に進歩した物理学の成果が入ってくる。ラジウムの発見によって、物質が決して不変ではないことが判明し、物質主義の最先端が物質の優位を否定しているように見えたのである。原子物理学や電磁気学の進展をオカルティストは歓迎し、こぞってオカルト体系に取り入れだしたのが、十九世紀末から二十世紀初めにかけてである。物質科学への期待から、死者の霊魂の重量の計測などといった、奇妙な実験がくり返されたのも、二十世紀初頭の特徴である。心霊ガジェットもいくつも発明され、なかでは、一九一一年イギリスの医師キルナーの発明した「オーラ視眼鏡」は最も有名となった。これによって修行や先天的な能力によらず、誰でもがオーラを見ることができる。科学技術がついに霊的現象を解明したかのように思われた。さらに、呼吸法や治病術など、身体と精神を操作する技法が広まるのもこの頃からである。一八九三年、シカゴの万国宗教大会以降、ヨガがアメリカに入ってきたのもこれを加速させた。

欧米産理論の流入と日本での反応

さて、以上のような海外の状況は、日本人の目にどう映っただろうか。

まず霊術の先駆、桑原俊郎（天然）は明治三十七年（一九〇四）の文章で次のように述べている。

> 西洋物質的研究の為めに掩われて、説けば迷信と云われ、語れば愚と評せられて、東洋の哲学宗教は、維新以来、我国では屏息して居った。処が、その迷信と云っておったことが事実となって、今、西洋で驚き始めたのである。(7)

彼は催眠術を使用して無生物まで操作することに成功しており、東洋こそ精神文化の先進圏であるという自負が彼にはあった。しかし、それは彼が実践家で自生の思想家であったからで、他のインテリはそうは見なかった。

明治四十三年（一九一〇）、英学者で有名な心霊研究家の高橋五郎は、西欧の新しい時代の到来に歓呼の声を挙げている。

> 請う眼を開いて天下の大勢を見よ。神霊妖怪等に関する研究は日に月に愈よ盛んにして、既に世界に大なるは、サイキカル、ソサイテ（Psychical Society）ちょう霊的現象研究会あり、万国に会員を有して、之が事実の蒐集及び闡明に維れ務む。――神智会《セオソフィ》は露国婦人ブラバトスキを祖

師として、妙智の造詣を喋々し、印度に、合衆国に、幾多の新聞雑誌を有して、其神秘的交感を宣伝しつつあり。――ダウイ（Dowie）師は、単身にして、基督の奇蹟を縦横に反復し、神異の能力を以て三千の病客を常にその祈禱療院に収用せり。――クリスチアン、サイエンスはエッデ女史（Eddy）の主唱に由て、其の手足を遠近に伸しつつあり。――ルルド（Lourdes）は仏蘭士に、露西亜に、伊太利亜に、日々其不可思議の医治力を現わしおれり。斯の如く嘗て唯理論者《ラショナリスト》や、唯物論者が迷信として排ぞけ、譎詐として罵りたる幾多の行為は、霊心の妙用を示す者として驚歎せられ、X《エッキス》光線の発見は物質の薄弱なるを教え、ラヂウムの発明は愈よ唯心的趨勢を促進し来れり。(8)

さらにこの十年後、大本教を飛び出て鎮魂帰神法の研究をしていた友清九吾（歓真）はこう書いている。

十九世紀の後半から二十世紀の始にかけて、物質的学術が大発達大進歩を来した為めに、十八世紀の学説とは驚くべき大懸隔を生じ、まことに徹底的に隔世の感あらしむるに至った。これに伴い欧米に於ては心霊の研究が勃興して、その努力、進歩の為めに一般思想界にも大なる刺激を与え、遂に所謂最新思想派の哲学を成すにさえ及んだのである。(9)

「日本は元来神伝の霊学を世界に光揚すべく天賦の特恵を占有し、其の神聖なる種子《たね》を貯蔵して居りながら」[10]も、精神文明でも西欧に遅れをとっているではないかとも感じていた。もちろん、昭和に入ると、急転回するのであるが。

さらに欧米の新しい科学的物質観への期待も強かった。後に古神道団体「天行居」を主宰する友清は「ラジウムの発見によって、我皇典の神代巻を解する上に大なる光明を与えられた」[11]と述べ、「生長の家」を興す谷口正治（後の雅春）も「驚くべきは最も新らしい自然科学と皇典古事記とが一致することである」[12]と述べているのである。そして実際、霊術家松本道別は、自らラジウムを実験して人体から放射線が出ていることを検証し、人体ラジウム学会を開くのである。彼によれば、「霊魂とは神より賦与された一個の分霊であって摩訶不思議の奇妙《くしび》なる霊能を有し、物理的に云えばラヂウムの如き電気的放射能体である」[13]という。

ともかく、このように当時の日本人は、同時代の欧米のオカルト思想の隆盛について、意外なほどによく把握し、期待をかけていた。そして、自然科学の進展が新時代を開き、オカルト研究が、科学と宗教、物質と精神の幸福な結合をもたらすのではないかと夢想していたわけである。

当時の霊術書でも、海外それもアメリカの文献からの引用が目立つ。スピリチュアリズムはもちろん、太霊道のように雑誌に神智学関係の記事を掲載していたもの、あるいは松本道別のように、神智学の人間論を借用している霊術家もいる。あるいは、ニューソート系の行法を使うものもいた。その理由は、アメリカのオカルト／ニューソートにはすでに実際的で効果的な精神療法があったからであろう。しかも、アメリカはすでに一八七〇年代から神経衰弱の流行を経験し、そうした精神療法を利用する者も多かったのである。その代表的な例が、後で紹介するW・W・アトキンソンである。

2　霊動と呼吸と霊光――岡田虎二郎とヨギ・ラマチャラカ

大正期東京の霊動風景

霊動と呼ばれる身体の自動運動は、今も多くの宗教団体が取り入れている。しかし明治末から大正にかけても、いろいろな宗派がこれを利用していた。例えば、次のような情景を想像していただきたい。

A　（先づ多くの人は）静坐して居る中に上体が前後に揺き出したり、左右に動き出したり、又膝の上に結んだ両手が結んだまま上下へ動き出してトントン膝を叩き出したり、甚しきは坐したまま前方へ進み出す者もある。(14)

B　お加持と称して信者達が神前に合掌瞑目して居ると、教母や助手達は其身体を撫擦したり、メスメル派のパスの如き掌射をしたりして居るうちに、信者達は烈しく霊動を発して遂には

転倒し、泣いたり喚いたりして殆ど発狂者の状態となり、(15)［引用者註　パスとは掌を患部にかざす療法］

C　果然事こそ起れ［、］全衆に微動を生じ来る。恁くの如きこと良久しく、乍ち列の中央部の一人猛烈に動揺を始める。と見ればその隣より隣へと、又彼方にも此方にも、坐しながら跳躍を始める。数十人の一団は高くなり低くなり、左に動き右に傾き、前に進み後に退き、坐したるまま室内を躙り進み躙り廻り、(16)

Aは岡田式静坐法、Bは至誠殿という小宗教団体、Cは太霊道である。岡田式は、「静坐法」といっても、このように霊動を頻発させていた（後に禁ずるが）。さらに、大本教の鎮魂帰神法でも激しい霊動（神憑り）を盛んに発動させていた。東京市中の各地でこうした情景がくり返されていたと考えれば、大正期のオカルト流行の雰囲気が想像されるだろう。

岡田式静坐法

岡田式は静坐と呼吸法を組み合わせたもので、簡単に言えば、静坐、瞑目の上、みぞおちを落として、臍下丹田に力を入れてゆっくり呼吸を行う。通常の呼吸とは逆に、腹を膨らませながら息を吐くのが特徴で、効能は、神経衰弱から喘息、蓄膿症まで及ぶという。現在からすれば単なる修養法のように見える。内容にもそれほど神秘めいたところはないのだが、当時の雰囲気の中では、オカルト的なもの、催眠術とさえ見られていたようである。

岡田は明治五年（一八七二）に愛知県に生まれ、高等小学校卒業後、独学で農業研究に従事し、明治三十四年（一九〇一）より米国留学し三十八年（一九〇五）に帰国、その後家庭問題などもあって上京し、新聞に病気治療の広告を掲げる。精神病患者を治してから評判が評判を呼び、上流人士にも多くの帰依者が出た。岡田本人の教養と人格もあって、東大、一橋などの大学生、社会主義者木下尚江、あるいは田中正造といった有名人も弟子入りしている。明治四十五年（一九一二）には、実業之日本社より『岡田式静坐法』が出版されベストセラーとなった(17)。

岡田の本は弟子による語録か、編集者が執筆したもので、本人の書いた著書は残っていない。その思想と言っても語録などから推測するしかないのだが、彼の目標としたのは、身体の改造だけでなく優れた人格を涵養することであった。しかし、それは刻苦勉励の堅苦しい方法によって到達するものではなく、内的な霊性の発揮を待つものと見ていた。人間は各自の内にすぐれたものがあり、それに感染してゆく〔ものである〕。教師は自らの人格陶冶に努めれば、自然と生徒の内部から〔すぐれたものが〕輝きでてくる。詰め込み式を排して自発性を重んじるというのが、彼の基本的な教育観であり彼自身の指針でもあった。したがって、静坐中の律動も体のなすがままに任せるのであって、強いて起こす必要もなければ強いて排除する必要もない、というのが彼の指導だったようである。霊動という定型のない身体運動に、大正デモクラシーの自由な社会的雰囲気はプラスに働いたのかどうかは分からないが、少なくとも岡田虎二郎の活動にはプラスに働いた。

この静坐法はどこに由来するのか。確かに岡田は白隠禅師『夜船閑話』や『遠羅天釜』などの修養法を研究したという。丹田に力を入れるのも東洋の呼吸法の伝統である。しかし一方では静坐法の源泉について、初期の弟子は「外人の呼吸修養法を参考して、遂に其妙域に達すると同時に虚弱なる身体はいつしか斯く理想的健康体となり」[18]と書いている。あるいは、アメリカでヨガ行者に学んだという説もある。[19]この呼吸法と行者についてはまったく不明だが、詩人で思想家のラルフ・ウォルド・エマソンを在米中に研究したと言われる。[20]さらに、彼の発言のなかにはスウェーデンボルグの外的、内的の呼吸法の別についての言及もある。[21]あるいは、人格は言葉によらなくとも自然に他者へ感染していくものだと、岡田は何度も発言し、また実際に精神病患者の治療に当たっては、患者と相対し共に静坐するだけで治療している。このように彼は、五官によらずにつながりあう共感的な宇宙を確信している。それがスウェーデンボルグやエマソンから由来するものなのか、あるいはニューソートで行う「遠隔治療」の一種なのか、よく分からない。

ともかく岡田式静坐法は、各人の自発的な霊性を重んじるという点、心身と霊動についてのことさら神秘的体系を立てないという点で、むしろ禅に近く、他の霊術や呼吸法と一線を画していた。精神主義や唯心論が国家主義に近づくのが通例の日本にあって、リベラルな見方をしていたという点でも数少ない人物だった。しかし大正九年（一九二〇）に急逝したため、彼が静坐法の思想をどう完成させたかは、謎のままに終わっている。

ヨギ・ラマチャラカ――アメリカ産ヨガ思想

岡田式のほかに当時有名な呼吸法と言えば、二木式腹式呼吸法、藤田霊斎息心調和法などいくつもあったが、なかには欧米から輸入された呼吸法もある。その一つがヨギ・ラマチャラカである。二十世紀初頭、アメリカでは有名なヨガ行者だった。そのために日本でも何冊か邦訳紹介されている。これが渡米中に岡田が出会ったヨガ行者、あるいは呼吸法であるかどうかは分からないが、岡田とは逆に体系だったオカルト的な生理学を説いている。

確認できた限りでは大正末から昭和初めにかけて、ヨギ・ラマチャラカ『研心録』、忽滑谷快天『錬心術』、清水正光『呼吸哲学』といった本が出版されている(22)。さらに、安東禾村『意志療法　活力増進の秘訣』(日本評論社、一九二二年)(23)にも、ラマチャラカの名前は出ていないが、まったく同様の呼吸法が紹介されている。

不可視の疑似物質的流体プラナ

その説によると、万有引力、電気、生命力の本質となるエネルギーが大気中には遍在していて、これをプラナと呼ぶ。このプラナを効率良く吸収するための方法が、ヨギ完全呼吸法である。つまり呼吸は宇宙エネルギーを吸収する、重要な行法なのである。呼吸法が完全だというのは、胸式呼吸と腹式呼吸を一体化した方法で、肺をくまなく使用するからである。さらに、他人を治療する場合には、プラナの流れを想像し、呼吸法を行う。手を患部に当てると、息を吐きだしながら、プラナが手から患者の内に入っていくと想像するのである。

さて、このプラナとは、物質と精神の間にある疑似物質的流体とされる。つまり精神、プラナ（エネルギー）、物質という、これら三者の違いは振動数の差であって、すべては一元に帰すという。しかし、私たちの心を探ってみると、そうした物質的な心、つまり「我の心」と呼ばれるような部分と、「我」そのものに分かれる。ラマチャラカの修養法は、この「我」そのものの存在を会得することにある。この「我」は、宇宙的な「大我」あるいは「生命」と一であり、神の火花であり、私たちの本当の「自己」である。肉体を離れた「我」を観想し、万有、生命、太霊と自分が一体であると思いを凝らし、最後にただひたすら「我在り」と考えることで安心立命を得るのである。[24]

この「我在り」の教説について、忽滑谷快天は、

瑜伽は精神を以て『吾』の器具とし『吾』は精神其物にあらず、『吾』は精神の上に超然たりという、果して然れば『吾』とは何ぞやと問はば如何、『吾』は単に空名と化し去りて其内容は零と為らざるを得ぬ。これ瑜伽の空想に馳せて却て幼稚なる思想を暴露する所以である。[25]

と批判している。心身二元論を回避して形而上的生命観を取り入れようとした恣意的なものと見るべきか、考える主体と考えられたものを区別したウィリアム・ジェイムズの自我論と神秘主義教説

を見事に折衷したものと見るべきか。
　ともかくラマチャラカの教説を要約してみると、
①「私」の本体は心身を超越したもので、宇宙的な生命、大我と同一であること。
②物質と精神の間の相違は段階的なものであり、その間には不可視の疑似物質的流体（プラナ）があり、それを操作することで精神は物質や身体を操作できること。
③プラナの操作を行う呼吸法がある。さらに観想を併用してプラナを患部に当てるお手当て療法もある。
この三点にまとめられるだろう。しかし①はともかく、③の治療法の部分はあまりヨガ的ではない。さらに言えば、ラマチャラカのキーワードである「我在り」I AM は、英語では、それだけで存在するもの、つまりエホバを指す言い回しである。

　実はラマチャラカは本名ではないし、インド人ヨガ行者でもない。本名はウィリアム・ウォーカー・アトキンソン、アメリカ人の弁護士である。仕事上の過労から神経衰弱になり、ニューソートを実践して回復したという経歴の持ち主である。二十世紀初頭に活躍した初期ニューソートの理論家の一人であり、心霊研究、スピリチュアリズム、神智学、メスメリズム、東洋思想など、さまざまな思想を統合してニューソートの体系をつくり、後の世代に大きな影響を与えた人物である。『ニューソートの法則』『ビジネスと日常生活の中の思考力』『内的意識』など、日常的なアドバイスから心霊研究まで、多数の著作を残した。

ラマチャラカの体系と日本の霊術の体系を比較してみると、かなり近いことが分かる。たとえば、代表的霊術の太霊道の教義を見てみよう。高橋五郎の要約を借用すれば、以下の通りである。

宇宙の根本には絶対位たる太霊ありて存立し、差別位たる宇宙は此太霊の裏より発現する（中略）此太霊は全真で、其裏から実体子という者が発現する（中略）太霊から発現する分霊の如き者であるが故に、之を霊子と称する。(26)

この霊子が精神と物質に分かれて万物を構成する。人間だけでなく鉱物や植物を含め万物に精神があり、その精神と物質の奥に霊子すなわち生命がある。通常の自我意識は限定された「個性我」だが、本来は太霊と一致した「全我格」であり、「太霊は我なり、我は太霊なり、太霊の全真は我の全真(27)」であるとされる。超越的な一者を現象の奥に想定すること、自己意識がその一者につながっていることなど、どちらの体系も基本では類似している。

思考の物質化とオーラ説

しかし一つの相違もある。ラマチャラカの体系では、磁気流体、プラナ、エーテル、アストラルなどと呼ばれる、不可視の物質について細かな体系があるという点である。太霊道では、心身の関係について、霊子の作用で物質と精神の二つの現象が起きるという以上のことは語られていない。ニューソートでは、元来精神は物質であると言われる。P・P・クインビーはこう書いている。

私はそれ〔精神〕を霊的物質と呼んだ。というのもそれを濃縮すると固体になり「腫瘍」という名を得ることがあるのを発見したからである。同じ力が逆方向に働けば、それを溶かし消すこともできよう(28)。

ラマチャラカはこれをさらに敷延して、思考は物質である以上、物理操作も可能であり、物質界を動かすこともできる。事物である以上、形と色があり、霊能力者には見ることができると説く。思考と物質の関係について、彼は次のように述べている。

「思考は事物なり」と言う場合、特に理解していただきたいことだが、この言葉を比喩や空想で使っているわけではなくて、文字通りの真実を表現しているのだ。つまり、思想は、光、熱、電気、その他の現れがそうであるように、「事物」なのである。思考は、霊的視覚によって見ることもでき、感受性の高い人は触れることもできる。さらに適当な器具さえあれば、重さを量ることさえできよう。送りだされた思考は、雲のような外見で、オーラの課で述べたように、それに属する色がある。薄い蒸気のようなもの（その濃度はそれぞれちがう）(29)。

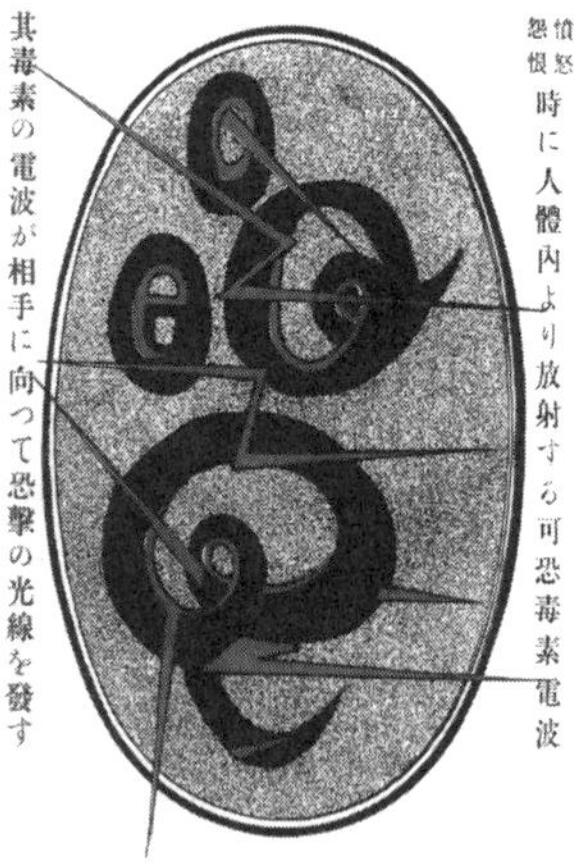
憤怒
怨恨
時に人體内より放射する可恐毒素電波
其毒素の電波が相手に向つて恐撃の光線を發す
栗原白嶺『若返る神秘　愛善叢書第二編』（人類愛善新聞社、一九三〇年）口絵より

思考に色と形があるという説を最初に主張したのは、ブラヴァツキー亡きあとの神智学の霊的指導者であったC・W・リードビーターであった。一九〇一年にアニー・ベサントと共著で出した*Thought-Forms*が、このラマチャラカ説の典拠であろう。

この説は日本においても紹介されている。最初に紹介したのは、やはり高橋五郎で、大正十年（一九二一）に出した『幽明の霊的交通』なかで、「今霊智学界の二明星、ベサント夫人とレッドビータル司教が其視た所を図した思想形状及び色彩若干を抄記せんに例えば[30]……」として、いくつか紹介している。リードビーターの著書は、後に今東光が邦訳するが（リイドビーター『神秘的人間像』〔今春聴（東光）訳、文曜書院、一九四〇年〕）、それ以前に大本教の布教用冊子に使われた珍しい例もある。栗原白嶺『若返る神秘』には、

> 他と争ったり、妬んだり、怨んだり、憎んだり致しますと、先刻も申上げました様に、私共の体内からは恐ろしい毒素の電波が出て参りまして、其為に見る見る内に其緑色の結構な電波が穢されて、斯の図（挿図参照）に示したように、忽ちにして此様に不快なドス黒い、ドス赤い

色に激変して参りまして（中略）近頃ロンドンのセオソフィという人も、之と同じ説を唱えているそうで御座います。[31]

として、リードビーターの図を掲載している。

こうした「思考形態」説を含むオーラ説、あるいはエーテル体、アストラル体などの精妙な身体説は、さらに戦後、昭和二十年代に出版された谷口雅春『生命の謎』や中村天風『研心抄』などにも詳述されているが、それらは神智学、ニューソート、心霊研究といった大正期オカルト流行の遺産にほかならない。とりわけ、中村天風のオカルト心身論にラマチャラカの影響が強いことは注目すべきだろう。

霊動体験を経由した一元論的宇宙観

大正のオカルト流行の中心にあった大本教からは、いくつもの新宗教が発生しているが、なかでも「生長の家」と「天行居」は、現象を越えた超越的な存在を世界観の根幹に置く。たとえば谷口雅春は『生命の謎』のなかで、現代物理学によって物質はエネルギーに解消されたように、それらの奥には「心」（あるいは「宇宙霊」）という第一原因者がいると述べている。[32] あるいは友清歓真は『天行林』のなかで、その第一原因を電子に比定して次のように書いている。

今や此の世界には物質あるなくエネルギーあるなくエーテルあるなくただ至霊至妙の精の又精、玄の又玄なる電子あるのみ。[33]

興味深いのは、このような生命一元論的宇宙観を説く者たちが、いずれも霊動現象を体験した者たちであることである（とりわけ谷口雅春は、太霊道、耳根円通法、大本教などを遍歴しており、神想観という生長の家の行法は岡田式静坐法と大本の鎮魂帰神からできたという説もある[34]）。霊動によって、それまで知らなかった身体内部の別の生命に気づいたことが、こうした世界観を会得させたのだろうか。岡田式静坐法も含めた霊動行法の思想的遺産とは、分節化されて概念化された知識ではなく、生そのものについての直接的な知識であり、その知識自体もさまざまな宗教思想をもたらすほどに豊かなものであった。

Ⅱ　民間精神療法の諸相

第四章　霊と熱狂――日本スピリチュアリズム史序説

はじめに

一八四八年、アメリカの片田舎での怪事件に端を発したスピリチュアリズムという熱狂は、短時日のうちに全世界を席巻した。霊媒の輩出、降霊会の普及は世紀末にかけて異様な雰囲気を知識人の間に醸しだしてゆく。それは、ロバート・オーエンが霊媒ヘイデン夫人に驚嘆し、ウィリアム・ジェイムズがパイパー夫人を研究するという時代であった。ここではスピリチュアリズムがどのように日本の宗教状況と関わり合ったか、を論考の主眼としたいが、その前にスピリチュアリズムについての一応の総括を試みておきたい。

スピリチュアリズム自体が詳細な教義体系を有してないのは、周知のとおりである。それは心霊現象と呼ばれる〝奇蹟〟のみに、その生命力を負っているのである。従って、スピリチュアリズムの本質を問われたら、流行である、と答えておく。スプーン曲げ騒動を想起していただきたい。多数の能力者の同時期の出現こそが、スピリチュアリズムに活力を賦与するのだ。

この流行としてのスピリチュアリズムも、十九世紀後半と二十世紀前半では、その質が違っていたように思える。いうならば、十九世紀のそれは科学者の驚愕、二十世紀前半のそれは死の不安によって色どられている。前者の典型としては、一八七〇年から七四年にかけて肯定的な実験結果を発表し続けた、物理学者クルックスがいる。その彼が、心霊研究《サイキカル・リサーチ》に終止符を打ったのは、霊媒クック嬢による霊像出現であったという。自身の近代物理学的世界観がそれ以上破壊されるのに耐え得なかったのであろうか。心霊現象を心理学的現象として解明しようという動き（サイキカル・リサーチ）はその後も細々と続き、一九二〇年代に入って、取り扱う現象を限定することによって、超心理学として科学の枠組みに入り込むことができたのである。その心霊研究の成果を取り入れながら、或いはスウェーデンボルグの教説などを織り込んだ素朴な宗教的スピリチュアリズムの流れもあった。第一次大戦で失った愛児レイモンドとの霊界通信を著したオリヴァー・ロッジなど最も良い例であろう。大戦後の欧州では盛んに降霊会が行われたという。

以上のような熱狂が、どのように我が国に入り、ブームを巻き起こし影響を与えていったかを、文献に頼りながらその骨組みを描出してゆきたいと思う。

1　明治四十年代の第一期心霊ブーム

催眠術から心霊思想へ

心霊思想の本格的輸入は明治四十年代に始まる。出版面では三十九年（一九〇六）、西村真次のメーテルリンク『神秘論』（福岡書店ほか）の翻訳を皮切りに、平井金三、高橋五郎らの活躍、四十四年（一九一一）の福来友吉の千里眼事件がピークとなり、四十五年（一九一二）の平田元吉『心霊の秘密』（同文館）で第一期のブームが終わるといえよう。

これらのブームの下地としては、既に武邑光裕氏も指摘しているように後期浪漫主義の風潮も見逃せないが、もう一つ、催眠術の普及がある。催眠術から心霊思想への移行の例としては、もちろん福来友吉もそうなのだが、催眠術師竹内楠三の『近世天眼通実験研究』（大学館、一九〇三年）もあるし、注目すべき出版社として、三十年代夥しい量の催眠術文献を発行し、竹内を主筆に『催眠術』という雑誌を刊行していた大学館がある。

この大学館を中心に、多くの心霊文献を翻訳紹介したのが、渋江保である。明治五年（一八七二）渋江抽斎の嗣子として生まれ、横田順彌氏によれば怪奇冒険作家でもある。(1) 催眠術関係の翻訳もすでに行っていた彼は、新思潮であった心霊思想にも、翻訳家特有の目敏さでとびついたのであろう。易軒という号を用いて出版された著作の数は、当時としては非常に多い。四十二年（一九〇九）『以心伝心術』『降神術』『神通力自在』、四十三年（一九一〇）『火星界の実況』などである。例えば『降神術』では一八七四年、クルックスが霊媒フローレンス・クックを使って行った有名な実験報告を紹介している。彼の著作は紹介の域を出ず、考究の程度も深くない。しかし、これだけの量の著作ともなれば、多くの大衆――後に霊術家となる者も混ざっていただろう――に少なからぬ影響を与えたと考えられる。

平井金三と平田元吉――新科学の確立を目指して

本格的な研究家となると、心象会を組織して実験会も盛んに行った平井金三であろう。しかも、彼の場合は仏教者でもあったのだ。京都の儒家に生まれたが、時代の要請から英語を学び、明治二十二年（一八八九）オルコット来日の際通訳を務める。二十三年（一八九〇）には妙心寺で得度を受け、二十六年（一八九三）のシカゴの万国宗教家大会にも日本仏教の代表として参加している。帰国後、東京外語大の教授の傍ら、寄稿していた『六合雑誌』に拠っていた松村介石と共に、四十一年（一九〇八）五月心象会を設立。機関誌『道』に連載した記事をまとめ、翌四十二年（一九〇九）四月『心霊の現象』として警醒社より出版した。(2)

同書によれば、平井が心霊実験を知ったのはアメリカ滞在中で、サイコメトリー能力をしばしば発揮したらしい。体験記の他には、当時最大の霊媒パラディーノなどヨーロッパでの研究状況も紹介しており、さらに彼自身の唯心哲学も開陳している。その内でも述べられている心象会は、福来友吉などの大学人や知識人を中心に七・八十名の会員を有し、テーブル・ターニング、プランセット（狐狗狸）、催眠術、透視などの実験会を行っていたようだ。さて、平井は翌四十三年（一九一〇）はブラヴァツキーの『霊智学解説』（博文館）の翻訳にも協力しているが、四十四年（一九一一）――

福来事件の年――の十二月には教職も辞し、京都に帰っているから、心象会の活動も停止したと思われる。さらに大正に入っては雲水となり、漂泊の生活を送っていたらしい(3)。

その活動は短期間だったにせよ、非常に歴史的意味が大きい。一つは、欧米のサイキカル・リサーチの手法をはじめて、しかも組織的に紹介し、後の研究団体の先駆けとなったこと。さらに、平井が仏教徒であったことである。この時期仏教者の心霊研究家が意外に多い(4)。どうやら、世界の宗教思想研究の一端に引掛かったのであろう。もっとも、既成仏教では教団レベルでの対応はなかったわけであるが。

この仏教者より熱心に神霊研究に注目したのは、浅野和三郎もそうであったが、文学士たちである。分けても、三高の独文教授であった平田元吉の活躍である。明治四十三年、フェヒナーの『死後の生活』（丙午出版社）を翻訳、四十五年（一九一二）に『心霊の秘密』（同文館、後に『近代心霊学』［人文書院］と改題して一九二八年再刊(5)）を著す。フェヒナーは心霊研究プロパーではないが、後の心霊思想家に大きな影響を与え続けた異端物理学者である。また『心霊の秘密』は、この第一期心霊ブームの生んだ最も詳細な心霊研究解説書であろう。附記された参考書目を一覧するだけで、彼の精進ぶりが知られる。また、この書は、福来事件の後出版されただけあって、一章を福来事件にあてて、そこでこの心霊ブームに止めを打つことになった物理学者らの態度を論難しているのである。

この平井と平田の著作に共通するのは、畑違いながら、いや、だからこそ、心霊研究を新科学として確立させようという態度であり、その底には、近代科学への不安は逆に実験事実――科学の武器――で乗り越えられるという期待が漂っている。これこそ、第一期ブームの基調であった。しかし結局、物理学者、藤教篤、藤原咲平らの念写実験批判書『千里眼実験録』（大日本図書）が明治四十四年に出版され、息の根を止められるのだが。

高橋五郎――心霊哲学の試み

先を急ぎすぎてしまった。明治期のブームの最後は、大正に入っても活動し続けた高橋五郎について触れておこう。彼も明治期の〝洋学者〟の一人であり、井上哲次郎との論争[6]で論客として有名になった人物である。四十三年（一九一〇）『心霊万能論』『新哲学の曙光』（前川文栄閣）、四十四年（一九一一）『霊魂実在論』（日高有倫堂）『霊怪の研究』（嵩山房）と精力的に著作を発表し続けた。内容も、広く東西の神秘思想から、クリスチャン・サイエンス、テオソフィーの紹介、さらにはラジウム[7]の発見など最新の物理学、と非常に多岐に渡っていて、スピリチュアリズムもその一部で扱われているに過ぎない。

だが彼は、大正の著書では明瞭になってくるが、これらすべての思想の上に心霊研究を置き、宗教と科学を統合する新哲学として、〝心霊哲学〟を目論んでいたようだ。心霊研究《サイキカル・リサーチ》という科学的な奇蹟を核に、新たな信念体系を織り出そうという、大正の霊術家たちが目指した試みを初めて行った人物であるといえよう。

以上が、明治末に起った心霊ブームの主だった立役者である。この時期は、福来を典型として、心霊現象の科学的解明を時代は指向していた。だから、四十四年の念写事件を境に心霊関係の出版は激減し、霊術家が跋扈しだす大正五、六年まで、出版面での空白の時期が続く。こんな中で、心霊思想の火が燃え盛っていた地がある。それが松江である。

2　大正期の第二期心霊ブーム

大本に飲み込まれた霊術家たち

時代は大正へと変わり、元年（一九一二）。この年、精神主義を標榜する雑誌が松江で創刊される。その雑誌『彗星』は主筆岡田建文[8]により月刊のペースで発行されていた。大部分は政治経済記事で占められていたが、毎号必ず心霊記事を掲載していた。この松江はさらにもう一冊心霊雑誌の発行を見ることになる。大本の機関誌『神霊界』にヒントを得て名付けられた『心霊界』である。発行者木原鬼仏は、伊予の生まれ。井上円了に就いて催眠術を学び、明治三十八年（一九〇五）頃から心霊治療を始め、三十九年（一九〇六）「心霊哲学会」を結成し、同年松江に引っ越して来る。大正四年（一九一五）には、当時十歳の娘俊子が透視能力を発揮し、福来も何度か調査に出向いたという。同年、原田玄龍翁なる老人から授けられた瞑想法、耳根円通法で霊術家として有名になり、六年に月刊誌『心霊界』を創刊する。

ところでこの両誌は、大正の第二期心霊ブームの波に乗って全国雑誌に成長してゆくが、大正六年（一九一七）には岡田が大本の本部綾部を訪れ、『彗星』は大本の準機関誌的色合いを強める。木原も七年（一九一八）には綾部を訪れ、結局八年（一九一九）には『心霊界』を廃刊して綾部に移り住んでしまい、心霊ブームは大本ブームに呑み込まれてしまう。彼も、催眠術→霊術→大本という時代の推移を体現した霊的人間の一人であった。

霊術家――大正のポップ・カルト

さて、ここで大正の心霊ブームに戻ろう。その時期は大正五年（一九一六）「太霊道」から始まって、十二年（一九二三）、新宗教の胎動の間で、セクト化を余儀なくされた心霊科学研究会の設立までと見たい。このブームとは、霊術家たちに代表される心霊医療ブームと、その対称点に位置する中村古峡ら精神病理学者らの邪教撲滅熱、さらにその狭間で、大戦後盛んになったスピリチュアリズムを紹介した文学者たちという三者の絡んだものである。いや、直截にいうなら、〝霊〟という言葉自体の氾濫だったとも言えよう。

霊術家という言葉を安易に使い過ぎてしまったが、ここらで説明しておこう。井村宏次氏の論稿(9)を参考にされたいが、私の定義は以下の通りとする。催眠術・心霊思想で近代化を行った、都会の民間療術家たち。彼らは、一様に高等教育を受けたか、あるいはそう自称しており(10)、その教義からは前近代的堆積を意識的に排除し、主知的な世界観をもってその代わりとした。

その霊術家については、高橋五郎の『心霊哲学の現状』（大鐙閣、一九一九年）が述べていてくれる。

その第三篇第一章「日本心霊学発展史」に於いて、千里眼騒動に続けて、「今其の重《おも》なる〔霊能者の〕噴火口を列記すれば曰く、大霊〔ママ〕堂〔ママ〕、曰くリズム学院、曰く健全哲学館、曰くプラナ療病院、幾《ほと》んど枚挙に遑《いとま》あらぬ(11)」と書き、以下各カルトについて記述を行っている。これを頼りに少々眺めてみよう。

太霊道、その勢いたるや、以て当今の桐山密教やTM〔Transcendental Meditation、超越瞑想〕にも比肩すべし、と古人は思うであろうか。主元田中守平が三度の山籠りによって会得した霊動作用(12)を行法にし、大正五年に太霊道公宣発布をし、新聞への全面広告で一躍有名になるのである。その思想は「単純の道である、宇宙万有の根源を太霊と認め、万人悉く此の霊子を分有するとの見地(13)」つまり、物質と精神を支配する太霊という機械仕掛けの神を案出し、「宗教・科学・哲学・道徳を包容超越(14)」する太霊道が生まれたのである。

リズム学院は太霊道の有力なイデオローグであった栗田仙堂が創始したもので、「万物の根本を顫回運動《せんかいうんどう》と認め、之を動律（Rhythm, Rhythmic, Vibration）と祇敬《しけい》するのである(15)」、また『霊怪的現象』（宇宙霊象研究協会、一九一七年）という心霊と生命主義哲学を並べ立てた書の中で行法を紹介しているが、「吾は宇宙、云々」と念じる簡単な瞑想法であった。

健全哲学館は鈴木美山の主宰する団体で、その主張はやはり霊による物神二元の統合であり、「宇宙の霊凝って人となる。人の内に自ら神性あり霊性あり(16)」という。『健全の原理』（帝国健全哲学館、一九一四年）は延々と西欧哲学の歴史を述べた後に哲学療法なるものについて説くという、これもまた奇妙な書であった(17)。

これら霊術団体、いわば大正のポップ・カルトが、現代のそれと非常に類似していることに気付かれたろうか。布教戦略として、知識人への接近と出版の活用——実は両者とも大本教が編み出した戦略なのだが——太霊道は同名の月刊雑誌を持ち、哲学博士中根環堂の『新思想　太霊道』（洋洲社、一九一七年）という和英両文で書かれた本も出している。更に、行法の容易さを売り物にした点などである。

ところで教勢を拡大しつつあった大本教も、鎮魂帰神の法を中心に布教していたため、これら霊術団体と同一視されていた。だがこれら霊術団体は、舶来の新思想で飾り立てていても、崇拝対象から文化的背景が全く欠落しているという致命的欠陥があったため、神道霊学に裏打ちされた大本教の前に沈静してゆく(18)。その経緯を、もう一人の同時代人、谷口雅春（当時、正治）に証言して貰おう。大本時代の『鎮魂帰神の要諦』（大本新聞社、一九二〇年）の序(19)によれば、

約八年前より催眠術の研究に没頭して数年以前より太霊道、呼吸式心霊治療法、耳根円通法、岡田式静坐法、哲理治療法等を比較研鑽していましたが、或物はその方法が小細工的であり、或物はその理論が不徹底極まるものであるのに慊らず思っていました、ところが大正七年九月皇道大本に来って鎮魂帰神の神法を受くるに到って、その偉大なる、到底諸多の霊術の追ぶべ

からざることを覚ったのであります。

というわけで、大正十年（一九二一）の弾圧後の王仁三郎独裁化が始まるまで、大本は多くの霊術家・心霊思想家を抱え込むことになるのである。

精神病理学者たちの邪教撲滅

以上の動きと並行して、中村古峡らの精神病理学者の活動が進むのであるが、ここでもう一度さかのぼって、精神病理学者の心霊現象へのアプローチを追ってみよう。明治三十五年（一九〇二）に〔刊行された〕王子精神病院長、門脇真枝の『狐憑病新論』（博文館）が最初であろう。更に四十三年（一九一〇）には、東大心理学助教授の福来友吉と京大医学部精神科教授の今村新吉とによる、有名な千里眼・念写実験が始まる。これは非常なブームを巻き起こしたにも拘わらず、翌年一月には物理学者らに煽られた世間は実験を詐欺と断定してしまい、大正二年（一九一三）福来の東大辞職という結末を迎えるのである。(20)日本の科学は心霊現象の誘惑から身を守るため、とかげのしっぽ＝福来を切り落としたといえようか。これ以後アカデミズムが心霊現象を取り扱うことは絶え、精神病理学者に許されるのは、心霊現象を既知の現象（催眠・潜在意識）などに還元することと、社会的には霊術などの邪教を〝科学的〟に批判、撲滅することとなる。

さて、福来だが辞職の同年『透視と念写』（東京宝文館）を出版し、念写は真実であるという信念を曲げていないことを表明し、学問の場での研究を諦めて自己の霊性を覚醒させる方向に向かい、高野山に入って密教修業に励むことになる。そして大正五年（一九一六）出版の『心霊の現象』（弘学館書店）では、後半生変わらぬ信条だった〝観念は生物である〟という一種の精神至上主義を表明してくれる。科学者から心霊思想家への変貌を記したこの本は、多くの霊術家に影響を与え続けたようだ。

中村古峡が日本精神医学会を設立し『変態心理』を創刊したのは大正六年（一九一七）のことである。評議員には斎藤茂吉、森田正馬、賛助員には福来友吉、腹式呼吸の二木謙三医博、中村の催眠術の師である村上辰午郎などを集めた。その内でも当時の霊的状況に積極的に切り込んでいったのは、中村と森田であろう。森田セラピーで有名な森田正馬も、『変態心理』第二号から「一迷信と妄想」(21)という記事を連載、古峡より一足先に霊術家撲滅を開始したのである。

但し、ここで一言つけ加えておかねばならぬ。思うに彼らは出発点に於いては非常に真摯だった。森田は精神科医として古峡は実弟が病に冒されたということで、二人とも狂気の悲惨さを目の当たりにしていた。従って狂人を拡大再生産している霊術団体への憤りが、彼らをして邪教撲滅へ走らせたのだろう。いや、走り過ぎるのだ。大正八年には古峡の「大本教の迷信を論ず」と題した記事が『変態心理』に現れ、翌年（一九二〇）には、勇名を轟かせた『大本教の解剖』（日本精神医学会）を出版。(22)権力側の鎮魂帰神＝催眠術という図式を学問の場からバック・アップしてゆき、邪教との過熱気味の泥仕合にのめり込んでしまい、宗教現象すべてを精神の異常に還元する――精神分析学

派に付き物の——落とし穴に落ち込んでしまう。例えば、森田の記述を引くと、

今インスピレーションということに就て、少しく説明して見ようと思う。これは霊感とか見神とか称するもので（中略）しかるにこの時、本人が若しこれを以て、自分の心内に起こる現象と考えず、他から霊魂または神霊の感応と考える時には、それは変態若しくは精神病であるのである。(23)

ここでもう一度、大正のヒステリックな霊的状況を振り返ってみれば、霊術家も精神病医学者も、自己の内の前近代性への嫌悪という点で共通するのである。共に前近代性を排し、新知識で空白を埋めるという性急な行為は、自己の精神の立地点を失うことにつながるのも気づかず、時代と共に押し流されてしまうのだ。

盛況なる出版活動

一方、出版物では翻訳が続々と行われ、状況に刺激を与え続けていた。高橋五郎がロッジを、栗原古城がメーテルリンクを玄黄社から出版し、大正十一年（一九二二）には大本教シンパの出版社、新光社が「心霊問題叢書」として、フルールノアの『心霊現象と心理学』——これは心霊現象を潜在意識によって説明したもの——やロッジの『他界にある愛児よりの消息』——霊界交信記——な

どを野尻抱影らの翻訳によって出版している。

同時期に、関西では日本心霊学会が出版を精力的に行っている。これは木原鬼仏の弟子、渡辺藤交が京都で主宰していた霊術団体で、書店（今村新吉の命名で、人文書院という）[24]を経営していたため関西の心霊研究家・霊術家が集まった。とりわけ、当時関西にいた福来友吉の存在は大きく、多数の著作を出版したのみならず、藤交の教えも彼の生命主義に非常に影響されていた。他にも霊光洞を主宰していた霊術家関昌祐によるカーリントンの翻訳書も同所から出版されている。

浅野和三郎

最後に福来友吉と並ぶ日本心霊学の大立者、浅野和三郎を追ってみたい。浅野も福来と同じ世代であり、英文学者でもあったから、明治の終わり頃には心霊研究について知っていたに違いない。いや、そればかりでなく、彼が勤めていた海軍機関学校にいたスティーブンソン[25]という外人教師はポイント・ロマ派のテオソフィストであり、『霊智学解説』や『霊智学初歩』（私家版、一九一〇年）などを翻訳出版していた[26]。浅野自身もブラヴァツキーの著作は数々読んだ、とのちに書いている[27]。既に欧米の心霊知識によって素地を啓発されていた浅野が、真の霊的衝撃を受けるのは、大正四年（一九一五）近所の無名の病気治しの行者によってだった。大本の機関誌『神霊界』に彼が寄せた「入信の径路参綾の動機」によれば、外国ではスイデンボルグなどサイチックソサイテー（交霊会）などと云って、霊魂研究をやって居て、日本人は外国種だと何でも難有がって研究をする癖があるから、こんな研究迄も難有がって居る者も少なくないが、こう云う隠れたる材料は日本には実に沢山あるので、現に猫額の横須賀にさえ三峰山の婆様［引用者註　行者のこと］が居る位だ。(28)

これこそ彼の後半生を決定し、変わらぬ信念となった衝動である。

大正五年（一九一六）、鎮魂帰神に魅せられて入信、機関学校の物理教師で、後々も浅野と行動を共にした宮沢虎雄も同時に入る。この後、浅野は大日本修斎会会長という、教団内では王仁三郎に次ぐナンバーツーの地位まで昇り、大正十年立替え説という終末観と鎮魂帰神の法を推し立て、先頭に立って布教活動を行った。

当時の大本については、深く立ち入らないが、多くの霊術家を吸収して巨大化した教団の内部は、当然一枚岩とはいかない筈である。浅野の回りには前記の谷口、宮沢を始め、実兄の正恭、岩田鳴球、今井梅軒、滝川辰郎らの知識人が集まっていた。『大本七十年史』(29)では、彼らが大本につなぎ留められていたのは、立替え説の一点であったと分析している。立替え立直し説は、大正十年第一次弾圧で破綻し、〝出口なお＝予言者〟幻想も打ち壊された彼らにとって、王仁三郎独裁化の進む大本は、もはや魅力あるものではなかった。前後しながらも、大正十三年（一九二四）までには、全員大本を離れていった。

この第一次弾圧事件で大本の勢力が一時弱まったため、霊術家も再び活躍し始めるが、古峡らの攻撃に懲りてか、治病活動の傍ら心霊研究を行う――いや正しくは標榜するというべきか――者も現れてくる。『霊之研究』という小雑誌を出していた二神宗禅の心霊研究同志会、前出の日本心霊学会も『日本心霊』という旬刊の機関誌を大正十一年（一九二二）から出していたし、霊光洞の関昌祐も心霊科学研究会の神戸支部ともいうべき神戸心霊協会を設立する。[30]

心霊科学研究会の設立も、この動きの現れと考えたい。浅野が大本を最終的に離脱するのは十四年（一九二五）だが、研究会創立は十一年の終わりから準備を始め、翌年三月に設立された。その創立に参加した識者には、第一次弾圧の際大本の弁護人となった江本衷、花井卓蔵やロッジの『心霊生活』（大日本文明協会事務所、一九一七年）に解説を書いた杉山義雄[31]、心霊現象研究会々員だった今村力三郎、それに高橋五郎らがいた。もちろんそのほとんどは名目上の発起人となっただけで、和三郎・正恭の浅野兄弟を中心とした元大本信者が活動の主体だった。大正十二年（一九二三）に創刊された『心霊研究』（大震災のため、三号で廃刊）、大阪に移って大正十三年（一九二四）から発行された『心霊界』などを見ると、記事のほとんどは彼らの手になるものである。谷口はクリスチャン・サイエンスの翻訳をし、宮沢は浅野と共に海外の心霊研究の翻訳、その他日本の透視実験や幽霊譚などを掲載し、一二〇ページ余りの立派な雑誌であった。造本の点から見ても、大正後期が研究会の最良の時だった。

それでは、スピリチュアリスト浅野の信仰はどうなったろうか。まず彼は、心霊研究（サイキカル・リサーチ）と神霊主義（スピリチュアリズム）を注意深く使い分け、神霊主義の下僕たる心霊研究を想定したろう。だが、この心霊研究は、明治期と違って、すでに科学とは無縁の位置にいた。その心霊実験は、会員＝信徒に顕示する奇蹟に他ならないのだ。

ここで、スピリチュアリズムについて私見を書いておくが、それは心霊現象の思索解釈――神智学なら行う筈の――を放棄し、現象への驚異によって支えられている信仰である。従ってそれは運動とはならずに、ブームで終わるし、宗教的運動となるためには既成宗教――欧米ではキリスト教――の一セクトに気づかずにならなければならない。

浅野に戻ろう。昭和に入って、霊術家たちのある者は新宗教へと進んでゆく。この新宗教ブームは、心霊科学研究会に於いても例外ではなく昭和二年（一九二七）、研究会発行の『心霊研究と新宗教』で著者森作太郎は、「之れ［＝神道］を経とし、心霊学を緯として容易に新宗教を作り上げらるべきものと思うのである」(32)と提言している。これに応えるかのように、「精神統一」という行法（大本の鎮魂帰神と大差ない）や祖霊崇拝など宗教色を強め、また昭和三年（一九二八）の谷口雅春との論争を通して、心霊科学研究会の主張を明確にしたのも一助だったろう。更に、浅野の死後（昭和十三年［一九三八］）出版された『心霊学より日本神道を観る』（心霊科学研究会）を読めば、心霊科学研究会が神道の一セクトとして、国家神道体制に組み込まれていたことも解る。

おわりに

以上が、忘れさられたオカルト・ブームの概要である。スピリチュアリズムの流れを叙述するに精一杯で、新宗教の教義体系への影響分析を充分にするまでの才もなかったことを白状しておく。戦前既に、充分な量の心霊文献は訳出され、僅かながらもヨーロッパ神秘学関係の文献の出版を見たにもかかわらず、結局は皮相な伝統回帰に終わったのは、現在も重要な問題であろう。

＊今回使用した資料は、井村宏次氏と大本資料編纂室に多くを負っている。ここに記して感謝いたします。

第五章　原坦山の心理学的禅——その思想と歴史的影響

はじめに

幕末から明治前半にかけて活躍した曹洞宗の禅僧、原坦山は東京大学で初めてインド哲学を講じたという功績で知られている。あるいは死に際して、死期を告知した葉書を送るなど、逸事に富んだ禅僧として知られている。しかし彼は、なによりも曹洞宗の近代化を試みた人物であり、その業績の真骨頂は西欧医学を介して理論化・体系化された仏教的心身論にあるが、その思想は十分に評価されているとは言い難い。さらに、彼の思想と技法は、弟子の原田玄龍によって改変され、大正期には木原鬼仏や片桐正雄といった人物によって、当時流行の霊術や呼吸法のひとつとして世に流布することになる。

本論文では、まずその技法と思想を紹介し、次にその後継者たちがどのように心理療法化したかを確認し、最後にそれらを比較して、自己観という観点から考察してみたい。

1　原坦山――人とその思想

経歴

原坦山（一八一九―一八九二）は、平藩（現在の福島県いわき市）の武士、新井勇輔の息子として生まれた。幼名は良作、最初は儒学を学び、佐藤一斎が校長を勤めていた昌平黌に進学、続いて多紀安叔に就いて五年間医学を学ぶ。彼が仏教に改宗したきっかけは、駒込の吉祥寺境内にあった栴檀寮という学林で行った講義にある。この時、たまたま禅僧の京燦と儒学と仏教の優劣をめぐって論争になった。敗者が勝者の宗旨に改宗するという条件であった。結局、この勝負に負けた良作は、いさぎよく得度を受け、その後何人かの禅匠の元で修行に励むことになる。とりわけ大阪の風外和尚の元では、後に総持寺貫首を務める奕堂などと共に学び、厳しい修行を重ねている。風外和尚没後は、京都の心照寺、結城の長徳院などの住職を勤めているが、心照寺時代に蘭学医、小森宗二との論争に負け、心の所在を胸にあるとする仏教生理学の限界を知り、西洋医学を学び始める。また、長徳院住職時代には、明治期を通じて居士仏教家、ジャーナリストとして活躍することになる大内青巒が弟子入りしている。

明治維新後、教部省ができると、坦山は曹洞宗から選ばれて教導職になり、大講義にまで昇る。しかし曹洞宗の宗務当局より嫌われて、微罪を理由に僧籍を剥奪されてしまう。そのために坦山は浅草で易者にもなっている。しかし、西本願寺の明如（大谷光尊）は彼を評価して、築地本願寺に招いて講義を行わせている。さらに明治十二年（一八七九）には総長加藤弘之に招かれて、東京帝国大学で仏書講義を開始する（後に印度哲学と改められる）。明治十三年（一八八〇）には僧籍に復帰し、小田原最乗寺の住職となり、二十四年（一八九一）には曹洞宗大学林総監、二十五年（一八九二）には曹洞宗管長事務取扱も務めている(1)。

坦山は明治二十五年に遷化するが、その当日、自分の死を葉書で前もって通知したという逸話を残す。豪放磊落、奔放不羈な性格であり、戒律や形式を軽視し、生死の一大事を重んじた、いかにも禅僧らしい奇行に富む。彼に対する評価は、常光浩然『明治の仏教者　上』に見られるように、洒脱な禅僧としてのものを除けば、東京大学印度哲学科というアカデミズム仏教学の開拓者として評価されることが多い。ただし、明治の仏教思想を再評価した末木文美士は、アカデミズム仏教学の実質的な始祖は村上専精と見なし、坦山はその先駆者という位置づけであり、その「実験」的禅学にはあまり評価を置いていない(2)。しかし坦山自身は仏教の心理学的展開にこそ自説の価値があると考えていた。

原始仏教への回帰と修行形骸化への批判

坦山は後述するような独自の仏教解釈を打ち立てることになるが、「余の学問はぶち猫の如き学問にて」、西洋、中国、仏教とさまざまである。また仏教でも、「有難屋」と学問の方と二種類あるが、自分は学問の方から入った、と述べているように、学者として自己を形成した後に仏門に入ったところにその出発点を見ることができよう。(3) 儒教に培われた合理主義者であった彼は、二点から旧来の仏教批判を開始している。

ひとつは迷信的、習俗的な仏教への批判である。大衆の帰依を集める祈禱寺や流行仏のような「有難屋」、あるいは葬式を専らとする寺院を嫌っていた。

六百年の古印度にありて、既に其伝を失いしを、龍樹も自ら知らずと云われたるにて知べし、されど既に失いたりと云えば、有り難やの価不定なるが如く、仏教の仏教たる所以の相場果して何れにあるや、釈迦の真意まさか有難や葬式屋にはあらざりしなるべし。(4)

と、痛烈な批判を行っている。

坦山は、仏教本来の教えである原始仏教への復帰を唱えた。釈迦の時代には、禅も効果的であったはずであり、その時代の教えを回復することを目指した。しかし原初の教えはすでに断片的にしか仏書に伝わっていないとも判断していた。地動説を唱えた同時代の僧侶、佐田介石の如く仏教教義を墨守しようとするのではなく、むしろ原始仏教は西洋科学と合致するものと見ており、すでに経歴において触れたように、蘭方医との論争に敗北して以降、積極的に西洋医学を取り入れようとする。しかし、繰り返すが、仏教からの逸脱ではなく、むしろ真正の教えの回復として医学的生理学を進んで摂取したのである。

もう一点は、禅修行の形骸化への批判である。坦山自身が、老師から印可を受けたにもかかわらず、煩悩が起こり、こころが安定しなかったことに悩んでいた。(5) 新しい禅の方法を彼が編み出した背景には、単なる知的関心からだけではなく、本人自身の悩みもあったと思われる。「予は尤も仏陀氏を奉ずる者なり、然れども実際有益の法に非ざれば之を言を欲せず」(6)とも、あるいは「仏教は相手によらずして、直ちに自己の一心上の探求なり」(7)とも述べている。これらは彼の本心であろう。

その主著は『無明論』（一八四七年）、『心識論』（一八六〇年）、『老婆新説』（一八六三年）、『再校心識論』『脳脊異体論』『惑病同源論』（一八六九年）、『心性実験録』（一八七三年）、『首楞厳経講義』（一八九一年）などで、ほとんどは仏教的心理学と新しい禅の方法に関するものである。

心身論――「実験」による陀那＝無明粘液の発見

坦山の仏教へのアプローチは、知的な関心と自己の救済を求める主体的な探求からなることはすでに述べた。そのことが、批判軸に「実験」を強調する点にもつながる。実験とは現代の意味でのそれではなく、実践者自身の経験を指す。坦山は忠実なテキスト解釈者というよりは、創造的な読者であり、その仏教解釈の根拠となったものは「実験」、即ち自らの体験である。坦山は、それまでの禅が体験という点で十分でなかったと批判、自らの考案した新しい禅の方法（あるいは身体イメージの操作）を実践した結果、好結果がもたらされた（という）。このことを、自らの仏教理解の真正性の有力な証拠としている。しかし同時に主に『首楞厳経講義』などの仏典をも参照しつつ、すでに述べたように釈迦時代の仏教の回復を目指したのである。

坦山の心身説に関する主要著作は、幕末から明治初めにかけて発表されており、晩年では微妙に所説が変化しているが、基本的な構図には変化はない。基本的には、脳脊髄に関する生理学的知識を唯識説に結びつけたものであり、『脳脊異体論』によれば次のようにまとめられる。

まず人間の心識は、眼耳鼻舌身意とあり、第六に当たる「意」はさらに六識、七識、八識の三識に分かれるとする。

> 心意識の意と云うものを三つに分ける時分に於て第七の末那識に当る……神経がどちらにも通じてありますけれども識は八識に当る意識は第六識に当る……
>
> 識は八識で脳の本源の識体を指す。(8)

しかし、この第六（意識）、第七（末那識）、第八（阿頼耶識）は、それ自体が複合的な産物であり、それを生み出す元には、悟りをそなえた本来的な心と意識を欠き物質をまとめ生命力となる心とがある。

この内、悟りをそなえた心、無形の覚は大脳に存在し、精神活動の源となっている。

覚は本より珍いものではなく身体に具って居る(9)。

第二のものは、阿陀那識あるいは陀那と呼ばれ、脊髄中に粘液の形で存在する。

所謂煩悩の根本にして、上りて脳に至り、脳髄に凝結す、其凝結せしむるもの、之を無明と云うなり(10)。

病因としては「九対の神対と云うものへ無明が閉じるから中風抔と申す病気が起ります」と述べ、「無明の性質と云うものは至って粘液でねばりのあるもので御座いますから」とも述べている(11)。

この粘液状の陀那が脊髄を通じて脳にのぼり、霊覚である脳気と合体して和合識となる。この時点で本来、清浄な心は煩悩に汚されたものになる。しかし他方、陀那は生命エネルギーでもあり、生きている以上はその流れを止めることはできない。この和合識が身体全体へ流通しており、そのためにすべての人間は一面からすれば病人である。ここから腹へ流れるものが第六識（意識）であり、胸へ流れると第七識（末那識）となる。

和合識が体を循環している限りは通常の意味での健康であるが、いったん停滞すればそこで煩悶が生じ、身体に病をもたらす（この心身相関論を「惑病同源論」と呼ぶ）。精神的な悩みによって、第六識や第七識の流れに停滞がもたらされると胸や腹に故障が生じる。したがって、この粘液の大脳内への進入を停止させれば、迷いが消滅して本来の覚りを得るだけでなく、身体は完全な健康を得るとされる。このように大脳が覚心の本体であるのに対して、小脳以下の脊髄部分は盲目的な生命力の座であるので、両者はまったく別であるというのが坦山の主張で、これを脳脊異体論という。

一見すると大脳中心のようであるが、正確には、大脳との関係において、胸（末那識）や腹（第六識）における心身現象の存在を改めて認めたということができよう。また、明治二十二年（一八八九）には陀那の源泉は腰にあることを「発見」している。「先年来脳脊異体の説を為し、而して腰骨盤中其原府あるを発見せしは、昨明治廿二年にあり」とも述べている。(12)

坦山は、この陀那という流体の存在を、先に述べたように「実験」によって証明したと述べている。つまり、実際に自らの身体を利用して陀那あるいは無明の流れる筋を切断して、脳と脊髄は本質的に別個のものであることを「証明」したという。坦山は、腹から胸、そして脳と、無明の流れる筋を下から順々に切断していった。その結果は以下のように大成功であったという。

予初め定力に由て（中略）腹部の心識を断ずる時（中略）頭面胸臆心識の部暴漲溢満を覚え、胸部の心識を断ずる時胸腹の部空浄にして頭面の部暴漲し、脳部の心識を断ずる時頭面胸腹の部皆空浄にして後脳及脊髄液流行の部暴漲を覚う、是一証也、

又脳項接続の路を断ずる時脳胸腹の部念想思量皆空浄す、若脊髄は脳の同体支末ならば九対

の部皆暴張すべし、今之に反す是二証也、（中略）接路断ずる時脊髄液流行の部、皆煩悶を覚え、後却て滋蔓肥壮を加う、是三証也。[13]

脳脊髄異体論は、もちろん西洋医学において認められるものではない。しかし坦山は、自らの「実験」によって西洋医学の説を批判し、脳と脊髄の異体論を自らの新説として説いていた。このように坦山は、決して単純に西洋医学を仏教に接合したのではなく、西洋医学を意図的に読み替えたのである。

坦山の坐禅法

さて、具体的に坦山の坐禅法とはどのようなものであったか。無明の筋を抜くのに「定力」を用いるとはどのようなものか。弟子の荒木礒天なる僧侶が、『禅学心性実験録』中で坦山の『老婆新説』について注解している。そこからすれば次のようなものと思われる。

まず坐禅をして白隠流の丹田呼吸を行う。この時に妄念が起こるので、心身を内省してこの妄念の源である無明粘液の流れを認識し、そこに定力を加える。定力について、坦山は「灸をすえる時」の心持ちとも述べており、荒木は心気力を一定の部所に集中して、そこの惑障を取り除く法であると述べている。おそらく実際の修行の過程では、無明の流体が循環する身体をイメージし、そのイメージに対して意志力で切断を行うという作業であろう。同時に、腹式呼吸によって実際に下腹に力を込めるようにする、これで下腹部の惑障が除去される、次に胸の場所の筋を抜き、そして脳とうなじの間の流れを切断する、これによって妄念から解放され、ありのままの世界を認識し、自由自在なこころの働きを得ると同時に、完全な健康が得られるとされる(14)。

東西心身論との比較から見た坦山の位置

それでは以上の坦山流の禅の技法と理論をどう評価するべきだろう。

まず西洋医学と比較した場合、次のように言えるであろう。陀那を坦山の言うように粘液と解せば解剖学的に問題はあるが、しかし広い意味で一種の流体と解せば、何らかの流体が停滞するために病気を発症するという考え方自体は西洋医学と共通する。ほぼ同時代、アメリカで神経衰弱が流行していた時期、その病因とされたものは神経電流の停滞であり、処方としては電気ショックなどが用いられた(15)。もちろん坦山の技法はそこまで単純な物質主義的な操作ではないにしても、生理学に還元される可能性があるのは否めない。

他方、東洋の心身論と比べるとどうであろう。類似の心身論としてひとつだけ例を挙げれば、クンダリーニの説がある。陀那もクンダリーニも身体を流れる不可視の生命エネルギーという点では共通している。しかしクンダリーニ・ヨーガではエネルギーの流れを利用して全体性を回復し、その上で最終的な解脱へと向かおうとするものであるのに対し、坦山の所説では生命流は否定されるべきもの、その流れは首の部分で切断されて下の身体へ返されるべきものである。首から下の身体は脳の道具に過ぎないという点で、坦山の説は脳中心主義と言うことはできよう。ただし意識中心主義ではない。

坦山は、根本的には『大乗起信論』による覚の普遍性、仏教の根本的な人間論の上に立っている。その宇宙論によれば、天地は凝・流・気・温・空・識の六種の原質からなる。この識の割合で、人間にもなれば動物にもなる。「識の一種は其原質至微至妙にして測りがた」く「神者之を見て之を神と云い、仏者之を見て之を仏と云い、仁者は仁と云い、智者は智と云い、霊魂と云い、精神と云い、性命と云う」(16)。「其満空に弥綸する者は空気等に和合」(17)し、さらに離合集散してさまざまな形態をなすとされるので、人間の自我意識を特権視する発想はそこにはない。人間の自我はかりそめのものであり、その中で確固として約束されているものは悟りの普遍性だけである。

歴史的意味――仏教教理の心理学化と技法の近代化

坦山の説は、現在から見れば「実験」というに値するようには思われない。むしろ「内省」という語が当てはまるだろう。ただし、十九世紀の同時代、欧米でもいまだ内省心理学が盛んであったこと、実験心理学の到来を告げるW・ジェイムズの『心理学原理』が出版されたのは明治二十三年(一八九〇)であったことを考えれば、荒唐無稽ではあるが、生理学を積極的に採用しようという点では、同時代の欧米の心理学者からさほど遅れていたわけではない。

近代仏教の歴史からすれば、坦山は仏教の心理学化による近代化を試みた最初の人物である。彼は西欧的教養を身につけた知識人の増加により、仏教は心理学に依拠しなければ教えは滅ぶと見ていた。「以前は一寸と申しまするにも地獄とか極楽とか云うことを説いたが当節そんな所に骨を折ても役に立たない」[18]。さらに「仏教の中で心識の説が立なければ中等以上学者社会には六ケ敷いどーも翁や媼に有り難たやを説くのとは別であります」[19]とも述べている。

その著書や仏教批判から分かるように、坦山にとって仏教は信仰を基礎とする宗教ではなく心理学であった。明治二十一年（一八八八）に来日した、神智学協会会長のオルコットに答える形で次のように述べている。

ヲルコット氏曰く「レリジョン」（宗教）と云語は仏教に用いること妥当ならず、仏教は寧ろ道義哲学と称すべきなりと、余は直ちに心性哲学というを適当とす[20]

坦山は教理内部から心理学化を進めたものといえよう。この点では、井上円了の啓蒙仏教の先鞭をつけている。円了は妖怪学により迷信の撲滅を図り、さらに心理面では催眠術や心理療法の導入に先鞭をつけることになるが[21]、そのような円了の軌跡は、東大における仏教の師匠であった坦山の思想を展開したものであった。

その心身理論それ自体は、当時の医学界でも真剣に取り上げられることはなかった。一面では、目標や技法において曖昧模糊としていた「禅」を体系化することに成功し、療法化への道を大胆に進め、同時に大衆化への道を開いた。しかし、他面では単純化したことによって禅の豊穣な精神性を削る可能性も開いた。ともあれ、彼は仏教技法の整理と近代化という未踏の領域を進んでいたことは間違いない。

2　耳根円通法

原田玄龍

坦山の弟子に曹洞宗の僧侶で原田玄龍という者がいた。玄龍は慶応三年（一八六七）に坦山の門に入り、明治二年（一八六九）六月七日、坦山の首楞厳経講義を聴講している際、観音耳根円通の一節を聞いて耳根に定力を加えることを思いつく。座禅を止めて、耳根に定力を入れること一月、努力の結果、前脳から後脳へと陀那の流れを返すことができ、妄念を脱し、喜びのあまり七日間眠れなかったという。その後、胸、腹にも同様に定力を加えて解脱した結果、心身の壮健を得た。[22]「爾来二十有六年の久しき尚之を実究するに身体益々壮健且つ逆境界に逢うも怖畏の念なく恒に大安楽の地に住す」[23]という。

玄龍は、この方法を耳根円通法と呼んだが、坦山が腹、胸、脳という順で定力を加えたのに対し、玄龍はその逆に脳から腹へという方向を取った点が最大の違いである。定力に関しては、玄龍自身も「全身の内部に向て発動する者を云う」とか「何れの時か自知するを得」[24]るとして、明言していないが、ともあれ、全体としては、その技法は禅という形式から大きくははずれていない。

玄龍はこの技法の布教に努めていたようだが、さほど多くの弟子を有していたとは思えない。しかし明治四十年前後より、静坐法、呼吸法などの健康法が流行し、霊術や精神療法と呼ばれた民間の代替療法が盛んに行われるようになると、その流行の中で耳根円通法の実践者も何名か出現してくる。(25) とりわけ、木原通徳、片桐正雄の両名は、その思想において興味深い事例となっている。以下、両名の所説を確認して、坦山の思想との差異を明らかにしたい。

木原通徳と精神療法的自己観

木原通徳（鬼仏と号す）は明治六年（一八七三）愛媛県越智郡波止浜の生まれで、最初は製塩業を営み、苦労の末に成功を収めるも、船底塗料の研究や中国革命の援助などで家財を傾ける。その後は、熊本の九州新聞社、海南新聞社などで記者として働く。海南新聞特派員の傍ら、明治三十五年（一九〇二）より大阪で催眠術研究会を起こす。明治三十八年（一九〇五）には神戸で精神療法を開業、一時徳島へ移るが、その後、再び神戸で中国人専門の精神療法を開業。一八〇〇〇人を治療したという。明治三十九年（一九〇六）八月に松江に移住。松江で精神療法家を開業していた当時が絶頂期であったようで、遠隔治療も自由自在であったと本人は述懐している。

本人の述べるところによると、彼は井上円了より催眠術を学び精神療法を開始したという（ただし、印刷物によってなのか直接師事したのかは不明）。その傍ら、自らも禅を実修し、原田玄龍から耳根円通法を習得し、同時に自らの団体を通じて、この技法の宣伝に努めている。明治三十八年より耳根円通法を実践していたが、大正五年（一九一六）十二月原田玄龍より直接に印可を受け、耳根円通法の伝授を始める。木原から通信もしくは直接に教授を受けた者の数は、大正六年（一九一七）よりの二年間だけで一七〇〇名にのぼったという[26]。

木原の著した『耳根円通法秘録』によれば、彼の教授していた技法は、その大筋では原坦山と原田玄龍のものを踏襲しているが、いくつか目立った変化もある。形式的には、坐法に結跏趺坐ではなく正座を用いて一般人に座りやすくしていること。また、定力の用い方は、一種の身体操作として整理され「奥歯を軽く合せて、その歯根に力を込め両耳に向って猛勇の定力を集注する[27]」とある。歯と耳の生理反応に精神力を組み合わせたものとなっている。この結果、「後脳の微動」が起こり、通徹し（陀那の流れが切断されること）、脳が空浄と化すとされる。定力がこのような効果を発揮するまでには、普通五日から遅くても二週間で可能とされる。このように坐の形式だけでなく、精神よりも身体に重きをおき、手順がマニュアル化されていること、期間が格段に短いことなど、宗教というよりは、身体に重きをおいた一種の自己治療法と化している。

ただし通徹で完了するのではなく、その後に照真法と呼ばれる通徹後の修養法を続ける必要があるとされる。照真法とは、早朝と夜の二回行われ、坐法は結跏趺坐、半跏趺坐、正坐のいずれでもよい。一分に三呼吸の深息法を行い、雑念妄想の襲来を防ぐ。そして後脳（上丹田）、胸部（中丹田）、腹部（下丹田）に定力を用いて妄識を空浄とする。耳根円通法で完成するのではなく、それを日常的に繰り返していき、人格の完成までを目指す点に木原の独創性が見られる。

木原が、完成すべき人格として、修養の目標として掲げるのは、大我であり、宇宙と一致した我である。「我が心にして大道と一致する時は、此の自己は小なる自己にあらずして大なる自己である。即ち天地と大を等しくし、宇宙と其広を同うするの自己である」[28]と述べている。

そもそも宇宙自体が即絶対的な存在であるとして、次のように述べている。

何をか宇宙の大道と言い天地の妙用というか、吾人の宇宙は偉大なる実在則ち神の顕現であって、此神は決して現象界の外にあらざるを信ずるのである。而して宇宙は絶対である又正善である。仏教の真如というも之に外ならないのである。[29]

この宇宙の現象界こそが絶対的実在とする説は、当時の哲学界の指導的存在であった井上哲次郎の現象即実在説からの影響であろう。

このような自己観は、明治三十年代後半以降出現してきた精神療法家たちの間では一般的なものである。いわゆる煩悶の時代と呼ばれる近代的自己の形成の時代は、同時に資本主義と学歴社会の進展などによって、厳しい競争社会でもあった。ある程度の知識と教養を身につけた者にとって、頼むべきは神仏の加護ではなく自己である。木原の人間観は社会に対していかに自己を守り、自由を確保するかという教訓につながるものであった。彼は次のように、その処世訓を述べている。

相対差別の小我を離れて絶対平等の大我を認め我心に迷う所なく、我心に動く所なき此境に達してこそ、我自ら宇宙の主人公となり八風吹けども動せず、泰然として世に処し、自若として事に当り、身は毀誉の外に超絶して心に煩悶する事が無くなる、是を不動心というのである。[30]

つまり、社会に対しても超然と処しながら社会的活動を続けるということである。これは、陀那の流れを切断することで、身体から生じる欲望から解放されながら生命を充実させるという図式とまったくパラレルである。言い換えれば、耳根円通法は身体と社会の両面で、欲望からの解放と活動の充実という矛盾を解決させるものとして木原は構想していたことが分かる。

片桐正雄

木原の耳根円通法活動は長くは続かない。大正六年（一九一七）大本教の『神霊界』誌を見て興味を持ち、大正七年（一九一八）に綾部に赴き、大本教本部を訪問している。大本教に改宗して耳根円通法などの精神療法活動を停止することになり、片桐正雄という人物がその後を継ぐことになる。

片桐正雄は、京都の実業家で明治四十年（一九〇七）に明治修養会なる社会教化団体を結成している。一方、明治三十六年（一九〇三）頃よりベークマンの強肺術などの健康法を試み、大正三年

（一九一四）には北後静動の簡易養健術を実践、大正六年七月に松江の心霊哲学会に入会し、耳根円通法を実践、九月には京都支部長に就任、大正八年（一九一九）の春頃に、木原の綾部移住に伴い、耳根円通法の宣伝活動を引き継ぐ。大正八年四月に健寿修養会を発足させている(31)。

片桐は耳根円通法をさらに生理学的に整備している。陀那の説は医学的に承諾し難いので、これを神経ではなく血液と読み替える。つまり円通法の修行方法の要は、「血液の循環を旺盛ならしむる心臓の血圧強行作用(32)」にあるとする。定力、あるいは片桐は心力という語を用いるが、これは血圧の力に他ならない。したがって脳においては循環する血液の流れを促進し、滞留した血液を融解させて流れを滑らかにし、延髄の血管収縮神経中枢を刺激して全身の血行を盛んにするなどの効果があるとされる。

その手法は以下の通りである。まず正座して膝を少し開け、足の親指を重ね、踵の上に尻をのせる。両手は掌を握って、左右の両膝におく。そして、

> 余は腹部に力をいれず、先ず心力を以て腹を引きこめ、そのまま其力を引き上げ耳内を経て脳部（顱頂《ろちょう》俗に脳天）へ通徹さす気持にて一息の当に詰らんとするまで堪えるのである。是れ其実は心力を引上ぐるのでなく、心臓の血圧を強くして血行を速進〔ママ〕するのである。而して両膝に置きたる握拳は、心臓の血圧を強行する為に自ら膝を押えねばならぬことになるのである(33)。

静かに注意していると心力が頸部にあがってくる、この刹那に両方の拳を強く膝に押しつけると、肩に力が起こり、奥歯の根に力をこめて「コヂルが如く」耳中へ注入するという。このように曖昧であった定力の正体は明瞭にされたが、しかし、その分、そこに含まれていた精神的な意味合いやイメージの力は乏しいものになった(34)。

おわりに

以上のように坦山以降、玄龍、木原、片桐を比較してみると、生理学的な説明が次第に整備され、とりわけ片桐の耳根円通法解釈においては、定力が明確なものとなりマニュアル化されていった過程が見えてこよう。

しかし他方では知識が分節化され、人間存在の理解が断片的なものとなっていった過程とも言える。ここで技法と精神現象の関係を軸に考えてみよう。まず坦山においては、日常的な精神現象や自己も陀那の流体と頭脳の構造によって説明され、それはさらに仏教的世界観、人間観の大きな枠組みに支えられていた。木原は、自己を大我と同一視することで、仏教的というよりはむしろウパニシャッド的自己観に接近し、精神療法独自の自己観を提唱していたが、自己の修養と身体技法は関係するものと捉えられていた。

片桐においては、技法と修養の内在的関係性は希薄である。耳根円通法は身体操作法として整理され、精神的な修養とは原理的に関わることはなくなっている。つまり技法は、その背景的な知識との関係によって、人間と世界と救済に関する総合的な知識（広い意味での形而上学）と有機的な関係を失い、身体の健康という部分だけに関係が制限されている。森田療法、吉本内観に限らず、近代日本では宗教からいくつか心身療法が発生しているが、そこにおいて宗教と心理療法を分かつ内在的な区分は、このような技法と知識の関係性に求められるべきではなかろうか。このように身体技法を容易化し、禅堂から外へ解放したという点でメリットでもあるが、当然、デメリットもある。その点については、坦山と木原の自己観をさらに比較してみたい。

坦山と木原は、それぞれ文明開化と資本主義の進展期という時代の変動を経験しており、その中で両人ともが時代からもたらされる有為転変を経験している。従って、その中で両名が求めたものが安心立命であり自由であったということは理解しやすい。ただしその自由を求める主体が、坦山の場合は、自己を脱ぎ捨てた後の覚であったのに対し、木原は逆に宇宙と一体化した大我であった。坦山の場合は常に変化していく世界の中でかりそめに存在したものとして、その無常さが意識されていたのに対し、木原の場合には、むしろ確固たる宇宙と一体化したものと構想されていた。しかしその大我とは、それほど確固たるものであったのかどうか。

木原は前述したように、精神療法を捨て大本教に入信するが、大本教では当時、鎮魂帰神の法を信者に伝授して布教していた。これは手順を踏むことによって、あらゆる人に守護神（心理学的に言えば第二人格）が出現すると主張していた。耳根円通法は、その原理からすれば、そのような第二人格が身体側から出現することは認められないはずである。いわば、克服したはずの身体の側から、別人格が出現するということは、理論的な破綻を意味する。木原の大本教への改宗は、大我として特権化された自己が破綻せざるをえなかった事例と見ることもできよう。木原においては、自己は一種聖別されたものであり、必ずしも超越したものではないにしても、宇宙との一体となった大我には日常を越えたという意味の宗教性がないわけではなかった。しかし、そこに残された宗教性、いわば大我＝自己への崇拝が、逆に自己への眼差しを閉ざしてしまった。その結果、安心立命の境地が持続しなかったのではないだろうか。

以上、述べ来たった歴史は、現在の心理主義化しつつある社会について、ある教訓を示している。現在、「自己」という言葉は、その内面への眼差しやユングが強調していたような深みを忘却し、操作上の概念として流通している。(35) 自己は無条件で存在が肯定されるべきものであり、同時にお手軽なマニュアルで制御されていくべきものとなっている。存在の危うさも感じられないゆえに自己自身への真摯な問いかけは薄れ、社会に適応すべきものでしかない。そのために心理療法は一時の安心を与えるだけで、大量に消費されていく。このような時代においては、むしろ坦山の禅学に見られるような根本的な意味での「宗教性」について改めて考えてみることが必要ではなかろうか。

＊本論文は、二〇〇六年五月十八日花園大学で開催された Kyoto Conference 2006 におい

て、"Psychologized Zen in the Meiji Era"と題して行った発表に大幅に加筆訂正したものである。

第六章　精神の力——民間精神療法の思想

はじめに

明治四十年代から昭和初期にかけて、霊術、精神療法などと呼ばれた民間療法が流行した。それらは、催眠術と日本の宗教的伝統から発したものではあるが、催眠術でも伝統宗教でもない独自の技法と思想を有していた。しかし、精神療法の「精神」とは何であるのか。精神療法といいながら、精神を治療する技法ではない。あるいは、暗示のような心理作用を利用する技法でもない。もちろん暗示を併用することは多いが、主な治療技法は、座法や呼吸法によって呼吸と姿勢を操作する、あるいはお手当てを行うなど、むしろ身体的なものである。一見すると、そこに精神の介在する余地はない。それにもかかわらず、治療理論では、治病の主体として「精神」や「霊」という語は頻繁に使われ、座法や信念などの技法は、精神を統一し、精神力を高める方便と位置づけられることが多い。あるいは逆に、精神という語を拒否する療法家もいる。しかし、いずれにしても、「精神」

や「霊」という語には人格的な意味合いは薄く、むしろ後述するように、生命エネルギーという性格が強い。

本論文では、民間精神療法史全体を見通すための作業として、代表的な治療家における「精神」あるいは「心霊」といった語の意味合いについて整理したい。比較論の視点を確保するために、最初にアメリカの精神療法思想について簡単にまとめておく。次に霊術の「精神」観の背景をなしたと思われる黒岩周六の『天人論』を論じる。そこから最初の霊術家と言われる桑原天然、身体技法を実践した三名の療法家を取り上げ、信から行へという霊術の展開の中で、「精神」観がどう微妙に変容したかを追う。最終節では、法華行者から療法家に転じた永井霊洋の思想を取り上げて、憑依的治療行為と区別される日本の精神療法に共通する特徴を論じてみたい。

1　ジョン・ブーヴィー・ドッズの思想

日本の霊術の流行に先行して、十九世紀後半から二十世紀初頭のアメリカでも mind cure と呼ばれる、多くの民間精神療法家が出現している。中でも興味深い人物が、催眠術の生理学的理論を構築したジョン・ブーヴィー・ドッズである(1)。彼は十九世紀半ば、最も影響力のあった催眠術師で、電気と生理学の知識を応用して、「電気心理学」という理論を構築した。神や精神という形而上的原理に、脳、神経、電気という唯物論的生理学を組み合わせた理論を提唱し、宗教と心理療法の関係を考える上で非常に興味深い例となっている。

ユニバーサリスト牧師であったドッズは、神と世界、精神（霊魂）と身体をパラレルなものと想定している。神は精神であり、人間の精神と身体の間に神経電気が流れているように、神と世界の間に電気という媒体がある。そればかりでなく、電気は宇宙の材料であり、そこには精妙な形であらゆる元素が含まれ、神は電気から世界を創造したとされる。つまり神の世界創造は、「無からの創造」ではなく、電気という物質からの創造であったと彼は主張する。

人間の身体では、電気は、精神が神経と血液を動かす際の媒体となっている。病は精神的あるいは肉体的な印象によって神経電気がバランスを失うことで起こり、そこから血液、筋肉、骨に波及していく。神も人間の精神も、意志的部分と非意志的部分に分かれており、身体内部の生命活動は非意志的な部分がつかさどっている。生命現象に対して意志的な部分が直接働くことはないが、心理状態が電気に影響を及ぼして、身体の状態に影響を及ぼす場合もあるとされる。ドッズは、旧来の催眠術を治療者と患者の間の共感状態を必要とするものと定義した上で、自らの電気心理学による治療法は、患者の霊魂に「印象」を与えてその身体を操作するもので、治療者から患者への一方的な関係であり、患者は覚醒状態で治療を受けることができると主張した。

このように原理的には二元論的な前提に立っているが、実際的には神や精神よりも、媒体である電気の力が重視され、霊魂や天使といった中間的な存在を認めないことが特徴である。当時流行していたスピリチュアリズムに対しても、当然批判的な立場を取り、心霊現象とは、大気電気が下位の脳（非意志的な部分）に作用して発生させた幻像というのが彼の心霊理論であった。

ドッズの思想については、心理学者エドワード・S・リードの浩瀚な十九世紀心理学史『魂《ソウル》から精神《マインド》へ』(2)の冒頭で、形而上学的原理と唯物論的体系を折衷させたという意味で、十九世紀の新心理学の先駆という位置を与えられている。電気という媒体に精神作用をすべて還元した唯物主義的心理学というわけではなく、創造主と被造物、精神と物質の二元論的宇宙観を温存しながら、電気による唯物論的な心身論を展開したという、その不徹底な点が、ウィリアム・ジェイムズを除くその後の新心理学の主流につながるというのがリードの見通しである。キリスト教における霊魂という実体的な存在が、心理学において精神と名称を変えて生き残っていく、その先駆けであったとされる。

さて、これに対して、日本の精神療法の思想的特徴はどうであったのか。論を分かりやすくするために、前もって簡単に述べておけば、多くの精神療法家が抱いていた宇宙観は、無始無終、創造主の存在を要しない宇宙であり、そこにおいては、すべての存在は有情で、人間と物質の間に質的な差異はないとされる。すべての存在に精神の存在を見るという点では二元論であるが、その精神とは人格と等しいものではなく、むしろ内在する運動エネルギーに近い。その点では、唯物論的一元論にも近い。そのような日本的な一元論的宇宙観の代表的なものとして、次に黒岩周六の『天人論』を見ておきたい。これを検証することで、精神の力が何ゆえに必要とされたか、その思想史的理由が明らかになると思われるからである。

2　精神と一元論――黒岩周六

現実主義・合理主義から死後存続へ

催眠術の流行を引き起こした竹内楠三『催眠術自在』（大学館、明治三十六年［一九〇三］）、最初の霊術書というべき桑原俊郎『精神霊動』（開発社、明治三十六―三十七年［一九〇三―一九〇四］）など、民間精神療法の出発点は明治三十年代後半にあると考えられる。この明治三十年代後半は、日本人の宗教思潮が大きく方向転換した時期である。思索的、神秘的、内省的な宗教書が続いて出版されている。たとえば、綱島梁川『病間録』（金尾文淵堂、明治三十八年［一九〇五］）、姉崎正治『復活の曙光』（有朋館、明治三十七年［一九〇四］）、清沢満之を中心とした『精神界』誌（明治三十四年［一九〇一］創刊）もその流れに含めていいだろう。

明治二十年代までの日本の国粋主義系知識人の宗教観は、たとえば井上円了の護国愛理のように、合理主義、現実主義、国家主義をその特徴とし、キリスト教に対する批判軸として仏教と自然科学の結合を前面に押し出していた。その世界観について言えば、井上哲次郎の現象即実在論のように、世界から超越的な原理を排除したものであった。その極端な形は木村鷹太郎の日本主義に見ることができる。木村は「日本人は現世主義たるなり。日本主義は宗教に非ず、故に未来世界或は死後の存在等の迷信を説かざるなり(3)」とさえ述べている。

明治三十年代の思潮を、資本主義と帝国主義の進展という政治経済的変化や、西欧における思潮の変化（オイケンやベルグソンといった生の哲学、宗教心理学と心霊研究の流行）の影響といった観点から考えることはできようが、日本思想内部から見れば、中江兆民の『続一年有半』（博文館、明治三十四年）を一つのモメントと見ることができる。周知のごとく、この書は無神無霊魂論を唱え、霊魂の死後存続を徹底的に否定したものである。これに対して宗教者から反論があがったのは言うまでもないが、興味深いのは井上哲次郎の反論である。井上は「中江篤介と『続一年有半』」を発表し、兆民の無霊魂論を批判して、物質は不滅であると同時にエネルギーも不滅であり、このエネルギーが存続するという形での死後存続を主張している。井上の論は、科学的用語を引用したために、彼自身の論も唯物論の枠組みに入り込んでしまい、本質的にはなんら反論とはなっていないという指摘がある(4)。

キリスト教を批判していた井上からすれば、キリスト教的な超越神といった原理をたてるわけにはいかない。しかし唯物主義がもたらす厭世観に対しても否定せざるをえない。国民の意志こそが、帝国主義の生存競争において生き残るための鍵であると井上は考えていたからである。すっきりしない中江兆民批判に映しだされたものは、一元論に根拠を置きながら、それを超えたものを構築せざるをえないという、井上の思想の不徹底さである。しかしこの問題は、同時代の知識人（とりわけ非キリスト教系知識人）に共通につきつけられた問題であった。

死という限界状況において何が消えないのか、そこにどんな意味があるのか。明治維新以来、現実主義、合理主義を基調とする思想で満足してきた日本人が、「死」によって試されはじめたのが明治三十年代であったとも言える。「死生観」という語が使われ、死後存続の問題が改めて問われたのもこの時期からである。新仏教同志会の一員で、後に社会教育者として活躍する加藤咄堂の『死生観』（井冽堂、明治三十七年）、その新仏教同志会が各界知名人や宗教家に死後観について直截に質問を浴びせかけ、その回答を編集した『来世之有無』（井冽堂、明治三十八年）が出版されている。

黒岩周六『天人論』——霊術的宇宙観のさきがけ

さて、井上哲次郎より自由な立場から、一元論を保持しながら、唯物主義を乗り越えようとした大胆な試みが、黒岩周六『天人論』（朝報社、明治三十六年〔一九〇三〕）であろう。心霊や霊性といった語が、キリスト教の文脈から切り離され、心霊研究と結びついて広まったのはこの著作の影響であろう。また、自己と宇宙意識との関係について、霊術的宇宙観のさきがけとなったのがこの著作である。従ってここでは少し詳しくその内容を紹介しておきたい。

まず黒岩は自らの思想を一元論と規定するが、それは『大乗起信論』の仏性説を連想させる万有意識説とでもいうべきものであり、物質からの視点を使ったロジックで次のように説いている。

人は自らを生きていると認識するが、物質から見れば死んだも同然である、また心があると称しているが、これは自己認識でしかない。他者の心の有無は自己の心から推測しているに過ぎない。つまり、主観的な自己認識（自観）の上では万物は生きており、客観的な観察（他観）では万物はすべて死んでいる。これを黒岩は一元論とした。

動く者は皆活けるなり、心あるなり、動の即ち心なることを認めずんば宇宙万象の間断無き変化起伏は其の本源を合点するに由なし(5)。

という。

ただし、心という本来性において万物は同一だが、進化の度合いにおいて相違があり、「人は最も進化し向上せる物質なり(6)」。この自己認識において感得されるエネルギーを、黒岩は「心霊」と呼ぶ。

現象は他観なり、実体は自観なり、他観は物質にして自観は生命なり、心力なり、生命心力を併称して心霊と云う(7)。

つまり、物質と心霊は一体、視点が異なるだけで、「宇宙は物質の海にして実は心霊の海たるなり(8)」。黒岩は、この宇宙＝心霊を、その信仰において、主宰神的な位置にすえる。

宇宙に大なる霊あり発動して化育と為る、人此の霊に繋がりて初めて万有と冥合す、之を離るるは堕落なり、夫れ死は霊に帰するなり、永久に活くるなり、唯だ万有と冥合する者之を得ん、鳴呼人何の幸ぞ此の寵遇を被る、感謝せよ、而して奮励せよ、堕落は恩寵を捨るなり、(9)

人間は「生命の根本に自個よりも強く自個よりも大なる者ある」(10)、これが「霊性」で、宇宙の大自観と繋がる連鎖である。それは霊魂、真我というものにあたり、宇宙が大なる造化ならば、この生命も小なる造化力である。

生命とは大自観の一部の表顕にして能く力を作る力なり(11)

この心霊は、理想我よりも現在我よりも深く、我の根本をなす自観の本体とも言われ、特権的な位置に置かれる。

しかし、黒岩のいう「心霊」とは何であるのか。問題となるのは、物質の自己意識にすぎないはずの心霊が、その物質を越えて存続するか否かという問題である。第五章「霊魂論」において、「廿世紀の学問は『心霊』を以て第一の問題と為すなる可し」とも述べ、心霊研究やマイヤーズの著作の重要性について力説している。

実に心霊の現象は今日の人智に絶するほど玄妙なり、故に最近十年来、独、仏、英、米、等の学問の中心と称すべき地にして『心霊研究《サイキカルリサーチ》』の学会起らざる所は殆ど有ること無し、而して其の研究の結果として報告する所は、寡聞なる吾人の知り得たる範囲に於ては、悉く霊魂の実在と其の不滅とを客観的に証明せるに非ざるは莫し、(12)

とはいえ、一方で黒岩は霊魂不滅論を希望しながらも、その霊魂観は、欧米の心霊研究家が前提とするそれとは異なるものであり、「実在と不滅」といっても物質と対置される実体的な霊魂の存続を考えるわけではない。黒岩の疑似物理学的説明によれば、「如何に微少の思想と雖も脳中の或る分子を動かさざる者は有らず、分子動けば何の処にか其の波動を及ぼさん、唯だ余りに細かき波動たるが為めに何者も知る能はざるのみ」(13)。その波動は、環状に広がり、つきることがなく、「千万年前の千万人の思想も皆悉く億兆無量数里の外に環状と為り今猶お嚢の如くに包含して且存在し且拡がれるなり」(14)という物質的メカニズムで、思考は存続するものとされる。

あるいは、それを哲学的に述べれば、心霊は、宇宙意識（大自観）の射映であり、物質を集める一種の窓である。死とは、「霊窓」が閉じることであり、死によって、物質は物質に帰し自観は大自観に帰す。大自観は、人間の人格の億兆無量数万倍のものであろうから、その記憶（記性）もそれだけに巨大なものであり、個々人の記憶はそこにとどまるともいう。

以上のように黒岩は、心霊あるいは精神を特権的位置に置こうとしながらも、一元論を維持するために、精神を物質的現象として解釈せざるをえなかった。残存する物質的な波動（すなわち大宇宙の記憶）によって死後存続は可能としたものの、人格の死後生までを認容する余地はなかった。

ただし、『天人論』の宇宙は、いわゆる物質主義的な宇宙観に見られるような、救済論を欠いた宇宙ではない。万物に生気があふれ進化していく宇宙であり、その宇宙への楽観的な信頼を基調とする救済論を含んだものとなっている。その点で、中江兆民のつきつけた難問への十分な解答ではないにしても、ある程度の安心を与えてくれるものではなかったか。

とまれ、このような救済論を含んだ一元論は、霊術家たちの宇宙観にも共通するものであった。次に、代表的な霊術家、桑原俊郎の説を取り上げ、その宇宙観、心身観について触れておきたい。

3　霊術思想の原型——桑原天然

精神霊動論

霊術の祖とされる人物は、静岡師範学校の漢文教師、桑原俊郎（号、天然）であった。桑原は、本で学んだ催眠術を実験し術に習熟していったが、その過程で、被験者を催眠状態に置くことなく、治療者側の念の力によって、病気治療が可能であることを発見し、それを催眠術と区別して「精神霊動」説として主張した。桑原の術は、「精神」の能力に基礎を置くもので、精神が日常を越えた活動（これを桑原は「霊動」と呼ぶ）を行うことによって、さまざまな奇跡的治病が可能であるとされる。彼が実験した現象は、病気治療にとどまらず、念の力による動物や人間の行動操作、あるいは家を振動させるなど超常現象にまで及んだ。その「精神霊動」説は、教師などの熱狂的な支持を集め、静岡市内だけでなく全国各地に弟子や信奉者を残している。(16)

桑原は、精神力を万物の根底に置き、『天人論』と同じく、自然現象にはすべて意志が伴うとする。

ものを焼くという精神（力）は、その精神のみで空間に居る訳に行かない。そこで火とか熱とかいう形体を現わすのである。（中略）火の形体、水の形体も無意味無意志のものではない。皆、是れ、活動しつつある有意的活物である。(17)

万物の根本には、活動をもたらす共通の精神がある。

物、皆、共通の精神あり、大活動心あり、（中略）此精神は万象一如である。(18)

一方、人間の心がものを思うのは、精神の動揺であって、「この動揺さえ止めば、もとの共通の精神である。絶対的楽地の精神である。予輩は、之を不動の精神と謂わんとするものである」(19)。この不動の精神とは宇宙の大精神の分派である。つまり、人間の精神は無念無想にいたれば、宇宙を動かす大精神につながり、その精神を動かすことで万物に内在する精神を動かし、その結果、さまざまな現象を引き起こすことができる――これが精神霊動の原理とされる。

万物に関して意志という言葉を使ってはいるが、それは一種のエネルギーであって、現象それぞれの人格性は考えておらず、その宇宙観は汎心論というよりは生気論に近い。他方、術者個人の意志だけは、そのようなエネルギーに解消できるものとは思われていない。つまり、彼の宇宙観では、物の意志と術者の意志が対等の関係ではなく、術者の意志が圧倒的に強力であり、物（あるいは患者の身体）の意志は常に従属的な位置にある。現象や物などの術の対象から術者への意志の働きかけや、意志の相互交流というようなものはない。あるいは治療者対患者の関係においても、ラポール関係を認めておらず、術者の念の力だけで治病可能であり、暗示や催眠も必要ないとする。

さらに桑原は、真理を達観した者には不思議なものは何もないと述べ、いかなる宗教的奇跡も念の力によって起こることを確信していた。死後の世界さえも、人間の想念通りになるという。宗教を信じ天国の存在を信じる時は天国へ行く、無信仰ならば死後も迷う、何かを強く考えて寝ると、そのものの夢を見るのと同じであると断言している[20]。桑原という霊術家の特異な点は、一面ではこのような宗教的超自然を物ともしない独我論的〔側面〕があるかと思えば、他面では、宗教の一致論を唱え、とりわけ浄土真宗とキリスト教という、罪観念を強調し、「信仰」を軸とする宗教の融合を夢想している[21]。

明治四十年（一九〇七）以降に出現する他の精神療法家たちが、何らかの身体技法へと向かったのに対して、桑原においては行法のようなものは用意されていない。桑原の霊術は、治療者の自らの治癒力への信、患者の治療者への信、そこから生じる精神の力がすべてであって、身体技法は必要ではないとされる。

機械論に陥らないための精神至上主義

こうした強烈な精神至上主義をどう理解すべきか。桑原が熱心な真宗信者であったことからすれば、阿弥陀仏を大精神と読み換えて、真宗的世界観を近代化したと見ることも可能であろう。ただ、大精神はともかく、先に述べたように、人間から無機物まで全自然現象に内在する精神や意志と、施術者本人の主観的な精神との間には差がある。前者は、変化、活動に伴う力であり、生気論から機械論的な宇宙観に退落する可能性を常に秘めている。一方、施術者の精神は、大精神に働きかけて病苦を救い、死後存続を保証するという救済の可能性を担っている。

精神とは、客観的に見れば万象に発現している力であり、他方、主観的に把握される場合は、宇宙の大精神を動かしてさまざまな奇跡をもたらすものである。おそらくはこのずれこそが、彼を過剰な精神主義者に駆り立てたのではなかろうか。個人の精神は、自ら動かなければ、受動的な存在へ堕してしまい、機械論的な物質一元論に退行するからである。

桑原の功績は、精神の非存在という疑念に対して、理論ではなく、精神力の発動という現象そのもので存在を認めさせた点にあるが、念の力を強調しすぎたために、身体性は軽視されがちであった。それでも桑原の弟子で治療院の運営に当たった宅間巌『実験精神療法』（開発社、明治三十八年

〔一九〇五〕）でさえ、実際の治療では腹式呼吸、暗示、断食などさまざまな技法を用いているように、治療の現場では身体技法が取り入れられており、桑原以降の精神療法の主流も、その語に反して、むしろ身体技法を主としたものとなる。

4　身体技法の思想

養生論から民間精神療法へ

明治四十年代以降出現した精神療法の技法は、その多くが座法・呼吸法とお手当て療法という要素を組み合わせたものとなっている。たとえば田中守平の太霊道がその代表的な例であるが、ここでは明治三十年代末から四十年代にかけての技法の変化をたどるために、呼吸術の加瀬神洲、お手当て療法の竹内周子、心身修養法の檜山鋭という、先駆的な精神療法家について触れておきたい。

座法や腹式呼吸は、すでに江戸時代より白隠、平野元良、平田篤胤などのものがあり、化政期に多数出版された養生論によって「調息」は喧伝されていた。明治維新以降、西洋医学の導入で表面的にはいったん途絶えているが、ただし、療養の現場では、患者に健康法として腹式呼吸を実践させることもあり、まったく伝統が絶えたわけでもなかった。

呼吸法が再度流行し始めるのは、川合清丸が『無病長生法』（日本国教大道社、明治三十四年〔一九〇一〕）において仙術の呼吸法を紹介してベストセラーになってからである。これを先駆として、その後、明治四十年代になると、足立栗園『心身鍛錬　養気法』（東亜堂、明治四十一年〔一九〇八〕）のような江戸期養生論の実践的解説書が出版され、岡田虎二郎の岡田式静坐法、藤田霊斎の息心調和法、二木謙三の二木式腹式呼吸などの新しい呼吸法が出現して大流行を迎えている。

養生論の復活は、精神療法にどのような影響をもたらしたか。滝澤利行は養生論の研究中で、近世後期の養生論が心身一元論に接近しており、調息法と道徳との関係、心の安定と身体の健康の相関、小宇宙としての人体観などの特徴を挙げている(22)。養生論や呼吸法における身体と宇宙の相関論は、黒岩周六や桑原俊郎の宇宙観とも共通するものであったが、後者に欠けていた身体的実践知の次元を補うものであった。さらに、後述の檜山鋭や永井霊洋において、伝統的な天人合一の心身観は、欧米から紹介されたエーテルなどの流体的宇宙論と合体して、個人、社会、宇宙を一体化した精神療法理論を構成することになる。

加瀬神洲の呼吸術

さて、明治期の新しい呼吸法の中で最も早いもののひとつが、加瀬神洲『呼吸術』（大学館、明治三十八年〔一九〇五〕）である。加瀬は、催眠術や心霊研究の知識も有し、自分の呼吸術が身体作用だけではなく、「心霊作用」を加えたものであり、その目的は「精神の霊動」にあると述べている(23)。このように、桑原の霊術を意識して、旧来の呼吸法に理論面で刷新を行おうとしたものであることがわかる。また彼の場合も、物質と精神の法則は同一であるとする一元論的心身観であるが、その根底には救済論が含まれている。

彼の著作から治療法を二つ紹介しておくと、「対人治療」では、さしむかいで座り、患者の額に布をおいて手を当てて、三昧（無念無想）に入る。そこでここぞというところで、病気が治るという心象に向かって意力を集中する。また、「対単人呼吸法」では、患者も治療者も、同じように静坐し、瞑目、膝の上に手をおき、鼻の穴から力の限り息を吸い込み、臍下丹田に力をいれて息をこらえ、唇の間から静かに強く息をまったく吐き出す。双方の呼吸があった瞬間に、術者は病者の治癒を強く念ずるというものである。

治療者が三昧に入った状態は、加瀬によれば、人の心性が本来の実体を現して、自己と云うものを失った状態であり、自己も他者も、身体と心の別もなくなるので、治癒の念が通じるのだとされる。念のかけ方における身体の使い方や、患者と治療者の間で呼吸を同期させて、いわば身体を用いたラポール関係を作りあげるなど、桑原の著作では欠けていた精神力を発動させる技法として、腹式呼吸などの身体技法を巧妙に結びつけた内容となっている。

加瀬の治療法は、腹式呼吸自体を他者治療に応用し、治療者自体の変成意識状態を促し、ラポールを構築するという点で、治療者と患者の権力関係にラディカルな見直しを迫る興味深い事例となっている。しかし、加瀬以後、呼吸法は治療法自体ではなく、治療者の準備作業として位置づけられるようになる。たとえば、大正期霊術の代表である田中守平の太霊道を始めとして、ほとんどの精神療法家が、他者への治療法と同時に、自己治療と治療能力向上を兼ねて呼吸法と座法を伝授していた。その代わりに精神療法の中心的な技法となったものは、「お手当て」技法である。

竹内周子のお手当て療法

手を当てるという原初的な療法の系譜をたどることは不可能に近い。ただ、出版物でたどる限り、明治四十年前後でお手当て療法を開業していた最も早い例は、女性の治療家、竹内周子である。霊術の世界では、新宗教や拝み屋の世界とは対照的に、女性の治療家はかなり珍しい（おそらくは精神療法の前身である催眠術以来、男性は術をかけ操作する側であり、女性は術をかけられ意識変容を起こす側という役割分担が文化的社会的に定着していたからであろう）。

竹内周子編『精神療法』（東京養生院、明治四十三年〔一九一〇〕）によると、治療の方法は以下のとおりである。

まず治療者が精神統一を行う、すると、

> 統一した心の働きに由て脳神経が興奮致します、すると夫れが丁度電信の様に神経を伝うて一は病める局所の組織細胞に至り、之を刺戟して活力を高め、一は血管神経に伝わって患部の血液の循環を良くし、両々相俟って病組織を漸次健全に導くのであります。(24)

という。

私共の治療法は眼に見えない精神上の仕事ですから、患者に手を加えず離れて居て治療しても宜い訳なのですが、手を加えると其局所へ統一した精神の力がより多く集まって来ます。(25)手を使う点で、按摩やマッサージと類似しているが同じではない。

大抵の方は治療をしてもとんと要領を得ないで何んとなく物足らぬ様にお思いになる方がありますが、普通の療治の様に針とか灸とか薬とかそういうものを使わぬから、従って、痛い、痒い、苦いと申す様な刺戟が無いのでありましょう。併し此処が此療法の自余の療法と根本的に異がって居る所です、だから、いくら物足らん様でも、不平に思ってはいけません。(26)

竹内の理論と用語法も桑原のそれと共通して、個人の「精神」と宇宙の大霊との交流を強調したものである。

其奥に潜んで居る清浄無垢神の様な不可思議なる精神、強いて言えば宇宙の大霊と全体なる精神を応用するのであります。(中略)一口に申せば神の力(人間の霊性)を借りるのだと神秘的の解釈を下すことになるのであります。平生の精神でさえ肉体に対して前に申上げた様な作用を

起こすのですから、況して其奥に秘そんで居る神の如き大精神はどれ丈けの作用を持って居るものであろうか、[27]

　こころが、日常的な意識とその奥にある清浄無垢な大精神との二重構造になっている点は他の霊術家と共通するところである。ただ、精神療法といいながら実質的にはお手当て療法であり、その「精神」という語の意味合いは、心理的なものというよりは、心身の生命エネルギーに近い。この点は、彼女の後の精神療法理論では、さらにはっきりとしてくる。

檜山鋭の心身修養法

　初期の精神療法家で、桑原と同様に影響力の大きかった人物に、檜山鋭（号、鉄心）がいる。[28] 檜山もやはり師範学校の教員で、彼は歴史、地理の担当であった。桑原が高等師範学校卒という教育界ではエリートコースであったのに対して、檜山は尋常小学校の準教員から努力して文検に合格した、いわば叩き上げの教員である。

　檜山が精神療法を始めたきっかけは自らの病気にある。明治四十年（一九〇七）、広島幼年学校の教官になった彼は、それまでの猛勉強もあってか体を壊す。流行していた民間療法もいろいろ試しているが、最終的には成田山の断食堂にこもった結果、身体の自動運動（民間精神療法の一般的用語法ではこちらを「霊動」と呼ぶ）が起こり、病気が快癒した。この経験を元に心身修養療法を考案し、精神療法家となっている。

檜山は腹式呼吸を用いた能力開発法を発展させている。みぞおちがふくれないように下腹部で呼吸し、合掌して中指が自然に開くのを念じる。合掌していると指先の脈拍が激しくなる、指先が電気に打たれたようにビリビリする、身体の一部か全身に震動を感じる者もいる、全身が非常に温かくなる。治療の際に精神統一を用いるが、檜山のいう精神は、顕在識、潜在心のさらに下にある宇宙エネルギーを指している。その療法は、生命力を手などを通じて患者へ伝えるもので、それは催眠や暗示ではなく、マッサージでもなく、「治療者の手頭から、電力？　磁力？　兎に角一種のエネルギーが発動して、患者の植物性神経を刺激」[29]するのだとされる。

檜山の理論は、宇宙論の部分と心身論の部分に分かれているが、宇宙論によれば、宇宙の本体は「精」と呼ばれ、そこには、物、心、力の要素が含まれていると見なす。これは不生不滅であり、それが進化して生々の気の芽生えたものを神という。つまり、神とは宇宙の生命エネルギーでもある。檜山の場合も、他の精神療法家たちと同じく、用語法がなかなか一定しないが、別の箇所ではさらに、精はエーテルという気を発生させるとも述べている。また、心身論によれば、心は純粋な潜在心と、不純な顕在識の二つに分かれ、さらにその下に真如とも言われる、純粋な上にも純粋な精神が存在する、という三段階に分けられている。

『心身修養療法』（研精会、大正三年〔一九一四〕）によると、宇宙の本体たる神を大精神と呼び、吾々人体に宿れる神を精神と云います、（中略）科学者の所謂エーテルが吾々の心身に含有せる如く、宗教家の所謂神は吾々の心身に宿って居る(30)

ともある。いずれにせよ、精神を働かせるとは宇宙の大精神に接触することで、一面ではその支配を受け、他面ではその力を利用することになる。

物質化する精神

精神は、宇宙の根本に据えられているが、人格的な意味合いは欠けており、通常の意識や無意識から離れた存在である。一面からすれば、エーテルや精気だけで世界は構築されており、実はそこに精神という原理を立てる必然性はない。このような特徴は、桑原俊郎の理論においても見られたものである。

桑原においても「精神」という語に術者の意志という意味と、エネルギーという意味合いが込められていた。檜山は、精神のエネルギー的な部分にエーテルや精気という動物磁気や伝統的な養生論に由来する流体概念を当てはめて、概念を区別したわけである。

この檜山の世界観は、流体を重要な構成要素とするという点では、最初にあげたドッズのものと共通する。ドッズを典型とする動物磁気論は、当時多数出版されていた催眠術書によって日本でもすでに広まっており、檜山の理論もその影響を受けたものであろう。ただし、ドッズにおいては、神や霊魂の存在が前提とされているために、それらを自然や身体につなげるために、霊的な性質と物質的な性質を兼ね備えた電気という媒体が必要とされた。

しかし、檜山における至高存在である「精」は宇宙の根底に隠れている存在である。この存在を明らかにするには、身体の修行を通じて、エーテルの海の中から精神をことさらに発動させて直接的に感得するしかないともいえる。言い換えれば、「精神」は単なる日常意識ではなく、「ことさらに」努力して体得すべきものであり、心理学的な実体概念というよりは、その語を信じて修行することで治癒を得るための救済論的概念、あるいはシンボルといえる。しかし他方では人格性の薄いエネルギーとして「精神」は想定されており、そのベクトルは「物質性」へ向き、宇宙論の中へ解消される可能性を孕んでいた。

桑原俊郎、加瀬神洲、竹内周子、檜山鋭と比較してみると、精神という語から次第に生命エネルギー的概念が分離されていく傾向が見られよう。その傾向は次の永井霊洋において、明らかなものとなる。

5　伝統的宗教技法からの離脱──永井霊洋

エクソシストから療法家へ

法華行者から精神療法家へと転じた永井霊洋は、民間精神療法の近代性を考える上で、さらに興味深い例を提示している。

永井霊洋（一八六七―一九四七）、本名は嘉太郎といい、島根県横田村に生まれる。父親は実業家であった。父親の弟、文隆は医師で、嘉太郎をたいへんかわいがっていた（この文隆の孫が『長崎の鐘』で知られる永井隆である）。[31]

嘉太郎は、地方の名望家の子弟によくあるように、師範学校に学ぶが、脚気と神経衰弱にかかり中退、小学校でしばらく教鞭をとっていたが、病に苦しむ。村に来た女性法華行者に診断してもらうと、憑き物ではなく慢性病である、弟子になって修行すれば病は好転すると言われて、一年間の修行を行う。この行者は、小さな信者集団を持っていたようで、その信者仲間の一人と共に神降しを行う。これで出現した神から教示を得て、さらに行者からも法力を認めてもらい独り立ちする。この後、行者として憑物祓いをして回る。その方式は、経机に『法華経』八部八巻を置き、白扇が一本（あるいは、木剣の小さいもの）と道具は簡素であり、普通の病人の場合は本人を祈り、重病人の場合は関係者を祈ることになっていた。

私が法華経読誦すると、相手は忽ち手を動かし、体を動かし、憑依《つきもの》が現われて喋《しゃべ》舌る。憑依の種類も生霊、死霊、天狗、狐、狸、蛇等々、現れた憑依と私と問答する、理解を説いて退散させる。（中略）若し憑依が執念深くてなかなか退散せない事がある、斯る場合には第三者に神を降して、私は懐《ふところ》ろ手《で》して神と憑依と問答させて、除かせたのであった。また単に法華経を翳し

たり、着衣の上から撫でて、病気を治したのであった(32)

憑き物が落ちる時には、

病人は力の抜けた手を宙に泳がせて、バネ仕掛のように起ち上って、飛ぼうと腰を浮かせた。私は浮かせた拍子に、その着衣の裾を踏んだ。その勢いが抜けて、身をグタリと落して、横に倒れて失神した(33)。

という。

永井はエクソシストとして優秀であったようで、彼が近寄るとどんな人も憑依霊が出現し語り始めた。憑依が果たして狐狸などの超自然的な存在なのか、あるいは狐狸にかこつけて通常は語りえない罪悪を告解しているだけなのか。永井自身も後者の可能性を疑っていたようで、

私は六ケ年の間毎日治療に直面して、憑依のした人間の口から、醜い事、恥ずべき事、悲しむべき事、美しからぬ事を聴き飽いた。ツクヅク人間の浅ましさを痛感したのであった(34)。

と述べている。実際には、村落共同体の濃密な人間関係の中では解消できない問題を、憑依という

形ではけ口をあたえ、カタルシスをもたらしていた場合も多かったと推測される。

その後、父親の後をついで一旦実業界に転進する。しかし事業には失敗、また再び病を得てしまう。そこで神もしくは仏に一心に祈念すると病は癒やされ、治病法を授かり、活霊療法を開始するのであるが、この経過については、永井自身は二つの話を残している。

『宇宙の力』によれば、明治三十六年（一九〇三）旧九月五日、絶望のふちで、神前に静坐して合掌していると、自然に運動が始まった。体が跳躍し多量の小水が出た。永井の『霊』（活霊会本院、昭和四年［一九二九］）によれば、平素信じる観音薩陀に信仰を捧げたところ、三週間で病は癒えて治病法を授かる。

神仏のいずれに祈ったのか。その点はおそらくあまり重要ではないのであろう。活霊会の体系において主宰神の位置を占める神格が、『宇宙の力』では大宇宙力、『霊』では、宇宙大霊体、大生命力即観音薩陀、さらに『活霊療法教伝書』上下巻（活霊会本院、昭和七年［一九三二］）では宇宙大生命体、宇宙霊ブラーフマン（Brāhman）と、二転三転しているからである。永井にとって神名は重要な問題ではなく、宇宙に存在する生命の源泉を如何に利用するかが彼の問題であった。

活霊強健法

彼の唱えた強健法は、やはり座法を用いたものである。非常に簡便で、瞑目することも、耳をふさぐこともなく、単に正座すればよい。合掌すると数分で身体の自動運動（生命動）が起こり、手から全身へと波及していくという。

宇宙と握手したなら指頭が軽くなっている。ひどく宇宙力との同交を感じる人は、指頭が電気に触れたようにピリピリとして震動する、同時に両掌は暖かく且つ熱くなって、油汗のようなものが滲出で、両掌面《てのひら》がネタネタする、ひどく出ると流れるようになる、そして体全体が暖かくなってくる。(38)

さらに進むと、手は上に引き上げられるように感じ、身体は跳躍行進するようになる。このようにして宇宙の生命力を集めたら、指の頭より患者へ伝えることで病気を治療する。

実際の治療技法は、おそらく、法華行者時代の形式を活用したものであろうが、両手で印を組んで、下腹丹田に力を込め、患者に向かって手を突き出すといった技法がある。

彼の思想で興味深いのは、精神と生命の区別である。精神（あるいは心）は変動しやすいが、生命（霊と同一視される）はその根底にあり、不動のものである。精神動（精神によって起こる自動運動）は合掌して筋肉の圧迫から、〔あるいは〕祈り、精神統一、自己暗示や催眠で起こるとされ、〔一方で〕宇〔ママ〕宙力を把握して軽快に起こるものが生命動であり、それは人間存在の根本によって保証されている、と彼は見なす。

人間は生れると肉体は地球の物質によって成長し、生命《いのち》（霊《たましい》）は宇宙大生命体より得、人間死する時は肉体は地球に復帰し、生命は宇宙大生命体に復帰するのである。(39)

あらゆる事相（万象）とあらゆる実在は決して分離できない。つまり、そのままで万象即実在、実在即万象である。物理学的に言えば、霊（生命）は空間に充満し、無線電信と同様にエーテルの力で人間に感応する。個々の生命（霊体）は要するところ自然的宇宙的の大なる霊体の一部である。それでは死によって、個人の精神はどうなるのか。その点についてはあまり明確ではない。脳が休止したとしても、精神はいずれかの真実の世界で存続する、あるいは意識や思索は、実在界（大霊の領域）から、脳という機関を通じて発現されると述べているが、その実在界についての記述は多くない。

欲望に飽くことなく、幸福で自由な享楽を望み（中略）唯自分の為めにのみ生きて行かんとするのが精神である。(40)

のであり、

人間生命の働きは君主の為め、国家の為め、身を犠牲にしてもかまわない没我の顕れとなる。(41)

つまり、霊という言葉から通常連想されるような個体意識の死後存続は、永井の思想では最初から問題にされていない。むしろ現実社会において法華行者時代に彼がいやというほど目にした人間的な浅ましさを消し去ることで病を癒やすことが、彼にとっては重要な問題であった。個々の現実的な人間の問題にそれぞれの解決を与えるのではなく、生命にあふれた世界観を与えることによる解決――これはそれまでの精神療法家たちが取ってきた戦略であるが、永井もその点では他の療法家たちと変わらない。ただ、それまでの精神療法家のように、ことさらにふるい起こすべき「精神力」から、そのままで努力せずに発現する生命力へと説明原理が変化し、自我がむしろ否定されるべきものと変わったことは大きな差である。

おわりに

日本の民間精神療法においては、「精神」という名称を使いながらも、何よりも超常的な治病を説明するための概念であり、その内実はエネルギーや生命力であった。桑原俊郎においては、精神力は治病のエージェントであり、加瀬神洲においても理論上はそうであった。しかし身体技法の導入により、意識上の領域を介在させる必然性はなくなり、檜山鋭においては、心理内容を伴う顕在識と、治病の力を発揮する潜在心（さらに真如）の区別が導入される。さらに、永井霊洋においては、前者のみが精神とされ、後者が生命（霊）という用語に置き換えられた。心身観の基本構造は、桑原から永井まで大きな差はないにしても、永井においては、技法でも理論でも、身体から身体へと生命力を介した回路が成立した結果、精神は不要の存在とされた。むしろ、欲望にさいなまれる自我として、不道徳で否定されるべき存在とされた。

さらに、永井にとって、精神に含まれる自己意識が否定されるべきものであるのと同じく、その死後存続したもの（つまり霊的実体）の跋扈する世界はモラルに欠けた否定されるべき前近代世界であった。ただし彼は、霊的現象の存在や憑依を否定したのではなく、さらなる上位の説明概念（宇宙の生命力）によって新たな病因と治療法を提出することで乗り越えようとした。憑依や告白という形で吐き出されていた人間関係の澱を、社会を超えた国家や宇宙によって解消しようとしたとも言えよう。

ここで興味深い点は、ドッズのその後のエピソードであろう。一八五五年八月、彼の前に父や親族などの霊が出現したのである。しかも続いて、彼の居室内でラップ音や物体移動などの物理現象も発生した。この結果、霊魂説に対して否定的だった彼も、翌年にはスピリチュアリストに改宗し、晩年は祈りを主体にしたスピリチュアリズム治療を行っていたという(42)。

ここで紹介したドッズと永井という、時代も異なる二人の治療家だけの例で治療文化論を一般化することはできないにしても、同様の動物磁気説から出発しながら、日米の精神療法家の思想にはかなり差があることは、以上で示すことができたかと思う。理論面では前者の場合には霊魂の存在を認める方向に進み、日本の場合には理論的には実体的な霊魂概念と憑依文化を否定する形で、精神療法が成立したわけである。またその思想は、決して異端的なものではなく、むしろ明治期に一般に広く読まれた一元論的思想とも類似した体系であったことからして、やはり日米の治療文化の性格の違いを認めざるをえない。

もちろん西欧でも、オカルティズム、ニューソートの中には霊魂の働きよりも生者の意志によって心霊現象や治病効果を理論づける場合もあった。あるいは日本でも、理論面での否定とは逆に、精神療法と憑依宗教の間で技法面での類似と影響もあった。永井が生命動と呼び換えた霊動現象などはその最たるものであろう。したがって精神療法と憑依との関係を一面的に捉えることはできない。しかし、このような「霊」「精神」などの代替的な治病文化の概念分析によって、戦前日本の（おそらく世界に類をみないほどに繁栄した）宗教＝治病文化の重層構造を明らかにできるのではないかと思う。

今回は取り上げる余裕はなかったが、「霊」と「精神」のニュアンスの違いや、お手当て技法の生命力的展開と霊魂的展開といった問題などもある。そのような、同時代の新宗教運動や精神医療を視野に含めてのさらなる考究については別稿に譲りたい。

＊永井霊洋については、「和法鍼灸の会」の長野仁氏より貴重な資料を貸与いただいた。

永井を「発見」できたのは、ひとえに氏のおかげである。また永井の経歴に関しては、堀江眞氏、勝部正氏、永井武治氏にご教示いただいた。ここに記して感謝したい。

第七章　民間精神療法の心身＝宇宙観

はじめに

宗教という語の厳格すぎる定義が、宗教学の豊かさや可能性を阻害してきた可能性があるとして、スピリチュアルやスピリチュアリティという語が果たして、その突破口になるのだろうか。逆にそれ以前の精神や霊といった漢字がもっていたデモーニッシュな意味を隠してしまうことはないだろうか。あるいは、それ自体の限定的な意味よりも、他の言葉へと広がり、ジャンルを超えていくところに特徴があるような言葉を理解するには、その広がりにおいて、ニュアンスの積み重ねを調べる必要があるように思う。しかし、これはかなり複雑な問題である。近代日本に限っても、宗教における霊魂論、哲学や文学での議論もあれば、心霊主義のように霊を主題化した領域もある。本論文でそのすべてを網羅するのは不可能であろう。

日本の新宗教が宗教という自称を嫌う傾向があることはよく知られている。前川は生命主義救済観についての論文中で「『新宗教』は、『倫理修養』やときに『霊性』といった言葉にとって代わられ、しばしばまったく『宗教』の語にふれることなしに個人的で実践的な求道が行われるようになる」と指摘している通りであろう。[1]たとえば、蓮沼門三の修養団、西田天香の一燈園といった修養主義の運動が代表的なものである。それらが倫理面を重視するのに対して、心身の実践を中心とするものがあった。静坐法、精神療法あるいは霊術と呼ばれる宗教的な「民間医療」である。[2]単なる治療法、健康法というには精神性が高く、時には呪術的な現象さえ含まれるが、大本教のような既成宗教や医療の範疇には入らず、その合間にあって独自の分野を作った。それらの領域は、西山茂のいう〈霊＝術〉宗教とは明らかに一線を画すような領域である。[3]それらの全盛期は一九一〇年頃から三〇年前後までで、往時は名鑑が出るほどに盛んであったが、今はほとんどその姿を消している。

本論文では、この精神療法の領域の思想を俯瞰する見通しをつけてみたい。

典型的な精神療法治療の風景

それでは、そもそも精神療法とはどのようなものであったか、まずは当時の精神療法治療の風景について、二つの記事を紹介したい。

ひとりは竹内亀尾という明治四十年（一九〇七）頃に活躍していた女性の治療家である。彼女は兄が開業した治療所で治療を担当していたが、その施術室はおよそ十畳の部屋で、患者は布団に横たわっていた。治療者の亀尾は、患者の枕元に座り精神集中を行う、そして右手を患者の後頭部にあて、左手はこめかみを押さえる。

患者はビクリ大きな体を動かす女子の右手は漸次に前額の方へ動く患者は其手の働く度毎にビクリビクリ身を動かし果ては全身を波打たせ手足を延ばして呟々唸る（中略）終れば患者の全身は丁度湯上りの様だ（中略）記者は試みに患者に施術当時の心持を問う、患者は曰く「只もう夢中です始めに手が後頭部へ触れた時は電気でも掛けられた様に全身がピリッとします(4)（後略）」。

もうひとつは、当時最も有名であった精神療法家、田中守平(5)によるデモンストレーション風景である。文中、霊子氏とは田中のことを指す。当時、田中は長髪に美髯、弁護士の法服を模した衣服を着ており、行者とも官僚ともつかない姿であったろう。

霊子氏も立って被術者たる蓄髯氏の前へ進み両の掌を軽く合せウーッといえる気合をかけ二揉み三揉み揉むかと見る手にフーッフーッと底深き息を注ぎ被術者の身辺を払うが如く摩するが如く又た印ようのものを結んで被術者を突くが如く或は念ずるが如くにして己の双手より何ものかを被術者に伝え以て被術者の顕動を誘致するものの如く被術者の手首を摩擦し又は両肩に

手を加えなどすると約二三分時間にして被術者の手先に微動を生じ上下動を為すかと見る間に其の度を高め遂に全身跳ぬるが如くヒョッコリヒョッコリヅシヅシンとばかり座中を飛び廻るのである。(6)

この記述にあるように、患者に手をあてて（あるいは手をかざして）、身体の振動を起こす。「精神療法」とはいいながら、多くの場合、体を用いた方法を使い、治療する病気も身体のものが多く、現在の精神療法という語とはかなり意味が異なっている。また、竹内の方は医学の場で行われたが、田中の方は行者による憑依儀礼のようであり、都市社会における修験のようにも見える。(7)

一元論的世界観

しかし、このような精神療法の理論を構築しているのは、人格的な神霊による憑依とエクソシズムではなく、基本的には個々の存在を支える大きな存在（大我、大霊、太霊など）、あるいは個々の存在の関係性（霊気、生気など）という原理である。個人の内的霊性の存在と、それを通して生命がもたらされるという生命主義的救済観を基本としながらも、その抽象的な用語法が特徴となっている。霊術という語を用いながら、背後霊や守護霊といった身体を離れた人格的な霊を重視しない。つまり神霊への祈願ではなく施術者の霊力による操作が中心である。この点は同じ生命主義的救済観を背景にしながらも、大正期の大本教のように霊的存在への祈願や憑依による神霊との対話を用いるものとは大きく異なる。

大正時代、全盛期の精神療法の特徴は、他界や超越的存在を否定し、一元論的な世界観を展開したところにある。個人の心身に限られた理論ではなく宇宙や社会を含めた包括的なイデオロギーが用意されている点も、当時の精神療法の大きな特徴である。田中の主宰した太霊道は、宗教や科学を超越した体系と自称し、身体の治病から、社会、国家の改良を提言していた。教理は抽象的、理論的に構築されており、それは一面では、大本教のような憑依現象を基礎にする宗教に対する優位点であったが、しかし同時に弱点でもあった。抽象的すぎることは、個性を失い信仰を選択する契機が与えられない。そこに信憑性をもたらすのは、治病や超常現象などの劇的な経験と、そのような経験を伝える言説の魅力であるが、しかし観客や読者の立場から実践者に進むには飛躍がある。

精神療法の二十年あまりの思想史は、「他界」「超越的な人格神」「死後存続する霊魂」といったものを禁句とした上で、いかに信憑性を獲得するかという試みの歴史と見ることもできよう。

以上のことを念頭に置き、本論文では、以下、精神療法の略史と技法について簡単に触れた上で、大きな存在と関係性という二つの鍵概念について論じたい。

1　民間精神療法略史

欧米の霊性思想と日本への移入

アメリカにおいて、現在「スピリチュアリティ」と総称される領域は、それ以前には「ニューエイジ」と呼ばれていた領域とほぼ重なり、歴史を遡って十九世紀後半であれば、スウェーデンボルグ主義、スピリチュアリズム、催眠術、マインドキュア（ニューソート）、神智学、東洋宗教などが含まれる(8)。個人志向の傾向がつよく、既成のキリスト教に対して批判的なスタンスをとり、自然科学に対して親和的である。信仰よりも学習や修行を重視する傾向がある。内的な霊性（スピリチュアリティ）を重視し、世界を善と見ることが多く、神的存在については人格的、超越的、絶対的な神よりも、より理念的、機能的で遍在的、内在的な存在と見なす場合が多い。

このような近代のスピリチュアリティ思想（以下、霊性思想と訳す）は、アメリカだけに限られる現象ではなく、ヨーロッパ大陸とイギリスを含み、さらには二十世紀に入ると非西洋諸国にも広まっている。日本に移入されたものも意外に多く、E・S・スティーブンソンらによる神智学(9)、隈本有尚による占星術と人智学(10)、木村秀雄のタントラ（観自在宗）(11)などがある。

その中で、日本でも大衆的な広がりをもったものは病と死という人生の一大事に直接にかかわるもの、つまり明治時代における催眠術、大正時代におけるスピリチュアリズムの二つであろう。日本の場合は、このような外来の霊性思想に並んで、儒教、仏教、神道などの修養法、修験、密教、神道霊学、神仙道、言霊学などがあり、催眠術とスピリチュアリズムはそれらの影響を受けながら土着化してきた。修験系などの行者が、心霊主義の霊媒や精神療法家に鞍替えする例もあった。

催眠術の流行と民間精神療法の元祖・桑原俊郎

精神療法の発生は、海外からの催眠術の紹介に始まる。井上円了らの知識人や留学経験者などによって明治二十年（一八八七）前後に日本に紹介された催眠術は、最初は限定的な範囲での流行に終わったが、明治三十年代半ばになると爆発的に流行し始める。一方では暗示を中心とする心理的な催眠術が流行する。[12]オーソドックスな催眠術はその後も重要な技法として存続するが、精神療法の主流は間もなく心理学の領域を逸脱し始める。

静岡師範学校の教員だった桑原俊郎[13]は、明治三十六年（一九〇三）から『教育時論』に催眠術論を連載してセンセーションを巻き起こし、続いて発表した『精神霊動』全三編（開発社、一九〇三年、一九〇四年）もベストセラーとなった。桑原は、言語暗示や催眠状態がなくても治療者の精神力だけで病気を治しうること、透視や物理現象や密教行者の不思議術も精神力だけで実行可能であると主張した。いわば技法的にも思想的にも「再呪術化」の方向に進んだ。桑原は、精神中心の宇宙論を体系化づけ、宇宙を本体とする理想宗教論を展開している。彼の宇宙規模の理論は、倫理も含んだ総合的なものであり、アメリカのマインドキュアとも比べうる日本独自の霊性思想としての精神療法は、彼に始まる。

健康法の精神化・修養化

この精神療法の発生と並行して起きていた新しい波は、健康法の精神化、修養化とでもいうべき現象である。すでにダンベル運動などの即物的な健康法はアメリカから紹介されていたが、明治四十年（一九〇七）頃から精神的な意味を加味した健康法が流行しはじめる。最も流行したものが岡田虎二郎[14]の静坐法である。正座と独自の腹式呼吸（逆式と呼ばれた）を行う簡便なもので、心の安定と身体の健康、そして霊性の自発的な発現を目指した。岡田式静坐法には体系的な教理はないが、信奉者たちは岡田の講話を指針とし心身の修養を行った。岡田虎二郎以外にも、藤田霊斎[15]の息心調和法、川合春充[16]の強健法などが登場し、身体の操作による生命力の充実と心の安定を謳っている。

桑原を第一世代とすれば、明治四十年以降に出現した療法家たちは、こうした身体技法を精神療法に利用している。典型的な例として、心身技法を最も早く取り入れた精神療法家の一人、檜山鉄心[17]の技法「霊動姿勢法」では以下のようなものである。

右手で左手の親指を握り、両手を組み合わせ、瞑目して心を下腹部に鎮める。次に、足と足を重ね、膝と膝を接する、左右の掌をみぞおちにあてて押し、呼気で邪念邪気を払う、そして心身に宿る神（精神、エーテル、潜在心）が現れたという観想をする。鼻より吸い入れた息を、鳩尾がふくれないようにしたまま、下腹部にもたらす。神霊出現、精神活動の観想をする。心の統一に合掌を行う。

なにか適当な言葉（六根清浄、アーメンなど）を黙唱する。これに熟達すると「合掌せる手指が、電気の掛かったように、ピチピチします」という。(18) これによって療法家は治療能力を高めることができるとされる。

檜山以後、さまざまな名前の精神療法が出現するが、基本的には大きな変化はない。技法の基本形式は、正座と腹式呼吸、あるいは体操によって治療者は生命力を高め、その生命力を「お手当て」によって病者の身体に放射するというものである。身体技法によって精神統一や無我の境地に入り、同時に手や身体の振動が起こる場合が多い。これは日常意識の底に隠れていて、宇宙とつながる内的霊性の発動、あるいは「精神力」「生命力」「霊気」などと呼ばれる生命エネルギーの高まりと理解される。そのような修練によって得た力で患者に身体と心の不調を癒やす。

日本の精神療法では、クリスチャン・サイエンスのような説得療法、もしくはエクソシズムにおける憑依霊との対話といった言語を用いる療法は少なく、身体を用いる例が多い。それでも「精神療法」と称するのは、心身を治療する直接のエージェントが桑原以降、「精神」とされていたからである。

精神療法は大正時代に最盛期を迎え、多数の治療師と団体が出現しているが、なかでも最大の勢力を誇ったのは田中守平の主宰する「太霊道」である。十日間の講習によって治療能力のみならずテレパシーのような超能力も習得できると宣伝し、超常現象から国家、宇宙まで森羅万象すべてを説明する理論を有すると主張して、多数の会員を集めた。太霊道は、冒頭に紹介したように治療というよりも宗教的な雰囲気が濃厚であり、最終的には宗教団体へ移行しようとしていた。昭和四年（一九二九）に田中が急逝すると運動は急速に消えてしまうが、その技法、用語法、治療者養成システムなど、他の精神療法運動に大きな影響を及ぼしている。

精神療法から療術へ

昭和に入ると精神療法運動はさらに変貌している。まず、大正時代に見られたような大仰な宇宙論は影を潜め、より実践的な技法に移行する。療法界全体を見ると、精神療法から物理療法へ移る治療師が増え、電気治療、光線治療、指圧、整体などの治療法が主流となって、「療術」という名に変わる。一方、松本道別[19]、松原皎月[20]、桑田欣児[21]のように催眠術から鎮魂帰神の法や危険術まで、さまざまな術を実践、伝授する専門家が出ている。多数の治療者の間では精神療法という技法は衰退し、少数の専門家は高度化するという両極端の動きがあったが、素人への普及が見られ、霊気、生気、本能療法、手のひら療治といった新しい療法運動が起こっている。それらに共通する特徴は、修行がさらに簡便になり、体操や合掌といった簡単な方法で、治癒能力は誰でも発現するというものであった。会社、工場などで採用された例もあり[22]、戦前はかなり広まったものと思われる。

第二次大戦後、結核への効果的な治療法の発見を含む医療水準の向上や、健康保険制度の確立などの社会的要因が大きいと思われるが、精神療法はほぼ完全に姿を消す。物理療法家たちは身体だけを対象とした療術として残り、民間の催眠術も細々と存続し、あるいは桑田欣児（真生会）や岡田茂吉[23]（世界救世教）のように宗教に方向転換したものもある。包括的な思想体系を有し、身体の操作によって心と身体の治癒を行うという、いわば宗教と治療の合間の場所で「精神療法」の独自性を保ったものは野口晴哉[24]など数は少ない。ただし、世界救世教以後の手かざし系宗教、中国に伝わって再輸入された気功法、アメリカに伝わって世界的に流行したレイキヒーリングなど、その隠れた遺産は小さくない。

技法の由来

さて、こうした技法がどこに由来するのか。催眠術については言うまでもないが、その他の点については不明の点が多い。たとえば、桑原は精神力によるさまざまな物理現象を実験したが、その中の「足止めの術」「不動の金縛り」「棒寄せの術」「火箸を曲げる術」などのアイデアは行者や修験に由来する。このように日本の伝統的な宗教的行法に由来するものもある[25]。断食、腹式呼吸、気合などの身体技法は日本のものが多い。たとえば、確実に分かっている例では耳根円通法がある。これを用いたのは木原鬼仏[26]という松江の精神療法家で、彼は最初に催眠術を学び、その後、原田玄龍から耳根円通法を学んだ。この方法は明治初期の有名な禅僧、原坦山[27]が生理学的に再編成した禅という、それ自体も近代的な技法である。ただ坦山の方法はかなり特殊であり、腹式呼吸で一般的に影響力があったのは、白隠や平野元良などの近世養生論の流れである。臍下丹田を強調する腹式呼吸の源はおそらくそこにあったと思われる。それでも岡田虎二郎の実践した通常とは逆の腹式呼吸のように、その出自が分からないものもある。

さらに、お手当てや手かざしのような技法は、あまりに単純すぎるので淵源は分からないが、催眠術の祖フランツ・アントン・メスマーも治療法として使っていた。パッスと呼ばれ、掌を身体の上で前後させる方法である。明治期の日本では、川合清丸が明治三十年（一八九七）に手あて療治を受けたことを記録している(28)。明治四十年代、木原鬼仏も養気療法を行っていた。

あるいは、アメリカからの影響で最も重要なものは、アメリカのヨガ（ラマチャラカ）がある。その呼吸法は細かな点では日本の呼吸法とはやや異なるが、呼吸によって生命エネルギーを集め、手から患者へ伝えるというパターンは、日本の精神療法と同じである。ラマチャラカは著作や翻訳で何回か紹介されており(29)、プラナ療法として実践者もいた。ただ、後述のお手当て療治と比べてみると、日本の場合、技法が単純化する傾向はある。プラナ療法の場合プラナを送ることが技法の主眼であるのに、お手当て療治の場合は手をあてること自体が目的化する。岡田式静坐法も同様であるが、単純な身体技法に深い意味を読み込む傾向は日本の場合顕著である。

ともかく、精神療法の技法は、日本の伝統でもなければ欧米からの借り物でもない。近代世界を席巻したいくつかの技法やアイデアが、日本にも根づいたということであり、しかもそれは欧米からの輸入品と日本のものが呼応しあうという形で根づいていった。これは思想についても言えるだろう。

2　大いなる存在

近藤嘉三の催眠術

精神療法の元祖とも言うべき桑原俊郎(30)は、明治二十五年（一八九二）に出版されロングセラーとなっていた近藤嘉三(31)『魔術と催眠術』によって催眠術を実験し精神療法の道に入った。ただし、この近藤の著書は単なる入門書ではなく、二つの独特な主張があった。

ひとつは、遠隔作用の物理的理論である。彼は催眠術に遠隔作用があることを認め、その原因は、催眠術師の脳内の神経分子が震動すると、それが伝達ガスによって被術者につたわるので精神感応現象が起こると説いた。この伝達説はその後も長く残る。

もう一つは「魔術」という言葉である。彼は「精神作用即ち心性の感通力に因て人及び諸動物の心身を支配し或は物質の変換を試るの方術(32)」である。近藤は、相手が催眠状態に入らなくても、精神力によって治病できると主張し、それを魔術と呼び、催眠術とは区別した。これはまさに桑原の精神霊動論の原型である。

桑原俊郎の精神霊動論

桑原も、催眠術実験を繰りかえしていく内に、患者を催眠状態に入れずとも、念じるだけで病気を治すことを発見した。精神力を用いれば、鉄棒を曲げ、虫を動かし、あるいは家を鳴動させることさえできる。そこから桑原は、精神一元論とでもいうべき理論を打ち立てる。

精神とは万物の活動力、生命力であり、生物、非生物を問わずすべての個物には活動力がある以上、精神がある。しかも精神が一度活動をすると、その個体を動かすだけでなく、それを越えて無限に影響力を送る。精神力の強いものは弱いものの精神を制圧し、催眠術師の精神は被術者の精神をコントロールできる。

精神の力は強大なものであるが、その根拠となるのは、宇宙全体の大我である。宇宙全体には人間の我に応じて、大きな我がある。この大我とは、精神がそうであったように、人格的存在ではなく、孟子のいう「至大至剛にして天地の間に塞がる」ものであり、宇宙全体を満たすエネルギーである。しかし、ただの活動力なので、利己的に働くことはない。これが実際に活動する際は自分以外のために働く。その性格は公的なもので、仁などの徳目となり、あるいは無為、無我、阿頼耶識とも呼ばれる。

一方、個人の心には、日常的な心の部分と不動精神とがある。不動精神とは浩然の気ともいい、個人は心の動揺をしずめることでこの不動精神を活性化させ、宇宙全体の大我とつうじることができる。つまり、精神統一によって、無限大のエネルギーを利用できると桑原は主張したのである。

精神力による現象の発生、大我を中心にした心身＝宇宙観を催眠術に導入して、根本的に変容させたところが、桑原の創造的な点であり、彼以降の精神療法では、宇宙的な大我や大霊という概念を持つものがほとんどである。宇宙に内在、遍在しているエネルギーの場合もあれば、あるいは宇宙それ自体を指すこともあり、そのような宇宙と自我を通じさせる、あるいは一致させるという修養法は多い。例を挙げればきりがないが、「吾々五尺の身体は宇宙万物に拡大し、吾々の精神は宇宙大法に冥合するのでなければならぬ」[33]、あるいは「一は宇宙の大精神に接触若くは合一することで、一は接触若くは合一したのみに止まらずして、更に宇宙本体の能力を得んとすることである」[34]と述べられている。

腹式呼吸や正座といった技法と、このような宇宙精神との合一という心理操作は、治療者に単に治療能力を与えるというだけでなく、安心の境地を与えて自我の自立を助けたのではないかと思われる。

田中守平の太霊道

桑原以後の精神療法では、田中守平の太霊道のように、この大いなる存在が個人だけでなく国家とも関係づけられる場合もある[35]。太霊道は、すでに述べたように田中守平の創始した運動であり、彼が山中で断食修行中、突然、身体が勝手に動きだし、その後、霊能力を得て治療を始めたという（ただし真偽は不明[36]）。

太霊道理論によれば、「霊子」という非人格的な実体が人間を含むすべての現象の奥にあり、そこから物質的現象と心理的現象が生じるとされる。田中が断食中に身体が震え始めたのも霊子の働きである。遠隔治療が瞬時に効果をあげるのは、霊子が時間と空間を越えて霊力を他の霊子に伝えるためであり、霊子と霊子の間には媒体が存在しない。「術者の霊子作用を発現する霊力に依りて、被術者にも本来有する所の霊子作用を発現せしむる」[37]とあり、エーテルや動物磁気といった流体論を認めず、感応しあう霊子によって構成された分子論的宇宙論をとる。

宇宙全体の背後にも、同様に非人格的な存在である「太霊」があり、宇宙（現象）の原因となっている。これは真如（仏教）、天（儒教）、玄（老子）、大極（『易経』）、天帝（キリスト教）、天之御中主（神道）と表現されてきた。人は太霊によって生命を享受し、逆に人類は太霊がすべてを発現する上で最も重要な部分である以上、その完全な真実性を現実化する責務を負っている。個物は個物で存在するのではなく、生物、無生物を問わず、社会の中に存在する。この社会性能の完全な発動が国家であり、国家は至上の権威を有する。人間は、自己、国家、社会、宇宙、太霊が一致した状態に入ることで霊性と霊能を開発できる。宇宙から個人までの階層化された構造という点は太霊道の特徴だが、精神療法家が国家主義を取る例は多い。

明治思想界と桑原俊郎の大我の由来

それでは、こうした大我の思想はどうやって成立したのか。桑原への欧米からの影響については判然としないが、一般論で言えば明治期に紹介された欧米思想には宇宙精神についての言及は多い。文学、倫理学、心霊研究の例をあげてみたい。

R・W・エマソンはもっとも有名であろう。北村透谷が明治二十六年（一八九三）に「内部生命論」を発表して「宇宙の精神即ち神」が「人間の精神即ち内部の生命」に、「電気の感応」のように働くと述べ[38]、岩野泡鳴も明治三十九年（一九〇六）に発表した『神秘的半獣主義』（左久良書房）でとりあげている。あるいは明治期の哲学界を風靡したトマス・ヒル・グリーンの自己実現論にも同様の記述はある。一般向けに修養書を多数執筆した加藤咄堂はグリーンの説を引用して、「吾人の意識を以て宇宙大意識の顕現とし真我（True Self）の実現を以て倫理の目的とせる[39]」と述べている。明治期の哲学、倫理学では、抽象的な大きな存在を指定することは異例なことではなかった。さらに、心霊研究者F・W・H・マイヤーズのサブリミナル意識説（意識下では個別の意識がつながって大きな我を構成している）もすでに明治三十年代後半には知られており、桑原俊郎も『精神霊動』中で言及している[40]。ただ、その意味合いのレベルはエマソン、グリーン、マイヤーズでそれぞれ異なっているが、精神療法家はそれらの理論を具体的な心身の経験のレベルにまでもたらしたともいえる。

また、桑原は漢文の教師であり、同時に熱心な浄土真宗の信者であった。天、浩然の気、阿弥陀仏など、儒教や仏教などに内在する近世以来の生命主義的な思想の影響は当然あったものと思われる。精神力の優越という点については、精神主義の影響を受けた可能性もある。ただ桑原が使った「大我」という用語法、多くの精神療法家が繰りかえす万教帰一的な宗教論、そして太霊道の国家論などは、直接的には井上哲次郎の影響をうかがわせる。

井上哲次郎は『倫理と宗教との関係』（富山房、一九〇二年）において、大我と小我の関係をもちいながら、宗教の理想を論じている。客観世界における万物の創始者、共通の原因は活動そのもの、活動そのものは実在で世界に充満しており、これは万有神教 Pantheismus になると述べている。万物に内在する活動力を認めていたのは桑原俊郎も同様である。この大我は、一切の小我を統一するものであり、同時に絶対的な理想でもあり、博愛、同情でもある。小我の意思を捨てて、大我の目的に従うことが善とされる。人は誰しも国民の一分子であり、世界の一分子である。精神療法家も、一方では同様の言説を語り、大我の意志にしたがうことを善と述べているが、その治療のメカニズムからすれば、小我による大我の操作によって結果をもたらす行為であり、エゴの確立だけでなくエゴのインフレーションにつながりかねない可能性もある。

淵源がどこにあれ、要するに、精神療法における「大我」の思想は、明治期においては逸脱した思想ではなく、明治三十年代後半においてはエリートたちが抱いていた人生観と共通するものであった。桑原の精神霊動論は、その理論に具体的な経験、それも超常的な経験を伴う経験をもたらしたのである。桑原の『精神霊動』が出版される二年前の明治三十四年（一九〇一）、中江兆民の『一年有半』（博文館）が出版され、精神の有無は問題となっていたので、精神力を強調した桑原の著書が売れたのも無理はない。読者は精神霊動の経験を共有できなくとも、少なくとも精神力の可能性を信じ、精神の自由と自立が証明されたと思うことはできた。

大我思想の問題点

しかし桑原の精神霊動論では、実体的な霊魂は必ずしも必要がなく、存在するのはエネルギーとしての精神力だけである。太霊道のいう霊子はさらに日常的な心と縁がない。人間には死を越えていく実体があるのかどうか、実は解決を下していない（しかしそれは桑原に限らず、明治の知識人が解決できなかった問題であった）。そのような死後の問題をさておけば、大我という概念は、霊魂に頼ることなく人格の基盤を与えてくれる概念でもあった。

ただ大我にはもうひとつの問題がある。それは大我という究極的な存在は科学的に証明できず、信仰するしかないということである。その点では、桑原が物質主義と批判した動物磁気の方が科学と結びつけやすかった。国家道徳と並んで、自然科学は明治国家の重要なイデオロギーであったことは、明治四十二年（一九〇九）から四十四年（一九一一）にかけての福来友吉の千里眼・念写事件ではっきりする。精神療法を支える理論と現象が自然科学と衝突し、公的な場所を追われたことで、療法家たちは、一方では現象を立証するさらなる科学理論を追い求める。精神療法は、信頼と経験の循環の上に構築されており、完全に内面的、私的なものとなれば、その信憑性の構造が破綻してしまうからである。簡単に言えば、国家や科学という箔づけを必要としていた。

3　生命エネルギー

発見されつづける疑似物理的生命力

先に述べたように、動物磁気のような不可視の流体は、催眠術の説明原理としては十九世紀後半にかけて次第に忘れ去られたが、他方、光の媒体としてのエーテルという概念は残り、あるいは十九世紀半ばに化学者カール・ライヘンバッハの「発見」した「オド力」(41)という生命エネルギー概念が新たに提唱されて、二十世紀に入るとオーラ(42)やヴィルヘルム・ライヒのオルゴン・エネルギー(43)など疑似物理的な生命力は常に発見されており、日本でも流体概念は消えることはなかった。

たとえば、黒岩周六の『天人論』では、テレパシー現象を説明して、「何如に微少の思想と雖も脳中の或る分子を動かさざる者は有らず、分子動けば何の処にか其の波動を及ぼさん、唯だ余りに細かき波動たるが為めに何者も知る能はざるのみ(44)」とあり、近藤嘉三と同様の仮説を述べている。

檜山鉄心の精

生気などの流体概念を用いた精神療法理論も多いが、先に紹介した檜山鉄心の理論は典型的なものである。その理論では、宇宙の本体は「精」であり、物、心、力の要素を含み、不可思議力をもつ。精が進化して生々の気が生じたものを神といい、精及び神の無形的現象が心であり、有形的現象が身である。これら心、精、神を称して「精神」という。宇宙の本体は「大精神」で、個人の中の霊性である精神はエーテルによって大精神とつながる。

エーテルとは空中に瀰漫せる一大偉力を指して云えるなり、空気を呑吐すれば、此のものは空気と共に呑吐することを得、此ものは物質に非ず、予が謂う所の大精神と同一若くは大精神より一たび化生したるものなり。(45)

治療者は、「宇宙は大精神であり、万有にはすべて大精神が宿っている」とイメージした上で下腹部へ向けて呼吸する（精気呼吸）ことによって治病能力を充実させ、精神を統一して手を患者に当てる。

近藤や黒岩では波動を伝達するだけであったが、精神療法ではそれ自体にエネルギーがある不可視の流体という生気論的な説を唱えるようになる。その理由は、檜山の技法で分かるように、呼吸法を技法に採用したからである。呼吸法を行うのは、空気中のエネルギーを集めるためである。

ヨギ・ラマチャラカのプラナ——アメリカからの流入

アメリカからの影響としては、すでに触れたヨギ・ラマチャラカ(46)の唱えたプラナ療法がある。ラマチャラカはアメリカ白人の実業家であり、彼の「ヨガ」なるものはインド原産ではなく、インド系の用語に動物磁気や心霊研究の概念を結びつけたものといえる。彼の説明によれば、プラナは凡ての空間に充満する宇宙の原精であり、「生力霊気」である。リズム呼吸によってプラナを蓄積することができ、そのプラナは、凝視、手、呼吸によって伝えることができる。さらに、日本の精神療法家と同様、宇宙の大霊と個の関係を次のように強調している。

我々の生命が此大宇宙の精神に対する関係を云えば、恰かも大洋と、深く陸地に入り込める小さき入江との如きものである。一見すれば我々の生命は全く独立せるものであって、夫れ自身の法則に依て支配せらるる様に見えるが、其実此宇宙に遍在せる大生命の一小部分に過ぎない（後略）(47)

ラマチャラカのいうプラナはインド的概念というよりは動物磁気の名称を変えたにすぎないが、理論的にも分かりやすく、山田信一(48)や中村天風(49)などラマチャラカの技法をそのまま実践していた者もいる。呼吸という技法と生命エネルギーのメタファーは、日本でもアメリカでも受容されていたのである。

玉利喜造の霊気説とさまざまなエネルギー的流体説

この不可視の流体を、実験的にとらえたと主張とした人物もいる。一人は明治時代の農学者、玉利喜造[50]で、彼自身は精神療法家ではないが、さまざまな民間療法を渉猟していた。大正元年（一九一二）に出版した『内観的研究――邪気新病理説』（実業之日本社）は、生理学的な研究と儒学の知識と精神療法的な心身＝宇宙観の結びついたものである。

宇宙に大霊があり、私たちはこの大霊から心身を分与されている。人間の精神は、脳神経系がコントロールする意識と、身体の各部を動き回る霊気とからなる。霊気と大脳の意識界が渾和一体をなすときは、宇宙の大霊より分かれた状態そのままに戻り、その場合を「小霊」状態といい、これで大霊と融和し、相互に意志が疎通しあう。人間の霊魂が意識界あるいは霊界にはいると神通力が発揮される。霊気には治療の力があり、暗示によって霊気を身体の故障した箇所に集めることで、病気を治す。霊気という語は多用されるようになるが、玉利はその嚆矢といえる。

精神療法家では、松本道別は、人間はラジウム同様のエネルギーを体から出していると考えて実験を行い、生命エネルギーを人体ラジウムと呼んだ。高木秀輔[51]や大山霊泉のように、大正時代に英米で話題になっていたオーラ研究を取り入れ、人体から光線として生気が出ていると唱えた者もいる。渡辺藤交は、宇宙に充満するエーテル性の流動体が思考を伝えると主張した。大正後期から昭和にかけて、宇宙の大霊を含む壮大な理論を唱える精神療法家は減少し、このようなエネルギー的流体が前景に出てくる。

感応理論と森田義郎の調精術

しかし桑原や太霊道のように、そのような流体概念がない場合でも、精神と物質、あるいは精神と精神の感応が前提とされていた。

この点で興味深いものは、歌人、森田義郎[52]の唱えた調精術[53]という療法である。その技法は精神療法に典型的なもので、臍下丹田を使って深呼吸する気食法、静かに座り半時間ほど静思する内観法で、これら二つの方法によって心身脱落の境地に至り、治療者は精と呼ばれる生命エネルギーを高める。治療を行う際、治療者はまず患者の眉間から少し上のところに掌をかざし上下させ、患者の頭が掌の動きに合わせて律動することを確認する。この遠隔操作によって動く場合は、感応しており精を受ける準備ができている。そこで施術者は患者の患部を押す、掌をかざす、あるいは指でさすことで精を注入できるとされる。

ここで「精」とは、人間の生命力であり、万物のもつ力である。森田は、霊気や霊能という語は合理性に欠けるので、『黄帝内経』の「生の源之れを精と謂う」よりとって精と名づけた[54]。心や生命の存在がその発動でしか分からないように、精も遠隔操作による効果でしか存在を確認できない。逆に言えば、動物磁気やエーテルのような媒体がなくても、精にはもともと感応しあう関係性があるということである。精とは単なる生命力ではなく、個々の生命同士のラポール（関係性）をすでに含んでいる。しかも、エーテルのように他の現象から理論的に証明できるものではなく、森田にとっては実体験で確認してもらうしかない原事実である。このように直接の接触を要しない関係性が原事実としてあり、そこになんらかの媒介する概念を必要としない傾向があるのは、日本の精神療法理論の特徴であろう。

昭和期の特徴と民間精神療法の極北・手のひら療治

既に略史で述べたように、昭和に入ると素人中心の新しい精神療法の波がある。それらは森田と同様、生命エネルギーを理論の中心とするが、精神力も大霊もあるいはエネルギーそれ自体もあまり強調されない。具体的な身体の操作と、その結果に主眼が置かれる。治病は身体に内在する生命の自然な働きとして解釈され、特別な修行や特殊な能力ではなく、誰でも実践できる日常的な健康法とされた。

流行したものには、岩田美妙(55)の本能療法、大山霊泉(56)の霊掌術、石井常造(57)の生気療法、あるいは江口俊博(58)の手のひら療治などがあった。陸軍少将だった石井常造は、大山霊泉の霊掌術を学んで生気療法として広めたが、そこから生気療法の分派が生まれ、かなり広まっているが、当時、もっとも一般に流布したものは「手のひら療治」(59)であった。

江口は甲府中学校の校長で、臼井甕男の霊気療法を学んだが、その無用な秘密主義と高額な伝授料に怒り、昭和二年（一九二七）から一般への講習会を開始する(60)。歌人、三井甲之(61)がこれに関心を持ち、昭和四年（一九二九）『日本及日本人』の臨時増刊号で「手のひら療治」を特集、翌年には『手のひら療治』という入門書を書きベストセラーとなる。西田天香の一燈園も普及に協力したために全国に広まった。

手のひら療治の技法は、非常に簡便で、最初に心の中で病気全快の祈りをあげて、手のひらを体にあてる。もし患部にあてると手に感じるものがある（ヒビキ）。関係性の根拠は、理論ではなく、このわずかな手の感触にある。能力を開発するために、生気療法や本能療法では簡便な体操を用いるが、手のひら療治では、まず坐行として、明治神宮を遥拝し、明治天皇の御製を拝誦し、端座、瞑目、合掌する。集団で行うときは、手伝いの人間が頭の頂上に息をかけ、額や合掌している手に手をかける。さらに治療ができるようになったら、手のひらを使って病者を治してあげる施行に進む。

江口は、手のひら療治を始めて、人の体を療治するよりも、自分の心が優しくなり、自分の心を療治した、病人を治してあげるのではなく、手を当てさせていただくと思うようになって、ますます病気を治せるようになったとも述懐している[62]。

この治療のメカニズムについては「いのちといのちとのカラミ合い[63]」と書かれているだけで、基本的には実践優先であるが、三井甲之は一応、以下のような理論を述べている。

参籠ということ、御籠ということも多人数一緒に神社寺院におこもりすると、そこに多人数の間に生命の連絡がついてくるので其効験が著しくなるのであります。これは自然に随順するとか、国民生活に没入するとかいうことに押しひろめられて行くのであります。そうして自己、自我、個我というものが、それよりも大きな生命に連絡し、その中に没入して、その大きな波のゆるぐままに随順して進みゆくとき、その時に大歓喜を味うのであります。(64)

こうして統一された生命は他の生命と連絡する威力があり、その時には人体から光を発し、それが病気を治す効果がある。このように、手のひら療治を、その修行の段階から、まったく私的な営為ではなく、多数の社会的営為でなければならないと見なした点は興味深い。手のひらから出る治療光線よりも、社会集団のもつ生命への原理的な力の方が三井にとっては重要であったのだろう。従って、大我のような抽象的な原理ではなく、当時は具体的で信憑性のあった現実的国民宗教、現人神である天皇への信仰に向く。天皇に忠義を尽くせば、威力を獲得できると述べている。(65)

三井は『手のひら療治』において、手のひらの力について、玉利の霊気論などを引いて論証も試みているが、すべては「タナスエノミチ」に包括され、大いなる存在と関係性とは、基本的にはそれ以上の信憑性を与える必要がない原事実として提示されているように読める。その点では、精神療法の極北というべきだろうか。

太霊道と比べると、手のひら療治の思想は、より具体的であり、実践者の主体的な選択が関わる。坐行と施行という利己と利他の行が調和的に結びついている点も、他の療法と比べて優れて道徳的な点であろう。太霊道では宇宙、国家、個人の階層化された構造があり、個人は縦の関係に組み込まれているのに対して、手のひら療治では個人は横の関係でつなげられている。天皇主義には間違いないが、平等主義的で利他的であり、国家という構築物ではなく、治療しあう仲間たちとの横のつながりを重視する。空理空論ではなく、具体的に手を当てる病者とのつながりを実感できるという点も、この運動の可能性を示している。

さらに、そのつながりが国民から全人類に及ぶ可能性はあり、三井も関わっていた国家主義団体、原理日本社の運動と抵触する可能性があったと片山杜秀は指摘している(66)。確かにそのような普遍性へ開けていく可能性はあった。ただし、精神療法運動の歴史全体を見れば、天皇と結びつくことは必ずしもアドホックでもない。それは内在的な必然性ではないにしても、歴史的には信憑構造をもたらすために〔天皇以外の〕他の権威を利用するという選択肢は無かったからである。

4　憑依から大霊・霊気へ

治病宗教としての民間精神療法

精神療法は、治療とは位置づけられているものの、倫理道徳の領域を含み、身体や心から金銭まで、人々の整理しきれない救済の希望を満たそうという運動でもあり、治療とも宗教ともつかない領域という点では、現在のスピリチュアルな領域とほぼ同じ機能を果たしている。

海外から移入された催眠術を出発点とし、欧米の哲学思想の影響を受けていたことからすれば、精神療法は新たに創造されたシステムであったとも言える。催眠術を出発点としてアメリカではマインドキュアの運動が起こっていたが、日本ではそれと並行しながら（そしてアメリカの影響と日本独自の心身論の影響を受けながら）同様の運動が創造されていたと見ることも可能である。

あるいは、近世の修験や行者たちの呪術的宗教の現象を、アニミスティックな理論ではなく、大霊や霊気などの抽象的な原理によって説明しなおしたと考えれば、過去の宗教伝統の修正的継承と見ることもできるが、その修正は大きい。田中の理論では、「霊子」という万人に平等に存在する内的霊性が発現したのであって、ある因縁を持った特別な人間にだけ現象が起こるわけではないとされた。そうした平等性、容易さ、合理性、科学を模した世界観、付随する国民道徳など、国民国家に意識的に適応した治病宗教といえるかもしれない。

憑依のネットワークから宇宙的関係性へ——永井霊洋

憑依から大霊と霊気という説明原理の変化は、行者自身にとってはどういう意味があったのか。最後にもう一人興味深い例を紹介しておきたい。行者から精神療法家に転じた永井霊洋[67]の告白である。

永井は島根の旧家の生まれ（永井隆の親戚）で、若い頃に病気を治すために法華行者に入信、一年ほど修行して行者として独立する。その後、エクソシズムをもっぱらとする治療家として活動するが、「私は六ケ年の間毎日治療に直面して、憑依のした人間の口から、醜い事、恥ずべき事、悲しむべき事、美しからぬ事を聴き飽いた。ツクヅク人間の浅ましさを痛感した[68]」ために、一日行者業を廃したという。精神療法家の自伝はあてにならないことが多いが、農村における濃密な人間関係を背景にした憑依にうんざりしていたのは確かであろう。

その後、精神療法家となると、因縁霊の世界から生気的宇宙へと技法も理論も変わる。治療者が正座、合掌すると、身体の自動運動（生命動）が起こる。

宇宙と握手したなら指頭が軽くなっている。ひどく宇宙力との同交を感じる人は、指頭が電気に触れたようにピリピリとして震動する、同時に両掌は暖かく且つ熱くなって、油汗のようなものが滲出で、両掌面がネタネタする、ひどく出ると流れるようになる、そして体全体が暖かくなってくる。(69)

さらに進むと、手は上に引き上げられるように感じ、身体は跳躍行進するようになる。このようにして宇宙の生命力を集めたら、指の頭より患者へ伝えることで病気を治療する。

永井の用語法では、「精神」と「生命」は区別され、精神（あるいは心）は変動しやすいが、生命（霊と同一）はその根底にあり、不動のものである。

人間は生れると肉体は地球の物質によって成長し、生命《いのち》（霊《たましい》）は宇宙大生命体より得、人間死する時は肉体は地球に復帰し、生命は宇宙大生命体に復帰するのである。(70)

霊（生命）は空間に充満し、無線電信と同様にエーテルの力で人間に感応するとされる。

濃密な人間関係を背景にする憑依のネットワークから宇宙的関係性への変化とは、農村社会から都市社会へという、行者＝精神療法家のおかれた社会の変容を反映しているといえるが、それは永井にとっては明らかに解放を意味し、田中守平にとっても同様であったろう。人格を有する霊魂の存在は、その超自然界からの災厄を考えれば、知識人に限らず、比較的広い範囲の近代日本人からは好まれなかったのかもしれない。

おわりに

精神療法の用語法では、精神と霊はいずれも非人格的な傾向が強く、精神という語には、明治時代にはかなり広い超常的な余白がついていた。物質との分離という意味は弱く、他界性という意味合いはない。霊気、生気という語では、動物磁気的世界観のように、宇宙に遍在する生命力という流体的なイメージもあるが、明示的には語られないにしても、流体のような媒介物がなくても万物が感応しあう宇宙を前提とする場合も多い。生者にせよ死者にせよ、人格的な霊魂がただよう世界ではなく、関係性だけが充満している宇宙といえるかもしれない。これは自然科学からしても、再編された近代仏教からしても受容しやすい宇宙観である。ただし、それは死生の問題が生じるまでであるが。

人格霊や他界よりも非人格的な概念の方が扱いやすいのは、現代でも変わらないようで、スピリチュアルという形容詞を使う点には、どこか人格的、実体的な概念から離れたいという希望があるように思われる。精神や霊という語にも、通常の人格的なものではなく、エネルギーのようなものを指すことを本論文では見てきた。これらの漢字語は、今までも人格でもあり非人格でもあり、自発的な性格を強める場合もあれば、太霊道のように操作的な概念になることもある。さまざまな領域に越え出ることが可能であり、そのような蓄積の上に、これらの語の現代的な意義はある。(71)

そのような性格を、スピリチュアルやスピリチュアリティというカタカナ語が保持できるのかどうか。さらにいえば、想像力の限界を越えた向こう側に思いを馳せる気持ちを支えてくれる語でありつづけるかどうか。霊、霊性、スピリチュアル、スピリチュアリティといった言葉自体はいろいろに変わる。問題はその語を用いる文脈でしかない。その文脈が問われ続けるべきであろう。

Ⅲ　田中守平と太霊道の時代

第八章　太霊と国家——太霊道における国家観の意味

はじめに

戦前、精神療法や霊術と呼ばれた民間療法の中で、最も有名なものに田中守平の創始した太霊道がある。東京の中心地、皇居近くに本部を構え、大新聞に派手な宣伝を行って会員を集め、田中の故郷、岐阜県恵那郡武並村には大規模な総本院を構えるなど、その活動は単なる治療団体の域を超えたものであった。しかし昭和四年（一九二九）に田中守平が急逝して、団体は消滅、現在は建物もすべて姿を消し、その跡をうかがうことは難しく[1]、『霊術家の饗宴』によって再評価されるまで忘れ去られた存在であった。

太霊道は、霊動と手かざしを組み合わせた治療技法を広め、生気療法、霊気療法、本能療法などからレイキ・ヒーリングに至る系譜の原点に位置し、その影響は中国の外気功にも及ぶと言われる。また新宗教の方面では、太霊道を経由して一宗一派を開いた人物には友清歓真や谷口雅春がおり、さらに手かざしの技法は世界救世教につながる。そのように考えれば、大正において一時代を画しただけでなく、現在でも太霊道の影響は続いているといえる。

そのような重要性に比して、資料の慢性的な不足という事情もあってか、研究は多くない。おそらく、技法の現代的な意義、また太霊道の宗教史や療法史における役割など、論ずべき問題は多い。しかし、そのような研究を行う前に、太霊道の運動を療法や宗教といった整理された視野から見るのではなく、同時代のパースペクティヴに置いて眺めてみなければならない。その場合、田中守平の活動は、精神療法、宗教、そして政治と多岐に渡っているが、その中でも、政治は大きな意味を持ち、心身論と並んで国家論が重要な軸となっていた。それは活動の上だけでなく、思想においてもそうであり、霊的な宇宙観を支えるものとなっていた。

本論文では、精神療法、宗教、政治の三要素に着目して、第一節で田中守平の生涯、組織の性格について、第二節で思想の根幹をなす「太霊」と「霊子」について、そして第三節で太霊道思想の基本的な性格を論じ(2)、今後の心身論研究の一歩としたい。

1　田中守平の生涯

田中守平の伝記史料と生涯の区分

田中守平に関する伝記や研究には、宇宙霊学寮編『太霊道主元伝』（以下、『主元伝』と略。なお「主元」とは太霊道の指導者、田中守平を指す）、井村宏次『霊術家の饗宴』、中村和裕の論文[3]などがある。『主元伝』は太霊道公認の伝記であり、美化されている点や引用文の改竄もあるが、教祖伝としては比較的信頼できる。井村のものは『主元伝』を利用しながら、太霊道総本院建設を中心に霊術の情景を活写したもの、中村の論文は太霊道の新聞広告や記事を調査して没年の誤りなどを訂正したものである。しかし決定版というべきモノグラフはなく、いまだ不明の点は多いが、本論文では、以上に加えて『主元伝』の原型となった『奇蹟之田中守平』[4]（以下『奇蹟』と略）や新聞記事を参照しながら可能なかぎり史実をまとめておきたい。

田中の生涯は、その活躍の場によって、以下のように六期に分けられる。

第一期　少年期（明治十七年［一八八四］―三十三年［一九〇〇］）
第二期　上京から直訴事件（明治三十三年―三十六年［一九〇三］）
第三期　修養と霊能開発（明治三十六年―三十八年［一九〇五］）
第四期　青年会時代（明治三十九年［一九〇六］―明治四十二年［一九〇九］）
第五期　霊子術時代（明治四十二年―大正五年［一九一六］）
第六期　太霊道時代（大正五年―昭和四年［一九二九］）

第一期　少年期

生年月日は明治十七年九月八日、岐阜県恵那郡武並村大字竹折の農家、田中虎之介の三男に生まれている。武並村は藤と竹折の二つの地区からなり、恵那市の中心である大井からは五キロ程度のところにある農村地帯である。江戸時代、田中家は大庄屋で、元禄の頃、藩主の暴虐に抗議して、幕府大老に直訴した田中与市という義人が出ている。しかし、守平が生まれた頃は屋敷こそ残っていたが、すでに零落して極貧生活であった。

『奇蹟』によれば、八歳の頃より鬱状態となり、他の子供と遊ぶでもなく、通学時以外は自室に閉じこもって一人端座するのが常であり、子供時代から超能力を発揮し濃尾地震や日清戦争を予言したという。超能力はさておき、後で見るように、田中の生涯には、活発な活動をする時期と内閉する時期とが交互に出現する。

田中は少年時代より、国粋主義的な傾向が強かった。文才に長けた彼は、明治二十八年（一八九五）、『美徳』（三二号）という地方誌に「忠君愛国士の平生」という一文を発表して、外国人（もちろん欧米人を指す）が日本に居住して混血が進むと愛国心が低下することを訴え、外国人との結婚を戒めている。現在からすればいささか滑稽な内容ではあるが、当時は内地雑居問題が真剣に議論されていた時代である。また、この人種間闘争という問題は、生涯、田中の政治思想の根幹をなすことになる。さらに十四歳の時には、自分の名前が円融天皇の諱と同じという理由で、郡役所に改名を申請したという逸話がある。(5)

第二期　上京から直訴事件

田中は優等で高等小学校を卒業し、小学校の助教員になるが、志を果たすために明治三十三年（一九〇〇）に上京。働きながら国民英学会などに通った。極貧生活の中で勉学を続け、内閣統計局に雇の職を得て、東京外国語学校の別科に通学している。そのような中、明治三十六年（一九〇三）十一月十九日、田中は天皇への直訴事件を起こしている。

事件は、その日の午後三時過ぎ、大演習を参観した天皇が御所に帰る際に起こった。馬車が桜田門を入ったところで、「芝生の前に整列したる拝観人群集の中より飛出したる書生体の者あり御馬車に近づかんとして三四間の処まで進みたるを巡査に取押えられ桜田門前派出所にて一応取調の上麹町警察署へ連れて行かれたり」(6)。

上奏文の内容はロシアへの強硬策を進言したもので、ロシアが「其公文の墨未だ乾かざるに自ら条約を破毀し舌根未だ干かざるに其誓言を食みたること幾んど彼が慣用手段たる」ので、平和的解決よりも「今日の時局唯だ果断勇決速かに最後の手段に訴え猛然として彼に一痛撃を加え以て彼の勢力を打破するの他決して道あることなし」と訴えている(7)。

当時、日露戦争前夜でロシアの脅威論が盛んに論じられ、ロシア討つべしという世論が高まっていたこともあり、多くの新聞は田中に対し好意的であった。一方、桂総理大臣はすぐに参内、内閣書記官長と統計局長代理は即日、進退伺いを提出するなど、官僚、政治家にも余波は広がり、当初、精神的に問題なしと発表していた警察医も判断を覆し、二十一日には警視庁は田中守平を誇大妄想狂と発表して事件に決着をつけている[8]。しかし多くの新聞は、田中がいかに真面目な愛国少年であり、苦学生であったかを報じ、その精神異常を疑い、警察の事なかれ主義を嘲笑した。

ただ田中守平が、精神病ではないにしても、夢想家の気があったことは、当時の新聞にも書かれている。

彼れは平素精神病者として医師の治療を受けたる事なきも、其の異れる精神上には「国として世界は一帝王が主宰すべきが当然なり、然るに数世紀を経るに従い黄白人種互に相競争し優勝劣敗の期来らば終に白皙人種に圧倒さるるは必然なれば、今にして東洋諸国相連合して一団となり、我皇帝陛下を其大国の君主たらしめ世界の統一を企図せざるべからず」と信ぜるものの如く、我が居室の壁面に「絶世大怪国」と大書したるを貼付し居たりと[9]。

第三期　修養と霊能開発

誇大妄想狂と診断された守平は、郷里に戻って自宅謹慎に入り、警察官監視の下、庵を結んで読書三昧の日々を送る。ここから第三期、つまり田中守平が愛国少年から霊能者へと変貌する時期に入る。

明治三十七年（一九〇四）、直訴した通りに日露戦争が勃発する。この時、田中は軍に志願するが認められなかった。一方、人種間戦争とアジア民族の連合について論文を執筆し、明治三十八年（一九〇五）一月より七月にかけて雑誌『日本人』に「東亜聯邦論」と題して連載している。同論文中で田中は、当時の世界情勢を分析し、イギリスを始めとする先進諸国ではもはやスペンサー流の自由放任主義が影を潜め、帝国主義や保護貿易主義へと方向転換しつつあることを指摘する。欧米では黄色人種排斥の声もあがっている。これに対して日、韓、清の三国は、天皇を首長として連邦を形成すべきというのが田中の主張で、韓国併合や大陸侵略といった大日本帝国の先行きを予見したものである。田中の学歴や年齢を考えれば、秀逸な論文と言えよう。しかし、この記事を発表したために、官憲の監視がさらに厳しくなる。

明治三十八年になると、旅順攻略の報を聞いた田中は恵那山に籠って森林修養を開始し、霊子術発見の契機となる長期間の断食を二月上旬から六月上旬までの間に行っている。「人間常に自己に生命ある事を自覚すと雖、而も此生命の根本は果して如何なるべきか」(10)という疑問を解決し、唯物論、唯心論の根本を探るための実験であったという。この九十日間の断食の結果、「夜中端坐瞑想して居ると自分の体が突如非常の勢を以て自動する」(11)。そして「暗夜に物体を見又は一時間六七里の山道谿谷の間を飛走し、若くは遠視覚遠音覚を感ずる」(12)などの超常能力を獲得し、村人を相手に治病を開始すると、リューマチや歯痛などを治癒させ、「数十里外より其名を聞て来るもの引きもきらず、何れも絶妙なる効顕に奇異の感を懐きて喫驚せざるはなく」(13)というほどの評判を得たという。

このような、師匠無しの修行、異常な能力の発現、治病による社会的な認知というプロセスは、すべての精神療法家が共有するわけではないが、田中守平前後の治療家には多い[14]。彼はこの経験で得た（と主張している）身体の自動運動を、霊子顕動作用と呼んでいる。また、この断食体験を太霊道の原点として繰り返し語りつつ自らを規定していくが、注意すべきは、能力の源泉を神仏の感応などではなく、万人に共通する「生命の根源」に求めたことである。つまり田中は、超常的現象を、最初から既存の宗教以外の枠組みで理解し、新しい信念体系の構築に向かった。このように考えてみると、カリスマを持った指導者を戴く世俗的組織という太霊道の基本的な性格は、この最初の経験の意味づけからつながっていると言えよう。

第四期　青年会時代

田中守平は、明治三十九年（一九〇六）、名古屋で大日本帝国青年会を結成し、雑誌『日本之青年』を創刊する。ここからしばらく、彼は青年会活動に尽力している。この団体は、その結成の趣意書によると、新興国日本の将来を担うべき青年たちの退嬰的な意識を嘆き、彼らを世界に向かって雄飛させるために、進取有為の者を集め、青年たちの自覚を促すとある[15]。すでに述べたように田中は世界が帝国主義の時代に入ったと分析していた。帝国青年会は白人諸国に対抗して、日本帝国の海外への尖兵を育成することも目標に入っていた。そのため、同年五月、日露戦争で名を馳せた児玉源太郎大将から蒙古探検を提案されると、田中は即座に青年会を解散して上京[16]、探検隊の準備を開始している。しかし児玉の急逝で計画は中止に追い込まれる。

一旦故郷に戻り、再び森林修養に入ると、明治四十一年（一九〇八）に上京して麹町区飯田町に事務所を構え、青年会の再開を準備する。しかし同年十二月に警察に突然逮捕され、何の取調べもないまま未決監に半年以上留置される。直訴事件で因縁のある麹町署は、田中の行動に対して過剰に警戒していたのだろうか。

この留置期間の間に、田中は裁判所に対して長文の上申書を提出している。その内容は、経歴から思想までをつぶさに述べたものであり、天皇、日本、そして田中自身のメシア的使命を論じている点で興味深い。それによると、世界を統合し理想国を建設して、世界の人民に安心をもたらすことが、皇室を中心とした日本の使命である、歴史を見ると、ローマ帝国などの物質的な支配は永続性がなく、精神方面での偉人を出したインドやユダヤは物質的に衰退した、したがって本当の世界統合は、物質的、精神的な両面で発達した国民でなければできない――このように述べた上で、田中は次のような自信満々たる言葉を連ねている。


九十日九十夜の絶食を断行し天真の道に入り光華至大の教を啓らき霊子絶妙の術を体得し遂に爰に天地に先だちて生れず虚空に後れて死せざる此金剛の体と妙威神霊力とを獲たり此金剛体は仍ち以て物質的に世界を統合するに足るべく此威神霊力は輙ち以て万邦を束ねて一宇となし以て本来の素願を達し得るに足るべきことを固く信じて疑わざるなり(17)。

さらには、自分は「これ世界唯一人の至上道主唱者にして時代の光明なり世界の守護なり人類の先導社会の教主」[18]とも明言している。

これが上申書の一部とすれば、常人では考えられない文章である。こうした文章が本当に上申書にあったか否かは証明できないが、自伝で公言するほどに強いメシア的使命感が田中にあったことは間違いなく、少なくとも動機においては、太霊道は真剣な国民救済、世界救済のための活動であったことが分かる。

田中は、直訴事件と逮捕事件と二度続けて、崇拝している天皇制国家からの弾圧を受けた。これによって国家という理念そのものに絶望したわけではないが、後述するように、現実の司法制度に対してはかなり批判的な意見を述べるようになる。上申書の効果は不明であるが、翌年五月に形ばかりの取調べを受けると、六月になってようやく釈放されている。この釈放後、田中は霊子術を完成させ、朝鮮、満州から東京へと、日本帝国の周縁から中心へ進撃していくのである。

第五期　霊子術時代

まず故郷に戻った田中は、三度目の森林修養に入り、霊子作用の理論化を行っている。ちょうど千里眼、念写事件が世間を騒がせ、心霊研究への関心が高まっていた頃である。その結果、明治四十三年（一九一〇）秋には基本経典となる太霊真典を執筆し、霊子に関する基本的な理論も完成させている（翌年、『天真至上太霊真典』〔太霊府修道館、明治四十四年（一九一一）〕と題して出版）。上京して東京霊理学会（大正二年〔一九一三〕に宇宙霊学寮と改名）を発足させると、本格的に精神療法活動を開始している。

ところが、東京での活動が端緒についたばかりの明治四十四年秋、田中は中国大陸に渡っている。突然の渡航について、『主元伝』には、辛亥革命で揺れる中国に入り、革命の志士を援助するためと書かれているが、『奇蹟』では霊子術を広めるための世界漫遊の途次に朝鮮半島に立ち寄ったと書かれており、事の真相は不明である。新聞記事で確認できる限りでは、田中は朝鮮と満州で活動していたようで、最初に釜山に渡り、京城へ移って霊子療法で評判を集め、さらに満州の各都市で開業している。この成功の原因の一つは現地の日本語新聞の好意的な記事であり、特に満鮮実業社の目黒幸太郎は、伝記、太霊道真典、理論、新聞評をまとめて『奇蹟之田中守平』を大正元年（一九一二）に出版している。(19)

また、大正元年の冬には、奉天（現・瀋陽）のチベット仏教寺院皇寺（実勝寺）で霊子術を実演して神人の称号を得ている。さらに同寺院の関係で、達爾罕王《タラハン》に招かれて蒙古まで入っている。奉天訪問から蒙古行きについては、軍人の関与があったので、何らかの機密任務があった可能性もあるが、いずれにせよ田中は日本帝国主義の最前線を渡り歩いたことになる。(20)

大正二年二月、田中は日本に帰国すると、下関から東京へ直行する。彼が帰国した頃は、催眠術が拡大していく形で「精神療法」が流行し始め、さまざまな心身技法や治病術が出現してきた時期にあたる。この年の七月六日には、第二回東洋心理協会主催の実験演説会が明治大学で催されているが、田中はこの実験会に参加し、古屋鉄石や木村秀雄、江間俊一といった療法家と並んで霊子術を実験発表している(21)。

この時期の治療風景は地方新聞に紹介されているが、太霊道時代と大きくは変わらない。田中は、気合、念をこめる、あるいは手を用いることで、被術者に霊子顕動作用（身体の自動運動）を発生させていた(22)。たとえば新聞に見られるその実演風景は以下のようなものである。なお、霊子氏とは田中のことで、蓄髯氏は弟子の一人である。

霊子氏も立って被術者たる蓄髯氏の前へ進み両の掌を軽く合せウーッといえる気合をかけ二揉み三揉み揉むかと見る手にフーッフーッと底深き息を注ぎ被術者の身辺を払うが如く摩するが如く又た印ようのものを結んで被術者を突くが如く或は念ずるが如くにして己の双手より何ものかを被術者に伝え以て被術者の顕動を誘致するものの如く被術者の手首を摩擦し又は両肩に手を加えなどすると約二三分時間にして被術者の手先に微動を生じ上下動を為すかと見る間に其の度を高め遂に全身跳ぬるが如くヒョッコリヒョッコリヅシシンとばかり座中を飛び廻るのである(23)。

新聞記事で確認できる限りでは、甲府、新潟、金沢、富山、広島と各地を訪問し、田中天洋（あるいは天蒙、天来）といった名前も使っていた。また大正四年（一九一五）三月には衆議院議員に立候補して落選している。つまり選挙に出馬できるほど経済的にも社会的にも成功を収めていた。

第六期　太霊道時代

衆議院落選で政治への野心がまったく消えたわけではないが、とりあえずこれ以後は精神療法の道へ邁進することになる。一旦広島に赴いて開業した田中は、岐阜に戻ると七月から四度目の森林修養に入っている。大正五年（一九一六）の春、修養を終えた田中は、三月に大阪に宇宙霊学寮臨時教習所を設置しており、ここからが太霊道時代ということになる。

大正五年六月、田中は直訴事件や逮捕事件を起こした、いわば因縁の地となる麴町区の一番町に太霊道本院を開設している。同年七月十五日に『太霊道及霊子術講授録』の発行を開始、九月には『太霊道之教義』を創刊している（翌年一月には『霊界時潮』に改題、さらに大正六年［一九一七］十一月に『太霊道』の創刊と続く）。そして十一月二十六日より本格的な宣伝「公宣」を開始している。

おそらく太霊道の名を一般に広めたのは、各新聞に出稿した広告であろう。『読売新聞』では「太霊道」の全面広告に限っても大正五年十一月二十九日の「太霊道広宣」を皮切りに大正八年（一九一九）六月二十二日までに七回掲載されている（その後、断食道場の全面広告を掲載しているが、それについては後述）。その広告文も田中守平らしい大仰な文章で、たとえば十一月二十九日付の「公宣」の一節は以下のようなものである。

過去の事功は如何程吾人が之れを尊敬するも遂に現代の要求を満たさしむることを得ず、吾人は今は正さに新しき任務に服し又た人類をして益々進展せしめざるべからず、仍ち茲に肇《〔ママ〕》開唱道する所の太霊道は物心を超越せる霊的文明の根礎たり先蹤たるものにして、敢て往代の心的思想に原因せず、また現代の物的文化に関係せず、全く独自の見地に立ちて開創せる思想たり、而して太霊道真義の実現たる霊子術は霊的能力を直ちに人類実生活の上に応用して物質精神以外に霊的実存在あることを証明し同時に其実効を収めしむることに力む、真に物心を超越し宗教、哲学、科学の総てを超越したる処に太霊道の新生命と新使命は存在す。(24)

この宣伝文の中に太霊道の特徴はよく表れている。単なる治病術ではなく、すべての思想を超越包含し、また歴史に縛られない新しい体系であり、世界の人民を救済する「霊的新文明」建設が謳われていた。これほど大げさな広告文であったが（あるいは、それ故に）、太霊道は急激に規模を拡大し、大正六年にはある雑誌に「信徒今や全国に汎く十万」と紹介されている。(25)もちろん無料配布の雑誌の発行部数であろうが、会員数はかなりの数にのぼったと想像される。

会員の社会層についての確かな資料はないが、『太霊道』誌では、教育者、軍人、医師などの会員を強調している。(26)また当時は、岡田式静坐法が学生や知識人の間に流行しており、太霊道は静坐法の経験者を取り込もうとしていた。(27)知識人、文化人の関係者も多く、曹洞宗の学僧でアメリカ哲学博士号を有する中根環堂（後に駒澤大学学長）、ジェイ・イングラム・ブライアン、粕谷真洋（慶應大学）、森山弘助（名古屋高工）、高橋五郎、ジャック・ブリンクリー、久米民十郎[28]などが太霊道シンパであった。

また太霊道が勢力を伸張させたのは、同時に精神療法界（当時は「霊界」と呼ばれた）全体が拡大しつつあった時期にあたり、田中は松本道別、江間俊一、清水芳洲（英範）、檜山鉄心などと共に霊界倶楽部という親睦団体も組織している。

こうした成功を背景に、大正八年には土地開発に乗り出し、西多摩郡武蔵野村に太霊道本部、病院、学校、住宅などからなる理想街の建設を発表している。これは計画倒れに終わるが、建設地を田中の故郷、武並村に変更し、大正九年（一九二〇）の春には武並の国集ケ丘に総本院の建設を開始している。同年七月には本部建物（霊華殿）が完成し、同月、東京の本院から太霊本宮を移転するために七月三十一日に「霊宮奉安式」を挙行し、村をあげての一大ページェントとなった。その後、霊華殿に隣接して六階建ての霊雲閣も完成し、その威容を誇った。

しかし、この一方では医学界からの批判だけでなく、中村古峡の『変態心理』誌、元太霊道のブレインであったといわれる精神療法家、栗田仙堂などからも批判を浴び、大本教には栗原白嶺などの有力会員を奪われるなど、逆風も吹き始めている。大正八年七月二十五日には大本教の浅野和三郎との間で論争となり、鎮魂帰神の法を田中が経験する破目にもなっている。しかも、岐阜に活動の中心が移ったことで、田中のマスコミへの露出が減り、余計に太霊道の凋落というイメージを広めることになってしまった。

しかも、大正十年（一九二一）十二月二十六日深夜、総本院の雲霊閣が炎上し、新聞記事によれば五十万円の損害を蒙っている。また、大正十二年（一九二三）十二月、翌年七月の二回に渡って、約束手形不払いで訴えられているなど、太霊道は大正九年をピークとして急速に下降線を描いている。

『読売新聞』に掲載した最後の全面広告は、大正十二年五月七日朝刊のもので、それは『太霊道断食法講義録』の宣伝であった。その宣伝文句には霊的文明の建設といった大げさな字句は影を潜め、精力旺盛、元気充実などの具体的効果を並べた普通の健康法の宣伝となっており、太霊道の全盛期がすでに過去のものとなったことを如実に示している。

ただ、田中自身は地元の有力者として、それなりの活動を続けていた。たとえば、大正十二年には地元政界の有力者と協力して後藤新平の岐阜訪問と太霊道総本院への訪問を実現させ、さらに武並に郵便局と鉄道駅の誘致を決めている（武並駅の開業は関東大震災の関係で大正十五年［一九二六］にずれこむ）。大正十五年には政友会議員、今里準太郎が中心となって長崎で開催された亜細亜民族大会にも出席している。

また、東京ではともかく、地方では太霊道の威光はまだ失われておらず、大正十五年に熊本別院を設置し、昭和二年（一九二七）には再度、満州を訪問して満鉄の後援で霊子術の実験講演会を行っている。あるいは、太霊道を宗教化して太霊道神教を開く一方、前述のように断食療法を開始するなど、いわば宗教と世俗の両面で建て直し策を講じている。しかし、こうした方策が軌道に乗る前、田中守平は昭和四年（一九二九）十二月十七日に急逝している。病気治療を売り物にした団体で、指導者が若死にすることは大打撃であり、長男が後を継いだが運動は急速に衰退している。

本節のまとめとして、田中守平の人柄についてひとこと附言しておきたい。その経歴が示すように彼は確かに一代の風雲児であり、カリスマを持った超人もしくは大山師と報道されることも多かった。また、上申書に見られるように、救世主を自負していた。しかし、実際に彼と面会した記者たちによれば、日常の彼は行者や壮士タイプではなく、むしろ腰が低く如才ない人間であった。また、後述するように、その政治演説も、情に訴えるというのではなく、理性的に論を積み重ねていくものである。田中守平は、時に突拍子もない行動に走ることがあったとしても通常は合理的な人間であり、太霊道思想の基調も合理性にあった。

2　精神療法・宗教・政治

太霊道は、田中の経歴から分かるように、精神療法の中から出現してきた運動でありながら、政治運動の側面も有していた。さらに最終的には太霊崇拝を中心に宗教運動にも変貌していった。この節では、機関誌『太霊道』を参照しつつ、太霊道の外的な特徴を三点に分けて論じていきたい。

精神療法運動

まず精神療法運動という側面である。太霊道が運動を開始した時期の精神療法界について簡単に述べておくと、この時期は明治末年から大正初期、催眠術界が精神療法（あるいは霊術）へと変貌、拡大していった時代である。「精神療法」への変貌とは、簡単に言えば、一方で明治四十一年（一九〇八）の警察犯処罰令による催眠術取締に対して名称の変更で対処しようとした名称上の変化がある。他方では、さらに気合術のような伝統的技法、腹式呼吸などの身体技法の採用、そして念力、手かざし、お手当てといった超自然的な治療法など、それまでの催眠暗示には入りきらないさまざまな治療法の出現があった。さらに、説明原理において、催眠暗示説に依拠するものと、何らかの生命エネルギーを措定して理論化するものとがいた。大正時代に入っても、精神療法運動のイデオロギーは、催眠術と生命エネルギーとに分かれたままで、太霊道は後者の代表格であった。患者をトランス状態に入れなくとも、気合や念力で患者に自動運動を発生させて治療するという技法、あるいは物心の根本原因である「霊子」による治病理論（そして「太霊」への信仰）など、従来の催眠術とはかなり様相を異にした。ただし、その活動と組織（さらには霊枹《ママ》と呼ばれる法服[29]）においては先行する催眠術団体を踏襲している点も多い。

催眠術団体は、基本的には、都市部に本部を置いて治療と講習を行い、地方を回って実験会を開いて会員を集め、講義録や機関誌などの印刷物を発行して通信教育を行った（なお患者も会員扱いすることが多いが、それは治療を研究会内部の実験として言い逃れるためである）。明治三十年代後半から出現した、そうした団体の中でも最も成功したものの一つが、古屋鉄石の精神研究会（明治三十六年［一九〇三］に大日本催眠術協会として発足し明治四十二年［一九〇九］に改名）である。精神研究会の場合、会員は講義録で学ぶ通信会員と、本部に通って講義を聞いて学ぶ通学会員とに分かれ、後者は二十一日間の過程で修了後は催眠学士、さらには専攻科へ進んで修了すれば催眠博士なる称号が授けられていた。つまり学校制度を模していたが、太霊道でも同様に通信講座と講授会によって術を教授しており、特別講授会を修了すればやはり霊学士なる称号を得られた。

太霊道は、学校制度をさらに模倣し、十日間のカリキュラムを組んでいた。『霊光録』(30)の広告によれば、計六十八時間で以下のようなものを含んでいる。瞑想法、太霊道講義、顕動作用（自己の自動運動、息を吹きかけて他人に自動運動を起こす）、潜動作用（霊子板と呼ばれた木の板を動かす、プランセットに類似した自動現象）、霊融法（念力をかける法）といった基本的な技法から、読心術、透視法などの心霊現象、また科外実験として、催眠術、針や刀を体にあてる危険術、大本教で行っていた鎮魂帰神なども教授していた。ただし、注目すべきは、治療よりもむしろ危険術や心霊現象のデモンストレーションの方が多いことである。十日間の内で治療に関する講義は九日目の午後だけであった。太霊道の著作を、たとえばその後の世代の療法家の代表格である野口晴哉のものと比較すれば、身体に関する洞察が乏しい。この点は、太霊道の最大の欠点であり、松本道別以降、ポスト太霊道の治療家たちによって埋められていく点である。ともかく、この科目通りならば、講授会受講者は極めて短期間で霊能力を習得できることになり、それまで修得に長い時間と特殊な才能を要した霊能を一般に対して開放したということになる。

前掲『霊光録』によれば特別講授会の入門には、治療に比べてかなり高額の費用を要した(31)。それでも、『太霊道』大正九年四月号によると特別講授会の受講生は大正十年五月号の時点で累計五千余名であったという。それだけの会員を集めた一因は、特別講授会を修了して他者治療に必要な潜動作用を学べば、すぐに太霊道の看板を上げて開業できた点にあったろう(32)。

以上のように、精神療法という面では、学校に倣って制度を整備し、それまでの師匠＝弟子というパーソナルな関係から、金銭を介した契約関係へ移行して、治療家を大量に養成することができた。また後述するように、霊子を説明概念として、一応、合理的な説明原理を用意していた。

宗教性

こうした世俗的な面の一方で、東京の本院講堂には太霊道本宮という厨子が置かれ、本尊の場所には田中自身の書いた「太霊」という書が掛けてあり、一種の宗教性をかもし出していた。この点は催眠術団体とは大きく異なる。ただし「太霊」にまつわる信仰体系は、合理的、理想的な道徳宗教として構築されていた。その点では、往々にして田中は誤解を受けたが、伝統的な修験道などの行者というイメージでとらえることはできない。

ただし、後述するように表面的には伝統宗教から切り離された体系ではあるが、宗教との関係は一筋縄ではいかない。まずその宗教性について、歴史的な関係から考えてみたい。

太霊道との関係が考えられる宗教は、御嶽講である。霊術家、松本道別の説によれば[33]、田中守平は、御嶽講行者佐藤霊枢のもとでの中座修行があって霊子作用を発見したという。確かに御嶽講は、奇跡や霊能を重視する宗教であり、中座の現象は、太霊道の霊子作用に似ていないこともない。

中座とは御嶽講での霊媒にあたり、憑依をコントロールする役割を前座という。ただし中座＝霊媒の方が格上という点は修験道などと異なる。「御座」「御座立て」と呼ばれる憑依儀礼では、前座と中座が相対し、前座が『般若心経』を唱えて、続いて出席者一同も唱和していくと、これによって中座はトランス状態に入る。前座が九字を切って、中座に向けて印を結んだ手を突き出し、「リン」「エイ」といった気合をかけると、中座は痙攣したり、結跏趺坐のまま空中に飛び上がったりする[34]。

先に引用した初期の霊子術での実験風景から分かるように、田中は気合や印を結んで患者に痙攣（＝霊動）を起こしていた。この点では、確かにこの中座の現象に類似しており、その源泉が御嶽講の修行にあってもおかしくはない。

しかし、仮に御嶽講に身体技法の起源はあったとしても、その信念体系はかなり異なる。御嶽講では多神教的なパンテオンがあり、それらの神仏が憑依するとして説明される。対して太霊道では霊動は霊子＝生命の根源的な働きと見られている。外部から侵入する実体か、内部から発する生命力か。霊子は個々人の内的な霊能の実体であり、「霊理学」「霊子術」によって理解、操作されるものであった。また、「太霊」は、人格神ではなく、むしろ抽象的な概念に近い。太霊道が宗教であるとしても、神仏にまつわる歴史的な事柄を捨象して構築されていた。

しかしながら、ある時期から、太霊道は宗教という形式に回帰し、御嶽講を明らかに模倣していく。太霊への信仰が強調されるようになるのは、大正九年（一九二〇）七月末の武並村への本宮移転からであろう。本宮は七月二十九日東京本院を出発し、翌朝名古屋に到着、三十一日に総本院では太霊本宮奉安式遷霊の儀が大々的に執り行われた。大正九年九月号の『太霊道』誌でその一部始終が詳しく報告されているが、これは武並村を挙げての祭りとなり、霊宮を奉じる大行列は花火で迎えられたという。

この時の宣言文は以下のようなものである。

今茲に太霊神格は、霊勅を奉じて此地上に生を享け絶対超越の全真なる太霊大道の公宣流布に任ずる太霊道主元の霊格に随応顕現し、恵那の土を霊地と定め、武並邑龍宮淵に臨める国集ケ丘なる霊華殿に鎮御し、万衆霊化の大本確立さる。(35)

それまでの太霊道理論では、太霊とは絶対の存在であって、何らかの条件で限定されるべきものではなかった。それを一つの聖地に祀ることの矛盾を弁解すべく、『太霊道』編集長の伊藤延次は、大正九年八月号に「太霊本宮奉安義」という記事を書き、太霊を聖地に制限することも太霊自身の超越性から出ているので矛盾ではないと述べているが、そのような記事を書かなければならないほど大きな方向転換であった。

さらに翌大正十年（一九二一）五月、従前の特別講授修了者を対象に、入山霊修なる新しいシステムを導入する。田中守平が三十余名の会員と共に四週間、山に入って修行したのである。この時に導入された新しい修法が、「真霊顕現」と呼ばれる。説明によれば、五官に心性、精性、気性を加えた八官を閉ざして霊性のみになると、真の霊が顕現し、太霊と直通するようになり、あるいは諸神とも直通する（聖霊顕現）ようになるとされる。要するに、憑依である。第一回入山の際に真霊顕現の修法は三種類あったが、たとえばその一つの方法では、全員が車座に座り、その内五名が中央に座す（これが「真座」と呼ばれる）。全員「全真太霊」と音唱していき、真座のものが沈黙に入ると真霊顕現状態になるという。田中守平自身も入山霊修中の五月十九日、突然の真霊顕現状態に入り、さまざまな霊示を述べ、太霊道を「宗教」にすべきこと、太霊への信仰と「忘我棄己」を強調している。

この真霊顕現は、御嶽講の御座に極めて類似しており、「真座」という用語から言っても、影響を受けているのは間違いない。あるいは田中守平のような突然の憑依現象は、御嶽講では「飛び座」「飛び乗り」と呼ばれ、時に御嶽登拝中に起こる現象とされている。

このように田中守平は、大正九年以降は、おそらく御嶽講を参考にしながら、意図的、戦略的に宗教化した(36)。その背景には、会員数の減少、初期ブレーンの一人、栗田仙堂の離脱を含め、太霊道から独立する会員が出現したことなどがあったのだろうか。しかしこうした変貌は、古参の会員の不快感を招いたようである。『太霊道』大正十一年八月号で、編集長の伊藤延次は、城施法長（治療の主任）の死去にあたって次のように書いている（文中の「氏」とは城を指す）。

昨年五月の入山以来、我が太霊道の表現に於て著しい変化が来ました。たとえば太霊神格に対する絶対信が要求せられ、忘我棄己というようなことが唱えられ、信があれば霊能は泉の湧くが如くに発現するというような趣旨が高調されるようになりました。で、氏は氏が嘗て体得せる霊子法の尊厳が、そのために甚しく傷つけられるように感じました。現に氏が体得せる霊能はかくの如く確実である。これによりて数千人否数万人の患者を癒し患者を救った。それが更らに信奉と忘我棄己とに依らなければ全真のものにあらずとは、何等の矛盾、何等の撞着、主元狂せりや、然らずんば主元霊子法に対する信念を失えりやと、憤慨し且つ懊悩せられた結果、私にその感懐を述べられたことがありました。(37)

太霊道は、最終的には「太霊道神教」なる宗教を作り、『太霊道神教聖典』（太霊道神教総本宮、昭和二年〔一九二七〕）という教典も出版している。これは「太霊道真典」に、礼拝の規則、聖歌、教訓集などが加わったものである。この宗教化が成功したか否かは田中が急逝したために分からないが、しかしここに引用した激しい批判に見られるように、術（霊子術）と信仰（太霊）の関係については、イデオロギーの内部では整理できなかった点である。しかも、宗教化以前から行われていた太霊への崇敬も、伝統的な宗教とは異なる、いわば世俗的な性格のものであった。さらに、このような宗教化の結果、信だけでなく理を重視していた太霊道の独自性はかなり失われることになる。ともあれ、以上を要するに、太霊道は運動においては精神療法、宗教という形態を利用したのであるが、さらにもう一つ、政治運動も積極的に行っていた。

政治運動

田中守平の基本的な政治的スタンスは、一応、一種の国家主義ということはできよう。『太霊道及霊子術講授録』第一輯「太霊道真典講義」によれば、国家が個人を発現させるのであり、国家の方が個人より重いとされる。田中の世界史的な展望によれば、人類社会は、無秩序時代、種族的秩序時代、民族的秩序時代、人種的秩序時代を経て世界的秩序時代に入る。現在は民族国家の分立した時代であり、次には人種的国家が成立し、最終的には世界統合にいたって、社会の完全秩序が実現するとされる(38)。「太霊道真典講義」では、抽象的にしか述べていないが、この人種間の闘争とは亜細亜連邦論という形ですでに彼は主張しており、アジアは天皇を盟主として連合して白人に対抗しなければならないというのが持論であった。このように太霊道理論を敷衍すれば、国家は、世界統合に至る歴史における過渡的な産物でもある。その意味で、世界平和主義と天皇中心主義、亜細亜の連帯と日本の帝国主義とが彼の内部では並存していた。

しかも内政についてはかなりリベラルな意見の持ち主でもあった。その点については、最も話題を呼んだ政治演説を紹介しておきたい。

田中は大正八年（一九一九）に国民協会なる政治的な別働団体を結成しており、同年の十月九日には東京の新富座で大演説会を行っている。この政治演説は三千余名の聴衆を集め、延々四時間以上に及んだという。『太霊道』に再録された新聞、雑誌の記事を見ると、当時の田中の虚像と実像の格差がよく分かる。

容貌魁偉な長髪かナンカで俗人を驚かす彼等一流のやり方だろう位に想像して▲会場へ行って見ると、思うと見るとは大変な相違、当の本人は決して普通の人間に変った所はない▲寧ろ学者風の極めて真面日なる態度で、諄々と其の議論を進めて居る。(39)

この時の演題は、現今改革が必要な問題十六か条というものであった。(40)

この演説では、一方で「皇道の顕揚と国体の本義」といった国家主義的な主張を唱えながら、他方では普通選挙実施、女性参政権、裁判制度改革、華族制度の改廃といった、当時の社会問題に則しながら、理にかなった進歩的な改革案を唱えている。たとえば、兵制改革では徴兵税を新設して、徴兵を出していない家庭から税金を集め、これで兵士を出した家庭を支援するという案である。また、裁判制度については、本人が苦しんだ経験から、冤罪に対する国家賠償を提案している。(41)田中の政治思想は、国家主義的な主張は最初の部分だけであって、その内実は進歩的、民主主義的な見解が多い。この演説から十年近く経ち、田中の名前が中央のマスコミから消え去った頃に、昭和三年（一九二八）十一月十五日付『第一通信』の社説は、この国民協会の演説について触れ、理路整然としており、先覚的であったと賞賛している。確かに現在から見ても筋の通った主張が多い。太霊道が知識人からそれなりの人気を集めた理由の一つには、大正デモクラシーの世相に即応した政治主張もあったのではなかろうか。

田中には国家主義、帝国主義という限定はつく。しかし決して狂信的な国粋主義者ではなく、理性的な近代主義者であった。そして、田中のメシア的使命感からすれば、おそらく日本国内での政治活動も、世界救済という巨大なプログラムの戦略的な第一歩という位置づけではなかったかと思われる。

以上、太霊道の多面性として、精神療法、宗教、政治との関係を素描してみた。このような運動の複合的な性格は、太霊道思想の性質にもつながる。最後の節では太霊道理論と田中守平の国家観について触れておきたい。

3　太霊と霊子

教義体系

まず、太霊道の教義体系の形式的な面について述べておくと、「太霊道」「霊理学」「霊子術」と分けられ、基本的なテキストには太霊道真典と、それを下敷きにして解説を加えた『太霊道及霊子術講授録』（以下『講授録』と略）がある。

「太霊道」という言葉について、『講授録』では、太霊の太とは大小の比較を絶した「絶対的な」という意味であり、霊は物と心の根源を意味し、道とはその道則であり、宗教、道徳、哲学、科学のすべてを超越したものと説明されている。具体的には、太霊とは既に述べたように、宗教学的な概念から借用された用語で、宇宙の最高存在であり、仏教の真如、神道の天御中主神、キリスト教のゴッドなどを含み、それらを超越した存在であるとされる。一方、「霊子」とは「霊」と「原子」などの科学用語から造語されたと思われるが、こちらは個々の精神現象と物質現象の根本の実体をいう。この霊子の作用に関する理論的な学として霊理学があり、その実践として霊子術がある。あるいは、宇宙全体の根本実体についての理論が狭義の太霊道であり、個別の存在についての体系が霊理学ともいえる。

基本経典「太霊道真典」の内容は「院示」「教憲」「教義」「教領」「覚譜」などの章に分かれている。冒頭の「院示」は短い漢詩で、混沌とした世界の民衆を救うという宣言文、「教憲」は太霊への信仰、天皇と国家への尊敬などの行動原則を並べたもので、こちらは明らかに教育勅語を意識して書かれている。「教義」「教領」で主な教義が説明され、「覚譜」は求道の理想を謳った文章となっている。全体は太霊道独特の漢文調の文章で造語も多い。『講授録』第一輯「太霊道真典講義」は『真典』のテキスト解説、『講授録』第二輯「霊子術講義及教授」第一部「講義」は、物理学、心理学、心霊研究などの研究を引用しながら霊理学を論じたもので、[42] 矛盾や重複も多いが、太霊道の理論はおおよそ第一輯と第二輯第一部で尽くされている。なお文体を比較すると『講授録』は、和語が増えて、『真典』や他の田中の文章と比べると、確かに文体は異なる。『講授録』は栗田仙堂がゴーストライターを勤めたという説[43]があり、また栗田に限らず、何名かの同伴知識人がいたので、田中守平以外の手が加わっている可能性は高いが、ここでは指摘にとどめておく。

太霊と霊子の理論

太霊と霊子に関する理論的な枠組みは以下のようなものである。太霊は仏教の真如やキリスト教のゴッドのように、各宗教にある宇宙の中心（これも「主元」と呼ばれる）の最たるもので、「超劫超辺超在超非在」で「全真」とされ、宇宙の根本実体、生命の根源である。太霊には「神格」があるが、これは意識の根源であって人格ではない。つまり人格神ではなく、生命の根本原理であるが、まず太霊道には、こうした宇宙の原動力となる「太霊」の存在と、それに対する崇敬が根本にある。

太霊は世界を超越した絶対的な存在とされるが、絶対的で永遠の存在が、相対的でうつろいやすい宇宙の諸現象を発生させるという矛盾を解消するため、太霊より一段階下の霊子という実体がそこに介在している。太霊から霊子は生じ、霊子が有機的に動くと精神現象を引き起こし、無機的に働くと物質現象をもたらし、精神と物質の両者あいまって万物の生命、宇宙の諸現象を生み出すとされる。霊子の有機的、無機的発動とは理解し難い概念であり、観念論とも存在論とも不分明であるが、重要な点は、物心の現象の奥に、それらを越えた一元的な原理があるということである。[44]

さらに、『真典』の「教義」では、太霊から、宇宙、社会、国家、個人という順にその骨格が説かれているが、簡単にまとめれば以下のようなものである。まず宇宙全体は太霊という根本実体から生じた生命体である。その中に存在するものは、生物、無生物を問わず、社会という「凡総事物性能活現発動の絶対形式[45]」の中に存在する。こうした社会性能の完全な発動が国家であり、国家は至上の権威を有す。個人は太霊によって生命を享受し、逆に人類は太霊がすべてを発現する上で最も重要な部分である以上、その完全な真実性を現実化する責務を負っている。その責任は他の生物、無生物にも及び「万物をして自己と共に向上進展を遂げしむると云う責任[46]」がある。

この「教義」の部分は、太霊を最高位におく階層宇宙を順を追って論じたものである。太霊という隠れた最高存在があり、その姿を地上に完全に実現化するために、人間は自らと宇宙全体を進化させる義務があり、またその力を与えられているとされ、その重要なステップとして国家が位置づけられている。

それでは霊子の方の役割は何かといえば、こちらは個々の現象、とりわけさまざまな超常的現象の説明原理となっている。たとえば占いにあたる現象については、陰陽五行説類似の形理律[47]という規則性がある。また、心霊現象について、太霊道では霊媒への憑依という説明を取らない。『講授録』によれば、いかなる事実、事件であれ、一旦生じるとその「印象」は宇宙に永遠に残る。霊子はその印象を再構成し、霊媒の上に再現するので、憑依のような現象が起こるのだという。死者のみならず生者の人格が霊媒に現れることがあるのはこの理由による。「印象」による人格の再現という説は、近代オカルティズムの説に近く、神智学などの影響があった可能性もある。さらに、遠隔治療が瞬時に効果をあげるのは、霊子が時間と空間を越えて霊力を他の霊子に伝えるためであり、霊子と霊子の間には媒体が存在しない。「術者の霊子作用を発現する霊力に依りて、被術者にも本来有する所の霊子作用を発現せしむる」[48]とある。ここでエーテルや動物磁気といった流体論を認めず、感応しあう霊子によって構成された分子論的宇宙論をとるのは太霊道の独自性である。

しかし、その説明を読む限りでは、太霊と霊子の区別は分かりにくい。いずれも人格性は薄く、物心の発生源であり、両者ともに創造力を有するなど、時間的な先後はあっても、本質的な差異は少ない。『講授録』の記述も繰り返しが多く、「超越絶対の太霊霊子」[49]といった語も用いられているように、両者の概念的区別を放棄しているようにも見える。

ところで、一般的に、内的霊性説、つまり人間各人は内的な霊性（あるいは神性）によって、大いなる存在と感応しあうという説は、霊的な思想全般に見られ、霊術と呼ばれた日本の民間精神療法でも、その多くは基本的に同じ考え方を取る。太霊道でも、大いなる存在（太霊）から内的霊性（霊子）が派生していることが人間の霊的な力の究極の保証となっており、その点では、他の内的霊性説と変わるところはない。ただ、霊子は太霊と同じく超越し絶対的であり創造力を有するとされる。先述したように、その結果、霊子は太霊と同等の位置を与えられ、時には太霊さえも操作可能という記述さえある。

霊力あれば太霊の神格と合致することが出来得て所謂神化霊化が完全に行わるることとなる、太霊は意識の根源なるが故に憎悪好愛等の偏執なきも、霊力に依りて霊化さるる時は既に意識の根源なるが故に（中略）如何なる霊意も霊力に依りて発現し来るのである。(50)

この引用文から読み取れるのは、大いなる存在との感応を祈る受身的態度ではなく、能動的、操作的な姿勢である。

つまり、「太霊」と「霊子」は実体としての区別はないが、前者を中心として社会、国家的存在の人間の責務を説く狭義の太霊道ともいうべき体系と、太霊さえも操作対象とするような、霊理学、霊子術という「霊子」を中心として人間の能力を理論づけた体系という、二つの説明体系がある。それらはさしあたりは相互補完的な関係にあるが、原理的には衝突する可能性もあり、太霊道の宗教化にあたって古参会員から噴出した批判の根はそこにあった。

霊子については顕動作用と潜動作用の二種の自働現象という、いわば魔術的な技法が救済の方法であったとすれば、太霊に関わる救済は、国家、社会を通じて、自我をより大きな存在へと一致させるという道徳的な規範が設けられている。

たとえば「覚譜」第八節には以下のようにある。

我は是れ個性の我にあらずして宇宙と冥合して一面「宇宙我」を形成し、社会と契合して一面「社会我」を形成し、両面の我を全合しては則ち太霊と融会して茲に「全我格」を大成せる我たるなり、一念発起して此全我格の大悟徹に及ぶや、輒ち天上天下何ぞ敢て我を妨ぐるの一物あることあらんや、(51)

元来太霊の一部である「私」は、社会存在である「私」、宇宙内存在である「私」と、順序を追ってその本来性を確認していくことで、最終的には太霊との一致という根本的な事態を理解する。これによって、救済に至るというプログラムである。太霊への崇敬といっても、それは宗教組織を経由する必要はなく、むしろ社会自体、国家自体を経由するもので、そういう意味で世俗的な信仰体系であり、逆に言えば、その限りにおいての霊的な社会観、国家観である。

このように、太霊道の思想は二系統に分けることができたが、その場合、狭義の太霊道思想の中心にあるのは、霊的な存在を最高位に置き、その霊的な生命力によって不断の進歩を続ける国家であり、その一員として国家を構成し、国家の命運と自己を重ね合わせる個人である。奇跡的な治病や心霊現象などの超常的現象の発現は不可思議なものではなく、太霊が霊子によって自らを現す過程の一部として位置づけられ、合理的な根拠が与えられることになる。このように考えれば、田中にとって、社会、国家とは救済の手段であり、心身の奥にある霊性（霊子）を支えるために必要な概念装置であった。

おわりに

最後に、このような太霊道思想が何に由来するか、その源泉について少し考察しておきたい。まず、おそらく直接の影響として井上哲次郎を挙げることができよう。井上は周知のとおり、日本哲学の礎を作り、教育勅語の解説を書くなど、明治時代には絶大な影響力をふるった東大の教授である。彼も国家主義的な立場から国民道徳を唱えたが、その関連で、伝統的な宗教を批判して「理想教」なるものを提案している。明治三十五年（一九〇二）に出版された『倫理と宗教との関係』中で、次のように書いている。

「各宗教の根底は果して何なりや、思うに実在にあらざるはなきなり、仏教の如来、基督教の『ゴッド』、儒教の天の如き、皆実在の観念[52]」で、それは「現象を超絶せる平等相の観念[53]」である。「実在は絶対無限にして一切を包容し、我れの我れにあらざるものに対するが如き自他の差別あるなし[54]」。したがって通常の意味での人格はないという。

個々人の我（＝小我）は、現在の不完全な状態を消して、完全な大我に近づこうとする。「理想の終局は大我にして唯一なり[55]」という教義は、太霊道の「我格」論に等しい。

井上はさらに論を進めて、仏教、基督教などの歴史的宗教は迷信にまみれており堕落している。実在に根拠を置き、道徳的で合理的な理想教を創成する必要があると提言する。それは過去を向くのではなく、未来志向の宗教であるという。

世界及び人生観を基礎とせる倫理（即ち宗教的倫理）さえあれば足れり、是れ即ち将来人類の宗教たるべきものにして、一切過去の宗教の如き、最早必要あるを見ざるなり。(56)

理想教は過去の事蹟を有せずして、唯々将成の希望を有するものなり、其全盛の時代は未来永遠にあるなり、一切特殊の宗教を統一し、世界的社会の組織を催進する主義となりて今後の人類を指導すべきものなり。(57)

諸宗教の根底であり、人格を有せず、個々人の自我は大いなる我に向かって進歩していく、また伝統から切り離され、諸宗教を統一し人類を指導する――こういった諸点は、そのまま太霊道の教義に合致する。(58)

若き国家主義者であった田中守平が、井上哲次郎の著作を知らなかったとは考えられない。おそらくは理想教の思想を換骨奪胎し、田中自身の国家論と霊子術とつなげたものが太霊道の原型であったと思われる。

ところで、松本道別は太霊道を天皇制国家の猿真似であると批判している。(59)考えてみれば、近代日本という国家制度そのものが太霊道にとっては範となったのかもしれない。大日本帝国では、天皇という聖なるシステムが世俗的な国家の上に君臨し、それに対する信仰は公教育にビルトインされている。これは、世俗的な個人、国家、社会の上に太霊という聖なる存在を置き、聖なるものが世俗的組織を通じて顕現するという太霊道の社会論に近い。そのように比較してみれば、現実の政治世界で田中自身の試みた直訴という事件は、太霊道思想における我と太霊の一致に対応してくる。田中守平の生涯は、政治と宗教と精神療法に分断されていたのではなく、むしろ近代日本を踏み台に理想の国家を夢想したものと考えれば、一貫したものと見ることができるのではなかろうか。

しかし、いわばその一貫した生涯に、逆に異物のように混入している要素が、霊子術発見の機縁となった断食と霊動の経験である。改めて述べるまでもなく、同時代の多くの精神療法家たちも利用し、類似の現象は岡田式静坐法から大本教の鎮魂帰神まで幅広く発生していた。それらの中で太霊道技法の持つ意義を理解し、身体の知を取り出すためには、他のさまざまな霊動技法と比較検証する必要があるが、田邉信太郎の議論を数少ない例外として、比較の試みはいまだ十分ではない。その身体における知を取り出し、現代的な意義を問うには、通時的な研究ではなく、さまざまな現象との比較論が必要であろうが、それについては次回、稿を改めて論じることにしたい。

＊本論文執筆に当たっては、田中宣實氏に資料面で大変なお世話になった。ここに記して感謝したい。

第九章　太霊道と精神療法の変容——田中守平から桑田欣児へ

はじめに

戦前、精神療法という語は、医学界ではほとんど用いられることがなかった。数少ない例外は、昭和三年（一九二八）に精神科医、石川貞吉の発表した『実用精神療法』であり、その定義によると、

自己の精神に依って〔患者の〕精神を治し、〔患者の〕精神に因って〔患者の〕身体の疾病を治するのである。

其精神に変化を与うる手段とは、説得なり、遺散なり、隔離なり、作業なり、催眠術なり、精神分析なり、悉くみな其れである(1)。

と定義している（［　］内は論者補足）。ただし、民間で流行した精神療法は、これとかなり定義が異なる。精神の力によって患者の心身を癒やすことは同じであるが、患者の精神が関わる必然性がない。また、その手段も「説得なり、遺散なり、隔離なり、作業なり、催眠術なり、精神分析」などが関わる必要はなく、精神が直接的に患者の心身を癒やすものが「精神療法」と呼ばれた。そのような呪術的な治療法が、社会的に通用した時代があったわけである。

精神療法という語が通用した時期は限定しやすい。明治三十年代末、桑原俊郎の弟子、宅間巌『実験精神療法』（開発社、一九〇五年）出版の頃から始まり、昭和五年（一九三〇）警視庁から「療術行為に関する取締規則」（昭和五年十一月二十九日警視庁令第四十三号）が出され、「療術」という法律的な上位区分ができ、精神療法もその一部として吸収されていく。[2]その間、明治四十一年（一九〇八）に催眠術取り締まりが始まり、[3]催眠術の言い換えとして「精神療法」という語は用いられるようになり、職業名として定着していったと思われる。

さて、この「精神療法」という用語とほぼ同義で用いられた語に「霊術」がある。「精神療法」よりも「霊術」の方がむしろ知名度が高いかもしれない。この語が再認知されるようになったのは、井村宏次『霊術家の饗宴』に依るところが大きい。[4]井村は、霊界廓清同志会編『霊術と霊術家』（二松堂、一九二八年）に依拠しつつ、修験系の術、催眠術、心霊療法、香具師の危険術などを含め、さまざまなオカルト系の秘術全般を指す、かなり範囲の広い用語として用いた。

確かに、霊術という語自体は、精神療法とほぼ同じ頃に発生したもので、桑原俊郎まで起源をさかのぼることができる。『教育時論』六四七号（明治三十六年〔一九〇三〕四月五日）に、桑原は、精神霊動の神妙の活力として「その術を見たるものは、鬼神も及ばざる霊術に愕く」（同、二〇頁）と書いているが、この「霊」には「霊妙不可思議」といった意味しかなく、[5]特別の意味があったわけではない。

霊術に独自の意味が加わるのは、大正末期になってからであろう。霊術という語を題名に用いた単行本は何かというと、国会図書館の目録によれば最初の著作は松原霊仙（皎月）『霊術秘書』（霊道研究会本部、一九二六年）であるとされる。それ以前に、以下にあげるように桑田欣児が『霊術集成書』なる著作を出版している（出版年不詳）。松原皎月『霊術講座』（洗心会、一九二七年初版／一九二九年合巻六版）は、興味深いことに『精神療法講習録』を合巻として改名再版したものであり、昭和四年（一九二九）には「霊術」が流通していたことがわかる。とはいえ、当時の知名度から言えば、霊術は精神療法に及ばなかったのではないかと思われる。

一方、精神療法という語が書名で登場するのは、宅間巌『実験精神療法』（開発社、一九〇五年）、あるいは竹内周子編『精神療法』（東京養生院、一九一一年）からであり、昭和四年になっても、三回の「精神療法家番付」が発行されており、[6]昭和初期までは精神療法の知名度が高く、また職業名としても確立していたことがわかる。

二〇〇四年に発表した拙稿「解説　民間精神療法の時代」[7]では霊術と精神療法を区別せずに用いていたが、今回、改めて科研研究[8]を開始するにあたって、「精神療法」という語を主に用いているのは、同時代の使用法に従ったからである。さらに、本稿では、特に桑原俊郎の「精神」という語の意味を跡づけることで、精神療法の変容を叙述できるのではないかと考えているからでもあり、また、精神療法から療術というカテゴリーの変容を軸にして、田中守平と桑田欣児の活動を叙述してみたいからでもある。

1　桑原俊郎と精神

精神療法は、その短い期間に、その内容は急速に変化している。精神療法といいながら身体技法が中心となり、あるいは心霊現象に接近し、危険術も取り入れ、同時に修養ともつながり、さらに宗教化と医療化の間で紆余曲折することになる。「精神」に含まれる意味内容が、現在想像する以上に広いのである。それは、そもそも精神療法の出発点であった桑原俊郎から始まる傾向であり、ここでは彼の用いた「精神」という語について論じておきたい(9)。

精神と大我

桑原俊郎（一八七三―一九〇六）は、岐阜県出身、高等師範学校を卒業後、静岡師範学校の教員（漢文）を務め、近藤嘉三『魔術と催眠術』に影響を受けて催眠術実験を重ね、明治三十六年（一九〇三）に『教育時論』にその催眠術論を発表し、反響を呼んでいる(10)。

桑原は、精神を万物に宿る一種のエネルギーとも理解しており、また宇宙大の精神（大我、共通の精神）を想定し、個人の精神（小我）が大我と感応することで治癒が可能であると主張した。そのためには、日常的な精神状態ではなく、本当の信仰を引き出す不動の精神という状態に入る必要がある。

動揺さえ止めば、もとの共通の精神である。絶対的楽地の精神である。予輩は、之を不動の精神と謂わんとするものである。(11)

と述べているが、これが彼の治療理論の根幹であろう。さらに、

心というのは、精神論中に毎々いった通り、一の動力で、物を動かす力である。宇宙は、この力で満ち充ちしておるのである。この力の凝集は、物質となる。物質散ずれば、復、元の力に帰す。万有は、此の力の活動から起り、此の力の活動から散ずるものである。で、宇宙は心ばかりと謂うことになる。(12)

という一元論に立脚する。(13)

桑原の功績は、第一に、言語的、物理的媒介を超えた作用が術者と被術者の間にあるということ

を説得力を持って語ったことであろう。教員だけでなく、教育学者の湯本武比古[14]、大審院判事の古賀廉造[15]、そしてまだ学生時代の大川周明[16]など、知識人階層にもかなり支持されていた。またその説得力を与えた理由は、西洋化、近代化の中で否定されてきた魔術＝宗教的な原理を復権させたこと、同時に、その作用を起こす超常的な原理を、神仏の感応ではなく、「精神」力に置いたことである。その精神は、個人に限定されず、宇宙大の規模（大我）を持つ。桑原は、さらに宗教を大我への信仰という意味で宇宙心理学と呼んでいた。

一面では合理的、整合的であるが、一面では彼の思想は矛盾に溢れているように見える。彼は宗教面においては、大我と小我などの語彙からして井上哲次郎の宗教学の影響を受けている。一面では伝統宗教を捨て、大我、大霊のような宗教学的用語で宗教を再構築したが、その反面、熱心な浄土真宗信者でもあった。しかも、精神力は自力であり、大我への信仰は他力である。その間の整合性をどうとるのか、その体系を十分発展させる前に逝去してしまったため、桑原の思想は多くの可能性と矛盾に溢れている。

近藤嘉三の遠隔作用と桑原への影響

桑原に至る日本の催眠術史は、医学との関わりと同時に、伝統宗教との関わりが深い。その働きは、一方で伝統的宗教の呪術的部分の「迷信化」、排除を行いながら、同時に心理学的評価という形で、その部分を再編成するというものであった。前者の代表格が井上円了であり、後者の先駆が近藤嘉三である。両者の立場は共に、加持祈禱などは神仏の感応ではなく、人間の心理作用によって説明できるという前提に立つ。

円了の立場は、否定論が強い『妖怪学』の時期から、加持祈禱の容認論に傾く『心理療法』では、かなりニュアンスが異なるが、ただ一貫している立場はある。つまり、円了は個人の心理状態が身体の状態を左右する心身相関関係までは認めるが、Aの心理状態がBの心理状態を、言語を含む感覚的媒介なしに直接操作することはありえないという立場である。それに対して近藤は、遠隔作用は可能であり、さらには催眠術と区別されるべき魔術と呼ばれてきたものは、「精神作用即ち心性の感通力に因て人及び諸動物の心身を支配し或は物質の変換を試るの方術」(17)であるとまで断言している。

近藤の魔術論を比較してみると、桑原の精神霊動論は基本的にその引き写しであることがわかる。魔術（精神霊動）は、催眠状態やラポールを要しない、個の精神力は、その個の身体だけでなく、他の心身、さらには無生物までを動かしうる。ただ近藤と桑原の間には明らかなちがいがある。つまり前者の方がより科学的、客観的な記述であるのに対して、後者は哲学的、主観的な記述になっていることである。近藤は物心二元論を崩さず、脳内の神経分子が震動すると、それが伝達ガスによって被術者につたわるとして、遠隔作用に物理生理学的な体裁を与えようと努めているが、桑原は「脳の振動」に代えて「精神の霊動」（この霊は、霊妙という意味であろう）、そして、物質、精神、エネルギーの一元論、小我＝大我論である。

実験と一元論の時代

ところで、近藤の著作は潁才新誌社という少年読者向けの出版社から出されている。桑原の記事は、その十一年後に成人向けの雑誌『教育時論』を通じて発表して大反響を呼んだのである。むしろ非科学的になったのに、どうして支持されたのか。もちろん、医学界や一部の催眠術師からは批判を集めていた。しかし、かなりの知識人、そして教員たちが支持したのである。その理由のひとつには、教員対象の雑誌であったということは考えておく必要があろう。学歴社会の進展の中、世俗的成功を、種々の資源に乏しい生徒たちに叶えるためには、「精神力」というマジックワードが有効であったとは、容易に想像できる。ただし、ここでは思想史、宗教史から考えてみたい。

桑原の成功の鍵のひとつは、宗教的文脈における「実験」の流行である。綱島梁川、近角常観など、個人の宗教経験に基づく語りが読まれた時代であった。近藤と桑原の著作を比較すると、近藤は客観的な立場に立つが、桑原は自ら治病や透視実験などを繰り返し、催眠術を通じて精神力の存在を確信し、唯物論から唯神論への宗教的な回心を得たとさえ、一人称で語っている。一人称の語りに、少なくとも社会の一部からは真正性を感じたのである。

もうひとつは哲学における一元論の流行がある。当時、物心二元論をどう乗り越えるかという問題があった。正しくいえば、日本の仏教も含めて、一元論と称することは容易いが、一元論を確保しながら、どう機械論、物質主義に陥らず、精神の存在と自由を確保するのかという問題を含んでいた。一元論の哲学を展開した黒岩周六『天人論』は、桑原の『精神霊動』と同年に発表されているが、精神＝エネルギー、大霊の存在、心霊現象など、多くの点で共通のテーマを語っている。このような「実験」と「一元論」という時代風潮が、桑原の著作に一定の信憑性を与えたのであろう。

伝統宗教の近代化

さらに宗教の近代化という点からも、桑原の著作を文脈づけることはできる。

ひとつは、仏教、神道の呪術的な宗教伝統の近代化という側面である。先に述べたように、催眠術は加持祈禱を心理学的に再解釈することで、新たな価値付けを行った。近藤嘉三は神道系の祈禱を心理学的に解釈したわけだが、桑原と同時期、感応術というタームが出されている。静岡に在住していた医師富永勇は、感応術という名称で、催眠術の視点からの加持祈禱を論じている[18]。他方、仏教者側からも、感応術という用語を用いて、催眠術による一種の護教論も出ている。鷲尾諦仁『催眠術と真言秘密　神仏即座感応術並原理』（六大法王山、一九〇五年）は、祈禱における心願成就の技術を説いたものだが、催眠術の体裁が加えられている[19]。

一方、桑原が、伝統的な修験の術、怪異の事例を興味をもって集めていたことは、『精神霊動第二編　精神編』（開発社、一九〇四年）の前半に明らかである[20]。そこに集められた宗教的奇跡の中には、密教行者の火箸を曲げる術、家を揺らす振動術、あるいは真剣で紙や腕を切れなくするといった見世物的危険術の類も含まれているが、彼はそれらを神仏に頼ることなく、精神力で再現可能であると述べ、実際に再現していると証言している。

つまり、桑原がそれらの奇跡譚を紹介するのは、心理学的に合理化する（富永）、あるいは神仏の存在を前提とする（鷲尾）わけでもなく、奇跡の実在を論証し、精神力の偉大さを論証するためである。彼の目的は、精神力を鍵とする新たな呪術＝宗教的宇宙観、宇宙心理学としての宗教の樹立にあった。あるいは、催眠術の宗教化という表現が可能であろうか。近代仏教が哲学的語彙によって、伝統仏教を再編成したとすれば、桑原は心理学、哲学的、宗教学的語彙を用いて、伝統的な加持祈禱を近代化したとも言える。この方面を受け継いだ人物の一人が、藤田蓮堂、のちに息心調和法を確立する新義真言宗僧侶の藤田霊斎である。

治療の限界と精神療法の奥秘

ただ、桑原の場合、精神力による呪術的世界の上に、大きな信仰を置いている。それは彼の浄土真宗信仰である。桑原が熱心な真宗大谷派の門徒であったこと、清沢満之の『精神界』を愛読していたことなど、井村宏次『霊術家の饗宴』にも詳しい。桑原の他力的真宗信仰と、精神力の自力的信念の間をどう調和させていたのか、この点については弟子の宅間巌『実験精神療法』が明確に位置付けしているので、そちらを引いておきたい。

宅間の著書は、具体的な治療法解説の末尾に、付録として何本かの記事を寄せ、彼の真宗信仰を展開している。特に付録三「患者諸君に与うるの書」においては、真宗信仰と精神療法の関係を次のように説いている。精神療法は決して万能のものではない、死を癒やすことはできない、しかし宗教であれば、それが可能であり、つまり究極の精神療法であるという。

治せざるものは、治せざるものとして、其間に、無限の意味を有することとなるべく、而して、患者は、病苦の治否を外にし、否、一切を絶対に乗託し、順応して、そこに無限の慰安を得べく、永久の生命、亦、新に得らるべし。茲に到らば、病苦そのまま無病となるべく、一切の病苦、茲に始めて絶滅すべきなり。蓋、精神療法の奥秘、この外にあらざるべきを、余は絶叫せんと欲する所以なり。(21)

絶対平等の見地に立ちて、差別界の解決をなすもの、即、宗教にして、(中略)それ絶対他力なり。生けるも、死するも、病むも、苦しむも、楽しむも、悲しむも、皆、これ、絶対の妙用なれば、一切を挙げて之に乗託したる時、茲に所謂、無量寿となるなり、疾患の治否は、最早、問う所にあらざるなり。(22)

宅間の使う語彙から分かるように、清沢満之からの影響は大きい。「自己とは他なし、絶対無限の妙用に乗託して、任運に、法爾に、此現前の境遇に落在せるもの、即、是なり」という清沢の言葉を引用し、「絶対無限の妙用に乗託すといい、本願力に乗ずという、蓋、真正の精神療法、この外にあらざるべきを、余は、確信するものなり[23]」と結論づける。

治療の及ばない限界を直視し、そこから絶対他力信仰を説く。宅間のこの議論は、最終的到達点に仏教的悟境を置く点で、井上円了[24]の心理療法論と同様の構造を持つが、円了が「愚民の迷信」として排除した部分をも救いあげながら、「絶対無限の妙用」につなげる。治療院主任として、人々の奇跡的な治療への切ない願いと、その死に立ち会わなければならなかった宅間の言葉は、円了のそれよりも強く重く響く。これほど治療の限界を見据えた治療思想は、その後の精神療法書にはあまり見当たらない。その点が、桑原とその弟子の精神療法思想を異彩あるものにしているところであろう。

心理学に影響を与えた真宗大谷派の近代仏教者たち

ところで、真宗信仰に傾倒していた桑原を、その宗門（大谷派）の近代化の中においてみると興味深い事実が浮かびあがってくる。日本の催眠術＝精神療法の歴史は、明治二十年代、真宗大谷派の井上円了の先駆的研究と紹介で幕を開け、一時期、その異常心理研究を引き継いだ者が、同じ宗門の清沢満之であり、さらに円了のもう一人の同門の後輩近角常観の説教は、精神分析医、古澤平作に影響を与え、彼の阿闍世コンプレックス理論を生み出した。このように、浄土真宗、とりわけ明治の大谷派近代仏教者は、心理学との関わりが深い。

その点からすれば、居士仏教者とはいえ大谷派の門徒であった桑原もその系譜に属する。催眠術を再呪術化させた（あるいは祈禱を近代化させた）人物が、雑行を禁ずる真宗の徒であり、円了に始まる催眠術史の末に位置し、近代化された仏教に影響を受けていることはいささか奇妙な感はあるかもしれない。しかし、円了自身が『心理療法』において、加持祈禱などを民間の心理療法として評価し、清沢は浄土真宗信仰を哲学的語彙に置き換えることで精神療法の理論に接合することを可能にし、そして近角は宗教経験を近代人向けに主体的に語り直すことに成功した。

大我あるいは大霊という言葉に置き換えて、阿弥陀を脱文脈化し、実験（彼の場合は、自己治癒ではなく、他者治療を通じた体験）によって他力信仰を固めていった桑原は、浄土真宗の近代化と意外に近い位置にいた。事実、彼の後継者が出版していた雑誌『心の友』には、近角常観や清沢満之の弟子たちが寄稿していた。近代仏教史の中では、桑原の存在はまったく語られず、精神療法史でも桑原とその弟子たちの真摯な問いかけも大正期には顧みられなくなっていく。

治療師たちへの桑原の影響

桑原の理論化した精神療法の枠組みはその後も長く用いられ、他力信仰の水脈はその後も精神療法家に時折姿を見せることになる。その典型例は、浄土宗僧侶から転じた精神療法家、渡辺藤交であり、あるいは近角常観からお手当て療治へと移行した三井甲之であると思われるが、桑原についての論はここまでにして、以下、桑原後の精神療法の展開について論じておきたい。

まず、彼は精神力の養成法についてはある程度語っているが、[25]患者への治療方法については多くを語っていない。身体技法の応用という道筋を早くから示唆していたものが、さきほど挙げた〔宅間の〕『実験精神療法』である。暗示、自己催眠などの催眠術由来の技法のみならず、気合法、摩擦法、腹式呼吸、断食法、遠隔療法、坐禅法などの療法が説明されている。桑原後に続くさまざまな精神療法の原型はすでにここに提示されている。

さらに、桑原の影響は、その弟子たちだけでなく、次第に出現し始めた治療師たちによって、腹式呼吸やお手当て療法の説明原理としても用いられるようになる。

呼吸法とお手当て療法

呼吸法とお手当て療法を精神霊動の語彙で説明した最も早い例のひとつは、加瀬神洲『呼吸術』（大学館、一九〇五年）であろう。彼の呼吸術は単なる身体操作ではなく「心霊作用を加味」「目的が精神の霊動にある」(26)と述べる。ここでなぜ精神霊動という語を用いるかといえば、呼吸術によって自己治療だけでなく他者治療も可能だからである。そのような遠隔作用に信憑性を与える語とされていた。

加瀬の「対人治療」は次のような手順をとる。施術者は、患者とさしむかいで座り、両者が呼吸法（腹式呼吸）を行い安静状態に入る、術者は患者の額に布をおき、そこへ手を当てて、三昧（無念無想）に入る、額に手をおけないときは患者の手と術者の手をわずかに接するようにしておいてもいい。そこでここぞというところで、病気が治れ、もしくは性癖が治れ、という心象に向かって意力を集中する。眠るでもない、眠らないでもなく、醒めぬでも醒めたでもない、被術者はそういう三昧の状況になり、そこへ術者の意力が伝わるという。[27] 形の上では腹式呼吸とお手当て療法であるが、両者が呼吸によって意識状態を変容させた上で、施術者が精神力を注入するという点は異色である。

加瀬に続く、お手当て療法としては、竹内周子編『精神療法』（東京養生院、一九一一年）がある。医師の竹内章とその縁者で霊能的治療者の竹内周子による精神療法である。竹内章は桑原の語彙を借りて、「所謂精神療法とは斯くの如き精神の霊動に俟って、肉体の障害を除き疾病を医する事」[28] という定義を下しているが、その内容は、竹内章による説得療法（精神力の効果を患者に納得させること）と竹内周子によるお手当て療法である。周子の理論も、やはり桑原の精神霊動論に負うところ大である。

其奥に潜んで居る清浄無垢神の［様］な不可思議なる精神、強いて言えば宇宙の大霊と全体なる精神を応用するのであります。（中略）一口に申せば神の力（人間の霊性）を借りるのだと神秘的の解釈を下すことになるのであります。平生の精神でさえ肉体に対して前に申上げた様な作用を起こすのですから、況して其奥に秘そんで居る神の如き大精神はどれ丈けの作用を持って居るものであろうか。[29]

このように、科学的には説明不可能な療法を、宗教によらずして説明する（あるいは説得力をもたせる上で）桑原の「精神」という用語は便利なものであった。その原因は、桑原のいう「精神」という語には、エネルギーや物質という意味合いが含まれており、それ自体が物心の二元を統一する概念であったからであり、その実在はさまざまな事例で論証された（と桑原と、彼の読者は信じた）からである。

「精神」という用語の置き換えと媒体概念の導入

桑原は、日常的精神の奥に潜む、超常的な精神の働きを「霊動」と表現していた。しかし、大正時代に入るとこの霊動する精神の部分は、日常的な精神活動と区別するために、別の用語で置き換えられていく（その一方で、霊動は、精神と切り離されて、身体の自動運動を示す用語になっていく）。たとえば、霊子（太霊道）であったり、生命、霊（永井霊洋）などである。

もうひとつの重要な変化は、エーテル、ラジウム、オーラ、プラナ、気など、自然科学、心霊研究、インド哲学、あるいは中国哲学から借用した、媒体概念が入ってくることである。それまで、桑原の体系では、精神とエネルギーと物質は一元であり、精神と精神の感応関係は媒体を措定する必要もなく前提とされており、そのような概念は必要なかった。しかし、治療体系に呼吸法が入ってきたために、呼吸の超常的効果を説明する上で、現実の空気を生命エネルギーや形而上的な大いなる存在に結びつける、科学的であると同時に科学を超えた用語が必要ではなかったのか。

たとえば、精神療法に呼吸法を結びつけた先駆者の一人である檜山鉄心は、エーテルという物理学用語を用いて、大精神と空気を関係づけている。

エーテルとは空中に瀰漫せる一大偉力を指して云えるなり、空気を呑吐すれば、此のものは空気と共に呑吐することを得、此のものは物質に非ず、予が謂う所の大精神と同一若くは大精神より一たび化生したるものなり。(30)

太霊道になると、霊子という物心の根源となる一元的、非人格的な実体が措定されるが、太霊道以降になると精神を乗り越えるものとして「霊」という語が用いられるようになる。(31)桑田欣児は、以下の八点で精神を定義し、④において霊を精神と区別している。

①　精神は固有の感応同化性を有す
②　精神は肉体を支配す
③　精神は毒を作り又毒を消す作用を有す
④　精神は霊に通ず
⑤　精神は遠隔の人に感通し応現す
⑥　精神の作用が時間空間の障を受けず
⑦　精神は世代を異にして活存し作用す

⑧　精神は物体を支配す

ここで「霊」は、精神よりも深い次元の存在とされ、「心身の根元に流る力、真識の原動をなす働を今爰に霊という。霊は宇宙万有に交通し応現し有形無形を支配するの自在力を有する[32]」とある。さらに、『心霊解薀』には、

宇宙は大霊の表現である。森羅万象を以て宇宙を形成せる大霊の現姿は一事一物にも其力の凝顕を認め、霊の宿りを思わねばならぬ。故に吾人人間も亦霊的の存在であらねばならぬ。其実に於て宇宙の一部分であり、宇宙に交通し連鎖して生命体を確保せる吾人は大霊の分身であり、神の分霊であると断ずるの外はない[33]。

個体の霊と大霊の構図は桑原以来のものである。

以上のように、精神療法という語が、その内実の変化にもかかわらず、二十年間近く通用することになったのは、その根底には、桑原の設定した「精神」概念が多くの療法に根拠を与えることに成功したからではないかと思われる。

グローバル化していた精神療法

さて、以上、桑原の思想を源泉として、明治末までの初期精神療法の展開を垂直に辿ってみたが、第一節を閉じるにあたって、視点を水平に向けて、日本における精神療法の発生を、欧米の催眠術史と比べてみたい。

まず言えることは、桑原のような催眠術の再呪術化は、欧米でも十九世紀に何度か起こっていた（たとえばドイツでは催眠被験者の透視能力を用いた実験形而上学、フランス、イギリスでは催眠被験者による死者霊との交流、そしてアメリカでのニューソートの誕生など）。とりわけ、精神力による心身の治療を標榜するマインド・キュア（ニューソートと同義）は、まさにアメリカの「精神療法」にあたる。

ただし、日本では修験道の遺産、あるいは腹式呼吸法などの養生法など、伝統の中のリソースを利用できたのにたいして、アメリカのニューソートの場合、催眠術から発展してきた心理技法、十九世紀に発達した健康法、思想的にはボストン周辺の超絶主義、オカルティズム、神智学、そして東洋宗教から輸入された思想的、技法的影響といった、新しい素材しかなかった。しかし、それにもかかわらず、それらの結果は酷似している。

例えば、アメリカのニューソートの代表的存在であるラマチャラカ（ヨガ行者を自称したが、正体はヨーロッパ系アメリカ人でニューソート著述家ウィリアム・ウォーカー・アトキンソン）においては、精神、エネルギー（プラナ）、物質は、「振動数」の差にすぎず、すべては一元に帰される。このプラナに満ちた宇宙全体は大我であり、それは小我と一致する。

我々の生命が此大宇宙の精神に対する関係を云えば、恰かも大洋と、深く陸地に入り込める小さき入江との如きものである。一見すれば我々の生命は全く独立せるものであって、夫れ自身の法則に依て支配せらるる様に見えるが、其実此宇宙に遍在せる大生命の一小部分に過ぎない[34]

（後略）

こうした理論的な類似に加えて、技法面でも、ラマチャラカも、呼吸法と組み合わせたお手当て療法を提唱していた（プラナ療法）。しかも彼の著作は、何度も翻訳出版されて[35]日本に紹介され、その療法のアイデアと技法はかなり広まった。少なくとも、加瀬のお手当て療法よりも盛んに行われていたように思われる。

ここで強調しておきたいことは、日本の精神療法の流行は、決してローカルな現象でもなく、またその思想においても技法においても孤立したものではなかったことである。二十世紀前半、瞑想法やヨーガを含め、精神と関係づけられた身体技法は世界各地に広まりつつあり、日本の精神療法もその一角を占めていた。その中でさまざまなアイデアと技法の流通があった。そのため、精神療法がどこまで日本の伝統か、どこからが輸入なのか、その分別は難しい[36]。しかし、それが精神療法を豊かにしてきた源泉でもある。

2　精神療法と修養

民間精神療法略史

太霊道は、精神療法興隆の時代を作ったという意味では典型的な精神療法団体であるが、他方、精神療法史からすれば、特異な運動でもある。その独自性を理解していただくために、ここであらかじめ、精神療法の略史を説明しておきたい。

まず、第一節の議論から、精神療法の基本的な要素を六点にまとめることができよう。

① 施術者が、物理的な媒介を要せずに、患者の心身の治療を可能にする超常的な原理がある。
② その原理とは、個人の小我と通じることが可能な大我などの大きな存在、現象に潜在するエネルギー、あるいは宇宙間を満たすエネルギー流体などである。
③ 心の中に、それらの原理を使う能力がある。
④ その能力を発揮するためには、心的状態を変容させる必要がある。
⑤ 心的状態を変容させるために、多くの場合、身体技法が用いられる。
⑥ 治療能力は、すべての人が取得できる。

これらの点は変動しなかったが、精神療法はその短い全盛期（明治三十年代後半から昭和初期）の間に、急速な変容を遂げている。その変容は技法の発展という軸をとるとすれば、催眠術、精神療法、霊術、そして療術へという方向であり、三つの時期に分けられよう。すでに拙稿「解説　民間精神療法の時代」（二〇〇四年）で三期に区分したが、それを修正しつつ、以下のようにまとめておきたい。

精神療法の第一期は、明治三十年代後半から明治末期に渡る。桑原俊郎、古屋鉄石、小野福平などで、催眠術から精神療法というジャンルが創造された時期である。次に明治末から大正半ばまで、檜山鉄心、鈴木美山、品田俊平、田中守平、江間俊一、松本道別、清水英範、渡辺藤交など、身体技法を取り入れた精神療法を開拓した世代が続く。精神療法の全盛期をもたらした世代であり、中期の精神療法書は、宇宙論、哲学思想と心身技法という組み合わせが多い。

大正後半から出現する治療家たちは、そうした先行する精神療法家たちに学び、さまざまな療法を総合して、それぞれの術を編み出していった。この世代には、高木秀輔、大山霊泉、桑田欣児、松原皎月、岩田篤之介、星天学などがいるが、『霊術大講座』など何種類かの術の百科全書や、精神療法界のディレクトリーである『霊術と霊術家』が出版されたのも、この時期の特徴である。また、この時期の特徴は、哲学や宇宙観が後景に退き、有用性、実践性が強調されたことでもある。これは精神療法家が職業として確立したことが大きい。療法家として経済活動を行う以上、療法の効果が問われてくる。そのために、効果の分かりにくい精神療法は次第に衰退の方向に向かい、整体、断食、指圧、温灸などの生理的な療法や、電気、光線などの物理療法が流行するようになる。

時期	特徴	人物名
第一期（一九〇三―一九〇八） 「催眠術」から「精神療法」へ 一九〇三年　催眠術の流行 一九〇八年　警察犯処罰令（催眠術取締）	精神療法の創始 桑原→精神学院『心の友』誌 松村介石→道会『道』誌 ※修養の流行 ※※心霊研究の始まり	桑原俊郎（『精神霊動』） 宅間巖（『実験精神療法』） 竹内周子（『精神療法』） 古屋鉄石（催眠術） 木原鬼仏（養気療法） ※岡田虎二郎、藤田霊斎（蓮堂） ※※平井金三（心象会）、福来友吉
第二期（一九〇八―一九二一） 「精神療法」 一九二〇年　岡田虎二郎、急逝 一九二一年　太霊道霊雲閣、火災焼失	精神療法が身体技法を吸収 太霊道全盛期 心身修養としての「精神療法」 宇宙論を含む理論体系 ※大本教と鎮魂帰神法の公開 ※※生命主義哲学の流行 ※※※スピリチュアリズム翻訳	檜山鉄心、渡辺藤交（日本心霊学会） 田中守平（太霊道） 栗田仙堂（リズム学院） 江間俊一（江間式気合術） 松本道別（人体ラジウム） 品田俊平（心教） 清水芳洲（英範）（催眠術） ※出口王仁三郎、友清歓真 ※※オイケン、ベルグソン ※※※オリバー・ロッジ他
第三期（一九二一―一九三〇） 「精神療法」と「霊術」 一九二八年　『霊術と霊術家』 一九二九年　田中守平死去 一九三〇年　警視庁令第四十三号「療術行為に関する取締規則」	精神療法家の増加、職業化→実践重視、生理的治療法増加（断食、整体）→療術化進行 『通俗医学』の影響 物理的療法（電気、光線など）の興隆 精神療法の修養部分の宗教化（太霊道神教、岡田茂吉、谷口雅春、生気療法、霊気療法）あるいは健康法化	桑田欣児、松原皎月、高木秀輔（断食、霊動） 大山霊泉（霊掌術） 石井常造（生気療法） 山田信一（整体、プラナ療法） 松原皎月、岩田美妙（本能療法） 臼井甕男（霊気療法） 江口俊博（お手当て療治）

そのような時代の変化に対応した精神療法家の代表格は桑田欣児である。彼は催眠術、精神療法、そして指圧療法と変貌しながらも、弟子を育成しつづけ、最終的には指圧療術家で終わることなく、戦後は自身の療法団体を宗教法人化している。

第二期の特徴――修養法としての精神療法

この中で、第二期の精神療法運動は、他の時期と異なる点がある。それは療法というよりも修養法の側面が強かったことである。同時代の精神療法の流行を注視していた姉崎正治は次のように述べている。

先帝〔引用者註　明治帝を指す〕崩御の後、社会全般に意気銷沈の徴候が段々に現われ、反抗、怨嗟、困惑、絶望の気風は、上から加わる思想上の圧迫と共に、重く人心に垂れかかって来た。他はどうでもよい、社会や世界の事よりも、自分だけどうにかなればよいという様な、だれ気味の気風は、陰険の策略や狎れ合の妥協（政治家が之を代表する）や、形式偽善の横行（特に教育界に多い）となり、世を冷笑して独り自ら高しとする風潮（文学界に多い）を生じ、而して其等に伴って何々式静座とか、新式呼吸法とか精神治療とかいう種類の個人修養（但し多くは極めて貧弱な）の流行となり、之に対して所謂る宗教家も其の流に棹して之に溺れるか、又は世の動揺に風馬牛たる者が多い。然し不安の暗流は、依然として社会に流れ、人心に動揺を与えている。(37)

今までは単純に静坐的修養、又は精神的治療法で推して来た者の中で、其の所説に社会道徳や世界的抱負を交える者が出来て来た。中には、其の治療法と学理とが、世界古今の哲学や宗教を超絶する、又は統一するという様に、寧ろ抽象的に世界的空気に触れる者もあるが、又他の者は著しく国民的色彩を帯びて、自分の道は、日本人が神々の代から伝えた方法で、世界の将来を済度する道だと、神道的になる者もいる。(38)

ここで「静坐的修養」とあるのは岡田式静坐法であり、「精神的治療法」とは桑原以降の精神療法を指す。そして「哲学や宗教を超絶する」と述べているものは、まちがいなく太霊道であり、「日本人が神々の代から伝えた方法」とあるのは、おそらく大本教の鎮魂帰神の法であろう。

現在の用語法では修養は、倫理的、人格的な鍛錬を指すが、同時代の用語法では、明治四十年前後より流行した藤田霊斎の息心調和法、岡田虎二郎の岡田式静坐法などの身体の健康法も含まれていた。単なる健康法というよりも、身体と同時に精神的な側面を重視しており、それらの中には、原坦山の禅を引き継ぐ耳根円通法のように、精神療法家、木原通徳によって治病能力の開発法として用いられるものもあった。

また、精神療法家たちは、治療のための精神力を養う身体技法を開発したが、それは治療能力だけでなく、精神力を養う心身の修養法としても宣伝された。たとえば催眠術から精神療法へ転向し

た三吉霊峰は、『三吉式精神修養法』を著し、

真の修養の意味は古今の解釈を一つにしたものでなければならない。即ち修養とは精神にも肉体にも、健全安康を得るの意味であります(39)。

修養という意味を精神肉体のその一方に偏せず、心身一致、霊肉不離の上に認識するのが、予の以て修養の真意義とするところであります(40)。

と述べている。太霊道も同様に、一種の修養法としてその普及を図り、初期の仮想敵は岡田式静坐法であった。

精神療法は、少なくとも療術へ専門職化していく以前は、病者の治療だけでなく健康な実践者個人の修養という面が少なからずあった。その場合、精神療法や修養の目標の中には、超常的能力への渇望という共通項も含まれていた。精神療法家から見た「修養」という語が、どれだけの範囲を包括していたかは、以下の檜山鉄心の言葉からわかるであろう。

恰も好し、高橋五郎氏の著心霊万能論出づ〔明治四十三年〕、渡りに船と、大に喜びて、早速購求し、読みもて行くに、不思議の事のみ多く、到底常識にては、判断し兼ぬることのみなり

しかば、半は信じ半は疑いつつ、兎も角自身に研究せんと欲したり、而かも其機関なきに困じぬ。

此前後に於て、修養に関する著書の出版頗る多く、桑原俊郎氏の精神霊動を始めとして山田孝道氏の坐禅用心記及普勧坐禅儀講義、平井金三氏の心霊の現象、忽滑谷快天氏の禅学講話、同氏の参禅道話、原坦山氏の禅学心性実験録、足立栗園氏の禅と長寿法、釈宗演禅師の静坐のすすめ、勝峯大徹師の内観法、加藤咄堂氏の瞑想論等出づ、(41)

檜山自身が中学校教員であり、ここに挙げられた著作は教師や学生などの階級に読まれそうな本である。そのような階層が心霊研究などの奇跡的なるものを求めていたことをよく表している。

知識人たちの宗教経験志向と新たな宗教への要請

ここで、精神療法、修養、心霊研究、宗教など、さまざまな要素の結節点となる運動を二つ紹介しておきたい。ひとつは明治四十年（一九〇七）に、修養論の先駆者でもある松村介石が、儒教とキリスト教の一致を説いて結成した日本教会（のちの道会）である。この道会に連動して、平井金三は心霊現象研究のための心象会を開始している。福来友吉も、自身で千里眼や念写実験を開始するまえに心象会に参加している。道会の人脈を利用して、藤田霊斎も息心調和法の宣伝を開始している。もうひとつは、明治三十九年（一九〇六）、桑原俊郎の後継者で医師の真島丹吾が中心となって結成された精神学院の機関紙『心の友』である。同誌には、福来友吉、平井金三、近角常観、綱島梁川、藤田蓮堂（霊斎）、精神主義関係者（暁烏敏、多田鼎、安藤州一）、二木謙三、谷本富、足立栗園、黒岩周六など、近代仏教から精神療法まで多彩な寄稿者が集まっていた。

この変化の原因について、姉崎は、明治天皇の崩御が時代を変えたと考えていた。しかし、精神療法の流行につながる時代の変化は明治期から始まり、実は姉崎自身もその変化に立ち会っている。日露戦争前後、明治三十年代後半を契機として、桑原俊郎と竹内楠三の催眠術書出版に始まる催眠術ブームがあったが、同時に神秘主義の流行もあった。その流行を綱島梁川と共に支えたのが姉崎正治である。清沢満之の精神主義、近角常観の求道学舎、さらに加藤咄堂の『瞑想論』『修養論』などの出版など、宗教経験への志向が高まっていることは、太霊道流行の背景にあった。

さらに、宗教にまつわる知識人たちの議論がある。とりわけ井上哲次郎の倫理的宗教論とその大我論が、桑原を始めとする精神療法家たちへ与えた影響は大きい。彼はすべての宗教の根底には、非人格的な絶対的実在である大我と小我の一致があると説く。その場合、大我は無限であり、絶対であり、倫理的な目標でもある。明治三十年代、井上に限らず、新たな宗教を構築すべきという主張は知識人の間で高まっていた。

桑原後の精神療法家たちは、ある意味、知識人たちの期待に応えるものではなかったか。そこで求められた、新たな宇宙観、新たな社会観、新たな人間観、それに接合する新たな実践と経験を、ひとつのクローズドなシステムにパッケージしたものが太霊道であり、それをオープンな形で提供したのが岡田虎二郎であったと、大雑把に区分けすることはできる。

しかし、旧来の宗教カテゴリーからもはみだした存在の太霊道は、運動として思想として維持していくには多くの困難があった。試行錯誤に満ちている太霊道の活動は、宗教でもなく単なる治療法でもない体系をどう生活の中で継続させていくのか、運動体の存続という問題が絡んでいる。

3　太霊道の試行錯誤

太霊道の歴史については、拙稿「太霊と国家」〔本書第八章に再録〕を参照いただきたいが、そこにも分類したように、田中の生涯は矛盾と紆余曲折に満ちているように見える。

霊能治療者

田中の出発点は、霊能者兼大陸浪人という分類になろう。明治四十四年（一九一一）に最初の基本教典『天真至上太霊真典』（太霊府修道館、一九一一年）を完成させ、その後間もなく、明治四十四年秋から大正二年（一九一三）二月まで、朝鮮半島から蒙古まで巡業に出ている。これ以前、明治三十九年（一九〇六）五月、日露戦争で名を馳せた児玉源太郎大将から蒙古探検を提案されると、田中は即座に青年会を解散して上京、[42]探検隊の準備を開始していた。田中の蒙古行きは、その下準備があったから可能であったとは想像できるものの、かなり唐突な行動ではある。ひとつの可能性は、政治的な策謀である。田中は、中国で、奉天（現・瀋陽）のチベット仏教寺院皇寺（実勝寺）で霊子術を実演し、さらに同寺院の関係で、達爾罕《タラハン》王に招かれて蒙古まで入っている。拙稿「太霊と国家」に書いたように、皇寺と田中の間を仲介した人物は陸軍歩兵大佐、守田利遠であったので、蒙古行きの背景に軍の満蒙工作があった可能性はある。守田は東部蒙古の情報を収集し、ロシアの行動を調査して、関東都督府陸軍部、北京公使館付武官、満州と蒙古の諜報機関に報告するように訓令を受けていた人物である。[43]とはいえ、田中が日本を出る時からすでに「機密の任務を帯びて」内蒙古に入ったのかどうかは不明である。[44]

ともかく、大陸では田中は成功を収め、蒙古のタラハン王ナムチロサイロン親王妃の腸満病の治療に成功している。[45]ただし、大陸時代、彼の霊能者としての成功の背景にはプロデューサーがいた。大連にあった満鮮実業社の目黒幸太郎であり、伝記、太霊道真典、理論、新聞評をまとめて『奇蹟之田中守平』（満鮮実業社、一九一二年）を出版している。この伝記が、その後に宣伝で用いられる主元伝のもとになった。

なお、この目黒幸太郎と田中の関係について、石川雅章が興味深い記事を書いている。石川によれば、田中守平は、五十嵐光龍の「霊動術」を学んで霊術界に入り、精神療法家、木村秀雄の外套を無断借用して大阪へ高飛びし、そこからさらに満州へ逃げて、そこで目黒幸太郎と組んで宣伝を行って成功した。しかし日本に戻ってきてからは、目黒と仲たがいし、目黒は稲葉実子と組んで稲葉大霊会を興したという。[46]

五十嵐光龍は真言宗僧侶で、古参の催眠術治療者であるが、身体の自動運動による治療法を実践し、『自働療法』（婦女界社、一九二〇年）という著書を残している。身体が自働的に動き、手が幹部をさすって治すという技法は、他のいわゆる霊動療法と共通する。しかし田中が五十嵐の技法を学んだかどうかは、他の資料からの確認は取れていない。木村の件はさらに不明である。ただ、目黒との関係はその通りであろう。目黒のメディア操作が、田中の大陸での成功に大きく貢献したのは確かであり、後に二人が分かれたのは後述のとおりである。したがって、大陸での大活躍の報道も、目黒のプロデュースがあったことを前提に評価する必要はあろう。

ともかく、大陸で成功を収めて、帰国した田中は、大正二年暮れから国内での巡業の治療師活動を開始している。守平以外に、天洋、天来、天蒙といった号を使用し、大正二年暮れから三年（一九一四）初めまでは甲府、二月からは新潟、四月からは富山、十一月に金沢で治病と講習を行っている。大正四年（一九一五）三月には衆議院議員に立候補して落選している。その後は広島へ巡業し、同年八月七日『中央時事新聞』によれば、七〇〇〇円ほどを稼ぎ、細君を連れて郷里に帰ったと報じられている。

その成功から見て、霊能治療者としての田中は、自己プロデュースを含めて、かなり有能な存在であったと思われる。ただし、精神療法家として新時代を開くのは、巡業する霊能者としてではなく、組織を創立してからのことである。

精神療法の「学校」

太霊道の第二段階は、都市に定住しての治療講習活動である。大正五年（一九一六）三月に大阪に宇宙霊学寮臨時教習所を設置、メディア活動が本格化するのは、大正五年六月、麴町区一番町に太霊道本院を開設してからである。同年七月十五日に『太霊道及霊子術講授録』の発行を開始、九月には『太霊道之教義』を創刊している。そして十一月二十六日より本格的な宣伝「公宣」を開始している。ここからは、治療団体というよりは、治療法を講習する団体、あるいは治療法だけでなく、修養法を販売する組織という性格が次第に強まる。

太霊道以前、東京に本拠を置き、最も成功した催眠術団体は古屋鉄石の精神研究会であろう。古屋は催眠術の伝授を契約化し、通信会員と通学会員に分け、後者には二十一日間の講義を受講させ、口述、実地、筆記試験通過後に催眠学士号を与えている。太霊道は、この古屋の制度をさらに進めて、『講授録』という教典、十日間の超能力開発を含むカリキュラム、そして霊学士などの認可制度など、「学校」を模した組織を整備する。霊能開発が、金銭を媒介にした契約関係で、一定期間の研修で可能になったわけである。この点では、他の精神療法団体よりも、はるかに組織化されていた。ただし、東京の太霊道本院開設は、田中のビジョン全体の中では一部に過ぎなかったのではないかと思われる。

メディア戦略

この段階で、新聞、出版での宣伝を盛んに行っている。以下、把握している限りでの太霊道の単行本を挙げておく。おそらく全てではなく、『太霊道』誌の廃刊期日や後継誌の有無などもわかっていない。

明治四十四年（一九一一）『天真至上太霊真典』（太霊府修道館）
大正元年（一九一二）十一月『奇蹟之田中守平』（大連、満鮮実業社）
大正五年（一九一六）六月―大正七年（一九一八）六月『太霊道及霊子術講授録』
大正五年九月　月刊誌『太霊道之教義』を創刊。
大正六年（一九一七）一月『霊界時潮』（『太霊道之教義』改題）
大正六年四月　栗田貞輔編『霊子顕動作用速修教授録』（太霊会速修部＝太霊道本院の別働隊）
大正六年八月　中根滄海（環堂）『最新思潮太霊道』（*A New Thought, the Doctrine of Tairei, Its Art of Healing*）（洋洲社。英文と邦文）
大正六年十一月『太霊道』（『霊界時潮』改題）創刊
大正七年（一九一八）伊藤延次『霊子顕動作用教授録　第二巻』（宇宙霊学寮）
大正七年　伊藤延次編『霊子療法応用人体解剖図』（太霊道本院）
大正七年　宇宙霊学寮編『太霊道主元伝』（太霊道本院）
大正七年『太霊道の本義』（太霊道本院出版局）

大正八年（一九一九）三月　『太霊道』隔月刊から月刊に
大正八年七月　『太霊道』の判型を菊判から四六倍判に変更
大正九年（一九二〇）　伊藤延次編『流感には霊子術――予防と治療』（太霊道本院）
大正九年　*Taireido: a New Revelation for the Spiritual, Mental & Physical Salvation of Mankind.*
大正十年（一九二一）　田中守平『太霊道全輯稿本　第一巻』（太霊道本院）
大正十一年（一九二二）　田中守平『太霊道全輯稿本　第二巻』（太霊道本院）
大正十一年　太霊道主元述『太霊道断食法講義録』（太霊道総本院）

これら以外に『太霊道画報　第一集　霊地写真』、『太霊道画報　第二集　入山修霊写真』が発行され（出版データ不明）、グラフィックな宣伝も試みていた。

全体として、出版点数はさほど多くないが、『太霊道及霊子術講授録』は大部の著作であり、基本経典という位置付けであったので、改訂、増補を要しなかったのであろう。また、大正六年と九年にはすでに英文の単行本を出版しており、海外布教に向けた積極的な姿勢と、それを支える資金力をうかがわせる。

雑誌『太霊道』は会員に配布されるほか、宣材として一般向けに無料配布されるもので、内容もまた多彩である。海外からの情報の紹介、神智学、心霊主義の紹介記事、芸術論、田中の政治的主張など、他の精神療法雑誌と比較すれば、内容豊かな雑誌となっている。特に毎号掲載された霊子術の実験報告は、医師や中国からの寄稿もあり、単なる宣伝誌ではない、知的な雰囲気を漂わせていた。

さらに、太霊道のメディア戦略を特徴づけていたものは、新聞全面広告による「公宣」であった。たとえば、『読売新聞』では「太霊道」の全面広告に限っても大正五年十一月二十九日の「太霊道公宣」を皮切りに大正八年六月二十二日までに七回あるが、この時期が宣伝に最も予算を使っていた時期だと思われる。その広告内容を簡単にまとめてみると、以下の通りである。

① 大正五年十一月二十九日〈全面〉
「太霊道公宣」漢詩、教憲、太霊道講話会（無料）、霊子顕動作用講授会の通知、『霊界時潮』無代贈呈（一千部限り）

② 大正六年六月十五日〈全面〉
「普く万衆に誥ぐ」、太霊道講話会（無料）、霊子顕動作用講授会（第十九期）、霊子法夏期特別大講授会（第十一期、第十二期、第十三期、第十四期）、『太霊道及霊子術講授録』。『霊子顕動作用速修教授録』、『霊界時潮』無代進呈

③ 大正六年十月三十日〈全面〉
修養界治療界の最新権威『太霊道』誌創刊号宣伝。創刊号記事抜粋として、田中守平、海軍少将石田一郎、陸軍主計総監井出治、医師望月大祐、陸軍砲兵大佐間宮春四郎、米国哲

学博士中根環堂、陸軍少将横田宗太郎、陸軍一等獣医正篠崎雅太郎、医師朝倉松四郎らの記事の一部が紹介。太霊道講話会（無料）、霊子顕動作用講授会、太霊道特別講授会（第十五期、第十六期）、『太霊道及霊子術講授録』全十八巻。霊子療法

④　大正六年十一月九日〈中段半面広告〉
『太霊道』創刊号目次、五万部増刷無代進呈

⑤　大正七年三月三十一日〈全面〉
太霊道の要旨、霊理学の大意、霊子術の便概。『太霊道綜覧』無代贈呈、太霊道特別講授会（第十九期、第二十期）、太霊道講話会、太霊道普通正会員募集、霊子療法

⑥　大正七年七月五日〈半面〉
『太霊道』第二巻第四号無代贈呈（五万部）、太霊道夏期特別大講授会（第二十三期、第二十四期）、『太霊道及霊子術講授録』全十八巻、霊子療法

⑦　大正七年八月五日〈六分の一面〉
六と同内容

⑧　大正七年九月十一日〈半面〉
『合輯太霊道』（『太霊道綜覧』と『太霊道概覧』の合本〔附録として「人体刺針法教授＝回精深息法教授」も追加〕）無代贈呈、太霊道秋期特別講授会（二十五期、二十六期、二十七期）、『太霊道及霊子術講授録』（大正五年六月より七年六月までかけて全巻刊行）、霊子顕動作用教授会、太霊道

公開講義、『太霊道』九月号、霊子療法

⑨　大正七年十一月十八日〈全面〉
「太霊道公宣満二周年を記念す」、『太霊道総覧』無代贈呈（百万部限り）、太霊道冬期特別講授会（二十八期、二十九期、三十期）、『太霊道』十一月号、『太霊道及霊子術講授録』（四輯十八巻）、「医師団の運動と霊子療法に就て」、太霊道精神病院並慈善病室及附属霊子療法研究所設立基金百万円募集、霊子療法

⑩　大正八年三月十七日〈全面〉
『太霊道』臨時号無代贈呈（五十万部）、主元直接親療(47)（毎週金曜日午前）、主元遠隔親療（毎日夜間）、『太霊道及霊子術講授録』（四輯十八巻）、太霊道精神病院敷地決定

⑪　大正八年六月二十二日〈全面〉
太霊道新聞宣伝、「世界永遠の平和は霊性の自覚に俟たざるべからず」、医界覚醒の兆（一）、非医者取締政策、医学及医政、主元直接親療（毎週金曜日午前）、主元遠隔親療（毎日夜間）、『太霊道及霊子術講授録』（四輯十八巻）、太霊道夏期特別講授会（三十四期、三十五期、三十六期）、『霊界之奇象』無代提供（百万部限定）

これらを並べてみると、①と②が最も印象的である。田中守平の意見広告が中心であり、政治、哲学思想を論じる高邁な調子は、他の精神療法団体には見られない。霊能者の自己宣伝としても過

剰である。その背景には、少年時代から続く田中のメシア意識（拙稿「太霊と国家」参照）、政治、宗教、思想を統一する世界救済の事業という意識があったように思われる。しかし、短期間の内に田中守平の思想から、太霊道の紹介、そして医学記事へとトーンを変え、運動戦略を変えていることがわかる。⑨と⑩では精神病院建設の話題が出ているが、これは後述の武蔵境での太霊道理想街開発計画の一部である。無料進呈雑誌の発行部数がどれだけであったか。五〇万部や一〇〇万部限定を謳っているが、これは上限であり、実際はそれよりかなり低かったにせよ、後述の桑田の機関誌の発行部数からしても、一〇万部は超えていたのではないかと思われる。

大正八年六月二十二日で全面広告は終わったわけではないが、太霊道らしい大げさな調子のものはこの時点で終わっている。予算の問題もあったろうが、大正九年の武並総本院建設と「宗教」化への方向転換も大きく関係していると思われる。太霊道のメディア戦略には、もちろん宣伝（イメージ戦略、教義の広告など）があるのだが、初期の「公宣」広告に顕著に見られるように、次の「政治活動」からもわかるように、いささかドン・キホーテ的な世界救済の意図はあったのではないか。

政治活動

政治運動という方向では、田中は「国民協会」という、より現実的な活動を模索している。大正七年（一九一八）十一月二十九日、臨時教育会議が文部大臣に対して出した「民心帰趨統一に関する建議案」を受けて「国民協会組織の提議」（『太霊道』大正八年新年号）を発表、そして大正八年（一九一九）十月六日に国民全体の協調をうたった国民協会を結成、十月九日、東京、新富座における国民協会大演説会がある。その演説会の演題が興味深い。大正八年十月号に紹介された国民協会大演説会演題(48)は以下の通りである。

一、絶対に対する尊信と人生の本務及び帰趨
二、皇道の顕揚と国体の本義及国家的生活の意義
三、普通選挙の施行と党弊の打破及総理大臣公選の実施
四、外交の刷新並に外交家の養成
五、華族制度の改廃
六、労働階級及び資本階級の覚醒協調並に中流階級の覚醒結合
七、夫人覚醒開放並に女子参政権賦与
八、人格的教育の施行及び英才教育制度の実施
九、兵制改革並に徴兵国家補償制度の実施
十、陪審制の実施並に国家賠償制度の実施
十一、税制改革及び累進法実施並に徴税法の改善
十二、言論機関の尊重及び言論者の覚醒
十三、人種の改良

十四、宗教的迷信、科学的迷信の打破
十五、世界的学術の振興
十六、国民の世界的観念養成

一は太霊道の教理であり、二では皇道を謳っている。天皇崇拝については直訴事件以前より一貫しており、国家から個人に至るまでのヒエラルキー的社会観を抱いていた。〔二の〕「皇道の顕揚と国体の本義及国家的生活の意義」は田中の信条であり、松本道別のような政治活動家あがりの精神療法家とも共通する政治信条である。しかし、それらを除けば他の主張は意外なほどに民主的であり改革的である。十三、十五、十六のような大風呂敷的な提言を除けば、現実を見据えた内容でもある。演題の六にあるように、太霊道を支えていた主力が中流階級（少なくとも高額な講授料を支払うことのできる階層）であったということも関係しているのであろう。

その点で、同じく皇道を唱えていた同時代の大本教が非現実的な政治プログラムを唱えていたことや、あるいは大本教をさらに右の立場から批判した松本道別などの精神療法家たちとはかなり異なり、リアルな政治家的感覚を持っていた。ただし、この政治運動への発展という試みも中途挫折している。

理想郷建設

田中は、政治プロジェクトだけではなく、ユートピア建設にも力を注いでいる。大正八年三月号では、「太霊道精神病院敷地決定!!!」「武蔵野村に於て約三千六百有余坪を購入」と報じられている。五ヶ月後には「太霊道理想街建設第一期計画事業に就て」が発表され、計画では一〇万坪の敷地と一〇〇〇戸の住宅、土地買収一〇万坪（六〇万円）、街路などの土木工事（二〇万円）、住宅一〇〇〇戸（一二〇万円）、二〇〇万円を起債という大規模な土地開発を目指していた。(49)

しかし、この計画はしりすぼみに消えていき、翌年四月に急浮上してきたのは、武並への本部移転である。(50)大正九年四月号の『太霊道』には、恵那理想郷の宣伝と、東京本院の手狭（第四十期特別講授会が希望者二〇〇名以上になり、金曜日の親療も定員超過）、地元自治体の援助（武並村が三〇〇万坪以上を提供、東濃四郡の町村はこぞって太霊道を歓迎）が報じられているが、その後、武並村の国集ケ丘に敷地が決まり（四―六頁）、早くも同年六月一日に霊華殿の上棟式、(51)七月十五日には霊華殿、竣成、(52)そして七月三十一日には霊宮奉安式を実施し、東京本院から太霊の霊位を武並に移して、太霊道の大本院（後に、総本院）を建設している。(53)さらにその後も、五層の霊雲閣建設、(54)総本院横に太霊道中学校、雑司ヶ谷に全真学院を開設して理想教育を実施しようとしている。(55)

しかし、大正十年（一九二一）末に起こった火災で、霊雲閣が焼失し、太霊道はかなりの打撃を受け、教育事業なども停止に至ったと思われる。それにもかかわらず、田中はその後も積極的な活動を続けている。ひとつは大正十二年（一九二三）七月の武並郵便局の開設であるが、それ以上に大きな事件は、武並駅設置である。

武並駅の地点には、すでに大正八年（一九一九）に竹折信号所が開設されていたが、田中は大正十一年（一九二二）十一月に鉄道大臣大木遠吉に働きかけて停車場昇格の認可を受けている。

日本全国は勿論、支那、満州、南洋諸島に亘り、信徒四〇有余万人を有する太霊道総本院があり、主元田中守平氏より停車場用地全部の寄附申し出があり、又停車場となしたる後に於て収支償わざる場合は、同氏がその欠損を負担すべき申し出もあった。(56)

地理的な問題、人口と産業に乏しいことなど、本来なら認可されない停車場昇格を押し切ったのは田中の政治力であろう。駅昇格は、関東大震災の影響でいったん御破算になるものの大正十四年（一九二五）一月以降、再度運動を開始し、大正十五年（一九二六）四月一日に駅開設に至っている。(57)この駅建設も、恵那の理想郷建設という、田中の夢の一部であった。

「メディア戦略」「政治活動」「理想郷建設」と、なぜ田中はここまで大風呂敷を広げなければならなかったのか。これを単なる集金活動ではなく、なんらかの意図を読み取るとすれば、彼には霊子術と太霊道を核とした社会生活という真剣な理想があったのではないか。その東京（武蔵境）の理想郷建設では、慈善病院と霊子療法研究所を併設した精神病院が核となる住環境であり、恵那の理想郷では太霊道総本院と大本宮、そして学校という施設が核となっている。前者は、霊子術の医学的、科学的側面を強調し、後者では太霊道の宗教的側面を強調しているが、いずれにせよ、生活の中に太霊道をもたらすという田中の理想が読み取れる。

宗教化

武並移転後の太霊道は「宗教」化を計っていく。その大きな理由は組織の維持であろう。ひとつには、太霊道の会員は講授会を卒業すれば各自の開業は自由であり、本部の統制が及ばなかったことがある。「学校」化と称したように、霊子術の講授は金銭を介した契約関係である以上、「卒業」した者たちが太霊道にいつまでも援助を行う必要はなかった。

さらに大本教への太霊道会員の流出である。おそらく、太霊道の方向転換は、大本教の影響が大きかったのではないかと推測される。ここで、大正八年（一九一九）七月二十五日、田中守平と浅野和三郎との対決というエピソードについて、少し詳しく説明しておきたい。これは元太霊道会員で大本教に入信していた栗原白嶺を介して、同家に滞在していた大本教の幹部であった大日本修斎会会長、浅野和三郎との会談を求め、途中、浅野による鎮魂帰神法を田中が受けるという事件を挟み、午後八時より翌日午前三時までの七時間に及ぶ大討論であった。(58) 田中は、『太霊道』編集長、伊藤延次のみを連れての討論であったらしい。

田中と浅野の会談は、田中からの大本教批判で始まった。伊藤康成「主元対大本教総務浅野氏会見顚末　其一」（『太霊道』大正八年九月号）には、田中の巧みな議論に浅野がたじたじになっている様子が描かれている。

田中はまず三点の批判を行う。「大本教に所謂世界の立替立直しを行う為め二三年以内に地上人類三分の二を神力を以て絶滅すべしとの事なるも、斯くの如きは何の根拠に依りて之を断言し得べきか」、「総ての人には所謂つきものは憑き居りて人間本来の活動でなくつきものとしての活動をして居る其つきものの大部分は四足獣であって、現代人は所謂四足獣的活動を為して居る（中略）甚しく妄誕といわなければならぬ」、そして、第三に「旧知」の「飯森正芳」の名前を出し、「大本教の開祖出口刀自は非常に飯森氏の人格を信頼するも、現在教主と為って居る王仁三郎氏とは常に意見合わず現に昨年出口刀自の死去の際も飯森が来らば特に此の席に座らせるようにという遺言があって、最上座に席が設けてあった」という噂話を暴露している[59]。

このような田中の執拗な追求に対して、『太霊道』の誌面を読む限りでは、浅野はかなり感情的になっていたようで、進左退右の教理について「小便するときは左へ旋《まわ》りながら出る、又大便も左ねぢりになって居る」、立替え立直しについては「人類を殺すというのは神の目から見れば何でもないことである[60]」といった暴論を繰り出している。

その後、先に述べたように鎮魂帰神の実験があったが、その結果は、大本教系雑誌『彗星』一三八号（大正八年八月十五日）は、「邪霊的発動非常で、見られぬ醜態で、鎮魂後は気の毒な程悄気返ったと報じている[61]。一方、『太霊道』大正八年十月号では、三十五分たっても何の反応もなく「困惑失望の態にて其実験の中止を申出」たとなっている[62]。二十八日に太霊道本院での対談再開を約して終わったが、結局、浅野たちは本院に現れなかったという[63]。

太霊道側は、『彗星』の報道に対して、編集長伊藤延次名義で、『彗星』一三八号の記事に対する「弁駁書」（大正八年十月十六日付）を送付、これに対して『彗星』一四一号（大正八年十一月十五日）も再反論を掲載しているのだが、その再反論の中で、鎮魂帰神法の顚末について、「田中にやがて憑霊の顕動が発しかけると、田中が周章てて姿勢を崩し目を開けて霊の顕動を消して仕舞う」(64)と書いている。つまり『彗星』一三八号が書いていたような「邪霊的発動非常」ではなかったということになる。おそらく田中への鎮魂帰神は失敗に終わったのであろうし、また浅野と田中の論戦も、田中有利で終わったにちがいない。しかし、だからこそ、それでも変わらぬ大本教「信仰」の底力を思い知ったのではなかろうか。

ともかく、この後の田中の戦略は、それまで否定してきた憑依現象の承認から武並の聖地化など、直接的には御嶽講の模倣、そして間接的には大本教を思わせる方向へ転換していく。

『太霊道』大正十年八月号に、田中守平が五月二十日、「太霊道の宣伝方法」と題して、修養場にて語った言葉が掲載されている。その中で田中は、今までは思想、学理、作用に重きを置きすぎたので、今後は宗教方面に立脚すべきだと述べる。「太霊道の教部門には宗教たるべき要素はすべてこれを完具する」。宗教とは「純真至全なる信仰の状態が絶対者に融会し、これを現実生活に応用具現すること」であり、「術部門に於て教うる所の霊子作用は、事実太霊の顕現であり、恩寵の降下である。然るにそれを自己が体現したものと考えその恩徳を太霊に帰するの感激がない(65)」。

「宗教」化の基本は、太霊と田中への崇拝を集中させることにあり、具体的には、武並への総本院建設、「太霊本宮奉安式遷霊」などの儀式による「太霊」の権威付け、武並の聖地化、そして御嶽講に倣ったと思われる「入山霊修」「真霊顕現」と呼ばれる宗教的実践の創設などがあった。
田中は、武並の聖地化を以下のように宣言している。

今茲に太霊神格は、霊勅を奉じて此地上に生を享け絶対超越の全真なる太霊大道の公宣流布に任ずる太霊道主元の霊格に随応顕現し、恵那の土を霊地と定め、武並邑龍宮淵に臨める国集ケ丘なる霊華殿に鎮御し、万衆霊化の大本確立さる。(66)

ある土地を聖地化するには、歴史的な事件（たとえば出口なおの神がかり）、あるいは特別の景観（たとえば国柱会における富士山）、もしくは理論的な裏づけを必要とするが、国集ケ丘を聖地とするのは、景観については池を掘り人工の滝を置いたが、歴史的事件は田中守平の誕生だけであり、理論的にはさらに無理があった。おそらく、この方向転換が、太霊道の根幹に関わることをもっとも意識していたのは、『太霊道』誌編集長の伊藤延次であろう。
拙論「太霊と国家」から引用すれば、

それまでの太霊道理論では、太霊とは絶対の存在であって、何らかの条件で限定されるべきものではなかった。それを一つの聖地に祀ることの矛盾を弁解すべく、『太霊道』編集長の伊藤延次は、大正九年八月号に「太霊本宮奉安義」という記事を書き、太霊を聖地に制限することも太霊自身の超越性から出ているので矛盾ではないと述べているが、[67]

しかし、武並に制限する必然性については彼も論じることはできなかった。

「入山霊修」のような、それまでのカリキュラムの上に位置する新たな修行体系と、上位会員を作りだすと同時に、それまで田中個人の伝授に限られていた霊子潜動作用の教授を「高級会員」に移譲することで、さらなる会員の増加を狙っていたようである。

しかし、「宗教」化は古参会員の当惑、あるいは離反を招いたようであり、大正十一年（一九二二）後、伊藤延次は、亡くなった城施法長の口を借りながら、太霊道の宗教化に対して、かなり厳しい批判を展開している。

昨年五月の入山以来、我が太霊道の表現に於て著しい変化が来ました。たとえば太霊神格に対する絶対信が要求せられ、忘我棄己というようなことが唱えられ、信があれば霊能は泉の湧くが如くに発現するというような趣旨が高調されるようになりました。で、氏は氏が嘗て体得せる霊子法の尊厳が、そのために甚しく傷つけられるように感じました。現に氏が体得せる霊能はかくの如く確実である。これによりて数千人否数万人の患者を癒し患者を救った。それが更らに信奉と忘我棄己とに依らなければ全真のものにあらずとは、何等の矛盾、何等の撞着、主元狂せりや、然らずんば主元霊子法に対する信念を失えりやと、憤慨し且つ懊悩せられた結果、私にその感懐を述べられたことがありました。(68)

大正十二年二月号まで、長く『太霊道』誌の編集兼発行人として名前のあがっていた伊藤延次の名前は、大正十二年五月発行の『太霊道』では消えている。その間の『太霊道』誌が確認できていないので特定はできないが、伊藤はその間に太霊道を離れたのであろう。

このように、太霊道内部でも抵抗する勢力はかなりあったようで、「宗教」化が一直線に進んだようには思えない。

大正十一年以降の『太霊道』誌を追ってみると、大正十一年七月号、八月号には従来の超能力路線を引き継いで「体光の研究」と称してオーラ実験、大正十二年二月号は断食会の記事など、組織維持のために「宗教化」以外にもさまざまな手を打っていたことはわかる。また、太霊道修養会として社団法人化も図っている。大正十二年（一九二三）四月十五日太霊大本宮春季祭儀の際に、社団法人太霊道修養会総会が開かれ、設立申請状況などを含め、田中守平からの三時間にわたる講演があった。『太霊道』誌には、大正十二年三月十五日付の岐阜県知事上田万平による内務大臣水野錬太郎宛の副申が紹介されており、ここでも田中の政治力が発揮されているものの、実際にどういう結果になったのかは不明である。(69)

最終的には「太霊道神教」なる宗教を作り、『太霊道神教聖典』（太霊道神教総本宮、昭和二年〔一九二七〕）という教典も出版している。いずれにしても田中の急逝（昭和四年〔一九二九〕）で途絶しているが、もし田中の急逝がなかったとしても、霊子術から宗教へと乗り換えることは、太霊道が従来誇ってきた、宗教、思想を超越、統一する教説という性格を失うことであり、困難な事態を招いたであろう。

田中の目標、松本君平

田中守平の紆余曲折には、先行する目標があったようにも思われる。それは松本君平（一八七〇―一九四四）である。松本は遠州の名望家に生まれ、アメリカに留学、帰国後は新聞記者、東京政治学校を開設、国会議員に四回当選し、大正時代は普選運動に尽力、昭和に入ると海軍政務官としてジュネーブ軍縮会議にも出席している。この間、彼は中国大陸に何度か入っているが、明治四十一年（一九〇八）からはモンゴル帝国再興の策謀を起こし、失敗している。この後、しばらく病床に伏し、その際にアジアの復興は一大信仰に依らねばならないという啓示を受け、「霊明観」という真理を得る。これに基づいて「徳教」なる宗教を起こし、その実働部隊となる青年教団を明治四十四年（一九一一）に結成している。

静岡市で千名以上を集めて結団式を開催し、それ以降は、静岡県中心に日本国内、あるいはアジア各地へと積極的に布教に出ている。明治四十五年（一九一二）二月に朝鮮京城で儒者や仏教者を集めて教団の教理を説いて一同を入会させ、李人稙（松本君平の東京政治学校の卒業者で大韓新聞社長）

を中心に朝鮮支団を結成している。大正二年（一九一三）八月には天津にて青年教団（東亜青年救世義団）の結団式を開催、同年十月には北京に支団を置いている。さらに大正三（一九一四）年には北京から蒙古に入り、王侯を訪問して教団へ入会させたという。一方、活発化しつつあった青年団（静岡は青年団運動の先駆的地域であった）と連携して青年教団は支部（支団）を増やしていった。青年教団は、政治的には普選運動の母体となり、松本君平の支持基盤ともなった(70)。

国会議員、アジアの統一、大陸での活動、青年団運動、宗教的啓示など、二人の足跡は非常に接近している。外にアジア主義、内にデモクラシーという政治理念も接近している。さらに、彼の受けた霊命観なる啓示は、精神療法の原理となった一元論と極めて通底しているものである。

金石土芥霊命あり、又何ぞ之を自観す可からざらんや。金石土芥より人を観ば、人も亦た物類に過ぎざる也。故に霊命は自自観の結果也。物類は自他観の結果也。霊命物類は一にして二、二にして而して一なる者也。故に之を自観すれば即ち是れ霊命観。之を他観すれば即ち是れ物類観(71)。

万有の現象を綜合渾一して之を自観すれば、則ち宇宙絶対無限の大霊命を融会悟入すべし。是れ猶お我が自観に因て吾が霊命を観るが如き也。宇宙絶対の大霊命は、則ち宇宙大我の本体也。宇宙霊能妙力の本体也。宇宙生身命根の本体也。宇宙真理道徳の本体也(72)。

自観、他観、宇宙大我など、桑原俊郎、黒岩周六を思わせる語彙が並んでいる。また、その預言者的口調も、田中の口調を思わせるものである。

青年よ、吾が説く処は仏教にあらず、耶蘇教にあらず、儒教にあらず、道教にあらず、回教にあらず、別に信仰の新天地を開発して真理の光明に入れり。敢て新宗教と云わず、新哲学と云わず、唯是れ絶対霊命のリベレーション也。（中略）世は神人の絶大なる霊観と、清新なる信仰の興隆を求む。霊命の真理は即ち能くこの要望に答え、凡ての迷妄と不信を一掃して、宇宙人生の開達を成就せん。（中略）青年よ。霊命の真理の為めに善闘努力せよ、躊躇逡巡する勿れ。迷妄を打破し、不信を調伏せよ。凡ての迷妄は滅ぶべし。凡ての不信は滅すべし。(73)

実際、松本は精神療法の業界とも縁が深かった。青年教団の機関紙『霊嶽』九三号（大正十一年一月十五日）には古屋鉄石の発行していた『神霊治療法』『女催眠術師』『心霊療治講談集』の名前が出ている（逆に『霊嶽』の創刊は、古屋鉄石の『精神新報』八〇号［明治四十四年七月］に伝えられている）。さらに古屋の弟子にあたる岡田喜憲とも交流があり、大正五年（一九一六）に出た『最新　岡田催眠学』によると岡田の心理学協会の顧問も務めていた。(74)

松本はさらに禡祖默徳君平という名義で『病より救はるる道』（東京政治学校・社団法人青年教団、大正三年［一九一四］初版、大正十五年［一九二六］十六版）を出版している。その内容は、ニューソート的な唯心論を説いたもので、「デバイン療法規則」なるものを掲げ、「霊命の妙用霊動に依って、一切の病患苦悶を除鋤す」る、治療を希望する者は青年教団の団費として前金で一〇円払うこととある。デバイン療法なるものもこれだけでは意味不明だが、divine science というニューソートの一派があるので、それに近いものであろう。

松本と田中の関係は、これらの類似関係以上のものは不明である。しかし、これだけ社会的、思想的、地理的に接近していた以上、田中が先を行く松本の活躍を意識していたことは間違いないであろう。松本にとって、宗教ともなり、政治運動ともなり、修養ともなり、病気治しともなり、そしてそのどれにも限定できないビジョンがあったように、同様に田中のビジョンも、治療とその能力の伝授にとどまるものでなかった。先に述べた言葉を繰り返せば、「新たな宇宙観、新たな社会観、新たな人間観、それに接合する新たな実践と経験を、ひとつのクローズドなシステムにパッケージしたもの」であり、宗教はもちろん、精神療法というカテゴリーからさえずれる運動であった。太霊道の歴史とは、そのような従前のカテゴリーからはずれた運動を経済的に持続させようとした紆余曲折と見ることもできるのではないか。

4　桑田欣児と療術化

太霊道を経由した療術家・宗教家

太霊道は多くの会員を有し、その間口の広さから、多くの人物を輩出している。初期は離脱して批判に転じる者、あるいは太霊道を経由して治療家として成功した者もいる。

すでに述べたように、大陸で田中守平を売り出した目黒幸太郎は、大正六年（一九一七）までには田中と別れており、稲葉実子なる霊能者を売り出そうとしていた。目黒幸太郎は稲葉実子『治療と予言　霊感術極意』（稲葉大霊会、一九一七年）なる本を編集している。さらにこの本には、「米国哲学博士　仙堂学人」が序文を寄せており、その内容についてもかなり栗田が関わっていたと思われる。

栗田仙堂（貞輔）については詳しい伝記は分かっていない。山村イヲ子「太霊道の霊子術解剖」[75]には、大正六年の夏七月九日、第十九期霊子顕動作用講授会（一〇円）、ついで十五日に第十一期特別講授会（一〇〇円）に参加したところ、栗田仙堂が口三味線をしながら裸で講義録を書いており、栗田が神田の古本屋から種本を買ってきて講義録を作成していたという証言がある。また、宮飼陶羊「綾部生活の思い出」[76]によると、大正五年（一九一六）九月頃、宮飼の師匠にあたり、当時大本教の幹部であった飯森正芳の家を栗田仙堂が突然訪れたという。その時の栗田の話では、米国に多年留学して哲学博士号を取得、その後、満州で事業を経営していたという触れ込みであった。つまり、宮飼の話からすると、栗田は大正五年九月以降、大正六年十二月一日（『治療と予言』序文の日付）の間、太霊道に加わっていたことになる。

栗田は大正七年（一九一八）に精神療法団体リズム学院を興し、あるいは宇宙霊象研究協会名義で雑誌『火星通信』を創刊しているが、太霊道を離脱した後は批判側に転じており、『火星通信』三号（大正七年四月三十日発行）の「心霊界の落葉片々　一記者」という記事では、太霊道批判を展開しており、四月三日に開いた講話会は金を取られた地方人士が乗り込んで紛糾し、辻村（楠造）少将《ママ》は不明を公衆に謝したこと、四月四日と五日には、松本道別、柚園秀芳（要蔵）などの面々が神田橋和強楽堂に太霊道批判講演会を開いたこと、そして松本の檄文などを紹介している。

柚園は、太霊道講授会の受講者で、講義内容の空疎さに怒り『心霊的治療界――原理と批判』（中外出版社、一九一八年）なる批判書を著している。松本道別は、有名な精神療法家で、田中とは政治活動を通じて旧知の間柄であった。大正七年四月三日付で檄文を出し、霊子術を批判し、無料で霊子術を伝授すると豪語、さらには太霊道の組織に対しても、「元首陛下に擬して主元院下と称し、御名御璽に擬して主元霊璽と称し、宮中に擬して正殿と称し、三位以上の高位高官に擬して会員を諸卿と称し、或は　天皇の大権に属する叙令任命等の語を濫用する等、尊厳を冒瀆し大権を干犯するの太だしき」[77]と、国家主義者らしい批判を加えている。

太霊道を経由して宗教家となった（あるいは、太霊道、大本を経由した）人物には谷口正治（雅春）、友清九吾（歓真）が有名である。精神療法家は数多いと思われるが、太霊道の会員名簿が残されてないために、その全貌はわからない。

中村和裕は「霊術団体・太霊道の崩壊（上）」（『むさしの文学報』三六号、平成十一年一月十四日）で、松本道別「最近流行する精神療法の趨勢と其内幕」（『通俗医学』昭和四年十二月号）の記事により、大山霊泉と岩田美妙（篤之介）の二名を挙げている。松本によれば、大山霊泉は田中の門弟であり、太霊道からその術を編み出したという。

なお、大山の術は、石井常造に伝えられ、石井は生気自強術あるいは生気療法という名称でさらなる普及に成功している。生気療法は、貝島炭礦社長の貝島太市が、昭和三年（一九二八）、生気倶楽部を各地に創設したために、昭和期に入ってかなり流行した。岩田が太霊道を離脱した後に提唱した岩田式本能療法も、生気療法と同様に、身体の自動運動を用いた治病健康法であり、これも昭和に入って流行している。(78)

臼井霊気療法に影響を与えた高木秀輔も太霊道を経由している。『神秘霊動術講習録』（救世会出版部、一九二三年）によると、大正二年（一九一三）に檜山鉄心に入門、大正六年に太霊道の特別講授会（に入会）、大正九年（一九二〇）に山田信一よりプラナ療法、大正十一年（一九二二）、中村古峡より催眠術、人体ラジウム学会の松本道別より（人体ラジウムや霊縛法の諸説を）学んだという。高木は後になって高木断食寮で有名になるが、断食療法家時代にも、霊子板を用いたデモンストレーションをしている。

高木氏が厚さ二三分の松か何かの普通の板を二十枚も三十枚も積み重ねたものの上に、掌を軽く置き思念を凝らすと、見る見るその沢山の板が自然に動き出すから面白い。(79)

高木のように、いくつかの療法を併用するタイプの療法家は、太霊道以降増えていく。もっとも典型的なものは、松本道別、松原皎月であるが、術の豊富さでは松原の師であった桑田欣児が抜きん出たものがあった。

桑田欣児の経歴

太霊道出身で最も多くの治療者を育てたのは、桑田欣児であろう。桑田は、大正後期から昭和期にかけて活躍した治療家で、精神療法（あるいは霊術）から生理的、物理的な療術へと変化するニーズに合わせて、催眠術から指圧まで、さまざまな技法を開発し、実践的な治療者を育てている。野口晴哉の師匠の一人としても知られているが、精神療法末期を代表する松原皎月も彼の門から出ており、『霊光照遍』八号（大正十四年六月）によると、元霊道研究会長、関西第一支部長の松原覚仙として紹介されている。『霊光照遍』一〇号（大正十四年十月）によると、本年における勧誘成績、第一位が四一名を勧誘した関西第一支部長、松原覚仙であったという。彼らだけではなく、『霊光照遍』（昭和三年六月）は、霊界雑観というコラムで、『霊術と霊術家』収録の霊術家一六〇名中、二二名が桑田式であると誇っている。

桑田をここで取り上げる理由は、ひとつには太霊道後の精神療法の変容を端的に表す人物であり、同時に、精神療法家の経済事情についての詳しい資料を残した数少ない人物だからである。

『真生会五十年史』に収録された「桑田式霊法より真生会——教祖誕生より結成まで」によると、桑田欣児（本名、源五郎。後に道教）は、明治三十年（一八九七）二月十一日、桑田植蔵、ヒサの長男として現在の徳島県阿南市新野町に生まれる。明治四十年（一九〇七）十二月北海道留寿郡に移住するが、十一歳の時に父親が脳充血で倒れ、その後、テンカンの発作を起こすようになり、一家の収入源は桑田の肩にかかる。フキやワラビを麦飯に混入するほどに貧しかった。父はテンカン、母は血の道で病気に苦しむ。本人も、二十歳の頃、記憶の悪さ、目の悪さ、鼻血、食欲不振、痔疾に悩んだ。

大正五年（一九一六）に催眠術の本を読んで興味を抱き、「大正六年六月　新聞を見ていると○○道という広告が目に写った(80)」。大枚五円をはたき、秘伝書を注文。修行を続けたところ、大正八年（一九一九）五月二十五日、全身に大霊動を感じた。しかし翌日にはもはや霊動は出なかった。そこで「頭脳浄空法」を実験。しかし意識不明に陥ったところで止める。断食を実践。一週間で止める。大正八年七月、二十三歳で上京し、講義を受けたが、ちんぷんかんぷんで終わる。大正八年八月、再度上京。僅かな金で十日間の講義を受ける。

苦心滲胆《ママ》して二回まで上京して何を得たか、その道の人は金取主義の人が多く、誇大広告によって一時的に人をつるというより考えられない。そして実際生活には縁遠いことばかりであった。後年私の主張する説も方法も実際生活に即応し、これを向上させることに主眼を置いているのは、こうした苦しい体験より生れている。(81)

以上は後年の追想であるが、確かに、太霊道とは対照的な療法家となっていく。ただし、『太霊道』大正九年三月号に桑田源五郎名義で寄稿した「霊子作用体得苦心の道程」を読むと、大正六年（一九一七）六月には丙種会員として太霊道に入会する。講授録を熟読玩味しても霊子の顕現作用は起こらず、大正八年五月になってようやく起こったが、その一度きりであった。そこで第三十八期特別講授会（大正八年十一月二十一日から十日間）に参加したところ、現象がどんどん発現している、これは主元院下の力と感謝している。もちろん太霊道へのリップサービスであろうが、記事を執筆できるほどの有望な新人会員と目されていたのであろう。(82)

この特別講授会の後、大正八年に霊光療院を開設し、大正十一年（一九二二）一月一日、十勝芽室村に帝国心霊研究会を発足させ、(83)同年十月、佐賀県伊万里へ出張して（初の地方巡教）講習会を開く。十二年（一九二三）九月に会報を創刊している。北海道の片田舎に本拠を置きながらも、日本各地で講習会を開催し、帝国心霊研究会は順調な成功を収め、全国でも指折りの治療家として知られるようになる。

桑田が理論よりも実践を重視せざるをえなかった理由は、桑田も会員も医療サービスの乏しい郡部に住んでおり、さまざまな病気を目の前にしていたからであろう。その中で憑依や精神異常の患者を持ち込まれることは多かったようで、『霊光照遍』七号（大正十四年四月）にも二人の患者の失敗例を挙げている（ひとりは〔憑霊の〕治療を途中で終えてしまい失敗し、もうひとりは巡査の命令で診察したところ〔「狐つき」ではなく〕精神病であった）[84]。また、治療と並行して、開運鑑定なども実施している。後に紹介する術のレパートリーからもわかるように、治療から鑑定まで「よろず屋」的な役割を引き受けていたのであろう。

帝国心霊研究会発行書籍の価格と内容

桑田は、彼の雑誌『霊光照遍』に帝国心霊研究会の状況について、かなり律儀に報告を繰り返している。彼の性格からみて、その数字はかなり信憑性があるかと思われる。さらに、後に真生会などから出版された桑田に関する伝記資料を参照することで、なかなか見えにくかった精神療法家の裏事情が推測できよう。

まず、帝国心霊研究会の出版物についてである。精神療法家は会誌や冊子などを出版することが多い。治療と講習と宣伝に不可欠だからである。桑田も、会発足の三年目の大正十四年（一九二五）時点で、初伝、本伝、外伝、奥伝、皆伝の五種類を出しており体系化されていた[85]。薄い冊子が多いが、冗長な理論は省き、技法については充実した内容のものが多い。価格面では、太霊道の普通講授（通信会員。実質的には『太霊道及霊子術講授録』と『霊子潜動作用特別講授録』の書籍代）が、入門会費五円、基本会費一五円であったのは高額な設定であったことと比べれば廉価な設定である。

① 桑田式心霊術初伝『催眠法真伝書』――入会金、指導料、書籍代込みで一円五〇銭。

② 本伝『霊法秘伝書』――入会金、指導料、書籍代込みで三円。

修養編として、精神統一法（脳胸腹三丹田充実法統一無我法）、呼吸法（深息法）、霊動法、気合法、暗示術などが収録されている。

③ 外伝『霊術集成書』――入会金、指導料、書籍代で二円。

他の精神療法団体の技法を紹介したもので、清水式瞬間催眠術、小野式催眠術、勝永式一喝催眠法、神秘流催眠法、相馬式、古屋式、岡田式、二木式、藤田式、リズム回元術、渡邊式、江間式、稲葉霊想術、檜山式、人体ラジウム、森田式調整術、自動療法、横井式、霊子術、鎮魂帰神、耳根円通法、口中点火法、真剣白刃術、断食療法、転地療法、抵抗療法、色彩療法が収録されている。

④ 奥伝『霊光療法奥伝書』――寄付金一二円で無限質問権付。

内容は、電力発現法、念力凝集法、指掌霊光線発射法、眼力霊光線放射法、吹息伝精法、揉擦調整法などで、太霊道での経験を生かしたものと思われる。

⑤ 皆伝『心霊術極意書』――寄付金七円。

最強度霊力誘起法、最高度心霊真修法、人神交通霊顕法となっており、これも名称から して太霊道系と想像される。

このように、催眠術から精神療法、危険術まで、術の百科全書的な内容になっていたのも特徴である。

会員数と支部の所在地

次に会員数であるが、『霊光照遍』八号（大正十四年六月、一二頁）によると、大正十一年（一九二二）五三名、十二年（一九二三）一六五名、十三年（一九二四）三六九名、十四年（一九二五）五月五日現在通信会員四九七名、直接会員四八九名に昇ったというが、『桑田会長』によると大正十四年から黒字に転じたとあり、このくらいの会員規模で採算がとれたようである(86)。

昭和に入ると、全国各地に支部を設置している。『霊光照遍』三〇号（昭和三年一月）では、九二支部が報告されている。地名から判断すると、北海道は二支部が郡部。東北は宮城、福島、秋田、岩手の四支部でいずれも郡部。関東は五支部、いずれも郡部。中部は九支部で七支部が郡部。東京は三支部中、一支部は郡部。京都は五支部のうち四支部が郡部。大阪はゼロ。関西は二支部とも兵庫県の郡部。中国は九支部中、岡山市にある一支部を除いて八支部が郡部。四国は一一支部で二支部が徳島、一支部が松山、残りの八支部は郡部。九州は八支部すべて郡部であり、郡部中心であったことがわかる(87)。桑田は、大正十一年一月から昭和三十三年（一九五八）三月までに八九回もの全国巡教(88)を行っている。宗教法人化以降のものも含まれているが、年間二回以上の地方伝道の旅に出ていた計算になる。彼の会員の所在地が、郡部中心であったことによって、さまざまな伝統的宗教文化と直面せざるを得ず、太霊道のような知識人中心の運動とは方向の異なる変容を余儀なくさせられた。その点は、彼の術のレパートリーにも表れている。

会誌発行部数と会員数

会誌の発行部数は、これも『霊光照遍』三〇号によると、以下のとおりである。

大正十二年	九月	第一号	五〇〇
大正十三年	四月	第二号	六〇〇
	六月	第三号	八〇〇
	九月	第四号	一四〇〇
	九月	第五号	一四〇〇
	十一月	第六号	一〇〇〇
大正十四年	四月	第七号	八〇〇〇
	六月	第八号	四〇〇

八月　第九号　四〇〇
十月　第一〇号　四〇〇
十二月　第一一号　三五〇〇

大正十五年

四月　第一二号　三〇〇〇
五月　第一三号　一〇〇〇
八月　第一四号　四〇〇〇
八月　第一五号　四〇〇〇
九月　第一六号　三〇〇〇
九月　第一七号　三〇〇〇
十月　第一八号　二〇〇〇
十一月　第一九号　五〇〇〇
十二月　第二〇号　一五〇〇

昭和二年

五月　第二一号　三〇〇〇
六月　第二二号　六〇〇〇
七月　第二三号　五〇〇
七月　第二四号　四〇〇〇
八月　第二五号　五〇〇

十月　第二六号　五〇〇
十月　第二七号　一〇〇〇〇
十一月　第二八号　八〇〇〇
十一月　第二九号　五〇〇[89]

以上、かなりの増減があるのは、無料配布用に増刷したせいであろう。北海道に本拠をおく帝国心霊研究会でさえ一万部の増刷があったということは、全国紙で宣伝を繰り返した太霊道の無料進呈誌の数は一〇万以上あってもおかしくはない。

また、同号によると、会員数は、以下の通りになっている。[90]「直接」は講習会で伝授した人数であるが、おそらく、一回だけの講習で抜ける会員もあったと推測される。昭和初期までに定着したコアの会員数は、会誌の最低印刷部数の五〇〇程度ではなかったかとも思われる。

大正十一年　通信直接計　五三
大正十二年　同　一六五
大正十三年　同　三五九
大正十四年　同　八七四
大正十五年　通信一四四四　直接一二九一

昭和二年（十一月末まで）　通信一七五三　直接一五二〇

桑田式霊法の内容

桑田は、さまざまな技法を開発、あるいは学び、伝授している。昭和初期、つまり精神療法家時代には『還元療法』『自艾術』『霊法教闡』『心霊解蘊』の四冊が桑田式霊法の基本的な教科書であった。ただし整体法の類と思われる『還元療法』は参照できなかったが、他の三冊の内容は以下のようなものである。

『自艾術』（帝国心霊研究会、一九三〇年）は、基本的に身体の自動運動による自己健康法、治病法である。療養法（背動作、腹動作、肩動作、手動作、足動作）、保健法（第一形式、第二形式、第三形式）、自動術（準備、自己発動法、他人誘発法、不具者自発法、千里眼透視法、霊能発揮法、美顔術、思念自動法、完全霊動法、逆身霊動法、自動運動法、激動誘発法、不随不動所自動法、憑霊摘発法、自動安産法、病所判定法）という内容になっている。自動運動により、手が知らず知らずの内に病患に触れて治癒させる、あるいは憑依霊が出現するという理論である。

精神療法の行法を集めたものが『霊法教闡』（帝国心霊研究会、一九三〇年）と『心霊解蘊』（帝国心霊研究会、一九三〇年）であり、前者には、直霊融神観、精神活用論、精神統一法、凝念集力法、心身調整法、霊動法、気合法、人心自由術、読心術、奇跡応現法、催眠術、諸霊術、各種実験、各種療法、各種論説など、後編にあたる後者には、簡易精神統一法、入神交通霊顕法、入神交霊法、特別自己催眠法、白虎式無我投入法、霊魂遊離法、消身法、透視法、霊光念視法、直感霊覚法、霊嗅遠耳法、霊光療法薀解、暗示術奥伝、特別気合法、催眠術奥秘、無痛分娩術、療術家要綱といった術の解説がならび、さらに事細かくノウハウが説明されている。

『心霊解薀』に解説された桑田のレパートリーの中で、霊気やプラナなどの生命エネルギー療法に属するものが霊光療法であり、これも太霊道時代からの技法である。彼のいう霊光とは人体ラジウムと同じくエネルギーを指しており、治療法の形式は、掌から霊光を患部にあてて癒やすという、いわゆるお手当て治療の一種である。三丹田充実法という呼吸法を行ったあと、「吸息の時『大気中の霊気指頭より流入し来る』と観念し／持息の時『霊力丹田に充実する』と念想し／呼気の時『霊光指頭より発射す』と思念し／乍ら行ずる」(91)と述べている。

整体療法への転向

桑田が、霊光治療などを主とする精神療法から方向転換する契機となったのは、昭和三年（一九二八）十月日本大学で、清水英範の日本心療師会が主催した精神療法特別講習会に出席してからであろう。中村天風、大山霊泉、宮崎力堂、前田霊泉、壱色春峰、清水英範、木村介忠、溝田象堂などの出席した一週間がかりのワークショップであった。その結論として、桑田は、

今度の講習で療法の大勢が生理的に傾むいているを知った。私も敬発《ママ》された所少なくない。

（中略）現在生理的療法の必要を認めていまいが時代の推移を察したから今後本会を代表して、全国くまなく、各式を調査して定説を極め完全のものを諸君の前に提出する事を今より確約しておく。(92)

と述べている。

その言葉通り、桑田は「還元療法」や「天恵術」などの整体療法を発展させ、前述のとおり指圧療法で多数の弟子を育てあげている。そして『指圧療法』（真生会、一九四三年？）に技法をまとめているが、その例言に「カイロプラクチック、スポンデロテラピー、オステオパス〔ママ〕を初め内外に刊行されし書により、生理的操掌指作に基く治療法を精査研究(93)」とあるように、その基本は海外の整体療法にあった。

『通俗医学』昭和十一年十一月号によると、療術行為者数（昭和十一年〔一九三六〕六月調査）、総数二万二〇四名のうち、電気治療家が最も多く五九七〇名、手指其他圧迫療法がそれに続く三九六七名、そして精神療法は三六三二名となっている。桑田の選択は、このような風潮を先取りするものであった。

桑田は、太霊道出身の精神療法家としては大成功した部類である。昭和四年（一九二九）二月、修霊教化団（清水芳洲主宰）発行の「全国精神療法家番付」で、東の正横綱。昭和四年四月、『通俗医学』誌の「精神療法家信望投票」で第一位、昭和四年十一月、精神界社発行「精神療法家大番付」で検査役。昭和九年（一九三四）七月、東京出張所（中野区天神町三）新築。昭和十年（一九三五）十一月三十日、真生会と改称している。当時、桑田式指圧療法は療術界を席巻、全国同業者中半数が会長の門下生となり、全国の治療師会の会長、副会長は本会の会員でしめられたという。(94) 当時、野口晴哉と並び称されていたが、昭和二十四年（一九四九）指圧療術を捨てて、宗教法人となり、教団真生会として、登記を完了している。

宗教法人化

真生会の宗教法人化について、ある講話で二つの意図を語っている。

ひとつは運動の継続である。

この指圧を古草鞋の如く捨て宗教界に出たのは指圧法の前途を見届けることが出来たからである。民間療法は如何に盛大でも二代続いて成績を上げる事は全国にないという。加えて法律的に確実さのない指圧を子孫に伝えて家業にするには余りにも健全性がうすかった。然るに宗教界を見ると喰うや喰わずの様な生活をしながら迷信に近いものがいつか一大殿堂に変っている。(95)

治療能力が保証されていない後継者に真生会を譲るにあたって、宗教法人が指圧療術よりも「法律的に堅実」で「健全」だという判断である。これは親として正直なところであろうし、また太霊道が宗教化を目論んだのも、後継問題はさておいても、同様の意図からであろう。ただ、もちろんそれだけではなく、桑田には宗教への批判と期待があった。その根底にあるのは、現実感覚と霊的世界とのバランスであろう。

信仰の厚薄はあっても何かの形で宗教を持たぬものはない。一度医療で救われぬと決まった時、人智の最善を尽して解決せぬ不幸に出会った時、宗教心の閃くのが人の心の常である。即ち一部の人は宗教が嫌いなのでなく、わからぬのである。営業宗教、変態宗教を好まぬのである。私が宗教の臭みのない宗教と云う所以はここにある。（中略）本会は宗教臭味のない常識に精練された豊かな感情と霊的効力を伴なうものでなければならぬ。(96)

彼にとって宗教とは、すでに紹介した宅間巌や井上円了のように、治療の究極にある救済を用意してくれるものである。ただし、それは世界観を転換するようなものではなく、常識の範囲に収まるものでなくてはならない。

桑田が警戒していたものは、おそらく彼の指導していた治療者たちの間でよく見られた事例ではなかろうか。すでに昭和十一年、他の霊的治療と自らの治療法を比べて、自らの方式は「現在の生活心情に則してそのまま自己を基調とした向上改善を計るものにして、幸福は自己を確立して伸すところにあり、現世を離れて来世の応果はなく(97)」と述べている。桑田にとって、さまざまな霊的な術は技術にすぎない。それ自体は幸福を約束してくれるわけではなく、他のさまざまな現実的な技術と同様、常識的に判断していく必要がある。「霊能奇蹟」に溺れて、現実生活を忘れては幸福はもたらされないと力説しているのは(98)、いかに霊能奇蹟に溺れた術者が多かったか、つまり自我のインフレーションが多かったかを示しているように思われる。その立場からすれば、すべてを精神力に帰している、桑原俊郎の『精神霊動』は霊能奇蹟に溺れたということになり、太霊道という運動を拡大した田中守平は霊能奇蹟を商売にして金儲けに走ったことになる。

このような、霊能に対する桑田のバランス感覚は、貧困に鍛えられた懐疑主義に裏打ちされたものであろう。それではあっても、霊能奇蹟に信憑性を与えつつ、宗教的信仰への批判的立場も許容しうるのは、桑原が設定し田中が拡大した「精神療法」に依拠できたからに他ならない。桑田の紆余曲折は、太霊道とは異なるが、やはり精神療法と宗教のアイロニカルな関係を照らし出している。

Ⅳ　大正期のカルト的場

第一〇章　大川周明、ポール・リシャール、ミラ・リシャール

――ある邂逅

はじめに

近代の宗教者の思想を考える場合、その所属する宗派や宗教だけではなく、宗派や宗教の差異を超えた同時代からの影響も考察する必要があるのではなかろうか。たとえば既に拙稿[1]で論じたように、鈴木大拙における神智学やスウェーデンボルグとの関係がある。近代世界では、大拙を典型例として、東洋と西洋という自他の対立が強く意識される一方で、その裏側では神智学などの霊的思想を介して、東西間での宗教思想の貸借が存在していたように思われる。

大拙と同様に、東西の宗教思想の対立と融和の十字路に立っていた人物として大川周明がいる。大川は超国家主義者として括られており、超国家主義者には井上日召や北一輝といった宗教的な人物も少なくない。しかし大川の宗教性は、他の超国家主義者たちとはかなり異なったものである。北や井上が熱気を帯びた信仰者でもあったのに対して、大川周明の場合、冷静な宗教研究者の部分

と実践的な求道者の部分とが混在している。たとえば宗教研究に関しては一般的な宗教学、インド宗教研究、ライフワークとなったイスラム研究へとつながり、求道的な面では道会での活動、西郷隆盛や八代六郎などの人格信仰、そして宗教的次元にまで高められた母への思慕がある。人智学者ルドルフ・シュタイナーの三重社会論の影響(2)や、さらには最晩年におけるカタカムナ農法への傾斜(3)といった事柄も、その宗教性の全体を理解するためには考えなければならないであろう。つまり、いわゆる宗教からははずれているが、しかし宗教的なもの——これが大川の思想においては顕著である。

こうした問題を考究するに当たっては、一方では既成の宗教の枠組みを越えた近代知識人の宗教思想の範囲を措定するという作業が必要であり、他方では大川周明という思想家から、そのような宗教性にあたるものを抽出してみるという作業を要する。このように考えてみれば、大川の宗教性の検討は一筋縄でいくものではない。そこで本稿ではその予備的な作業として、大川とインドと西洋を結ぶ鍵となる人物、リシャール夫妻に焦点を当てて、その伝記的、思想的なプロフィールを紹介したい。その前に、私たちは大川の宗教性について概観しておかなければならない。

1　大川周明の宗教性(4)

宗教への関心

大川周明は明治十九年（一八八六）、山形県に生まれ、熊本の五高を経て東京帝国大学文科大学に入学。大学では姉崎正治や高楠順次郎に学び、明治四十四年（一九一一）、龍樹についての卒論を提出して卒業している。大正七年（一九一八）南満州鉄道会社に就職し、調査局に勤めるまでは、定職に就かず翻訳などをしながらイスラム研究を続けている。この間、大正三年（一九一四）にプセット『宗教の本質』（隆文館）を翻訳出版している。このように大川の社会的キャリアの出発点は新進の宗教学者であった。大川が宗教学（特にインド哲学）を学問として選んだ理由は、彼の家庭環境にあったわけではない。自らの宗教生活を語った自伝『安楽の門』（出雲書房、一九五一年）によれば、生家は医家で、家の宗教は曹洞宗であったが、とりたてて宗教的な生活を送っていたわけではないという。彼が宗教に目醒めた契機は、中学時代にフランス語を学ぶために通った鶴岡のカトリック教会で、フランス人神父マトンとめぐり会ったことにある。大川にとって宗教は、初めからそこにあるものではなく、自ら進んで選択したものであった。

公刊された大川の中学時代の日記には、彼の宗教への率直な意見が述べられており、たとえば、プロテスタントの牧師の祈りを聞くと「神々しい様な気分」になるが[5]、カトリック教会の儀式ではそのような気分にならないとして、批判的な意見を述べている。この態度は、経験を宗教現象の本質とするシュライエルマッハーへの共感につながり、さらに晩年まで基本的には変わっていない。『安楽の門』において、その本質主義的、経験主義的な立場から、次のようにキリスト教会を批判している。

「一切の外面的要素を取除いた後に、イエス自身の純一平明な福音が残る。そして福音そのものの中にも内面的部分と外面的部分がある。而も外部の覆面に蔽われながら、福音の至醇な内面の光輝は到る処を照らして居る」が、しかし、これを忘れるなら、「知識人の宗教的要求を満足させぬであろう(6)」。

中学時代の大川は、キリスト教だけでなく社会主義にも関心を寄せていたようで、明治三十六年（一九〇三）九月中に閲読した書籍として、キリスト教関係の書籍と並んで、『朝報社有志講演集』、ベラミーの『百年後ノ世界』、西川光二郎『社会党』などの文献が並んでいる(7)。明治三十七年（一九〇四）には、神田錦輝館での平民社の演説会に出て、西川光二郎、堺利彦、幸徳伝次郎、木下尚江、安部磯雄（明治三十七年四月九日(8)）の演説を聴いている。ちなみに、西川光二郎と木下尚江は幸徳事件の前に社会主義を離脱し、西川は一時期、大川と同じく道会に所属して、その後は修養家として名を成し、木下は岡田式静坐法に熱中するなど、いずれも宗教といえないが宗教的な運動へと向かっている。その点では、最後まで既成宗教に属さなかった大川も同様であった。

催眠術への理解

さらに興味深い事項は、明治三十七年二月十一日の項である、この日、大川は桑原俊郎の『精神霊動　催眠術』を読みふけり、次のように述べている。

余は本日遂に催眠術なるものを信ぜり。同時に所謂奇蹟。神力なる物をも之を確信せり。これ実に催眠術を以て解釈すべきものなり。(9)

桑原は単なる催眠術師ではなく、精神力によって治病を行い、さらには透視のような超常的現象までも自由にできると広言していた。修験や真言密教のような過剰な儀礼を要せずとも、あるいは死者霊や神々のような神霊的存在を前提としなくとも、個々人の精神は宇宙の大霊と一体化することで精神力を発揮し、宗教的奇蹟を起こしうると桑原は述べている。いわば前近代的な呪術的宗教の心理学化ともいえるが、そのような理論化が世俗化や合理主義的な還元につながるのではなく、新たな聖化、新しい「魔術」の発生につながっている点が彼を他の催眠術師から際立たせている点である。

さらに桑原は、宇宙全体が神であり如来であり天帝であり、宗教と名称は異なれどもその究極的実体は同一であるとし、「わけのぼる麓の道は異なれど、同じ高根の月を見るかな」という古歌を引いて万教帰一論を主張している。(10) 桑原の宗教論がどこまで大川に影響を及ぼしたかは不明ではあるが、後の道会とも共通する宗教性がその著書には見られるのは興味深い。

道会への参加

さて大川は明治四十四年（一九一一）に大学を卒業すると、道会に参加している。道会は明治四十年（一九〇七）に松村介石の創始した新宗教団体であるが、この団体は普通の意味の「宗教」とはいささか異なる。松村は明治二十年代はキリスト教説教師として名を馳せたが、聖書の高等批評を知ってキリスト教に批判的になり、一時、宗教界を離れていた。その彼が明治四十年に宗教界に復帰して始めた運動が日本教会（後に道会に改名）である。発足当初は平井金三や村井知至のようなユニテリアンや、日本的キリスト教を唱えた押川方義など、それぞれ一家言ある宗教家が集まっていたが、基本的な教義は陽明学とキリスト教という東洋と西洋の宗教思想を結びつけたものであった。その一方で松村は心霊研究に興味を持ち、平井と共に心象会という別組織を開いて心霊実験を行い、あるいは藤田霊斎の心霊治療や呼吸法を世間に広めている。

大川が道会に入会したのは、初期のイデオローグであった平井金三の去った後になる。入会と同時に次世代のリーダーとして期待されていたようで、明治四十五年（一九一二）七月から十九回に渡って、不朽青年会（道会の内部組織）で宗教講話を行い、また松村介石の洋行中には『道』の編集を任されている。さらに大正四年（一九一五）五月、道会に中央青年会が発足した時は、幹事に就任している。

ただし、松村介石本人からは大川は影響を受けなかったと『安楽の門』では述べている。大川は道会の活動の中で出会い、影響を受けた人物に、日本的キリスト教を唱えた押川方義、そしてユニテリアンであり、社会主義の紹介者でもあった東京外大の村井知至、あるいは軍人の八代六郎を挙げている。

知識人宗教

大川は、敬愛していた八代六郎に寄せて、次のように述べている。

八代大将と同じく私にも仏教や基督教には何分『馬鹿らしき事』が多く思われた。そして其の『馬鹿らしき事』が信仰の礎だと教えられては尚更納得出来なかった。(11)

私には八代大将に対する小笠原中将［引用者註　小笠原長生のこと。八代に法華経信仰を教えた］のような導師はなかったが、書物を読んで勉強し、心から尊敬する先輩に親炙して直接その宗教的一面に触れ、且つ自分自身の経験を深く反省して行くうちに、いつとはなく既成宗教の信者になりたいという意図がなくなった。(12)

既成宗教に属すことなく、読書と反省の内に自らの宗教を深めるという態度は、深澤英隆のいう「知識人宗教」の類型にあてはまる。(13)深澤は十九世紀末から二十世紀前半のドイツをモデルに、教会人ではなく知識人による知識人のための宗教に対してこの語を用いたが、その直接の祖先は十八世紀のプロテスタント神学者シュライエルマッハーの宗教観に求められるという。儀礼の軽視、宗教経験の重視、経験の直接性など、深澤の挙げている特徴は、おおむね大川の宗教論に当てはまる。

もちろん大川自身がシュライエルマッハーと高楠の師匠であったマックス・ミューラーという二人のロマン主義者によって自己の宗教観を形成しているからであるが、しかし大川以前の知識人宗教家たち（村井知至、平井金三、八代六郎、おそらくそこに静岡師範学校の教員であった桑原俊郎を加えてもいいだろう）の存在を考えれば、「知識人宗教」は、既成宗教の疲弊が意識されてきた近代という時代において、かなり広い範囲で出現してきた宗教形態かと思われる。

日本における知識人宗教という類型には、たとえば岡田式静坐法が考えられよう。岡田虎二郎のもとには大学の教員や高等学校の学生などの知識人が集まっており、岡田の講話には、エマソンの内的霊性論から近世養生論の丹田呼吸法までの東西の心身思想や霊的思想の断片が引用されている(14)。そこには禅仏教やキリスト教の影響はもちろん顕著であるが（ただし同時代の仏教僧に対する批判も厳しい）、エマソン、スウェーデンボルグなどの影響も大きい。

これは西洋の場合も同様であり、教会の宗教に不満を抱いた西洋知識人が代替的な宗教を構築するとすれば、神秘主義、スピリチュアリズム、オカルティズムなどのキリスト教会外の霊的思想と、仏教などの東洋思想（あるいはその代用として神智学）を用いることが多かった。とりわけ神智学運動それ自体が、一種の知識人宗教であり、西洋の場合、個人的な知識人宗教を追求する求道者たちが神智学を（理念的にも実際にも）通過することは多かった。大川周明に大きな影響を与えたフランス人思想家ポール・リシャールも、神智学徒周辺にいた知識人宗教の求道者の一人に含めることができよう。

2　ポールとミラ・リシャール(15)

ポール・リシャールの略歴

ポール・リシャール（Paul Richard、一八七四―一九六七）はフランスの詩人、哲人と紹介されるが、その妻ミラとちがって詳しい伝記は存在しない。一八七四年、南仏に生まれる。父はユグノー派の牧師であった。リセでは乗馬に熱中し、陸軍に入り四年間騎兵として北アフリカに駐屯。除隊後は哲学と神学を学び、一八九八年から一九〇五年まではプロテスタント牧師を勤める。一九〇〇年にオランダ人女性と結婚、五人の子供をもうけている。彼はリセ時代にクロポトキンを読み（ここで想起すべきは、中学時代の大川周明が『平民新聞』を読みふけっていたことであろう）、牧師になっても貧民救済運動を行った。しかし教会の中では行き詰まり、牧師から転じて法学を学ぶ。またその一方でフリーメーソンに入るが（当時、フランスのメーソンは反カトリックで人権派であった）、これも最終的には離れている。一九〇八年七月法律の学位を取得し法曹界に入る。

他方、彼は秘教思想や神秘主義への関心を深めている。メーソンへの加入も、隠れた知識への関心からであったが、失望して終わっている。当時のパリの心霊サークルに出入りしている内に、マックス・テオン（後述）の元で修行することになり、そこでミラと出会う。ポールは結局、ミラと共にテオンのサークルからも離れて、二人で生活し始める。また、ミラから思想的な刺激を受け、秘教的な著作を執筆し始めている。

一九一〇年リシャールは、選挙に出馬するためにインドにあるフランス領の都市ポンディシェリを初めて訪問する。ポールは「賢者」を探して回り、隠遁状態のオーロビンドを訪問、面会に成功している（オーロビンドも同一九一〇年四月に同地に到着して間もなかった）。また、インドを離れる前にアディヤールに赴き、神智学本部を訪ね、アニー・ベサントとクリシュナムルティに出会っている。この後、選挙出馬の予定が変更になったポールは、一旦フランスへ帰国し、翌一九一一年ミラと結婚している。その後、ポールはバハイ教のアブドゥル・バハと親しくなる。あるいはマダム・シモンというユダヤ人女性を中心としたサークルとかかわり、諸宗教における神観念の一致について研究している（この研究は、その後、オーロビンドによって英訳されたという(16)）。

ミラ・リシャールの略歴

一方、妻のミラは、現在ではむしろ夫よりも有名であろう。彼女は後半生をオーロビンドのアシュラムですごし、「マザー」と呼ばれて、アシュラムの精神的、実際的な指導者となったからである。またその経歴は近代オカルティズムの歴史や植民地主義を考える上でたいへん興味深いものである。

ミラ・アルファッサ（Mirra Alfassa、一八七八―一九七三）は、一八七八年パリでトルコ人の父とエジプト人の母の間に生まれる。父モーリスは、一八四三年にトルコのエディルネ（ブルガリアとの国境近くの町）に生まれる。ユダヤ人の家系と言われ、職業は銀行家であった。母はエジプトのアレクサンドリア生まれで、母も銀行家の家系でユダヤ系の血が入っていたという。母方の祖母ミラ・ピントを頼ってパリに出てくる。祖母のミラは解放次にエジプトで暮らしたが、母方の祖母ミラ・ピントを頼ってパリに出てくる。夫妻は最初はトルコ、された女性の第一世代で、エジプト女性ながらパリに在住し社交界の有名人となり、他方、ハーレムの姫君にヨーロッパの文物を販売していた。その娘であるミラの母親も、強靭な意志と合理主義的知性の持ち主だったようである。父親のオットマン銀行が破産して全財産を失い、ミラも多少の苦労を経験しているが、世紀末パリのブルジョワ家庭という恵まれた環境に育った。最初、彼女は画家の道を選び美術学校に学び、画家のアンリ・モリセと結婚している。そして一九〇三年、マックス・テオン（Max Theon）の主宰していた雑誌『宇宙雑誌』（*Revue cosmique*）と、その「宇宙的運動」を知り、そこから彼女のオカルト遍歴が始まる。

このテオンという人物については、研究書『ラクソーのヘルメス同胞団』[17]中で、ある程度の情報は得られるが、かなり謎めいた人物である。生地についてはシリアかレバノンあたりの東地中海地域、もしくはミラの意見ではポーランドかロシアといわれる。生年も一八四八年前後に複数の説があり、結婚証明書にはLouis Maximillian Bimsteinという名前が残るが、これが本名なのか、複数ある名前の一つなのかは分からない。ある説では、ユダヤ人でポーランドを出る前にハシディズムのイニシエーションを受けていたともいう。ともかく一八八〇年代はロンドンにいてサイキック・ヒーラーとして活動していたことは確かであり、一八八五年に女性霊媒ユナ（Una）と結婚している。

彼女は本名メアリー・ウェア（Mary Ware）といい、すでにロンドンでは名の知られた霊媒であったが、テオンと結婚した後はアルジェリアに移住、フランス人のオカルティストの間ではアルマ（Alma）という名前で知られるようになる。テオンの唱えた「宇宙哲学」は、インド、ヘブライの秘教とアルマの霊視情報がもとになっている。

なお、テオンは霊媒能力開発の達人であり、何人かの霊能力者を育てているが、その一人がトマス・バーゴイン（Thomas Burgoyne）という人物で、彼はピーター・デイヴィッドソン（Peter Davidson）と組んで「ラクソーのヘルメス同胞団」（Hermetic Brotherhood of Luxor）という結社を開設している。このH・B・Lは、一八八四年当時イギリスでは唯一、実践的オカルティズムを教える団体であった。そのためにH・B・Lはある程度の評判を得ていたが、二人がアメリカに移住して中途半端に終わっている（なお、バーゴインの系統はアメリカでChurch of Lightとして現在まで続いている）。近代オカルティズムの潮流は、十九世紀末にかけて、神智学のような知識的な運動から、「黄金の曙教団」のように心身技法を用いる実践的な方向へと方向を転換していくが、H・B・Lはその先駆をなす団体であった。

さて、テオンの方であるが、フランスで一年半滞在後アルジェリアへ渡り、トレムセン（Tlemcen）郊外にある山荘に落ち着く。同所で十数年の隠遁生活を送った後、オカルティストF－Ch・バルレ（F-Ch. Barlet）がテオンの教説「宇宙的伝統」（Cosmic Tradition）を「再発見」する。一九〇一年にバルレはテオンを説き伏せて、『宇宙雑誌』を創刊。編集長はバルレで、会長はアイア・アズイズ（Aia Aziz、テオンの別名）で発足したが、ただしバルレはテオンがカバラに傾くのを嫌って間もなく会を辞めている。

ミラは一九〇五年パリでテオンに会い、翌年と翌々年、いずれも七月から十月にかけて、アルジェリアの彼の山荘に滞在している。ここの果樹園は、ミラの回想を信じるならば、フィンドホーンやポイント・ロマにも比べるべき農業の奇跡ともいうべき場所で、サハラ砂漠の近くでありながらさまざまな果樹が実ったという。

アルマは一見覚醒状態ながら、ほとんどいつもトランス状態に入っていて、念じるだけでテーブルを動かすといった能力を発揮した。ミラもテオンのもとで超物質的世界に入る術を身につけ、一度は幽体離脱状態の時にテオンの命令で「生命のマントラ」を発見したが、テオンの命令に逆らってそれを読まなかったところ、テオンに幽体と肉体をつなぐ銀の線を切られたという。ともかく、北一輝と妻の関係と同じく、テオンにとって妻のアルマが貴重な霊界情報を得るチャンネルになっていたのは間違いなく、「宇宙哲学」の運動は、一九〇八年にアルマが死去すると自然に停止状態になっている。テオンの没年は一九二七年である。

ミラは、その後、テオンの運動とも疎遠となり、一九〇八年には最初の夫アンリ・モリセと離婚し、先述したように一九一一年にポール・リシャールと結婚し、一九一四年、再度ポールにインド行きの用事ができて、ポールとミラは共にポンディシェリを訪問している。

インド、そして日本へ

オーロビンド・ゴーシュ（Aurobindo Ghose、一八七二―一九五〇）は一八七二年カルカッタ生まれ。彼はイギリスで教育を受けた西洋的教養人であった[18]。イギリスから帰国後、英語とフランス語の教師となる一方で独立運動に参加。一九〇六年ベンガル国民学校の校長となり、ベンガル国民党のリーダーとして活躍する。彼がヨガを「発見」したのは一九〇四年のことであり、一九〇六年にヴィシュヌ・バサカ・レレ（Vishnu Bhasakar Lele）に弟子入りする。同年、政治運動のために投獄されるが、獄中でも『バガバッド・ギーター』「ウパニシャッド」を学びヨガを実践していた。出獄後も政治運動を続けていたが、霊的な指示によって一九一〇年フランス領インドのポンディシェリに移っている。一九一四年は彼の周りにアシュラムが形成されはじめていた頃であり、ポールはオーロビンドの機関誌 *Arya* の発行を援助するなど、萌芽期の教団形成に協力している。しかし、独立運動家とフランスの政治家が出会うことにイギリス政府当局は神経をとがらせ、翌年二月リシャールはイギリスからの圧力で、ポンディシェリを離れ帰国せざるをえなくなる。

一九一六年、フランス製品の中国、日本への輸出振興の仕事を得て、リシャール夫妻は極東へ行くことになる。当時、大戦中の船旅は危険だったので、志願者は少なかったという。大正五年（一九一六）五月、リシャール夫妻は日本の横浜に到着している。到着して間もないリシャール夫妻に、劇作家の秋田雨雀は出会っている。同年五月三十一日の項には次のようにある。

午後入浴後、床につくと、エロシェンコ君と里見君がきた。フランス人でリシャール（東洋哲学者）という人がアレキサンダー女史のところへきているというので、晩にぼくもゆく約束をする。今夜リシャールが宮崎氏とあう約束であったが、こなかった。リシャールは妻君と仏語のできる若い女といた。主人はテオソフィの人で、インドを経てきた人で、スウェデンボルグや、アンナ・ベーゼントのことを話した。ぼくに日本の医薬（秘密薬法）のことを聞いた。オゾンの薬のことを話していた。(19)

エロシェンコは当時、中村屋に援助を受けていた全盲のロシア人詩人、宮崎は預言者、宮崎虎之助、アレキサンダー女史とは、アメリカ人バハイ教徒のアグネス・アレクサンダーである。雨雀は当時、彼女に協力してバハイ教の布教に尽力していただけでなく、スウェーデンボルグにも興味を持っていた。(20) スウェーデンボルグ、神智学、バハイ教と、雨雀とリシャールの関心は重なりあい、リシャール夫妻との交流は一年ほど続いている。(21)

ポール・リシャールは、日本に来て、雨雀だけでなく詩人のタゴール(22)やジェイムズ・カズンズ(23)とも交際を結んでいたが、最も親しく行き来していた人物は大川周明であったろう。

3　日本でのポール・リシャール

大川周明とリシャール夫妻の関係

大川が政治に目覚め、アジア主義を唱える機縁となったのは、大正二年（一九一三）、ヘンリー・コットンの *New India* を読み、インドの悲惨な現況を知ってからだといわれる。

さらに大正四年（一九一五）、大川は偶然、インド独立運動家のラス・ビハリ・ボースとヘーラムバ・L・グプタと知り合っている。両名はイギリスの圧力によって両名が国外退去させられようとして、頭山満の援助で新宿中村屋に匿われるが、グプタは翌年大川のもとに身を寄せ、最終的にはアメリカへ出国している。こうして大川の周囲には、インド独立運動との人脈が広がっていたが、リシャール夫妻との出会いもその一環であった。

大正五年（一九一六）十月、大川はハラ・プラサドの講話の席上、リシャール夫妻に出会っている。その時のことを昭和三十二年（一九五七）に回想して、次のように書いている。

私の深いところを揺り動かす、若い女性［がいた］。彼女の何かに私は引きつけられた。（中略）彼女とその友人たちは新しいアジア、新しい世界を夢見ていた（中略）私たちは一年間共に暮らした。毎夜、一時間、瞑想していたが、私は禅をやり、彼らはヨガをやっていた。(24)

ヨーロッパ文明が終焉しつつあり、アジアから新しい文明が興りつつあると唱える西欧人リシャールの存在は、大川だけでなくアジア主義者たちにとって貴重な存在であった。しかし、それだけでなく、リシャールの宗教性も、大川の宗教性に通じるものであった。

他方、ポールにとっても大川は自己の思想を補足してくれる存在であったようで、昭和三十六年（一九六一）になって、大川との出会いを回想して次のように書いている。

　当時余の訪日予定は、単に中国への途上に於て立寄ろうとするだけのものに過ぎなかった。併し、余は日本到着数日の後、東京に於て大川周明に遭った。その結果、中国に行くかわりに四ヶ年を日本に滞留することになってしまった。（中略）

　東と西とは補足するものとして対立する。この故にこそ両者は一にならなければならぬ。大川周明と余自身も亦補足的に対立するものであった。(25)

リシャール夫妻は、最初は東京の茗荷谷に居住し、大正八年（一九一九）から大正九年（一九二〇）二月に神戸より出発するまでの一年間は、千駄ヶ谷の屋敷で大川と同居していた。この間、ポールは大川の紹介で頭山満、北一輝、内田良平、川島浪速（その養女、川島芳子）、葛生能久といった右翼の有名人と親交を結び、『道』誌への寄稿や講演を行っている。

大川とリシャール夫妻の日常的な関係は、『第十一時』の序文によれば、次のようなものであった。

予が初めて氏を訪えるは、小石川茗荷谷に仮寓せる時であった。毎週三度、竹早町で電車を下り、切支丹坂を降り幽霊坂を上って、予は氏の寓を訪うた。訪うのは毎に午後四時前後、先ずミラ夫人に仏語を教わった後、氏一家と晩餐を共にし、夜更くるまで談論して帰るを常とした。大正八年二月、氏が千駄ケ谷に移ってからは、竟に予も亦同居することとなり、全く生活を一つにした。

さり乍ら吾等は常に談笑して居たのではない。吾等の対話は多くの揚合、如字的に議論であった。吾等は根柢に於て同一原理を把握して居るに拘らず、具体的事象の批判に於て常に其の高調する方面を異にした。（中略）吾等の話題は広汎なる範囲に亙ったが為に議論の種は尽きなかった。そは真に一個の戦いであった。卓を叩き床を踏んでの議論であった。或夜の如きは、ミラ夫人が泣いて吾等の論争を止めたことさえあった。(26)

ポール・リシャールの思想

それでは、大川が議論を戦わせながらも高く評価したリシャールの思想とはどのようなものであったか。彼は以下の三冊の著書を編集、翻訳している。

①　ポール・リシャル、大川周明訳『告日本国』（山海堂出版部、大正六年［一九一七］）
②　ポール・リシャル、大川周明訳『第十一時』（大鐙閣、大正十年［一九二一］）
③　ポール・リシャル、大川周明訳『永遠の智慧』（警醒社、大正十三年［一九二四］）

次にその内容を簡単に紹介しておきたい。

まず、『告日本国』は、大川の依頼で筆を起こし、日本の使命について書いたもので、日本語訳、ミラによる英訳、松山康国の漢訳をつけて出版された。この邦訳部分は、他の政治的記事と共に『第十一時』に再録されている。

『第十一時』は、『告日本国』を含め、「万国の主」「第十一時」「黎明の亜細亜」（日本で行った講演集でオーロビンド・ゴーシュを紹介する「亜細亜の真人」を含む）など、日本で出版した記事を集めたアンソロジーであり、アジアの解放、西洋の植民地主義批判という彼の主張を軸にした政治的な記事が多い。また翻訳には沼波瓊音や栗原古城が協力している。(27)

リシャールは、まず、「告日本国」「万国の主」において、国々の上に超越的な支配者が存在すると述べている。「万国を貫く此の見えざる意志、世界と其の運命とを支配する此の思想」（「告日本国」）(28)、あるいは「万国の主あり。而も見よ、万国その主を知らず。世界の諸政府は、彼等の上に在りて彼等を治むる者あるを知らず」（「万国の主」）(29)ともある。この主は正義を行い、新しい時代、新しい四海同胞の世を始めようとしていると述べている。将来の世界には、現在の国境を越えた超国家が出現し、北方帝国（アジア、ロシア）、南方帝国（ヨーロッパ）、西方帝国（イスラムからアフリカ）、東方帝国（太平洋を支配する太陽の戦士団）、インド、中国、インドと中国の間にできる中央帝国の七つの帝国に分割されるだろうともいう（「万国の主」）[30]。

こうした空想的な政治予想の一方で、西欧列強の植民地帝国については仮借ない批判を浴びせており、第一次大戦の災禍は、植民地での西洋諸国の蛮行に対する正義の審判であるとも述べている。「野蛮とは、国民並に人種が、相互の尊敬を欠き、相互の理解を欠き、無智と高慢とに陥って居る事である」（「亜細亜連盟の提唱」）[31]。むしろ文明国を自称するヨーロッパこそ蛮国であると彼は批判する。

リシャールは、その日本論で、日本は「三千有余年」の独立と皇統に恵まれ、中国、インド、ヨーロッパからの文明を受けて進歩してきた国であると賞賛しているが、それと同時に、享受してきた自由や福祉といった特権を他国へ分け与えることがその責務であるとも述べている。日本の任務は、西洋の植民地主義帝国からアジア諸国を解放し独立させることである。日本は西欧の植民地主義をまねるのではなく、中国に対しても奪還したものを返却すべきである。そして日本と中国が結びつけば、「世界の司法者」「統一の中枢」となる（「告日本国」）[32]。

ところで、そもそも「万国の主」とは、果たして単なる寓話なのだろうか。秘教思想には「見えざる上位者」といった神話的存在がつきものであり、神智学でも、ヒマラヤには賢者にして魔術師であるマハトマが隠棲しており、全世界の神智学運動をその超能力によって指示していると信じられていた。さらにアニー・ベサント率いるアディヤールに本拠を置く神智学協会は、一九一一年に

「東方の星結社」を興し、若きクリシュナムルティを「世界の教師」とする、一種のメシアニズム運動を始めたところであった（一九二九年にクリシュナムルティ本人が運動を停止させるまでこれは続いた）。リシャールが秋田雨雀に向かって神智学とベサントについて語ったとすれば、彼がクリシュナムルティ運動を知らなかったことはありえないだろう。おそらく彼の政治思想には当時の秘教思想から借用されたアイデアがあったはずである。

最後に、『永遠の智慧』（英語版題名 *Eternal Wisdom*）は、オーロビンドの機関誌 *Arya* に連載されたもので、いわば彼の宗教思想のエッセンスともいえる著書である。ただし彼自身の筆によるものではない。一つの文脈に沿って、東西の宗教思想の断簡をテーマごとに集めるという、引用、編集によって成立した書である。引用された書籍や思想家は、聖書、仏典、ゾハール、ヴェーダ、ウパニシャッド、マハーバーラタ、バガバッド・ギーター、大学などの経典、エックハルト、タウラー、ヤコブ・ベーメらのドイツ神秘主義者、ジョルダーノ・ブルーノ、ライプニッツ、スピノザといった近世哲学者、近代ではエマソン、トルストイ、ニーチェ、宗教家ではラーマクリシュナ、ヴィヴェーカーナンダ、バハ・ウラー（バハイ教の教祖）など広い範囲に及ぶ。オカルティズムや神智学文献からの引用はほとんど見られないが、ただヘルメスとあるのは、ヘルメス文書のことと推測される。このような断片は「序品」「万有に超在し又内在する神」「真理の証悟」「真理の躬行」「小我の克服」「神聖者の勝利」「遍一切者に於ける一切の融会」の七章に分けて整理されている。たとえば「内在の神」を説いた一節は次のように構成されている。[33]

一神とは何ぞ、曰く天地の心なり二此心即ち一切世間の法と出世間の法とを摂す三神は万物の主なり、父なり、本原なり、而して生命なり、力なり、光明なり、智慧なり、精神なり四そは一切処に偏く、万物を抱擁す五極微の一体と雖も、一部の神性を帯びざるはなし六蓋し一切は神をもて充満し七一切は実有をもて充満す。

（一）セネカ。（二）大乗起信論。（三）ヘルメス。（四）薄伽梵歌。（五）ジオルダノ・ブルーノ。（六）ヘルメス。（七）シュウェータシュワタラ・ウパニシャド。

個人に内在する神性が強調される一方で、制度的な「宗教」については批判的である。「各人の心霊には、神たるべきものを宿せり。吾等の努むる所は、心裡の神性を開発するに在り」[34]（ヴィヴェーカーナンダ）、「其心常に永遠者と偕なる者は、儀式を要せず、また礼拝を要せず」[35]（ラーマクリシュナ）、「人其頭を剃るが故に宗教家となるに非ず、真理を悟り、正義を行うて始めて真実の宗教家となる」[36]（法句経）、あるいは「出家にして迷妄に堕するものあり、俗人にして菩薩となる者あり」[37]（出典不詳）という章句がならぶ。

古今東西の宗教、哲学思想を抜き出して編集するという作業は、ブラヴァツキーの著書に見られるように、神智学などの近代秘教主義では定石ともいえる手法である。ただリシャールの場合は、それを極端にまで推し進めたわけである。この引用した部分も、出典の文脈を無視しての強引な切り貼りではあるが、大川の翻訳文の巧みさもあって、ひとつの文章をなして、東西思想に共通する汎神論が抽出されている。その他、この書では梵我一如、内的神性、真理の探求など、インドの近代宗教と西欧の神秘思想の最大公約数的な教義がパッチワークのように綴られている。

リシャールの思考の特徴は、その連続性にあった。彼にとって政治思想と宗教思想とは区別できるものではなく、いずれも徳義にかかわる問題であり、アジアとヨーロッパの宗教は連続して一つをなし、内的神性にかかわるものであり、あるいは、聖職者と俗人とは形式において区別されるべきものではなかった。

リシャール夫妻と岡田式静坐法

ところで、東洋思想と西洋思想の出会いに関しては、リシャールの周辺にもう一人、特記すべき人物がいる。夫妻は一時、京都に滞在していたが、その滞在中、ミラが特に親しく交際していた人物が医師小林参三郎夫人の信子である。

小林参三郎は、その著『生命の神秘　生きる力と医術の合致』（春秋社、大正十一年［一九二二］）の序文によれば、一八九一年にクーパー大学を卒業して博士号を取得、九七年にイギリスの聖トマス病院、ロンドン大学病院で研鑽、ハワイ、香港での開業経験があるという。専門は外科、特に婦人科の手術を得意としていた。帰国後、この当時は、東寺が運営していた済世病院の院長を務めていた。この一方で彼はまた、岡田式静坐法の実践家でもあった。明治四十二年（一九〇九）頃、自分自身の神経衰弱が治らないことに業を煮やし、岡田式静坐法の中心地であった日暮里の本行寺まで行って岡田虎二郎の門を叩いている。これが効を奏し「いくら働いても疲れはせず、何を食べても旨く、又山を見ても花を観ても皆趣きがある」ようになったという。[38] 彼は岡田式静坐法の医学的応用を実践した数少ない医師であり、その死後は夫人が静坐社を興し、京都での岡田式静坐法の中心となっている（現在も存続）。[39]

ちなみにビハリ・ボースを匿った新宿中村屋の相馬黒光も熱心な静坐法の実践家であり、大川周明の所属した道会は一時期は藤田霊斎の息心調和法の宣伝に努め、あるいは川合信水の実弟で大川とも交流の深い肥田春充の強健法を紹介するなど、健康法を介したネットワークがあった。

注目すべきは、小林の著書『生命の神秘』で、該書中で彼はリードビーターのオーラ図（Ethel M. Mallet, *First Step in Theosophy*〔1920〕が出典）と、呼吸法の中興の祖である江戸時代の医師、桜寧室主人平野重誠（革谿）の『養生訣』とを比較し、その連続性を指摘している。

> 天保年間に京都に桜寧主人と称し養性訣という書を著わした人がありました。医師ですが余程の達人とみえてその書に記するところ実に名論卓説で、私共のいう臍下丹田を錬ることを勧めています。（中略）又その中に、人間の善悪邪正の思いが悉く気となりその体より発出するとあります。これは驚く可き記事であり、既に神経衰弱の章に一寸述べていましたが、現今喧しい

Theosophy の説と同じいのです。それに依れば、人間の思いは必ず発光となり身体より出づるのであり、又その心の異るにつれてその光の色も異るのであります。例えば人が心に聖者を慕うたり神明仏陀を念ずるかしてその心が敬虔の念いに住する時は、其人の体からは青色の光が出る。(40)

神智学の知識をいつどこで得たか、小林の著書には記されていないが、リシャール夫妻の交流がそこに何らかの影響を与えた可能性はある。いずれにせよ、「現今喧しい」というほどに、神智学が彼の周辺では話題になっていたわけであり、小林と京都における静坐法運動をめぐるネットワークは、今後、調査する価値はあろう。

おわりに――問題の範囲

大正九年(一九二〇)二月、リシャール夫妻は離日してインドへ向かい、ポンディシェリに戻る。大正十年(一九二一)六月八日付の大川宛の手紙によれば、一九二〇年十一月ミラはオーロビンドの元に残り、ポールはアディヤールに向かう(手紙には書かれていないが、地名からして当然、神智学協会本部を訪問したはずである)。ポールはさらにアディヤールからヒマラヤに近いコトガルという村に移り、そこでしばらく行者のような生活を送っていた。インドを離れると、中近東を旅してフランスへ戻る。一九二九年に講演のために渡米し、その年、リンダ・トッドという女性と結婚したが、間もなく別れている。さらに一九三一年、三十歳年下のリンダ・ストロンバーグと知り合い結婚している。ポールは定職もなく、時折翻訳や語学教師などを務めていたが、妻の稼ぎで生活していたようである。一九五三年に、二人は別れるが関係は続いた。一九六三年、八十九歳のポールを最後の妻ヴァージニアはブルックリンのアパートに引き取り、ポールは一九六七年に亡くなっている。(41)

一方、ミラは、そのままオーロビンドのもとに残り、インドで一生を終えているが、彼女はオーロビンドの弟子というよりは、霊的に重要なパートナーであった。彼はミラを「マザー」と呼び、宇宙進化のエネルギーである「シャクティ」と同一視している。また自分自身は、高次の意識（Overmind）は経験したが、それより高い超高次の意識（Supermind）を経験したことはない、しかしミラはそれを経験しているとも賞賛している。(42)ミラのSupermind経験は、マックス・テオンのもとでの霊媒修行と何らかの関係があると思われるが、西洋オカルティズムのオーロビンドの「総合ヨガ」への影響関係については、更なる考究が必要であろう。

ともかく、オーロビンドは、ヨガに入門する以前は西洋流の教養を身につけていた知識人であり、その宗教思想は近代的なものであった。彼がポール・リシャールや大川周明と気脈を通じることになったのも不思議ではない、たとえば彼は諸派に分かれたヨガの総合（synthesis）や統合（integral）という言葉を用いるが、その総合とは、形態や外見を無視して、共通の中心的原理をつかみだすことである。(43)あるいは、彼にとっては、キリスト教やイスラム教などの分化した宗教は限定的な真理であり、宗教の本質とは、存在であり生成である絶対的なものを経験することである。いわゆる宗教、政治、経済といった断片的な知識が問題ではなく、それら全体を包括するような世界観が重要なのであり、その視点にまで進めば、宗教と世俗の区別もなくなるとされる。宗教伝統の中にある絶対的存在ではなく、こうした抽象的な宗教の本質としての絶対を仮構する宗教観は、本稿で扱った宗教的知識人たちに共通のものであった。

リシャール夫妻と大川周明を軸に、その周辺の国際的な人脈ネットワークを探索していけば、このような宗教的知識人の例はさらに集積されていくことだろう。

それらは、チャーチやセクトのように、組織による明確な限界線を持たない。守るべきキャノンや正統もなければ、逆に異端もない。書籍によって、あるいはゆるやかなネットワークによって、国境や宗教間の壁も越えていく。ただし、彼等の背景には古代哲学、神秘主義、スウェーデンボルグ、スピリチュアリズム、神智学といった近代以降の霊的思想と、比較宗教学が混合して、一種の思想交換の貨幣あるいは共通語（リンガ・フランカ）を構成している。もちろんポール・リシャール、村井知至のように、宗教集団に属さない宗教人の場合もあれば、オーロビンドのように、一見伝統的な宗教の流れに身をおいているように見えても、その実は近代的で国際的な影響を受けているような、いわば「偽装」された知識人宗教もある。あるいは大川や岡田虎二郎のように政治や健康法などに、その思想が「偽装」されている場合もある。

冒頭で述べたように、大川の宗教性の全体を抽出するには、一方では近代知識人の宗教思想の範囲を測量し、他方では歴史の偽装をはいでいくという作業が必要である。本論文は、その問題の範囲を指摘したに過ぎないが、今後、そうした作業を通じてフランス、インド、日本を結ぶ近代宗教史の隠れた相貌が見えてくるはずであり、今回ほとんど触れることのなかった大川周明の政治思想についても、その類型と比較の中で改めて論じてみたい。

第一一章　大正期大本教の宗教的場
――出口王仁三郎、浅野和三郎、宗教的遍歴者たち

はじめに

戦前の新宗教の中でも、大本教はいろいろな意味で興味深い存在である。もちろん、台湾や中国大陸への進出、超国家主義との連携、国体明徴運動との関係、二回の弾圧など、日本の近代政治史と共に大きく動いたことがその理由として挙げられるが、宗教史に限っていえば、文字通り新宗教の大本として、さまざまな運動がそこから発生していることがある。岡田茂吉の世界救世教を経由して手かざし、真光系の教団につながる霊術的な系譜、谷口雅春の生長の家からＧＬＡや白光真宏会へとつながるニューソート的な系譜、あるいは友清歓真の神道天行居、岸一太の惟神会、中野与之助の三五教といった神道霊学系の団体がある。さらに、浅野和三郎の心霊科学研究会、小田秀人の菊花会、矢野祐太郎の神政龍神会も大本教から派生している。たいへん広い範囲に影響を及ぼしている。そのような大本教の影響力の広さはどこから来ているのだろうか。

大本教が、出口なおと王仁三郎の二人のカリスマを有しているということはひとつの原因である。明治末の段階で、すでに、なおの神諭と、王仁三郎の霊学や国学によって体系づけられた宗教思想とが存在していた。なおの教団の後継者であった王仁三郎によって、なおの神諭の解釈作業も同時並行していたはずである。大正時代になると飯森正芳、浅野和三郎をはじめとして、知識人、宗教家（霊術家）、軍人などが大本教に参加している。さらに、なおの三女福島ひさに下った「日の出神諭」や、大本教肝川支部の車小房の伝える啓示など、新たな神話体系の作者＝霊媒も大本教の圏内に出現している。こうした人々が、なおの神諭と王仁三郎の霊学をさらに解釈し、あるいは批判して、また新たな宗教思想を生み出している。前出の谷口、友清、岸、そして浅野などは大正十年（一九二一）前後に大本を出て、新たな一派を開いているように、この大正期の大本教はとくに人材が集まっていたが、言い換えれば大正十年の第一次大本事件直前、大正期の大本教団は内部が四分五裂の状態であった。その後は、王仁三郎への救世主信仰と『霊界物語』を軸に大本教はまとまる。しかしその周辺には菊花会のようなスピリチュアリズム系の団体、神政龍神会のように竹内文献のような偽史を教義に取り入れた団体も出現している。

本稿では、第一次大本事件前、大正期の大本教に焦点をあてて、王仁三郎の皇道主義的な神道思想、飯森正芳と浅野和三郎、そしてその他の宗教遍歴者たちを紹介することで、いわゆる「民衆」宗教とは別の相貌に光をあててみたいと思う。(1) なお＝王仁三郎の思想を核とした同心円的な構造と、宗教遍歴者たちの多中心的な場の重なりという形で大正期大本教の全貌は描けるはずであるが、今回はそのための試論となる。

1　出口王仁三郎と大正期大本教

出口なおに憑依した艮の金神

明治二十五年（一八九二）、出口なお（一八三六―一九一八）に艮の金神が憑依したことによって大本教は開教されている。その生涯と思想については安丸良夫『出口なお』が詳しい。福知山の大工、桐村家に生まれ、綾部の出口家に嫁ぎ、極貧の生活、夫の病死、長男の出奔、娘の病気などの不幸に耐えていく中で、神がかり体験を得て、五十六歳の旧正月に艮の金神への信仰に目覚める。大本教の出発点となった、彼女の有名な「初発の神諭」とは以下のようなものである。

三ぜん世界一度に開く梅の花、艮の金神の世に成りたぞよ。梅で開いて松で治める神国の世になりたぞよ。日本は神道、神が構はな行けぬ国であるぞよ。外国は獣類《けもの》の世、強いもの勝ちの悪魔ばかりの国であるぞよ。日本も獣《けもの》の世になりて居るぞよ。外国人にばかされて、尻の毛まで抜かれて居りても、未だ眼が覚めん暗がりの世になりて居るぞよ。是では国は立ちては行かんから、神が表に現われて、三千世界の立替え立直しを致すぞよ。用意を成されよ。(2)

公開されたお筆先は王仁三郎の編集したものであり、なおが最初の神がかりで得た言葉かどうかは確認できない。しかし安丸良夫も指摘しているように、ここには彼女の思想の根本がうかがえる。彼女にかかった神は、病気治しや災厄払いなどの「おかげ信仰」には収まりつかない神であり、「世界の根源的な変革を告知するという大枠は、最初の神がかり以来の基本的特質」(3)で、「地域社会の人々に既知のものであるような神仏のカテゴリーを超越している」(4)ものであった。旧来の神統譜にも入らず、あるいは呪術的世界も超えた存在として、理解不能なものでありながら、世界を根本から改革する神という性格づけは、その後の大本教の進路を考える上で重要である。

なおの周辺には原大本教団というべき集団が構成されてはいたが、彼女についた神の正体は判然とせず、明治三十一年（一八九八）、なおの三女福島ひさは、自分の経営する茶店に立ち寄った上田喜三郎を、なおに現れた神を見分けてもらうために教団に引き入れている。(5)つまり、一種逆説的ではあるが、旧来のカテゴリーへの分類不能さが、王仁三郎の入信とその後の発展を用意したのである。

王仁三郎の入信と鎮魂帰神の法

出口王仁三郎（一八七一―一九四八）(6)は、旧名は上田喜三郎、亀岡の穴太村に生まれ、教育こそ無かったが若い頃から進取の気性に富み、獣医や酪農などの新しい職業にも挑戦しており、この点では西洋文明に対して否定的な態度をとったなおと対照的である。彼は、宗教に関心を持っていた一方で、村の侠客まがいの生活を送っていたが、その生活が一転するのは明治三十一年（一八九八）からである。

明治三十一年、やくざとの揉め事がきっかけで、穴太村の西にある高熊山の岩窟に一週間こもって修行を行い、この間に天狗（洋服を着ていたという）から霊能を授けられ、岩窟を出てからは行者としての活動を開始する。

この年、彼の人生は急転回している。静岡県安倍郡不二見村（現在、静岡市清水区）に本部を置く稲荷講社の布教師から幽斎（神がかりのこと）を学び、神がかり研究のための小グループを組織する。喜三郎はさらに本部へ行き、総長の長澤雄楯（一八五八—一九四〇）に入門し、皇道霊学会という名前で稲荷講社から認可を受けている。

さらに同年十月には喜三郎は、先述のように福島ひさの手引きで綾部に赴き、なおと対面している。それまでなおは、金光教教会の布教所に所属せざるを得なかったが、なんとか自らの神を中心とした独立した教会を建てたいと望んでいた。喜三郎は、なおに協力することを承諾し、明治三十二年（一八九九）、稲荷講社から認可を受け、なおの周りにいた信者たちを組織して、金明霊学会を発足させる。信仰面はなおの神を中心としていたが、組織としては長澤の稲荷講社の下部組織であった。

長澤雄楯の主宰する稲荷講社は、長澤の師匠である本田親徳《ちかあつ》（一八二二—一八八九）の大成した鎮魂帰神法を教える団体であった。本田は薩摩藩出身の幕末の国学者、神道家で、神代の神がかり方を〝再興〟したとされる。その方法は、神主（神がかりする者）を神前に座らせ、岩笛などを奏して神がかりさせるというもので、審神者と呼ばれる役目の者が神主に相対し、神主にかかり審神者に語ってくる〝もの〟が正神か邪神かを古事記、日本書紀などの神典によって決定し、邪霊や動物霊が出現した場合にはしかるべき手順で祓魔を行う。審神者は神典に通じていると同時に、神主の急激な変化にも落ち着いて対応する胆力も必要とされる。それまで宗教の現場で発生していた憑依現象を、国学によって再編、理論化し、制御可能な形にしたものが鎮魂帰神の法である。長澤は一時期静岡に滞在して本田より行法の伝授を受けている。清水の御穂神社や月見里笠森稲荷神社の神職を務め、その傍ら講社を通じて行法を伝授していた。

喜三郎は、宗教者生活を始めた当初は、なおのみならず、他の女行者とも協力を模索していた。喜三郎からすれば、なおも丹波地方に多くいる行者の一人であり、彼女が果たして真正の神の言葉を伝えているのかどうか、審神者である彼からすれば、おそらくそう性急な判断はできなかっただろうと思われる。

明治三十三年（一九〇〇）、上田喜三郎はなおの末娘すみと結婚して出口家に入り、なおの後継者となる。しかし、その後もなおと喜三郎の間で教団運営をめぐる論争が絶えず、なおのお筆先によって、「鬼三郎」という屈辱的な名前への改名を迫られた喜三郎は、明治三十六年（一九〇三）、「王仁」という字をあてて改名している。この当意即妙の切り返しはいかにも彼らしいが、こうして王仁三郎という名前が誕生した。

さて、鎮魂帰神の法では、超越的存在の高下、正邪を審判するシステムが備わっているが、その判別には国家神道の〝正典〟、つまり古事記、日本書紀が用いられる。したがって、新しく出現する神に対しては排除するか、もしくは神典に合わせて神名を改変することになる。たとえば、なおにかかった艮の金神には、のちに国常立神という神名が与えられるように、一定の自己規制の方向に働く。逆に、なおは稲荷講社の下にいるのを嫌った。しかし、王仁三郎は、明治憲法下での宗教政策においては、公認宗教との折り合いをつけなければ、私的神話にとどまり、公的な場に出せないことを弁えていた。そこで記紀神話という大義名分を与えることで、活動の場を広げようとした。あるいは、艮の金神を丹波の方言とすれば、国常立神という標準語の神名を与えようとしたわけである。

ただ、これは一方向的な封殺という作業ではなく、逆に言えば国常立神に艮の金神の物語を与えて、国家神話を改変しようという大胆な戦略でもあった。艮の金神というローカルな存在をナショナルな存在へと普遍化していく。この作業は王仁三郎自身にとって、艮の金神を自分自身の宗教経験や霊学と折衷させて、どう理解し内化していくかという作業と絡むはずである。

大日本修斎会設立時の王仁三郎の思想

ともかく明治三十九年（一九〇六）、王仁三郎は、なおとその周辺の古参信者たちとの抗争から逃れる意図もあって、綾部を出て京都に設立されたばかりの皇典講究分所に第一期生として入学し、半年間の学業の末、神職の資格を得ている。その後、建勲神社の神職、御嶽教の教師を務める。しかし明治四十年（一九〇七）末には綾部に戻り、当時最低の状態であった大本教の建て直しを図ることになり、明治四十一年（一九〇八）、金明霊学会を大日本修斎会に改め、ここから王仁三郎主導の教団運営と、本格的な宣教が開始されることになる。こうして大正年間にかけて、田舎の小教団から本格的な宗教運動へと飛躍的な成長の基礎が固められるが、そこには神職の経験が影響を及ぼしている。

明治四十一年十月十三日改正の大日本修斎会会則(7)では、第一条で「皇室を欽仰し、国体の尊厳を弁明し、神祇の洪徳に報謝」と述べ、第二条では神典国史の幽玄な神理を明らかにするため、「天地の真象」「万有の運化」「活物の心性」の観察によって真神の「体」「力」「霊魂」を理解せよと謳っている。会則の根幹は、国家主義、経験に基づく宗教理解に置かれ、出口なおの神については表面的には隠される(8)。王仁三郎主導のもと、大本教は拝み屋宗教を超えた、かなり野心的なビジョンを打ち出している。

この時点での王仁三郎の思想を知るために、ここではさらに「大日本修斎会創立要旨」を参照しておく。同要旨は八項目からなるが、それぞれの項目の内容について、論者は以下のようにまとめてみた。

① 思想の混乱
② 万教の最高神の一致

③　教派神道批判
④　祭政一致主義
⑤　楽観主義
⑥　治産主義
⑦　生成繁栄、活動重視
⑧　他の純神道団体批判

以上の八項目中、①から④については特に重要と思われるので、さらに説明を加えておく。

まず①の思想の混乱とは、西欧思想の流入によって日本が悪化しているという主張である。実際に思想の混乱が起こっていたかどうかはともかく、明治四十年代は大逆事件でも分かるように、反動が進み、社会主義への警戒心が高まっていた時期であり、大日本修斎会会則と同日に発布された戊申詔書は、まさにそうした思想の混乱への対応策であった。

②については、次のように述べている。

日本魂は如何に他邦人の練磨修養せんと腐心するも、固より可能的心性を有せざるを以て、決して会得すべからざる日本国民の専有に属する至大無量なる神賦の分霊に外ならざるものとす。此に於てか世人の多くは或は疑わん、宇宙万有を造れる至慈至愛の神は一視同仁にして万国同民に坐せり。(9)

太極、天、大日如来、弥陀天帝、仏、エホバ、ゴット、ベールス、イラー、ゼウス、ゴタ、アダム、イブ、アラマ、ビシニス、シウアと称するは（中略）等しく之れ同一物なるが如きのみ［。］神の御名こそ異りたれ列国の何れもが各個別々に、宇宙創造の神を有すべからざるは無論にして（［　］内引用者補足）(10)

いくつか意味不明の神名も出てくるが、第一の引用は最高神の分霊としての日本の優秀性を訴え、第二の引用では万教の一致を唱えている。こうした比較宗教学的知識の背景には、おそらくは皇典講究分所での教育があるように推測されるが、いまだ確証できていないので指摘にとどめておく。ともあれ、この万教帰一主義は、その後も大本教教義の大きな柱の一つとなっている。

③は、当時の大本教の戦闘的な姿勢をよく示している。実際は王仁三郎自身も御嶽教、大成教などの教師を務めていたが、既成の教派神道には飽き足らないものがあった。教派神道を祈禱や占いで儲け、向上的信仰や国家秩序を妨げるものとして、厳しく非難している。また教義にも「純神道」が含まれない点を批判する。それでは純神道とは何かといえば、「神秘の奥妙を会得」し「幽顕の両界裡に自在に出入」できる神道のことである。つまり王仁三郎は本田親徳流の神道霊学を純神道と想定している。

④については、王仁三郎は宗教と政治の一致した国家体制を理想としていた。その後、大正五年

（一九一六）になると、大本教は「皇道大本」と改称し、宗教よりも一段上の位置におかれた神道、その神道をさらに越えた「皇道」という既念を提唱した。さらに『神霊界』四三号（大正六年一月号）掲載の「皇道と神道との区別」によれば、皇道とは天皇の政治の道であり、「世界を統轄して平らかに安らかに治むる教政を総称するの義にして。神道とは世道人心を教導すべき根本的教育の本源也矣」と述べている。つまり、大正六年（一九一七）の時点では国家を越えて、世界支配にまで視野が及んでいる。

王仁三郎はさらに、大正七年（一九一八）、「国教樹立に就て」という重要な記事を書いている。[11]その中で、まず皇道を日本の根本的な教義とおく。

皇道即ち大本教は、天地初発の時より大日本国に因縁し、肇国の本来より先天的に密合して離るる事の出来ない、根本の大教義であります。[12]

そして明治維新の際に「神政復古を企図し給い、乃ち明治三年正月、祭政一致の詔旨[13]」を出したが、大教院の廃止で、その企図はかなわなかった。この失敗した国教樹立を行うのが大本教であると、王仁三郎は主張する。

「大本教は諸宗教、諸教義の統一的資格を有し、且つ完全円満にして、国体の根本基礎をなし、中外を一貫し、古今に通じたる権威[14]」である。

諸宗教が統一しうるのは、そもそも神が実在するからで、それは宇宙であるという。「宇宙の実在は神である。無量無辺の現象は即ち神の意思の発作である。現象は即ち実在である」(15)とも述べているが、これは明らかに井上哲次郎の現象即実在論の引き写しに他ならない。

ここまでの王仁三郎の所説は、祈禱や占いによる金儲け主義に走る既成神道への批判、それに対置されるべき理想的「純神道」の提唱、そして祭政一致の理念の再興と、大風呂敷といえば大風呂敷だが、神道を宗派から解放し、純化させ、明治維新期に構想された理想的姿に戻そうという、いわば神道原理主義とも言えるもので、民衆的というよりは、むしろ近代的で知識人的な宗教思想である。そうした自己規定に加えて、鎮魂帰神の法のように、憑依という実経験によって神々への信仰が基礎づけられるならば、そこになおの神論という、記紀神話とは別の神話が加わる必然性はない。また実際に、友清九吾（歓真）のように、鎮魂帰神の技法を継承するために、大本を離れて長澤雄楯のもとへ走った信者もいる。

とはいえ、なおの思想と王仁三郎の思想がまったく別個かといえば、そうでもない。王仁三郎の神政復古の論は、なおの神諭に直截に表現された立替え立直しのイメージ（三千世界、一度に開く梅の花）を、王仁三郎なりに合理化したものと読み取ることができるからである。この王仁三郎の神道霊学の技法、神道原理主義の体系、なおの封じ込められた神への一徹な信仰、そして両者をつなぐ現実変革への希望という二重構造をもった宗教世界が、大本教の豊穣さの根本にあったといえる。ともかく、「皇道」と国家主義的な外装によって、大本教が新たな信徒を獲得し、次のステップに進むことができたことは、次の節で論じたい。

2　飯森正芳と浅野和三郎

幹部人材の不足と信者層の特徴

王仁三郎は、明治四十一年（一九〇八）八月大日本修斎会を設立すると、翌月には機関誌『本教講習』を発行、翌年には機関誌『直霊軍』を創刊するなど、積極的に文書伝道の体制を作り上げている。既成神道の祈禱、お守りへの依存を批判した王仁三郎であったが、実際には、おひねり（なおが「うしとらのこんじん」と墨書したもの）などの呪符を出すことで一般信者を集め、熱心な者には鎮魂帰神の法を伝授していた。さらに大正七年（一九一八）頃からは、なおの神諭にある終末論に具体的な時間を設定して「大正十年立替立直説」を唱え、世の終わりを宣伝していた。

一方、大正三年（一九一四）には直霊軍という宣教組織を結成し街頭宣伝を開始している。当時は熱心な大本教信者は髪の毛を切らなかったために、その異様な風体で耳目を集め、都市部での大本教の存在感を高めるには効果はあったが、信者勧誘にどれだけ効果があったかは疑問である。

大正期の大本教の特徴は、農村の小教団から都市への展開という点にあるとはよく言われている。「皇道大本教信者職業別人数表」（大正十年［一九二一］三月末日調）[16]によると、信者計五八〇六名の内、農業が一九五五名、商業が八〇八名である。医師五五名、中等教員一〇名、小学教員六三名、銀行会社員一二九名とある。軍人は、現役将校三七名、在郷将校五一名、現役下士官三九名が含まれるが、これは大本教禁止令が出た後のことなので最盛期はかなり多かったであろう。大正十年時点ではある程度の都市化は果たしていたが、やはり農業が三分の一強という多数派を占めていた。

大正初期に遡れば、農業従事者の割合はさらに多く、中等以上の教育を受け、文章の書ける人間、組織力のある人間、あるいは教師となる人間が不足していたのは明らかである。さらに言えば、なおの神諭と王仁三郎の霊学として教義の骨組みは提示されていたものの、両者の間にはかなりの違いがあり、その間をつないで一貫した体系をもたらす教義解釈者も必要であった。王仁三郎が知識人を積極的に勧誘し、すぐに教団の幹部に据えているのは、こうした人材面での脆弱さがあったからである。

『大本七十年史』での大正期の入信者分析(17)によれば、『神霊界』『大本時報』に掲載された「入信の経路」四五例の内、立替え立直しと世界統一に共鳴したものが一二例、立替え立直しと鎮魂帰神に共鳴したものが一七例で、病気治しは二例に過ぎない。実際には病気治しの信心は多かったと思われるが、立替え立直しや鎮魂帰神による回心が多いのは大本教の特徴であろう。また『七十年史』編纂時点での当時の入信者へのアンケートでは、回答二九一例中、中学卒業者が約三〇％をしめ、教義や立替え立直しに共鳴したものが約五七％。病気治しは一一％という。こうした調査が全信者の動向を反映しているか否かは疑問ではあるが、現世利益よりも、より求道的な関心や、宗教的予言によって大本教に向かった信者層は、この時期の大本教の特徴である。

飯森正芳

そうした求道的な傾向を体現しており、知識人の大本教参加の嚆矢となった人物が飯森正芳である。飯森加入の縁で、浅野和三郎が大本教に参加し、それが大正期の飛躍的な教勢拡大につながることになる。以下、この二人の入信経路、そしてその思想を辿ってみたい。第一次大本事件以前の大本教の組織面と思想面の動きは大筋で理解できよう。

飯森正芳（一八八〇―一九五二）は能登穴水町の士族の家に生まれ、石川県尋常中学校を経て、明治二十九年（一八九六）海軍機関学校に第六期生として入学。中佐まで順調に昇進するが、預言者、宮崎虎之助に傾倒し、大正三年（一九一四）には予備役編入。(18) 横須賀にあった海軍機関学校の外国人教員で神智学徒のE・S・スティーブンソンを介して神智学に関心を持ち、アメリカのサンディエゴにあった神智学協会本部に移住することも計画していた。

その飯森が、大正四年（一九一五）、アメリカへの移住直前、挨拶に福中のもとを訪れ、彼から大本教のことを聞かされる。福中鉄三郎予備中佐は長男の病気が縁で大正二年（一九一三）に綾部を訪れ、すでに大本教に入信していた。興味を持った飯森はそのまま綾部を訪問し、入信している。おそらく海軍軍人であるというだけでなく、福中とちがって、宗教運動に通じていることが評価されたのであろう。大本教に入ってまもなくの同年十一月、綾部に移住した飯森は、大日本修斎会の会長、教学研鑽の組織「根本学社」の学長という要職に任じられている。

飯森は、綾部に移住した直後から宣教の最前線に立って活動している。八月二十八日には新舞鶴で、軍艦香取の乗組員二五〇余名に講演、但馬へ布教、同年、全国布教の実行部隊、直霊軍が発足すると、出口なおの三女、福島ひさと共に各地に出張している。そして同年末には横須賀へ行き、石井ふゆ（通称、三峰）なる女行者を訪問した際に浅野和三郎に出会い、大本の教えを吹き込んで、浅野の大本入信の道を開いている。

飯森の友人で、やはり宗教求道者であった高田集蔵は、大本入信以前の飯森について、次のように書いている。

> 米のセオソフィカルソサエチーの会員、トルストイアン、全租税論者、而して歩むに蟻を殺さぬ用心をする予備海軍機関中佐。
> 愚か、狂か、知らず、彼一日飄然として我が庵を訪う。余亦テケリとして相対す。どうも他人とは思われざりし也。
> 興到れば語り、尽くれば立ちて働く。飯あれば食らい、無ければ敢て食わず。忽ちにして山寺に老衲を驚かし、忽ちにして都市熱踏の渦中に投ず。(19)

飯森の理想は、自由な宗教コミューンの実現であった。ポイント・ロマの神智学協会も、ある意味ではそれに近い。飯森は、宮崎虎之助の教団も大本教に参加させて、逆に綾部を自由宗教の拠点にしようと計画しており、それについて宮崎とも議論していたようである。[20]
しかし、彼の理想は綾部では果たされず、大正五年（一九一六）末に浅野が綾部に移住してきてしばらくすると、飯森はひっそりと綾部を去っている。
浅野と飯森の大本教への関わり方の差は、浅野の自伝『冬籠』からもうかがうことができる。浅野の飯森についての評価は厳しい。

飯森さんは口には大本神諭を尊重する。（中略）しかし、飯森さんはドウも出口先生その他二三人を信ぜぬらしい。（中略）飯森さんは霊学を排斥して、催眠術の一種であるなどと言いたがる。神諭の中には、明かに世の立替立直しが幽界と共に現界にも及ぶ所の一大事実であると教えてあり、実際又神諭に警告されて居る通りの事が、明治二十五年以来、着々として現世界の表面に出現しつつある。しかし飯森さんは、神諭の立替立直しは単に精神界丈の事で、現界とは没交渉だなどといいたがる。[21]

飯森は自らの宗教思想のフィルターを通して大本教を眺め、浅野はナイーブに予言を信じきっていた様がうかがえるが、これについては高田集蔵の友人で、大正五年暮れから大正六年（一九一七）にかけて『神霊界』の編集に当たり間近で浅野、飯森の両名と接していた宮飼陶羊も同様の証言を残している。[22]

浅野和三郎

浅野和三郎（一八七四―一九三七）は、飯森にかわって大日本修斎会の会長となったが、元来は海軍機関学校の教員で英文学者である。機関学校では芥川龍之介の前任者としても知られる。帝国大学で小泉八雲に学び、学生時代は小説にも凝り、美文で知られた。大学卒業後、明治三十三年（一九〇〇）に横須賀の海軍機関学校に職を得て、馮虚の号でシェイクスピアの翻訳などを行う。大正四年（一九一五）に三男、三郎の病気を機に横須賀にいた石井ふゆという女行者にかかり、そこで霊能力を経験する。

大正四年暮れ、前述のように宣教のために横須賀を訪れていた飯森と出会い大本教を知る。浅野は王仁三郎から鎮魂帰神の法の伝授を受けて、神霊の超越的存在を信じるようになる。同僚を巻き込んで鎮魂帰神の実験を繰り返し、短時日で審神者として熟達していく。浅野は思い込んだら一途の性格であったようで、しばらくは王仁三郎の言うままに、わき目もふらず鎮魂帰神の法に熱中し、大正五年（一九一六）の夏は神諭の研究に没頭している。綾部移住後はすぐに『神霊界』の編集にあたり、大正六年（一九一七）一月一日、機関誌『神霊界』の四三号（前身誌から通算した号数なので実質的な創刊号）を発行している。編集だけではなく、大本教の教義や鎮魂帰神の実際について、達意の文章で書き綴っている。それらはさらに単行本として出版され、知識人たちに大本教義を伝え弁護する役割を担った。

浅野は、鎮魂帰神の実践だけでなく、なおの神諭に黙示された大正十年立替立直説を真剣に信じ、元ジャーナリストで政治活動家であった友清九吾らと共に積極的に終末論の宣伝にあたった。思想の面では王仁三郎の霊学となおの神諭の両者を受け継ぎ総合する位置にあり、また組織の面では、大本教の買収した『大正日日新聞』の社長に就任するなど、その大車輪の活躍で、大正十年（一九二一）の第一次大本事件直前まで、外部からは実質的な大本教指導者と目されるほどであった。

浅野の大本教思想は、いくつかの出版物に残されているが、大正八年（一九一九）二月二十七日に行われた聴取書では、以下のように答えている。

皇道とは皇祖、皇宗の御遺訓の実行を意味し又大本とは実行の大中心たることを意味しますつまり一つの教え其のものを指すのです而て御遺訓の実行とは日本の世界統一に対する日本臣民の覚悟を教ゆることであります。(23)

とあり、王仁三郎の皇道論をそのまま引き継いでいる。

大正十年立替立直説については、それは「日本対世界の大戦争、日本の世界統一、天災及疫病の発生世界人口の大減少（十分の七死す）綾部が世界の都となること等で(24)」、「今年とも明年とも神諭には出て居ないが大正十年は大転換期であることは神諭でも明かにして又世界の大勢から常識的に推考しても私は実現するものと確信(25)」していた。その際に天皇は綾部に難を逃れるとする。

内地戦で東京市は元の薄野《すすき》になると神諭は教えて居ります従て陛下は京都御遷都より続いて丹波綾部町に御遷りになる場合もあると信じます(26)

そして終末戦争後は、天皇の世界支配、祭政一致、私有財産の撤廃、貨幣の廃止、職業の世襲、服装の固定など、〝反近代〟的な世が実現すると解説している。

この供述を王仁三郎のものと比較すると、ほぼ同じ内容であることから、これが当時の大本教の「公式」な立替立直説であったことが分かる。浅野はこの説を額面通り受け取り、大本教が天皇制と矛盾するとは考えていなかった。天皇制の擁護と大本教の特権性という矛盾した主張を、最終戦争という危機的状況によって結びつけたと言えるかもしれない。

夢中になった浅野と宗教遍歴者飯森

この節の最後に浅野と飯森を比べておきたい。まず以上のように浅野は、かなり過激な国家主義思想を抱いていた。その点でもトルストイ主義者の飯森とは相容れなかったのではないかと思われる。浅野は、鎮魂帰神を介して、日本の憑依宗教文化に魅せられていったが、飯森の側は鎮魂帰神を催眠術と考え、それを神霊の存在証明とは考えていなかった。これは神智学徒スティーブンソンの影響と考えられる。というのは、浅野の自伝には「鎮魂は催眠術の一種であるから、直に禁止せざるべからずといきまく霊智学徒」[27]として、スティーブンソンが出てくるからである。また終末予言を素朴に信じ込む浅野に対して、飯森は精神的なものであると、むしろ合理的な解釈を施している。ここにも中年を過ぎて初めて宗教的な世界に入り込み、夢中になっていた浅野と、いくつもの宗教を遍歴してきた飯森との差が見られる。

大正十年以後、浅野も大本教を離れ、心霊科学研究会を立ち上げ、欧米のスピリチュアリズムや神智学に、大本教で学んだ神霊視や鎮魂帰神法の影響が加わり、日本的なスピリチュアリズムを構築することになる。他方、飯森は、最後まで組織に属することなく、遍歴者を貫くことになる。

最後に、彼らの周辺にいた遍歴者として秋山真之、谷口正治、高田集蔵の三名を挙げておきたい。海軍、精神療法、そして個人宗教のネットワークという、大本教に隣接する社会空間の、それぞれ代表的な人物だからである。

3　遍歴者たち

海軍軍人と秋山真之

飯森正芳、浅野和三郎の縁で、その後、多くの海軍軍人が綾部に来ている。理由のひとつに軍港、舞鶴が至近の距離にあるという地理的な条件もあった。

『神霊界』四三号（大正六年一月一日）から五九号（大正七年四月一日）にかけて、海軍軍人の大本訪問の記録が多数掲載されている（註参照のこと）[28]。

ただし、海軍軍人の入信者が多数にのぼった理由は単に地理的なことばかりではなく、明治の公教育制度の中で宗教が排除されたことも、その遠因となっていた。海軍機関学校出身者でキリスト教徒の提健男の回想によれば[29]徳育が不足していた。それはまた機関学校周辺では伝道義会という独立キリスト教会による伝道活動（飯森はこの活動の協力者でもあった）がそれなりの成功を収めていた原因でもあったと考えられる。

そうした海軍関係の大本参詣者の中でも、特に有名な人物では、上に出てきた秋山真之、浅野正恭海軍少将、山本英輔海軍大佐などがいる。浅野は和三郎の実兄で、後に弟と共に大本教を脱退し、弟の心霊科学研究会に参加している。山本英輔はやはり宗教遍歴者で、戦後は四国の剣山でのソロモン王の財宝発掘という奇妙な事業に関係している[30]。彼が大本教を訪問した時には鎮魂帰神を二回実施、最初は猛動猛行三時間という[31]。海軍軍人は鎮魂帰神を好んで実践していたが、鎮魂状態は猛烈で淡白なものが多く、すぐに体が動き出し、大きな声でどなったと浅野は回想している[32]。

秋山は日露戦争で有名な軍人であるが、これも浅野によれば、明照教、川面凡児、池袋の天然社などに出入りし、迷信遍歴者であったという。この天然社とは、岸本可賀美という神道教師の始めた団体であったが、ここに秋山ややはり後に明道会という一派を興すことになる岸一太などが拠っていた。この団体が瓦解してから、秋山や岸は大本教に入り込み、秋山は一時期はかなり深く大本教を信じていたようである。

浅野の自伝『冬籠』によれば、大正六年（一九一七）六月二十二日、秋山は『神霊界』をもって、某顕官を訪問し、布教を試みた。その場所で秋山は突然霊言を発し、六月二十六日の夜、東京に大地震があるという予言をする。秋山は、その予言を確信し、大本の説明と大地震説を高官に伝える。この予言失敗を境に、秋山は反大本に寝返ったのだという。ただし、秋山は大正七年（一九一八）に亡くなっており、この自伝執筆時にはすでに故人となっている。この事件の真偽は不明であり、宮飼陶羊は別の説明を残しているが、[33]秋山が鎮魂帰神に熱中していたのは間違いない。

海軍軍人が鎮魂帰神を経て入信した直接的な理由として、浅野が伝えている秋山の言葉が参考になるだろう。

日本国から神を取り去った時に、何所に日本国の日本国たる所以があると思うか。敬神がなければ尊皇もなく、又愛国もない。日本の皇室、日本の国土が、永劫の昔から天地の祖神と、切っても切れぬ因縁関係があるという事が判ってこそ、初めて日本の国体の精華が判るのだ。[34]

国家や皇室を根拠づけするのは、国家の正史や記紀神話であったはずだが、大本教に依拠しようということは、すでにその効力が消えかけてきたということを意味する。鎮魂帰神は、実践者に神の実在を経験させ、国家イデオロギーを活性化する効果があった。

霊術家と鎮魂帰神

大本教は、軍人には国家の聖化によって接近する一方で、心身技法という問題を経由して、精神療法家、霊術家と言われる民間治療家たちに接近していた。霊術家とは、催眠術、呼吸法、気合、手かざしなどの治療法を用い、形而上的な世界観を持ち、宗教と治療との間に位置した。両者の関には、競合と吸収という関係があった。

鎮魂帰神と霊術は、その説明原理は真正面から対立する。霊術の多くは、超自然的現象や奇跡的治癒は個人の精神を経由しての宇宙の大精神の力によって起こるものであり、人格的な霊魂や神霊の存在は認めていない。対して大本教では、神霊から天狗や動物霊の存在を強調していたわけである。しかし、無意識の身体の運動や超能力など、現象的には類似のものであり、信者（あるいは会員）たちにとっては、原理よりも術の効果が問題であった。そのために霊術は大本と競合していたが、特に顕著な例は霊術界では最大の団体だった田中守平の太霊道である。

太霊道では元実業之日本社の社員だった栗原白嶺をはじめ、多くの会員を大本教に取られていた。そのため危機感を抱いた田中は浅野に会談を申し込んでいる。その会談の際、田中は浅野の鎮魂帰神を受けることになり、田中が霊の発動をしたかしないかで、両陣営の間での論争となっている。この論争の原因には、単に信者の獲得という問題だけでなく、人格霊の存在を認めるか否か（太霊道では原理的に人格的な霊や神の存在を必要としない）という理論的な対立もあった。さらに太霊道も独自の国家論を有していた。太霊道の田中守平は、大正初めに中国大陸から内蒙古で活躍し、メディア宣教を盛んに行うなど、大本教とはパラレルな存在でもあった[35]が、大正十年（一九二一）の第一次弾圧を経てさらに教勢を拡大した大本教と比べて、太霊道は大正末年から昭和にかけて急速に衰微していった。

一方、当時、大本教は教線拡大のために教師を必要としていた。そのために霊術家の入信を歓迎しており、「吸収」していった例もある。たとえば、松江で心理療法を行っていた木原鬼仏（通徳）は、岡田射雁（建文）の主宰していた雑誌で大本教の別働隊的な存在であった『彗星』によって影響を受け、熱心な大本信者となって綾部に移住している[36]。

後に生長の家を興す谷口正治（後に雅春）も、「入信の径路参綾の動機」からすると精神療法から大本に入った例である。彼は早稲田を中退して生活のために紡績工場の監督となる。その間、三角関係で悩み、性病に感染したのではないかと恐れ催眠術で病気を治そうとする。谷口は当時流行の霊術を実践し、その結果に大本教に行き着いた。彼は次のように書いている。

> 何か霊的に人と社会とを救済するような職業！　太霊道や健全哲学や、渡辺式心霊瞭《ママ》法やそして木原氏の耳根円通法や、いろいろの精神霊《ママ》法を研究していると、ある日松江から『彗星』と云う雑誌を送って呉れました。それに仍って永い間不満足に思って居た社会組織が根底から立替えられる皇道大本なるものを初めて知ったのです[37]。

大本教の提示するビジョンが、個人の心身だけでなく、社会問題の解決法としての魅力を放っていたことがわかる。さらに谷口は、大本教時代、さらに『非医治療法批判（上）』という小冊子を著しており、非神霊的な霊術を批判している。『生長の家』におけるニューソート的要素と神道的要素の折衷の原点は、すでに大本教時代にあったように思われる。

霊術家たちは、いったんは大本教を恐れ、あるいは帰順しているが、突き詰めれば鎮魂帰神の法という術を大本教が独占的に伝授していたことが原因であった。しかし、大正十年立替立直説のアジテーターとして知られた友清九吾（歓真）が大本を離脱して長澤雄楯から直接、霊学を学び、それを印刷物として出版したことから、鎮魂帰神の法が比較的容易に習得可能になる。また霊術界の実力者、松本道別も同様に本田流の鎮魂帰神を実践している。霊術家たちの間でも鎮魂帰神はさまざまな技法のひとつとして流通するようになり、術自体の秘匿による権威は薄らいでいる。

高田集蔵と宗教的ネットワーク

最後に、軍や霊術などよりもさらに非組織的な、同時にきわめて宗教的なネットワークについて触れておきたい。

そのネットワークの結節点のひとつが飯森の友人であり、すでに文章を引用した高田集蔵（一八七九―一九六〇）である。高田は岡山県勝山の出身で、十四歳で高等小学校を卒業し、しばらく小学校教員を勤めたあと上京。十九歳で受洗してキリスト教徒となる。日露戦争に召集された際には非戦論を公然と主張し、戦地では救護班として働いた。明治四十一年（一九〇八）から個人誌『独立』、その後『村落通信』を発行する。大阪の海軍退役大尉、則定嘉久治の援助で堅下村大県（現・大阪府柏原市）に住み、個人紙の発行を続ける。ここには宮崎虎之助、出口王仁三郎、飯森正芳、江渡狄嶺、三浦修吾、岡田播陽、中里介山などが訪れてきたという[38]。

高田は、飯森が入信したこともあって、大正四年（一九一五）、五年（一九一六）と二度にわたって綾部まで遊びにいくほど、一時は大本教に理解を示していた。さらに、高田の妻で社会主義者の九津見房子の再婚相手でやはり社会主義者、三田村四郎の幼子を王仁三郎が預かるという縁もあった[39]。

高田は、大本教についての希望を『村落通信』に次のように書いている。

五月三十日朝、柏原局へ郵便物差し入ればやと家を立ち出でしが、そのまま見えざる御手に導かれつつ、大阪へ出て、岡田（播陽）、藤井、村野諸氏を歴訪し、終わりに神沢氏の同意同伴にて、丹波綾部に大本教本部（綾部町外本宮村に在り）を訪い滞留三日（中略）

時は正に来ました。中臣の祓を為すべき時が来ました。唯に社会国家の上のみではない、宇宙の大修祓をやらねばならぬ時が来ました。（中略）

来たらんとする時代の枢軸転機に当たる我が大日本の使命、豈絶大ならざらんや[40]。

本稿で既に述べたように、王仁三郎の皇道思想は秋山真之のような海軍軍人を魅了したが、その立替立直説は高田のような思想遍歴者にも魅力的であった。理想社会実現への契機であり、宇宙全体の転機につながると高田は見ていた。しかし、こうした高田の純粋な思想からは、王仁三郎の宣教や教団の拡大は許せなかったようであり、大正五年半ばには早くも大本教を見限っている。

おわりに

同じ宗教遍歴者とはいえ、浅野和三郎や谷口正治のように最後は自らの組織の立ち上げに至った場合もあれば、秋山真之のように神道系教団をわたり歩いて終わったもの、あるいは木原鬼仏のようにフリーランスの術者のタイプ、そして飯森、高田のように帰属すべき組織を捨てて、個人的求道者たちのネットワークを遍歴したものがある。逆にいえば、そもそも王仁三郎自身が丹波のローカルな宗教遍歴者であり、さらには軍人や知識人たちの遍歴者の場を潜り抜けて大本教を拡大していった。

それは他面では、反ユダヤ主義、神智学、スウェーデンボルグ主義などの海外の思想を大本教に取り込む結果となった。あるいはエスペラントや平和活動、宗教間対話など、大正末期以後の大本教の活動には、宗教遍歴者たちの理想を大本教が取り入れたようにも思われる側面もある。

そうした人々を引きつけた大本教の磁場の核に位置するなお＝出口王仁三郎の思想と、その内部における、なおと王仁三郎の相互の影響関係など、さらに見直していくべき問題は多い。ただ、その核にあるのは、昭和になって超国家主義との連携としてはっきりと形を現す、宗教と政治の一体化した、あるべき社会、あるべき国家像の夢想ではなかったかと思われる。それは現実の国家との摩擦という面だけでなく、大本教が提唱した「皇道」という言葉を昭和になると体制側も使用しはじめるように、国家の変貌の先取りをしていたとも考えられる。

大本教の思想的な幅は、「民衆的」と括るには複雑で多様なものである。本論文では、その輪郭を示したにすぎない。今後、大本教だけでなく大正の宗教遍歴者たちの社会論、国家論をさらに詳細に検討していきたいと思う。

＊今回の論文作成については、資料面では出口三平氏に非常に御世話になった。また舞鶴高専非常勤講師の清水厳三郎氏には折々の会話の中でヒントをいただいた。本論文の原型は二〇〇八年十月十一日京都府立大学で開催された軍港都市史研究会（代表、三川譲二）での発表である。出口、清水両氏ならびに同研究会の諸先生方に感謝したい。

初出一覧

Ⅰ　魅《メスメリック》する電磁気流体と近代日本

第一章　「電気的」身体——精妙な流体概念について
『舞鶴工業高等専門学校紀要』第三一号（一九九六年）

第二章　動物磁気からサブリミナルへ——メスメリズムの思想史
『舞鶴工業高等専門学校紀要』第三三号（一九九八年）

第三章　呼吸法とオーラ——オカルト心身論の行方
宗教社会学の会編『神々宿りし都市——世俗都市の宗教社会学』（創元社、一九九九年）

Ⅱ　民間精神療法の諸相

第四章　霊と熱狂——日本スピリチュアリズム史序説
『迷宮』第三号（白馬書房、一九八〇年）

第五章　原坦山の心理学的禅——その思想と歴史的影響

『人体科学』第一五巻第二号（二〇〇六年）

第六章　精神の力——民間精神療法の思想
『人体科学』第一六巻第一号（二〇〇七年）

第七章　民間精神療法の心身＝宇宙観
鶴岡賀雄・深澤英隆編『スピリチュアリティの宗教史』下巻（リトン、二〇一二年）

Ⅲ　田中守平と太霊道の時代

第八章　太霊と国家——太霊道における国家観の意味
『人体科学』第一七巻第一号（二〇〇八年）

第九章　太霊道と精神療法の変容——田中守平から桑田欣児へ
「太霊道と精神療法の変容」（基盤研究（C）『近現代日本の民間精神療法に関する宗教史的考究身体と社会の観点から』研究成果報告書、研究代表者・吉永進一、科研課題番号・二四五二〇〇七五、二〇一六年）

Ⅳ　大正期のカルト的場

第一〇章　大川周明、ポール・リシャール、ミラ・リシャール——ある邂逅
『舞鶴工業高等専門学校紀要』第四三号（二〇〇八年）

第一一章　大正期大本教の宗教的場――出口王仁三郎、浅野和三郎、宗教的遍歴者たち
『舞鶴工業高等専門学校紀要』第四五号（二〇一〇年）

編者解説

栗田英彦

一　吉永進一とは何者か？

「吉永進一とは何者か？」――このフレーズは、吉永進一[1]が亡くなった直後の日本宗教学会第八一回学術大会で企画されたパネルのタイトルである。二〇二二年三月に吉永が亡くなった時、各方面に大きな衝撃を与えたが、とりわけ宗教研究関連の研究者のあいだでは深い痛惜の念が広がった。というのも、吉永の研究は二〇〇〇年代後半以降に急速に国内外で評価が高まり、それから十数年後の現在は、まさに吉永の時代が到来したとも言える研究状況が出現しているからである。亡くなって二週間前後のうちに、近代仏教史研究で著名な大谷栄一の取りまとめによって「吉永進一追悼プロジェクト」（代表：岩田文昭、通称「吉プロ」）が立ち上がり、各方面で追悼企画が動き出し（右の日本宗教学会パネルもその一環である）、追悼記事が相次いだことは、その証左であろう[2]（本セレクションの企画もまた、亡くなって一か月以内の動きの最中に国書刊行会から打診があった）。しかし、それにも関わらずパネルでは「吉永進一とは何者か?」と問われたのである。

そのように問われたのには理由がある。一つには吉永が扱った研究対象が幅広いだけではなく、従来の学問の枠組みでは捉えにくいものだったことがある。また、その方法や視座もまた歴史学や社会学、あるいは宗教学といった従来の学問領域にはぴたりと収まりきらない。何より、吉永の学問的バックボーンがどこから来ているのかがよくわからない――出身研究室は京都大学大学院の宗教学専攻、そこでの中心的な研究領域は宗教哲学であり、本セレクションに収められた諸論文のテーマからは一見かけ離れている。一体、吉永進一とは何者なのだろうか。本解説では、この問いに対して、霊術・民間精神療法史研究への関心や視座と絡めながら考えてみたい。

まず、先のパネルの内容から見てみよう。パネルの発案者は大谷栄一であり、初めに岩田文昭と筆者に打診があり、次いで赤井敏夫、末木文美士、並木英子に声をかけて日本宗教学会に申請した(ただし大谷は「後方支援」に徹するということで登壇していない)。パネルの内容は以下の通りである。

- 吉永進一とは何者か?――その研究の軌跡を問う(代表者・司会　岩田文昭)
- 吉永進一の略歴と研究の特徴(発表者・岩田文昭)
- 吉永進一の神智学研究(発表者・赤井敏夫)
- 吉永進一の霊学思想研究(発表者・並木英子)

・吉永進一の民間精神療法研究（発表者・栗田英彦）
・吉永進一の近代仏教研究（発表者・末木文美士）

各登壇者の発表題目は、吉永の代表的な研究対象を示している（ただし、ここに挙げられていないものとして、後述するようにウィリアム・ジェイムズ研究にも取り組んでいた）。このなかで、特に吉永の名が知られているのが、最後の近代仏教史研究における業績であろう。それはＪＳＰＳ科研費研究課題「平井金三における明治仏教の国際化に関する宗教史・文化史的研究」（二〇〇四―二〇〇六年度）、同科研費研究課題「近代日本における知識人宗教運動の言説空間――『新佛教』の思想史・文化史的研究」（二〇〇八―二〇一一年度）といった研究プロジェクトの実施に始まり、その後立て続けに『ブッダの変貌』（二〇一四年）、『仏教国際ネットワークの源流』（二〇一五年）、『近代仏教スタディーズ』（二〇一六年）、『日本仏教と西洋世界』（二〇二〇年）といった共編著が刊行されていることからも分かる。

近代仏教史研究における吉永の直接的な貢献は、従来は忘却されていた新資料を発掘しつつ、神智学協会やスウェーデンボルグなどの秘教思想《エソテリシズム》・オカルティズムが、仏教の近代化や鈴木大拙らを代表とする仏教知識人に大きなインパクトを与えたことを論証した点にある。生前に出版された唯一の単著が『神智学と仏教』（二〇二一年）と題されたことは、この貢献を十分に反映したものであろう。

だが、吉永の近代仏教史研究への貢献は、単なる事例的なものにとどまらない。二〇〇〇年代以降、近代仏教史研究には大きなパラダイムシフトが起こり、『岩波　仏教辞典　第三版』（二〇二三年）において大幅に近代仏教の項目が増加したほどに質・量ともに飛躍的な発展を遂げたことが知られている。「近代仏教研究の新たな波」と呼ばれる、この活況の背後にある理論的・方法論的転回《パラダイムシフト》については、近年、何人かの研究者が分析している。例えば、碧海寿広は、従来の吉田久一らの研究で前提とされた一国性、内面信仰／社会貢献中心史観、宗派（浄土真宗）史観に対して、「近代仏教史の新しい波」を無国籍性、霊と術、脱宗派としてまとめ、吉永の研究をその「シンボル」だったと高く評価する。(3)吉永自身、近年の近代仏教史研究の成果を踏まえ、仏教の近代化の新たな指標として、①大学制度の創設と学術の発展、②メディアの拡大、③国際化の進展を提示し、「仏教の近代化とは、仏教が（日本の）寺院から出ていく過程だと言ってもいい」とまとめているが、(4)大谷栄一はこれを「吉永テーゼ」と呼び、事例を突き合わせてテーゼの妥当性を認めている。このように、近年の近代仏教史研究を語るときにたびたび吉永が引き合いに出されるのは、方法論や視角の点でも吉永の貢献が大きかったことを示しているのである。

吉永はたびたび（ダジャレめかした言い方で）「メタ」と「ベタ」――すなわち理論と事例――の循環性・不可分性を強調していた。それに従うならば、吉永の選んだ事例である秘教思想・オカルティズムそのものに、近代仏教史研究の理論的転回を促進する含意があったと考えるべきだろう。しかも、そうした事例の持つ理論的突破力は、日本の近代仏教史研究に止まらず、さまざまな学問領域を横断して国際的に幅広く注目されており、グローバルな秘教思想・オカルティズム研究の興隆として現象しつつある。もともと、アントワーヌ・フェーヴルらの研究が知られていたが（最も古いエソテリシズムの講座が一九六五年にフランス・ソルボンヌ高等研究実習院で設立、フェーヴルが一九七九年から二〇〇二年まで教授職を務めた）、二〇〇〇年前後から、オランダ・アムステルダム大学のヘルメス哲学・関連思潮の歴史研究所（通称HHP）、米国ライス大学大学院宗教学科のグノーシス主義・エソテリシズム・神秘主義プログラム（通称GEMプログラム）、イギリス・エクセター大学のエソテリシズム研究センター（通称EXESESO）などが設立され、またスウェーデンのいくつかの大学で立て続けに秘教思想・オカルティズムの講座が開設、二〇〇五年には国際学会「西洋エソテリシズム欧州研究協会」（ESSWE）の発足に至っている。(5)

こうした国際的な学術の動向のなかで、吉永の研究も国境を越えて高く評価されるようになっていった。赤井敏夫は、「神智学の果たした役割が異文化間連結のための結節点として注目され、学術的研究の対象として認知されていった欧米圏の流れの中で、神智学を契機とする東西文化交流から発生した新仏教は、逆に吉永に国際学界に対して情報発信する恰好の題材を与えた(6)」と評している。吉永もこうした情報発信をさらに積極的かつ組織的に行うべく、二〇一六年にエソテリシズム研究の日本ネットワーク（JNASE）を立ち上げ、さらに二〇二〇年にはエソテリシズム研究の東アジアネットワーク（EANASE）へと拡張している。この研究ネットワークは、オリオン・クラウタウ（東北大学）、ヤニス・ガイタニディス（千葉大学）、巫毓荃（中央研究院歴史語言研究所・台湾）らによって引き継がれ、二〇二一年には第一回EANASE国際カンファレンス（テーマ「東アジアのスピリチュアリティ・ヘルスケア・社会運動 Spirituality, Healthcare, Social Movements in East Asia」）などの国際研究会を開催するなど、今後の発展が期待される。クラウタウは、近年の研究動向を踏まえ、欧州のキーワードである「エソテリシズム」によって東アジアの事例を語れるのか、逆に日本のキーワードとなっている「オカルト」などの概念でグローバルな対話は可能なのかと問い、言語や翻訳の問題も念頭においた秘教思想・オカルティズム史研究が近年の課題になっていると主張する。(7) こうした流れもまた、吉永の研究が切り開いた道の延長線に生まれたものだと言えよう。

さて、華々しい近代仏教史研究・エソテリシズム研究での成果と並行し、吉永の代名詞的な研究領域として知られているのが、本セレクション第一巻のテーマである霊術・民間精神療法である。これは、近代仏教史研究やエソテリシズム研究のようにすでに確立していた研究領域ではなく、吉永の師である井村宏次が開拓し、吉永自身が継承、確立していった新たな研究ジャンルである。それゆえ、他に比べると認知度は低いかもしれないが、吉永の研究の中心的な位置を占めていたのは間違いない。というより、そもそもこの領域こそが、近代仏教、西洋エソテリシズム・オカルティズム、そして皇道大本などに絡む霊学の思想と実践（並木英子が継承して研究している）が流れ込んで一堂に会する場だったのである。そのことは本書を通読すれば明らかだろう。

吉永の民間精神療法史研究の成果は、編著『近現代日本の民間精神療法』（栗田英彦・塚田穂高・吉永進一共編、国書刊行会、二〇一九年）を始め、いくつかの論文や共著として提出されていた。いよいよ本格的な単著が期待され、企画も立ち上がろうとしていた最中、吉永が亡くなった。心から残念に思うが、本セレクションは、刊行されるはずだった単著の一端を示しているはずである。

以下の編者解説では、吉永の霊術・民間精神療法史研究の展開と特徴を紹介し、その学術的な意義について解説したい（吉永の詳しい経歴は、第二巻の解説に譲る）。

二　吉永進一の民間精神療法史研究の展開

吉永の霊術・民間精神療法史の研究は、次の三つの時期に分けられる。

第一期：U超研・近代ピラミッド協会時代（七〇年代後半―八〇年代）
第二期：電気・オーラ研究時代（九〇年代）
第三期：民間精神療法史の構築（二〇〇〇年代以降）

以下、この時期区分に沿って解説を進めていこう。

第一期――U超研・近代ピラミッド協会時代

第一期は、一九七六年の京都大学入学から八三年の大学卒業、その後二年間の高校教師を経て、八五年に大学院に進学し、九〇年三月に大学院を学修退学した時までである[8]。なお、入学時は理学部だったが八〇年に卒業後、文学部（宗教学）に三回生編入している。大学生時代には、学内サークルの幻想文学研究会およびＵＦＯ超心理研究会（以下、U超研と略）に所属し、その流れで井村宏次、武田崇元、横山茂雄ら、吉永の人生に大きな影響を与える人々と出会っている。また、今や伝説となったオカルト史研究雑誌『ピラミッドの友』の刊行を始めるのもこの頃である（ただし創刊号は巨石遺跡実地調査雑誌である）。この時期の霊術・民間精神療法に関する論考は、「心霊学と霊術家」（『ピラミッドの友』三号、一九七九年、色神博士名義）、「霊と熱狂——日本スピリチュアリズム史序説」（『迷宮』三号、一九八〇年、吉永進一名義）、その他、オカルティズム・神智学系の研究が『ピラミッドの友』、荒俣宏編『世界神秘学事典』（平河出版社、一九八一年）、近代ピラミッド協会編『オカルト・ムーヴメント』（創林社、一九八六年）に発表されている。

なお、『世界神秘学事典』を刊行した平河出版社は阿含宗系の出版社である。また一九七六年には、ヒマラヤ聖者研究会に関わったU超研のメンバーの一部と「桐山密教の一派が接触して、意気投合して、社会的に影響力のある団体をつくろうということ」になり、雑誌『アクエリアス』を発行している[9]（ヒマラヤ聖者研究会の詳細については、本セレクション二巻「編者解説」［二九四、二九七、三〇六—三〇八、三六九—三七〇（註5）、三七二—三七三（註24）頁］を参照されたい）。「桐山密教」とは桐山靖雄の密教であり、つまり七六年当時は観音慈恵会、二年後に改称して阿含宗となる仏教系新宗教教団である[10]。この時期から盛り上がる「オカルト」ブームに桐山密教が果たした役割が大きいことが指摘されているが[11]、それは吉永を取り巻く環境にも及んでいたことが窺える。

だが、この時期の吉永に直接的な影響を与えたのは、ヒマラヤ聖者研究会ではなく、後に『霊術家の饗宴』を著することになる在野の超心理研究家の井村宏次、そして後に八幡書店社主として知られることになる武田崇元であった。両者からの影響については、次節で詳しく触れる。また両者以外には、U超研および幻想文学研究会の先輩であり、本セレクション第二巻の編者でもある横山茂雄の影響が大きい。横山の媒介によって、欧米オカルト史研究に開眼し、現実と幻想のはざまとして幻想文学を捉える見方を養い、中学時代からの古本趣味も昂進している。[12]

時代背景としては、一九六〇年代に『不思議な雑誌』の秘境ブームや大陸書房の「奇談」「神秘」「怪奇」「異次元」「超自然」「超現実」などを売りにした書籍の出版があり、これらを基盤としつつ、コリン・ウィルソン『オカルト』（一九七一年原書刊行／一九七三年翻訳）の出版によって「オカルト」のジャンルが成立している。さらに五島勉『ノストラダムスの大予言』（七三年）、ユリ・ゲラーのブーム（七四年）、エーリッヒ・フォン・デニケンの来日（七五年）があり、一気にオカルトがお茶の間に浸透している。[13] こうした消費文化的な大衆オカルトに対して、教養オカルトとも言うべき、澁澤龍彥に代表される文学的オカルト、あるいは高橋巖らによるルドルフ・シュタイナーの哲学的・学問的な紹介もあった。加えて、阿含宗のメディア展開や紀伊國屋書店のブックフェアで「精神世界」ブームが始まっていた。[14] こうした時代状況の最先端に反応した人々が、U超研周辺に集まっていたと言えよう。

ただし、本セレクション第二巻「編者解説」で横山が論証しているように、第一期の頃の吉永はどちらかといえば懐疑主義的傾向が強かったと思われる。後述するように、それが中和されることになるのは、井村や武田の影響がさらに理論的、実践的に深まっていく第二期以降であろう。また、第一期の吉永はスピリチュアリズム史、心霊研究史、神智学・オカルティズム史に力を入れているが、霊術・民間精神療法は井村の手伝いという側面が強かった。この頃の霊術関係の論文は、「オタク的な知識至上主義」「自慢したいような気分」[15]だったという。つまり、実存的な問題意識と結びついた研究活動というよりは、古書収集という趣味の延長という側面が強く、そのスタンスには一種のシニシズムを帯びていたようである。

なお、修士論文のテーマは「歴史と聖なるもの――エリアーデにおける〝歴史〟の両義性」であるが、[16]エリアーデ研究については共訳書があるのみで、修士論文以降は継続されていないようである（ただし、何かしらの関心を持ち続けていたのは個人的に接した言葉からうかがえた）。一方、『オカルト・ムーヴメント』へと結実した狭義のアカデミズムの外側での研究がむしろアカデミズム内部でも重視され、後に吉永の代名詞的研究へと展開していった。それは、人文系学問およびそれを取り巻く社会の変遷の結果であるが、逆に言えば、同時代的な学問状況とは別個に関心を追求したことが翻って時代に先駆けたのだとも言えよう。ともあれ、同時代のアカデミズムでは、霊術・オカルト史を専攻することは難しく、博士後期課程に進学した吉永は、この方面の研究を放置することになる。吉永自身の言葉によれば、「当時、学術研究とするのは難しかった」ことと、「偶然読み始めたウィリアム・ジェイムズが面白くなってしまったから」[17]である。

第二期——電気・オーラ研究時代

霊術・民間精神療法史研究の再開は、一九九〇年以降、すなわち博士課程学修退学後である。これを第二期とする。このときに『ピラミッドの友』を実質的に再開し、オカルト史を中心に、コアな古本紹介・音楽評論を織り交ぜた執筆を展開する。本解説のテーマに絡む論考としては、岩本道人名義の「類似宗教ノート（一）」（『ピラミッドの友』一〇号、一九九四年）や吉永進一編「霊光の曙——泰西隠秘学来朝抜書」（『ピラミッドの友』一二号、一九九七年）の寄稿がある。前者は、一九三〇年代日本の国家主義とオカルトの接点について論じ、従来の「国家vs.新宗教（類似宗教）」という構図を読み替える好論考であり、そのコンテクストのなかに田中守平や松本道別などの霊術家、あるいは長澤雄楯の弟子筋が論じられている。この論文は、第三期の論考に見られる問題意識を先取りしている。対して、後者は動物磁気・オーラ・生体エネルギーなどの流体概念に関する本の抜粋集であり、むしろ、第二期を代表する主題はこちらである。本書に収録した「「電気的」身体——精妙な流体概念について」（『舞鶴工業高等専門学校紀要』三一号、一九九六年）、「動物磁気からサブリミナルへ——メスメリズムの思想史」（『舞鶴工業高等専門学校紀要』三三号、一九九八年）、「呼吸法とオーラ——オカルト心身論の行方」（宗教社会学の会編『神々宿りし都市』創元社、一九九九年）も、第二期の論考である。

それまでは同人誌を中心に発表していた論考が、紀要や学術論文集でも発表されるようになった背景には、宗教社会学研究会や宗教社会学の会の宗教研究者によって、新宗教研究が宗教学界でも認知され始めたことがあるだろう。さらに、金森修に代表されるフランス系の科学認識論（エピステモロジー）の導入も、第二期の諸論考のバックボーンにあったと考えられる。こうしたアカデミズムの動向の変化から、吉永の在野研究が徐々にアカデミズムの表舞台に浮上し始めたわけである。

第二期は、近代科学（物理学・生物学・精神科学・心理学など）を絶対の基準とする見方への批判意識が、明確に自覚されていく時期でもある。懐疑主義やシニシズムとは異なる、しかし、ビリーバーでもない視点が、井村との交流やR・A・ウィルソン（一九三二―二〇〇七）の『新異端審問』の翻訳、そして同時代のアカデミズムとの交渉を通じて確立していった。この時期に『別冊歴史読本特別増刊　オカルトがなぜ悪い！』（新人物往来社、一九九四年）でサイコップ（CSICOP）のような懐疑的研究を井村・横山とともに批判し、第二巻Ⅱ「カルトと洗脳」に見られるような、精神科学・心理学の名を借りた「カルト」論・「洗脳」論・「マインドコントロール」論への批判も行っている。[18]特に後者の一部の論考が、オウム真理教事件以後に書かれていることにも注意されたい。オウム事件以前、新宗教に対する内在的理解を進めていた宗教社会学だったが、オウム事件以後は雪崩を打って自己批判し、「カルト」批判をする市民社会倫理に転向していった。そうしたなか、吉永の論考は「洗脳」論や「カルト」論への社会学的批判意識を評価しており、当時の宗教学界の趨勢を批判する意図が垣間見える。

近年でも、二〇二二年の安倍晋三元総理暗殺事件以来、政治家と新宗教団体の癒着に改めて大衆的関心が集まった。これをきっかけに、「霊感商法」「多額献金」「宗教二世」問題などを理由として、旧・統一教会やエホバの証人に対する市民社会――特に反「カルト」運動団体やこれと歩調を合わせたジャーナリストや弁護士——からの批判が強まっているが、これに同調し、時にそれを煽り、その問題の解決に（当事者同士の訴訟を超えて）政府の介入さえも求める大御所の宗教学者が少なくない[19]。こうしたなか、吉永の論考は、改めて読み直される価値があるだろう。

第三期——民間精神療法史の構築

第三期は、岩田文昭研究代表のJSPS科研費研究課題「心理主義時代における宗教と心理療法の内在的関係に関する宗教哲学的考察」（二〇〇一年度—二〇〇三年度）に研究分担者として参加したことを画期とする。これ以来、吉永は宗教社会学系の新宗教研究者とも交わりつつ、「民間精神療法」概念を整理して一つの研究領域として確立しようと努め、井村宏次の用いていた「霊術」概念を歴史化して吉永自身の独自性も打ち出すようになる。

吉永が執筆する研究論文の量も飛躍的に増加しており、本セレクション第一巻に収められた諸論考の多くがこの時期に書かれている。本巻に収録されていないもののなかで特に重要なのは、右記の科研費研究の報告書『心理主義時代における宗教と心理療法の内在的関係に関する宗教哲学的考察』（二〇〇四年）に寄稿した「民間精神療法書誌（明治・大正編）」、霊術・民間精神療法の資料集である『日本人の身・心・霊』Ⅰ・全八巻／Ⅱ・全七巻（吉永進一編・解説、クレス出版、二〇〇四年）や『術と行の近代——精神療法・霊術・宗教』全四巻（吉永進一監修、吉永・栗田共編・解説、クレス出版、二〇二一年）、戦前の催眠術本の資料集『催眠術の黎明——近代日本臨床心理の誕生』全七巻（吉永進一編・解説、クレス出版、二〇〇六年)、共著『近代日本の宗教と精神療法 *Religion and Psychotherapy in Modern Japan*』(クリストファー・ハーディング・岩田文昭・吉永進一編、ラウトリッジ、二〇一五年[英文論集])、そして前出の『近現代日本の民間精神療法』(国書刊行会、二〇一九年)などである。

さらにこの時期、吉永は関連する科研費を立て続けに取得している。科研費による共同研究は吉永の研究スタイルを象徴しているので、ここでまとめておきたい。まず、自身が代表となっている科研だけでも、次に示すように五件ある。

① 「平井金三における明治仏教の国際化に関する宗教史・文化史的研究」(二〇〇四—二〇〇六年度)

② 「近代日本における知識人宗教運動の言説空間——『新佛教』の思想史・文化史的研究」(二〇〇八—二〇一一年度)

③ 「近現代日本の民間精神療法に関する宗教史的考究——身体と社会の観点から」(二〇一二—二〇一五年度)

④ 「雑誌メディアによる戦後日本の秘教運動の宗教史的研究——『日本神学』の変遷を追って」(二〇一七—二〇二〇年度)

⑤ 「神智学運動の戦後——日本におけるオカルティズムの展開と神智学」(二〇二〇—二〇二一年度)[20]

採択期間を見て分かるように、ほぼ連続している。さらに分担者となっている科研のうち、特に重要な役割を果たしたものを列挙するならば、以下のものがある（代表科研に続いて連番とした）。

⑥「神智学運動とその汎アジア的文化接触の比較文学的研究――東西融和と民主主義の相克」（安藤礼二研究代表、二〇一四―二〇一八年度）

⑦「デジタルアーカイブ構築による人文書院戦前期資料の多面的文化史研究」（一柳廣孝研究代表、二〇一五―二〇一八年度）

⑧「複眼的視点からの大本教研究――データベース構築と国際宗教ネットワークの研究」（對馬路人研究代表、二〇一五―二〇一八年度）

⑨「日本新宗教史像の再構築――アーカイブと研究者ネットワーク整備による基盤形成」（菊地暁研究代表、二〇一八―二〇二二年度）

⑩「近代仏教と民間精神療法――プラクティスの近代化とグローバル化」（栗田英彦研究代表、二〇二〇―二〇二四年度）

いずれも今回の主題である霊術・民間精神療法に関連しつつも、近代仏教や神智学協会の研究と重なっている。このうち、共編著『近現代日本の民間精神療法』は特に③の共同研究が元になっている。⑦の成果は『「日本心霊学会」研究――霊術団体から学術出版への道』（栗田英彦編、人文書院、二〇二二年）として結実した。①や②は近代仏教に関係し、特に②は近代仏教史研究ブームに火をつけた科研の一つであり、これに関わった若手研究者は、現在では押しも押されもせぬ研究者となって最前線で活躍している人も少なくない（両科研の報告書はネット公開されているので参照されたい）[21]。⑤や⑥は神智学研究であり、特に⑥の成果は『神智学とアジア――西からきた〈東洋〉』（吉永進一・岡本佳子・莊千慧編、青弓社、二〇二二年）として刊行されている。加えて大本・霊学研究の⑧は一部を⑨が引き継ぎ、同科研報告書『月見里神社・稲荷講社／宮城家史料目録――近代清水の神職たちと鎮魂帰神』（石原和・吉永進一・並木英子編、二〇二〇年）が提出されている[22]。この報告書では、神道系新宗教として扱われてきた大本の、初期における霊術・民間精神療法と交錯した風景が描写されており、本セレクション第一巻第一一章「大正期大本教の宗教的場」の前夜を窺うことができる。

このように科研プロジェクトの遂行や、ここには書ききれないほどの数々の研究会や国際ワークショップを企画することで、吉永は従来の研究領域を越境しながら新たな視点で研究を推進し、筆者を含め多くの若手研究者を育成してきた。二〇〇〇年代以降、「はじめに」でも述べたような吉永の評価が急速に高まっていたのは、極めてオープンで若手を育成するような共同研究のスタイルと無関係ではない。

なお、これらの科研費を運用する研究は、二〇〇二年（平成十四）の独立行政法人日本学術振興会法による日本学術振興会の設立によって加速されたものである。それは広くは一九九〇年代以降に進む「大学改革」の一環と目され、例えば研究機関としての国立大学への運営費交付金を削減し、一方で科研費のような競争的資金の獲得競争を進める（これに取り組むために研究時間が減る）ものだと批判されることもある。[23]「大学改革」は確かに国立大学を中心とする各種大学の教授陣には大きなプレッシャーとなったと思われるが、一方で舞鶴工業高等専門学校の英語教員であった吉永にとっては、所属機関に頼らずに研究を進め、人脈を形成し、後進を育成する大きなチャンスとなったのである。筆者は、決して「大学改革」を手放しで評価するものではないが、それが国立大学をトップとした知のヒエラルキーを覆すための、重要なきっかけとなった可能性があることは考慮されてよいだろう。吉永自身は、新自由主義的な動向には確実に批判的な視点を持っていたが、同時に既存の知の枠組みや階層を揺るがそうとしていたことも間違いない。この両面は決して等号で結ばれるわけではないにせよ、一方でこのような形で親和性を持ちうることについて——つまり従来の大学の仕組みでは見向きもされなかったオカルティズム研究に光を当てうるような研究が「大学改革」の一環で開かれ、しかも国外の動向に応答しうる事態となっていることについて——、アカデミズムは「大学改革」の制度批判だけでなく、「大学改革」以前の知のあり方も同時に批判的に問い直す必要があるだろう。

以上のように、制度的条件にも後押しされながら、吉永の民間精神療法研究は二〇〇〇年以降に本格化するが、その出発点に遡れば、一九八〇年頃に始まる宗教社会学系の新宗教研究と同時代性を持っている。つまり、吉永の霊術・民間精神療法研究は、スピリチュアリティ研究のような「ポスト新宗教」の研究なのではなく、新宗教研究の並走者だったのである。もちろん、研究が脚光を浴び、アカデミズムのトップランナーに踊り出るのは、吉永のほうがはるかに遅かった。しかし、在野にまで視野を拡げれば、武田崇元らのハードオカルト研究を継承しつつ、吉永は一般向け書籍や同人誌を執筆の場として活躍していた。吉永が研究を狭義のアカデミズムの枠内だけで考えていなかったことは重要である――それゆえにこそ、先に述べた「大学改革」を通じて知のヒエラルキーが解体していくなかで、吉永の在野的研究活動の継続が、そのままの形でアカデミズムの表層において可視化されることになったのだから。在野の知の深淵を潜り抜けて来た吉永は、表層的アカデミズムに対して、潜在的なエリート意識、言うなれば前衛意識を持っていた。知のヒエラルキーの在野的下層から出発した前衛意識こそが、まさに二〇〇〇年代以降のアカデミズムを領導しえた吉永の潜在的なエネルギーとなっていたのであろう。

三　懐疑主義を越えて――R・A・ウィルソンと井村宏次

さて、ここで改めて確認しておきたいことは、在野研究から登場してきた吉永の研究スタンスや手法についてである。在野の知だからと言って、吉永のスタンスがビリーバーのものとは大きく異なっていることは、本セレクションを一読すれば明らかだろう。かといって、決して単にスケプティカルな批判者の立ち位置でもない。また、こうした信仰と懐疑のはざまを歩むうえで、超常現象そのものを実験によって客観的に記述するのではなく、しかしその可能性を否定したり、あるいは

「フィクション」として現実と切り離したりすることなく、そうした現象を記述・解釈する科学的・社会的認識の思想や歴史を記述するという手法を選択している。いうなれば、現象を記述する「ベタ」な視点の背後にある「メタ」な認識を、ある認識の歴史として「ベタ」化して記述するというものである。

超越的《メタ》な視点を学問的に構成しようとするのではなく、いったん科学的認識も宗教的認識も大衆的認識も同じ次元に並べて歴史・社会的な現象として扱い、そうした「メタ」な認識に再考を促すことを意図する。こうした手法は、ドイツでは歴史主義から知識社会学に至る潮流において、フランスでは先述した科学認識論において展開し、近年ではポスト構造主義の影響を受けた言説分析や概念史として、程度の差はあれ人文・社会科学に広く採用されているものである。ただし、吉永のそれは——金森の科学認識論の日本への紹介とおおむね同時代に進展していることからも分かるように——、アカデミズムの大勢に比すればかなり先駆的であり、しかもそれを専門的なアカデミズムというよりは、在野の取り組みのなかで形成していった点で注目される。

そうした吉永のスタンスの形成に重要な影響を及ぼしたのが、学部生時代のU超研周辺の環境だった。本セレクション第二巻第二章のインタビュー（「余はいかにして「類似宗教学者」になりしか」）で示された、吉永がU超研を描いた見取り図は、横山に批判的に検証されているようにU超研の実態ではないが、むしろU超研の環境から刺激を受けて吉永が構築した状況認識、および中心に位置づけられる理想的なスタンスを示したものだと考えられる。(24)

図　U超研の見取り図
(『吉永進一セレクション』第2巻, 74頁)

見取り図の詳細については同インタビューを参照されたいが、ごくかいつまんで解説すると、ここでの「人生（信仰）」とはニューエイジ的な方向、「現象（超心理）」とはジョセフ・B・ラインや本山博のような超心理学の方向である。「歴史（文学）」の極は、幻想文学の澁澤龍彥に代表される。最後の「SF（懐疑）」は、「サイコップ」や「と学会」に代表される超常現象に対して批判的ないし「オタク」的に向き合うものである。

最後の懐疑の立場を「SF」と表象することについては、若干の説明が必要であろうが、実はこの立場こそがおそらく吉永の出発点だったのではないかと思われる。以下では、SFとの関係に注目しながら、吉永が至ったスタンスについてさらに認識を深めてみたい。

SFと懐疑主義

もともと吉永に懐疑主義的傾向（それゆえのシニシズム）があることは、すでに述べた通りである。それゆえ、未知の現象に対するビリーバー的立ち位置から出発した横山とは、U超研の見え方や井村や武田からの影響の受け方が異なっていたようだ（第二巻「編者解説」参照）。ただ、二人は外から見れば、コンビと思えるほどに重なり合った関心とスタンスを持っていたように映る。とすれば、そうした立ち位置に至るまでベクトルが異なっていたのだろう。つまり、横山が「円盤の世界に足を深く突っ込んでいた〔中略〕前科者[25]」からそこに至ったのに対して、吉永は懐疑主義の超克、いわば超懐疑へと進んでそこに辿り着いたのである。

吉永が中学時代からのＳＦファンだったことは、まさにその懐疑主義的傾向の根深さの証左と言えるかもしれない[26]。科学小説としてのＳＦは、科学的知識を前提として宇宙や社会についてのフィクションを構築する。その点で、単なる「フィクション」に止まらず、社会問題の描写や未来社会の構想といった形で現実との関わりを持ちうる。ユートピア／ディストピア小説や社会派ＳＦと呼ばれる流れである。それゆえ、こうしたＳＦの作家は、未知の現象を既知の科学的知識の枠組みで解釈し、それに対立する見解を批判・否定するというタイプの、啓蒙的な懐疑主義の傾向も持つ。例えば、代表的なＳＦ作家のアイザック・アシモフは、アメリカの懐疑主義研究団体「サイコップ」の創立者でもある。

だが、中学時代の吉永は、そうした通常のＳＦから、さらにニューウェイブＳＦに踏み込んでいく。ニューウェイブＳＦとは、英国のＳＦ雑誌『ニューワールズ *New Worlds*』誌を中心に一九六〇年代の英米で始まる実験的ＳＦ小説の運動である。型に嵌ったモチーフ〔外宇宙・ロボット・異星人・タイムトラベルなど〕で陳腐化した大衆ＳＦや科学的厳密さを求めるハードＳＦを批判し、モダニズム小説やシュルレアリスムの文芸的影響、トロツキズムやアナキズムの政治的影響を取り込みつつ、内宇宙〔内面世界〕へと進み、題材や文体を刷新し、ＳＦを思弁小説《スペキュレイティブ・フィクション》と読み替えて哲学的思索を通じて異世界を構築する。吉永は、日本のニューウェイブSF誌『季刊NW―SF』誌の熱心な購読者であった(27)。

おそらくこのSF遍歴こそが吉永の超懐疑の原初体験なのだろう。というのも、ニューウェイブSFとは、SF的懐疑をSF自身、あるいはハードSFの前提とする科学的知識にも向けたものであり、SF的懐疑の徹底化による超克、いわば超懐疑と見ることができるからである。ここから高校時代の吉永は、ニューウェイブSFに隣接した幻想文学、先ほどの見取り図で言えば、「歴史(文学)」への視野を開いたわけである。ただ、SFの持つ現実志向・科学志向が吉永から失われたわけではないだろう。大学入学後の吉永が、幻想文学研究会のみならず、U超研に足を踏み入れたことにそれは現れているし、さらに言えば、理学部に入学したことにも関係しているかもしれない。

井村宏次と武田崇元

ともあれ、吉永はU超研を通じて井村や武田に出会い、深く影響を受けることになる。井村が吉永へ与えた影響の大きさについては第二巻収録の吉永のインタビューで生き生きと語られ、横山の解説でも厳密に描写されているので、詳細はそちらに譲りたい。ここでは、行論の都合上、『近現代日本の民間精神療法』の「あとがき」から、吉永による井村に関する描写をいくつか引用しておく。

〔前略〕彼〔井村—引用者補足〕は一方で霊的現象の存在を認めながら、常に批判的、科学的な態度を崩さず、彼の超心理学の実験に協力する中で、超常現象の可能性というよりも、科学的論証の厳格さを教えられたと思う。〔中略〕治療については強いプロ意識と自信を持ちながら、謝金をとろうとしない時期があった。

「患者は謝礼を払うとそれで満足してしまいよる。治療費をとらんのは、それ以上こちらに迷惑をかけんように、自分で直《ママ》そうとする、自分で自分を直《ママ》す気持ちに患者を追い込むためや」。

「病人はエゴイスティックなもんや。しかしそれでは病気は治らん、病人が他人を思いやるようにしむけんと」。

「なんでわしは金にもならんのに治療しとるのかなあ。治療は実験やな、実験」（ある時は、遊びや、遊び、とも）。

鍼灸医の治療は物理的である。しかし、そこには精神的な仕掛けがあり、さらに宗教的ともいえるような使命感がある。治療という行為の根本的な宗教的意味を考える上で、井村さんの言葉は私には今でも重要なヒントになっているのだが、前後の文脈を切り取って、こうやって書きだすと面白くない。むしろ『霊術家の饗宴』（心交社、一九八四）を読んでいただいた方が、霊術家の描写に井村さんの姿が見え隠れする。ともかく、彼は治療にかけては研究心旺盛で、古書を渉猟して広く技法を研究しており、霊術なるものを発掘してきたことに驚きは感じなかった。

〔中略〕

〔その後に岩田文昭代表科研を経て―引用者補足〕ここから先は、資料を読み論文を書き続けて今に至るのだが、結局、学界の流れにはあまり関係なく、井村さんの研究と資料にひきずられるままに読み続けてきたにすぎない。(28)

吉永の方法論との関係では、霊現象を認めつつも批判的であるという井村のスタンスや、治療師としての関心から「実験」に加え、過去の技法の歴史研究にも向かう点が注目される。同インタビューの記述を読むと、吉永にとって先の見取り図の四象限の理想的中心点のモデルとして井村があったことが窺えるが、なにより、まさに霊術・精神療法研究そのものが、学界のコンテクストではなく井村の先導によるものであることが、この「あとがき」では率直に告白されている。

一方、武田崇元からの影響については、拙稿「ポスト全共闘の学知としてのオカルト史研究――武田崇元から吉永進一へ」(『〈学知史〉から近現代を問い直す』田中聡・斎藤英喜・山下久夫・星優也編、有志舎、二〇二四年)において一九六八年闘争との関わりから論じたので、ここでは概要のみ記しておく。

吉永は、一九六八年の全共闘運動の問題意識を『NW―SF』誌――その編集長の山野浩一は六〇年代ラディカリズムの同伴者であり、その編集部には元全共闘のノンセクト活動家が多数入り込んでいた――に加え、武田崇元が別名義で執筆した『日本のピラミッド』や編集長を務めた『復刊地球ロマン』『迷宮』を通じて、間接的に受け継いでいた。大規模な大学闘争として現象した全共闘運動では、大学の体制や学問に疑問を投げかけるのみならず、マルクス主義的真理を担った前衛党を称する新旧左翼諸党派に対する、ノンセクトからの徹底的批判もまた遂行された。新左翼党派からの離脱者や元ノンセクト活動家は、その後、メディア業界やアカデミズムに入り込み、在野を含めた広義の学知の変動に大きな影響を与えており、武田もその一人だったと見ることができる。吉永が武田から継承したのは、政治運動・社会運動的なモチベーションとオカルトの融合を志向しながらもその解体を同時に遂行するような重層的な批評実践、知識人を含む人々の「狂気」の直視、そして厳密な史料批判に基づくオカルト史の記述である。吉永は、ポスト全共闘の学知的変動を、在野の知に接することでいち早く受け止めていたのであり、それゆえにこそ、既存のアカデミズムに対しては先駆的なスタンスを持ちえたのである。

概括するならば、こうした両者のあり方を、吉永は懐疑と信仰のはざまをいかに歩むかというテーマで受け止めたと言えよう。ただ、取り急ぎ付言しておくならば、第二巻「編者解説」で横山が述べているように、「井村は〈本物〉と〈インチキ〉を峻別する厳密な態度を終生崩さなかったと同時に超感覚の実在をかたく信じた霊能者でもあった」（三二八頁）のであり、厳しい自己反省の意識を維持しつつ、中核的なテーマは〈懐疑／信仰〉ではなく、〈本物／インチキ〉（＝真偽）であったようだ。武田にせよ、本人のテーマは懐疑と信仰のはざまというよりは、政治的アジテーターの批判的継承としての、冗談と真剣のはざまであったと思われる。これらのテーマは〈懐疑／信仰〉

とはズレる問題も多分に含むが、これをあくまで〈懐疑／信仰〉と受け止めるところにこそ、吉永のSF的懐疑の出自や両者と吉永の差異が現れており、それゆえにこそ吉永の学問的スタンスに関わる要点なのだと思われる。

R・A・ウィルソンの「新たな不可知論」

こうした吉永の問題意識の受け止め方を理解するために、米国のSF作家で「不可知論的神秘家」を名乗るロバート・アントン・ウィルソンに注目したい。吉永は、ウィルソンに「かなり影響を受け」、その著作を読んで「見方がやわらかくなり」、「そこまで懐疑にこだわらなくてもいいんじゃないか」と述べ、「現実的な感覚に根差した批判精神」と「超自然的への柔らかな感受性」のバランスに「井村さんにも似て」いるものを感じている(29)。実は、この『新異端審問』のテーマこそ、吉永の〈懐疑／信仰〉の問題に直接的に応答しうる「新たな不可知論」であった。それゆえ、吉永はウィルソンに手紙で直接コンタクトして承諾を得て、その著作『新異端審問』の翻訳を開始し、その内容を『ピラミッドの友』で連載したのである。横山の解説でもR・A・ウィルソンが吉永の姿勢や文体に与えた影響の深さが指摘されているが、ここでは特に懐疑の問題に焦点を絞って考えてみたい。

まず、ウィルソンのプロフィールを紹介しておこう。ウィルソンは、ホーソーン大学で心理学を学び博士号を取得した後、プレイボーイ誌編集部に入り、プレイボーイ・フォーラム部門を担当する。この時期に一九六〇年代の政治的・文化的激動を経験する。著作に、ドラッグ解説書『セックス・アンド・ドラッグ』（一九七三年）、小説に『イリュミネイタス！』三部作（ロバート・シェイとの共著、一九七五年）、『シュレディンガーの猫』三部作（一九七九―一九八一年）、『歴史的イリュミネイタス年代記』三部作（一九八二―一九八八年）など、また、「未来派心理学」や「ゲリラ存在論」と呼ぶ自身の思想を述べた『コズミック・トリガー』（一九八八年）もある。[30] これらの著書には、陰謀論、代替現実、サイケデリック・ドラッグ、魔術、リバタニアニズムやアナキズム、量子力学、性といった、アメリカのカウンターカルチャーで頻出するトピックに彩られている。また、「ＬＳＤの教祖《グル》」と呼ばれるティモシー・リアリー（一九二〇―一九九六）の親友として、相互に影響を与えあっていた。

こうしたプロフィールを見ると、Ｒ・Ａ・ウィルソンがニューウェイブＳＦと共通したテーマを抱えた作家であるとともに、[31] 七〇年代カウンターカルチャーの典型的人物であることが分かるだろう。また、ドラッグやサイバーニューロンという内面世界への物質的なアプローチは、第二期の吉永が、電気やオーラというむしろ物質的なものに執着するきっかけを与えたかもしれない（その端緒はニューウェイブＳＦにまで遡れるだろうが）。ただ『新異端審問』におけるウィルソンの主張の要点は、正統文化への批判を突き詰めながら、そのオルタナティブとしての対抗文化への批判意識をも孕んだラディカルゆえの現実的な着地点にある。

端的に言えば、この本は「新異端審問」と「新たな偶像」を、「新たな不可知論」（「新たな懐疑主義」）によって批判していくものである。[32]「新異端審問」とは、自身の知る科学的知識を前提に何が可能か不可能かを前もって規定して、その前提に反する知見を全面的に否定していく態度のことであり、時にその態度に基づく「焚書」をも含む。そのような前提の無謬性こそが「新たな偶像」であり、この「新たな偶像崇拝」は、「新ファンダメンタリズム」、「ファンダメンタリスト物質主義」とも呼ばれる。なお、ウィルソン自身はSF作家らしく物質主義や科学に対して肯定的であり、ここでの批判の焦点はファンダメンタリストに置かれている。こうした「新たな偶像」崇拝者＝「科学的ファンダメンタリスト」の具体的例証として、ウィルソンがしばしば取り上げるのが、マーチン・ガードナーをはじめとするサイコップの面々である。疑似科学・超常現象の批判的調査・研究団体であるサイコップは、機関紙名を『懐疑的探究者』と謳っているが、反対意見や両論併記を一切認めない同組織の懐疑論は「盲目的信仰」となってしまっていると言う。[33]

対して、ウィルソンの言う「新たな不可知論」とは、「『神』概念だけでなく、思想、イデオロギーのあらゆる領域のあらゆる観念にたいして、不可知原則を当てはめようとする態度」であり、その不可知原則とは「全面的な肯定も全面的な否定も、共に拒絶する」ことである。宗教的であれ、科学的であれ、超常現象に関するものであれ、等しく懐疑の対象となる点で、SF的懐疑のところで述べた超懐疑に相当するだろう。それゆえ、「新たな不可知論」では、あらゆる状況に当てはめられるエティック（客観的）な認識の理論モデルというものはない。科学理論も、宗教的ドグマも、その他のあらゆる文化体系も、いずれもすべてはイーミック（主観的）なリアリティ＝理論モデルに外ならず、人々はそうしたリアリティのなかで生きている――ウィルソンはあらゆるリアリティが狭く、個々人によって異なることを強調するために「リアリティ・トンネル」という言葉を使う。「新たな不可知論」は、いずれのリアリティ・トンネル＝理論モデルに対しても「深さ」の優劣を付けない。「ただ、理論を使う人に役立っているかどうか、有効性を問うだけである」(34)。

つまり、「新たな不可知論」とは、何らかの主張や事実――事実もまた純然たる事実などは存在せず、理論負荷性を帯びていることが前提となっている――について原理主義的な否定や肯定を拒絶し、プラグマティックな観点から問うことを言う。こう書いてしまえばごく当然で穏当な話なのだが、ウィルソンはこれを敢えて挑発的なトーンや〝なんちゃって〟感を差し込みながら論じていく。つまり、自身の批判がファンダメンタリズムにならないために、常にアイロニカルな文体が要求されるのである。「彼〔ウィルソン――引用者補足〕の人をおちょくった文体抜きには、このアナーキーなプラグマティストの魅力を語れない」と言われる所以である(35)。プラグマティックな宗教経験理解という点で、吉永が博士課程で取り組んでいたウィリアム・ジェイムズにも通底するものがあり、もしかすると当時はウィルソンの主張について、ジェイムズを通じてアカデミズムで形にしようと考えていたのかもしれない。

懐疑主義のリミット

しかし、第三期に入って吉永が本格的にアカデミズムで活躍し、評価されるようになると、その超懐疑のスタンスは基本的には維持しつつも、かえってある種の傍観者《ウォッチャー》的な態度からも距離を取り、自分のスタンスをさらに一歩深めていったように思う。横山は、第二期における吉永に対するウィルソンの影響の大きさから、「吉永が本当に書きたいと夢想していたのは、ウィルソンのような文体＝距離で〈オカルト〉を縦横に語る書物であっただろうとわたしはほぼ確信している」（第二巻「編者解説」三二三頁）と言う。普段の吉永の軽妙洒脱な態度から考えると、筆者も大いに同意したい。ただ、筆者が吉永と出会ったのはすでに二〇〇九年という時期であり、横山との交流が深い第一期や第二期ではなかった。特に晩年に差し掛かるにつれて、ふとした時に筆者にもらした言葉や見せた表情は、軽妙洒脱なだけではないものを感じることがあった。それが何かを端的に語ることは難しいのだが、先述のインタビュー（第二巻第二章）で述べた、オウム真理教の中川智正の入信前の神秘体験を「巫病」――文化人類学や民俗学でシャマンになるときにわずらう心身の異常状態を指す用語――として理解することに対する吉永のクリティカルな見解に対して、「さらに踏み込んだ見解」であり、「彼がこういった立場にいたったのはいつ頃になるのだろうか」と言う横山の感覚と何かしら通じるものがあるのかもしれない(36)。

実際、そのような変化に至ったのはいつ頃なのだろうか。もちろん、変化は段階的であり、単純に一つの時期を示すことは難しいだろう。ただ、今回、解説のために資料を見直していて、R・A・ウィルソンに関わる吉永のコメントから、第二期にもその萌芽があったと思われるところを見つけたので記しておきたい。

『ピラミッドの友』一〇号（一九九四年）には、吉永と横山が執筆する「Book Review」コーナーがある。当時、オウム真理教は世間の注目を集めていたが、地下鉄サリン事件はまだ一年後である。先端技術・メディア・ドラッグ・電子音楽の対抗文化系ラインナップを、「ニューエイジ New Age」ならぬ「ニューエッジ New Edge」として並べる『モンド２０００』という雑誌を取り上げた洋書の、吉永（岩本道人名義）によるブックレビューは、オウム真理教がパソコン業界に進出していると いう話を枕にしながら、ウィルソン的文体で次のように締めくくられる。

〔この雑誌において――引用者補足〕バロウズ、ティモシー・リアリー、アントン・ウィルソン、テレンス・マッケナといった六〇年代ドラッグ・シーンの生き残り、筋金入りのアナーキストたちが新しい世代のオピニオン・リーダーとして復活してきているのも注目すべき現象だろう。要するに、自由と自律の回復、束縛からの脱出という理念と、そしてそのための実践的知識の数々というのが、ニューエッジの中に含まれている。

自由を目指すのは、人として生まれた以上、美しい責務であり苦しい理想であると思う。しかし、そこで束縛から自由になるのは誰なのだろうか。私＝意識と考えるべきなのかどうか分からないが、ただそう考えると、人はいつまでも縛られていることになる。つまりこの体であるサイケデリックやコンピューター空間で、意識は一瞬の解放感を味わうことが出来るかもしれないが、一瞬の後には、この鈍重な、時間に抗うこともなく老化してゆく肉体に戻らなければならない。と言って、頭脳という器官を抜きに意識を保てるわけはない。〔中略〕意識と肉体については、いろいろな解決方向があるだろう。でも個人的には、その割り切り方には危険なものを感じてしまう。意識の解放戦略に必要な駒として肉体、それでいいのかな。スマート・ドラッグの不気味さは、その割り切り方にある。知能指数が上がるのが人間存在の意味のすべてなのかい？ 中身の抜けた意識至上主義。

「脳への移植が実現、なんて発表されたらすぐに手術の予約を取るね。数カ国語を植えてもらって、睡眠を不要にして、当然ながらコンピューターと直接の神経インターフェースをつけてもらうさ。すごいぜ」(Steve Jackson, p. 40)。うぇっぷ。(37)

もちろん、先に述べたように、R・A・ウィルソンの（吉永にとっての）重要性は、テクノロジカルな意識の解放というよりは、「新たな不可知論」にある。だが、そもそもそうした懐疑主義自体が意識や認識の問題であり、どれほど認識のうえで原理主義を拒絶し、言葉や意識の次元でプラグマティックかつ軽やかに振る舞ったところで、常に「鈍重な、時間に抗うこともなく老化してゆく肉体」に引き戻されるのは、意識解放のテクノロジーも懐疑主義も同じである。人間のジレンマは、信仰か懐疑かという意識のレベルにあるのではなく、意識と肉体という古典的でありふれた二元論にあるのではないか。六〇年代から七〇年代の対抗文化は、スピリチュアルな方向であれ、サイバーテクノロジーの方向であれ、一元論や多元論によって物心二元論を超克しようとした。しかし、その一つの帰結がオウム真理教事件であったのならば――つまりオウム真理教こそが身体技法や物理的暴力によって意識の解放を肉体に差し戻そうとしていたのであるならば――、吉永は、オウム真理教を「カルト」として客体化して片づけるのではなく、意識と身体、そしてそれに絡む自由と束縛という近代人の誰もが抱える問題として総括しうる視点に、少なくとも地下鉄サリン事件直前には至っていたのである。

『ピラミッドの友』同号における「新異端審問」翻訳の前口上では、一九九一年に出版された『コズミック・トリガーII』に触れ、過去の自殺未遂の苦悩や「躁的な姿の裏側、生に絶望しないために奮闘する姿」を描いた、淡々とした地味な話になっていることを指摘する――明らかに前著『コズミック・トリガー』の書かれた一九七〇年代のウィルソンのポジティブで華々しい調子から反転している。その本の結末でウィルソンは、「これまでさまざまな物理的、形而上的リアリティ・トンネルを食い散らかしてきた」けれども、「シンラン・ブディズム」(＝親鸞の仏教)を選び取り、「アミダ」(＝阿弥陀)のもとでのパートナーとの結婚を決断するのである。(38) ウィルソンと井村が吉永のなかで重なっているとするならば、井村が深い浄土真宗信仰を有していたことまでもがここで一致してくる。両者は肉体の桎梏を引き受け、傍観者や多元論者を経由したうえで、特定の信念と実践を引き受けていく。ここにおいて、井村が開拓した霊術・民間精神療法の問題が、改めて真剣に取り組むべき課題として吉永の視野に入ってきたのであろう。

四　吉永進一の学問的スタンス——新宗教研究とオカルト研究

以上で確認してきた吉永のスタンスは、その研究にどのような形で反映されているのか。ここでは新宗教研究と対比しながら確認してみたい。

そもそも、「新たな不可知論」による科学的ファンダメンタリズムへの批判は、自然科学のみならず、宗教研究を含むあらゆる学問領域に対して重要な難問を提起している。これは個別の学術理論モデルをプラグマティックに捉えれば済むという問題でもないし、反証可能性を保証すればよいという問題でもない。むしろ、人文・社会系の学問という制度そのものが、対象のイーミック・リアリティへの懐疑によって保証されている、あるいは保証されるはずであるという想定に関係している。つまり、たとえ物質主義的ファンダメンタリズムではないにせよ、懐疑主義的ファンダメンタリズムという事態がアカデミズムでは生じやすいのである。ウィルソンのアイロニカルな揶揄的文体は、それによって制度的権威化を回避する装置であった。

つまり、〈懐疑／信仰〉の問題は、〈懐疑する研究主体／信仰する研究対象〉として学問の現場では現象する。宗教研究では宗教に対する〈外部者《アウトサイダー》／内部者《インサイダー》〉の問題としても知られるものである。このような二項対立的フレームワークが制度化する限り、懐疑主義的ファンダメンタリズムは回避不能である。一つの回避方法は、ウィルソンがそうしたように在野であり続けることだろう——しかし、それでも不十分なので文体の問題が重要になる。だが、吉永は在野から出発しながらも、アカデミズムの制度と文体に参入したのである。

だが、それはウィルソンが至った問題を捨て去ったというわけではなく、むしろ先述したような超懐疑の超克としての参入であったのではないか。そうだとすると、吉永における研究主体と研究対象の関係の把握が問われてくる。この点については、吉永は先述のインタビューで述べられるように、「フィールドから来た」あるいは「内部から成り上がったような感じ」という認識を持っていた。(39) ここでいう「フィールド」とは、これまで論じてきたような、U超研や井村宏次や武田崇元との交流、あるいはその舞台となったオカルト雑誌や霊術的治療の現場に他ならない。この「フィールド」の引き受け方が、吉永における超懐疑の超克としての信念と実践の引き受けでもある。実は吉永は、自身のブログ「電気的真丹後蝸牛報」において長らく名乗っていた「類似宗教学者」という肩書を、最晩年に「ウィリアム・ジェイムズ原理主義者」と変更していた。つまり、自身のアナルコ・プラグマティズムとでもいうべきスタンスを、アイロニーを十分に込めつつ、敢えて原理主義《ファンダメンタリズム》として把握して提示したのである。

これは、次のことを意味している。吉永は、アカデミズムから霊術・民間精神療法の「フィールド」へと往還する——眺め、入り込み、解釈して学会で報告する——というのではなく、逆に「フィールド」からアカデミズムに入り込んだのである。その「フィールド」は、懐疑の欠如した純然たるイーミック・リアリティでもなければ、信念を欠いた懐疑主義や相対主義でもない。むしろ〈懐疑／信仰〉と吉永が解釈したもののはざまを歩む井村、武田、U超研、近代ピラミッド協会に絡む経験をイーミック・リアリティとする「フィールド」である。このスタンスから見れば、通例のアカデミズムは、懐疑主義的ファンダメンタリズム、あるいは懐疑主義の不徹底なイーミック・リアリティ（＝リアリティ・トンネル）に他ならない。言うなれば、「フィールド」からアカデミズムを啓蒙すべく、吉永はアカデミズムに本格的に参入したのである。在野でありつづけ、ある意味では「ベタ」な信仰の決断に至ったウィルソンに対し、むしろ吉永はアカデミズムに参入することで、自己の「フィールド」の確信犯的な原理化という形でウィルソンを突破していったと言えるかもしれない。

こうしたスタンスでのアカデミックな宗教研究への参入は、概括的に言えば、明確な信仰を持った研究者のそれとも、信仰を持たない研究者のそれとも明らかに異なる。ただ、ここではより具体的に、民衆宗教・新宗教研究の研究スタンスとの違いに注目したい。民衆宗教とは、天理教・金光教・大本・丸山教・如来教といった幕末維新期に創唱・発展した宗教集団を意味し、安丸良夫らによって研究が進められてきた。こうした研究では、民衆宗教のなかに見られる倫理道徳に民衆の主体形成や変革願望を読み込んできたことが知られている。一方、新宗教は民衆宗教を含みながら、第二次世界大戦後に大きく教勢を伸ばした諸教団――創価学会・立正佼成会・霊友会など――までを視野におさめた概念である。新宗教研究の代表的研究者の島薗進は、安丸の民衆宗教研究を継承しつつも、その研究では呪術的側面が軽視されていると批判し、むしろ呪術に倫理革新のみならず他者や自然との「調和」や「連帯」を見て、近世以来の「生命主義的思想」として評価する。[40]民衆の主体化というテーマを民衆宗教研究から引き継ぎつつも、そこで前提とされる近代合理主義の行き過ぎには批判の眼が向けられているわけである。

島薗進や西山茂らが進めた新宗教研究は、一九八〇―九〇年代前半の宗教研究で大きな流行を見せた。そうした研究を推進する母体となったのが、西山や島薗が中心となった関東の宗教社会学研究会（一九七五―一九九〇、宗社研）や、問題意識を共有しつつ特に都市民俗学に強くコミットメントした関西の宗教社会学の会（一九八〇―現在）であり、これらの発足時期は、ほぼ『ピラミッドの友』の刊行開始と重なっている。また、西山茂が井村の『霊術家の饗宴』の影響を受けて霊術（西山は「術の宗教」とも呼ぶ）に注目して、霊術から発展した「霊術系新宗教」という教団類型を提示したり、島薗進が精神世界ブームやニューエイジ運動研究に進み、そこから遡って戦前の民間精神療法周辺の「癒す知」の研究を切り開いたりしており[41]、また逆に吉永も大本のような民衆宗教・新宗教に注目したりするなど、この二つのラインの研究には共通点も多い。しかし、それでもそれぞれのラインの問題意識には大きな違いがある。

私見によれば、その違いの決定的要因となったのが、（学問史というより）学知史的視点[42]から言うならば、一九六八年闘争への関わり方だと思われる。吉永は、先述のように『NW―SF』や武田崇元、あるいは京大内の全共闘運動の残り火――当時の京大は竹本処分問題に揺れていた――から間接的影響を受けていたが、宗社研世代の研究者は、その関わり方はさまざまであるにせよ、同世代の社会現象としてダイレクトに影響を受けざるを得なかった――たとえば、島薗進は東大闘争では新左翼セクト（日本共産党や社会党など旧左翼を批判して登場した左翼グループ）の日本社会主義青年同盟解放派の学生党員として積極的に活動し、その挫折から一年留年し、医学部から文学部に転部している[43]。

しばしば全共闘運動の代名詞として語られる「自己否定」のスローガンは、強くエリート意識を持った東大生が中心となった東大闘争から出現したことは知られている[44]。国家権力や大学権力を支えるエリートへのレールに乗った東大生としての自己と、日帝打倒・大学解体を闘争課題として掲げる全共闘運動のあいだの矛盾が「自己否定」という形を取ったからである。この運動に「挫折」したとき、導きの糸の一つとなったのが吉本隆明の思想である。実際、宗社研の中心になった東大宗教学研究室は、東大闘争の挫折を吉本隆明の影響を色濃く受けることで乗り越えていったことは、すでに指摘がある[45]。吉本は『転向論』などで大衆から浮き上がった戦後の知識人を批判し、『自立の思想的拠点』などの著作では、みずからの内にある「大衆の原像」に依拠し、そこに「自立」の拠点を置くことを主張した。これに影響を受け、新宗教研究者は「民衆宗教」の原像に依拠し、そこに知識人としての自己の拠点を構築しようとしていたのだと言えるだろう。この時期の新宗教研究でしばしば述べられる「内在的理解」とは、そのような思想的・時代的バックボーンから理解されるべき事柄である[46]。

だがこの種の研究の前提には、依然として知識人／民衆（大衆・新宗教）という二分法があり、そのような二分法の前者から後者への下降と、そこに下降しえたと自認する知識人・研究者による代理＝表象という関係が生じている。前衛党がプロレタリアートや民衆の利益を代表・代弁すると称し、トップダウン的な革命運動へと人々を指導・動員するという構造は、指導する党幹部と指導される党員や労働者の意志の乖離という問題——いわゆる代行主義の問題——を生み出し、一九五〇年前後の戦後主体性論から新左翼の登場を経て、全共闘運動以降はノンセクトによる新左翼党派への批判において徹底的に問題化されたものである。それはまた大学への進学率増加に伴う、社会階級としての知識人／民衆という二分法のリアリティの消失の始まりを反映してもいた(47)。しかし、先述のような形で受け止められた吉本の思想は、こうした二分法の問題や構造変化に十全に応じたものではなく、むしろ前者への反省を促すという形でこの問題構造のアポリアを温存するものであった。

ところで、吉永はこうした民衆宗教・新宗教研究に絡む問題を明確に認識していたと思われる。本セレクションの第一巻第一一章で、民衆宗教研究と異なる視点から大本を論じているところではっきりと見て取れよう。個人的経験から思い起こすと、筆者はあまり吉永に細かいアドバイスをされたことはなかったが（アドバイスよりも、こんな資料があるとか、あんな資料があるといった形で教えを受けることが多かった）、数少ないアドバイスのうちに「民衆宗教」概念はやめた方がよいというものがあった。筆者が研究の視座に悩んでいて、何気なく「民衆宗教」概念はどうか、と聞いたときに言われたと記憶している。今思えば、それは先に見た「フィールドから来た」というスタンスからすれば必然的なアドバイスであった。

そうしたアポリアの核心を、吉永自身の言葉で表現するならば、「歴史と「毒」についての議論の不足[48]」となる。吉永が歴史研究に重きを置いていたことは改めて言うまでもないだろう。もちろん、民衆宗教・新宗教研究が歴史記述を軽視していたわけではないが、マルクス主義から屈折しつつも受け継いだ「民衆」「大衆」を知識人たる研究者から対象化・客体化し、そこに価値を見出すというフレームワークは、歴史記述においてもある種のバイアス、すなわち「研究者の精緻で外在的な（etic）理論が、正当な判断を誤らせる可能性」が生じると吉永は考えていたようである。実際、新宗教研究に「予定調和的」にまとまる甘さを、また都市民俗学的な学術概念化に「安全性」の問題を感じていた[49]。それに対して、吉永は、自己の「毒」と結びついた歴史的な把握を主張する。これは、吉永自身の言葉で語ってもらったほうが分かりやすいだろう。

　そもそもオカルトっていうのは……例えば宗教というのは宗教って言葉で括ったらそれで安全性が確保できるわけですね。信じるものには何か見えると。信じる人のリアリティは尊重してあげましょうと。ということは、信じない人は見えないから安全だと、裏をかえすとこういうことですね。
　ところがオカルトって形で提示されてる問題は、信じない人にも何か見えちゃう。じゃあどうしましょうと。そういう危険性があるってことですね。それが無いってことであれば、オカルトって言葉でわざわざ取り上げることはないんで。〔中略〕もっと一般の世界観に突きつけられた問題としてあるんだってことを考えないと、オカルトの持つ怖さとか都市伝説の持つ恐ろしさ……恐ろしさですね、その部分を諒解できないんじゃないか。あまりに安全なポジションから、安全にものを言い過ぎてるんじゃないのかなって怖れがずっとあったし、今でもあるんですけど。〔中略〕

まあこれは宗教学でいうと歴史構成主義とか本質主義との議論にも通じるんですけど。僕は歴史によって構成されるものはいっぱいあるっていうふうに、それを前提としたうえでなおかつ何か裂け目のようなものがあると考えたほうが世界は豊かではないかと。これはウィリアム・ジェイムズの考え方ですが（笑）。そういう心理的な立場というのかな、実存的な立場をとってるもので、やはりそういうふうに考えてしまうということですね。[50]（傍点引用者）

「毒」というのは、最初の傍点部分で「危険性」と言い換えられて述べられているように、信者だけのイーミック・リアリティではなく、それを調査する研究者自身にも体験しうるような普遍的なリアリティでありながら、一方で近代世俗社会の公共的言説としては否定されているような何かである。吉永のいう「オカルト」とは、これである。これに対して、近代の「宗教」概念は、信者のリアリティを信者だけのものとして閉じ込めて客体化する。もちろん、この問題は「宗教」概念だけの問題ではなく、「都市伝説」や「巫病」等々、エティックな学術概念にも当てはまる。[51] それゆえ、「オカルト」のような言葉も、客観的概念として実体化されてしまった時点で同じことになるだろう。むしろその実体性や客観性を掘り崩して、自分の問題として考えるための方法論的な概念だと見た方がよい。

ゆえに、吉永のいう「オカルト」は、単に超自然的・超常的・神秘的といった意味に限定されるものでもなければ、サブカルチャーやカウンターカルチャーなどの上位／下位、中心／周縁などの文化的ヘゲモニー関係を前提として限定されるものでもない。この点でカルチュラル・スタディーズの視点とは幾分ずれる。というのも、あらゆるものが体験しうる「毒」＝「危険性」には、権力関係以上に普遍性の含意があるからである。この点が、歴史構成主義、すなわち超歴史的な本質概念を批判し、あらゆる概念が歴史的・政治的に構成されたとする視点——歴史主義に始まり、ポスト構造主義や新歴史主義にも貫かれた視点——を採用した諸研究とは幾分異なっている。こうした観点に対しては、二つ目の傍点部分でも言うように、歴史構成主義を前提としつつも、「裂け目」という歴史構成主義を超えた、一見すると本質主義とも誤解されかねない言葉で応じることになる。

もちろん、吉永が言いたいのは、人間には「裂け目」という本質があるということではない。そうではなく、それは、本質主義であれ、歴史構成主義であれ、その視点の「安全」を脅かすものが、いつも「フィールド」には現象しているという、一種の態度表明のようなものである。反本質主義の本質主義、反原理主義の原理主義とでもいえるだろうか。ゆえに、彼のいうところの「オカルト」は研究対象と研究主体の区別を超え、むしろ研究者自身の「安全なポジション」を「裂け目」から問い直して不安に揺るがせ、同時に世界を豊饒化するための、一つのプラグマティックな窓口だと言うべきだろう——吉永はそれをウィリアム・ジェイムズの考え方に帰している(52)。

吉永は、ニッチ（隙間）にあるものこそが、むしろ人間の認識・社会・政治・歴史・文化の構成に裂け目として生じる余白を埋め、それによって全体を支え、また揺るがしてもいると見ている。彼が自身の研究を「ニッチ産業」というとき、一種の自虐的アイロニーとともに、右のような真剣かつ全面的な批判意識があったことは、いくら強調しすぎてもしすぎることはないだろう。

五　民間精神療法・カルト的場・知識人宗教

ここでは、これまで確認してきた学問的スタンスが、本セレクション第一巻にダイレクトに関わる民間精神療法、カルト的場、知識人宗教といったキーワードに、どのように落とし込まれているかを確認していきたい。

民間精神療法の概念

吉永の「霊術」や「精神療法」の概念の用法には、これまで見て来た問題意識が深く貫かれている。『近現代日本の民間精神療法』の序論では、「術の宗教」（西山茂）や「癒しの運動群」（『癒す知の系譜』）といった宗教社会学の用語が「現代的視点からの意味づけが大きく、曖昧ではある」と批判している。エティック／イーミックの論点になぞらえるならば、現在のエティックな用法よりも、同時代のイーミックな用法に拘っているわけである。だが、ここで重要なのは、その延長線で述べられる井村の霊術概念への批判である。

当時の用語法に根ざす井村の「霊術」概念は、歴史研究の出発点として優れてはいるものの、呪術的な部分に重点がおかれ、技法、思想面で精神療法と関係の深かった修養文化が除外されているという問題がある。また、大正時代の使用例を確認する限りでは、霊術よりも精神療法のほうが使用頻度が高い。〔中略〕

井村は、霊術と精神療法を区別し、前者をオカルト的、後者を心理学的な療法に限定している。しかし、先に述べたように、当時の精神療法という語は霊術とほぼ区別なく使われていた。(53)

井村の「霊術」概念もイーミックな歴史用語ではある。だが、それを「精神療法」と区別して「オカルト」や「呪術」的なものとして扱うことで、逆に「心理学」や「精神療法」が安全なものとして扱われてしまうことへの懸念が吉永にはあるのだ。吉永の狙いは、単にイーミックな用語を採用するというだけでなく、敢えて現在では制度医学の用語となった「精神療法」を用いることで、それと地続きになった霊術の「毒」を再導入しようとしたのだと言える。吉永が歴史概念であれ学術概念であれ、それを客体化・実体化することを避け、自分の問題として考えるための仕掛けを施そうとしていたことが分かる。

なお、付言しておくならば、おそらくここには、超心理研究者かつ代替医療の治療師として「フィールド」に立ち続けていた井村と、（浅田彰の「ニューアカ」と対比しながら）みずからを「オールドアカデミズム(54)」と規定した吉永の違いも表れている。井村にとって「霊術」とは、自身の営みがそうであったように、近代の制度的な「精神医療」の外側で展開されるものに他ならない。こうした井村の思想や実践は、吉永に大きな影響を与えているが、吉永はそうした井村を強く尊敬しつつも、それでも在野に留まるのではなく、敢えて「オールドアカデミズム」に進駐した。このことは、井村や武田のように在野でやっていくことができなかったという、ある意味では否定的な捉え方も可能である。だが、必ずしもそればかりではない。そもそも在野研究というあり方そのものが、対立軸としての制度的アカデミズムを前提にしているのだと考えるのであれば、〈制度的アカデミズム／在野研究〉の近代的二項対立を超えるためには、まさにそのアカデミズムの変革もしくは解体こそが必要だという考え方もできる。その場合、「オールドアカデミズム」を「ニューアカ」のように外から否定するのではなく、「オールドアカデミズム」内部で解体を遂行するしかない。大きく言うならば、近代を通じて近代を解体するという行き方である。吉永の歩みを、そのように捉えることもできるのではないか。

吉永の「精神療法」概念の採用にこうした意図が込められた可能性は、本セレクションの第一巻第一部の諸論考からも窺える。それらを読むとわかるように、吉永はデカルト的な近代的心身二元論を、霊術に繋がる流体論と対立的には描いてはいない。むしろ、デカルト的身心二元論のアポリアゆえに、必然的に流体論が再度、「動物精気」を通じて導き入れられなければならなかったと見て、「オカルト」と「心理学」（あるいは「科学」）の区別を問い直そうとしている。あるいは、井村が『霊術家の饗宴』において霊術の先駆者として濱口熊嶽のような在野の修験を取り上げているのに対して、吉永は『近現代日本の民間精神療法』の序論において、心理学を日本にいち早く導入して迷信撲滅のために身を粉にして活動した東京帝大卒の哲学者の井上円了が、翻って霊術登場の立役者となったことを重視しているのである。

吉永は、近代の制度的学知と在野の「霊術」「オカルト」との領域を、対立したものというよりは、地続きもしくは相互入れ子状になっていることを強調して「精神療法」概念を採用した。そうだとすると、それは「フィールド」から来て「オールドアカデミズム」で活動するという、自身の越境性も反映されていると言える。近代科学であれ近代国家であれ、その近代的な形式の「裂け目」からは何かが常に吹き上げ続けている。吉永は、そのような吹き上げのダイナミズムを記述するために、近代的学知から疎外されたニュアンスを与える「霊術」ではなく、近代的学知の隙間を薄氷のように覆う「精神療法」の概念を採用したのである(55)。

カルト的場

以上のような「裂け目」の問題、すなわち「歴史と「毒」の議論」を宗教社会学の研究者にアピールするため、吉永が一時期試みた概念が「カルト的場」である。この言葉は、本セレクション第一巻所収の「大正期大本教の宗教的場——出口王仁三郎、浅野和三郎、宗教的遍歴者たち」(『舞鶴工業高等専門学校紀要』四五号、二〇一〇年)、第二巻所収の「円盤と至福千年——ヘブンズゲイト論」(『舞鶴工業高等専門学校情報センター年報』二六号、一九九八年）、「日本の霊的思想《スピリチュアル》の過去と現在――カルト的場の命運」（樫尾直樹編『スピリチュアリティを生きる――新しい絆を求めて』せりか書房、二〇〇二年）、「円盤に乗ったメシア――コンタクティたちのオカルト史」（一柳廣孝編著『オカルトの帝国――一九七〇年代の日本を読む』青弓社、二〇〇六年）の三論文で用いられている。

カルト的場とは、英国の社会学者コリン・キャンベルが一九七二年の論文で提起した概念である。日本では耳慣れないこの学術概念には、多少説明が必要だろう。ドイツの宗教哲学者で宗教社会学のパイオニアの一人としても知られるエルンスト・トレルチは、一九一二年の著作で宗教現象をチャーチ／セクト／ミスティシズムに分類した。ここで言うチャーチは保守的かつ大衆支配的、普遍主義的で包括的な組織であり、セクトは明確な信念体系と強固で排他的な成員の結合を有し国家・社会に対して対峙する小集団であり、前者はカトリック教会、後者は初期のプロテスタント諸教派が相当する。これに対してミスティシズム（神秘主義）とは、社会の正統な信念からは逸脱しているが、寛容的・流動的・折衷的な信念体系を持ち、個人主義的で緩やかな、持続性の弱い集団形態を形成するものである。[56]一方、アメリカの社会学者のハワード・ベッカーは、一九三一年、トレルチを踏まえつつ、セクトの一類型として「カルト」の分類を提出する。[57]ベッカーの言う「カルト」の組織的特徴はミスティシズムに等しいものだったが、ロドニー・スタークやウィリアム・S・ベインブリッジら一九七〇年代アメリカの宗教社会学者は、カルトとセクトを組織形態としてはほぼ同じものとして用い、チャーチから分派した集団をセクト、社会と緊張関係を持った新宗教をカルトと呼ぶようになる[58]（本稿では、こうしたカルト概念をベッカーやキャンベルと区別して「セクト的カルト概念」と呼ぶ）。現在、日本のジャーナリズムや宗教学でも用いられるカルト概念は、おおむね一九七〇年代アメリカ宗教社会学の一部に端を発したセクト的カルト概念に依拠している。

コリン・キャンベルは、こうしたカルト概念に異を唱え、セクトとカルトをはっきりと区別し、トレルチのミスティシズム概念と同じ意味でカルト概念を用いるべきだと主張する――それと同時にカルトが形成する集団は一時的なものだとしても、それを生み出す場は持続的であり、社会学の課題として意義があるとして「カルト的場」の概念を提唱した。キャンベルによれば、カルト的場は「支配的な文化の正統派に対して異端的あるいは逸脱的な立ち位置」を持ち、その代弁者は「正統派を攻撃し、信仰と実践の個人的自由を擁護」し、超教会的、シンクレティック、寛容的な思想傾向を持つとされる[59]。これは教団類型論にこだわる宗教社会学に対して、集団や個人を取り巻く言説やメディアといった環境にいち早く目を向けた議論であった。

キャンベルがこの概念を提起した背景には、一九七〇年代の「ニューエイジ」ブームの勃興があった。この現象を社会学的に捉えるためにセクト的カルト概念では不十分だったのである。ただし、日本の宗教社会学系の新宗教研究では、こうした現象を「新霊性文化」や「スピリチュアリティ」の概念で捉え、現象学的社会学や心理学を参照しつつ、宗教の私事化・個人化の流れに位置づけようとした。それゆえ、その環境そのものを社会学の対象とするカルト的場の概念はほとんど用いられてこなかった[60]。あるいは、すでに一般的になりつつあったセクト的なカルト概念との混同を避けたということもあるかもしれない。しかし、そうしたなか、吉永は敢えてカルト的場の概念を宗教研究で用いていたのである。

これまでの議論を踏まえて言えば、そこには「裂け目」の危険性に絡んだ意図が込められているのかもしれない。ただ、社会学的有用性に即して言うならば、吉永のカルト的場の概念は、教団や集団という人間の集まりではなく、それを越境して境界を解体しかねない「知識の場」に視点を据えうることに意義がある。この点で、宗教集団類型の残滓の濃いキャンベルの概念よりも、より知識社会学的、あるいは言語論的・メディア論的転回を経た把握の仕方になっている。こうしたキャンベルからの改訂は、おそらく吉永がキャンベルではなく、ダニー・ヨルゲンセンの著作から「カルト的場」概念を受容したためだと思われる。ヨルゲンセンはカルト的場の構成要素を、社会的ネットワーク、集合行動、大衆的かつ行動的なオーディエンスに加え、十六世紀欧州ルネッサンスおよび植民地時代アメリカ以来脈々と継承されてきた秘教的文化《エソテリック・カルチャー》を強調し、デノミネーション（アメリカの既成教団）やセクトのような宗教組織でさえ、カルト的場から影響を受けたり、生成したりしてきた可能性を考えている[61]。ここにおいて、越境的かつ長期的スパンの文化史・言説史の視点が本格的に導入されている。吉永は宗教社会学系の新宗教研究との接点をここに見出していたのだが、むしろ後の近代仏教における「吉永テーゼ」に繋がる視点であったと言えよう。

こうした吉永のカルト的場のイメージについては、Facebook で述べられた見解が分かりやすいので引こう。

〔前略〕近代の日本宗教史を考えると、さまざまな要素を取り入れて自己解体しかける「カルト的場」が時代ごとに拠点を移しながら出現していると見ることができる。

明治二〇年代は仏教の中に「スピリチュアル仏教」になる可能性があったと思うし、明治三〇年代は催眠術の中から「スピリチュアル催眠術」（精神療法や霊術）が出て、明治四〇年代になると道会のようにキリスト教の一部が「スピリチュアル・キリスト教」になりかけて、大正年間は大本教周辺に「スピリチュアル・神道」につながるような場が生成した……と考えてみてはどうか。それらの「スピリチュアル」な場が、実は「国家を夢見る」場でもあったのではないか？　私的なもの（言語以前の身体を含む）が公的なものとつながってしまうような国家の夢。(62)（傍点引用者）

ここで注目したいのが、傍点を付した箇所なのだが、それは後述することにしたい。ここではカルト的場が霊術や新宗教のみならず、仏教、キリスト教、神道といった既成宗教を含み込みながら生成変容していると言われている。念のために補足しておくと、ここで「スピリチュアル」という言葉を連発しているのは、「スピリチュアル」という言葉を重視しているというより、吉永いわく「受けを狙って」のことである。つまり、現代に「スピリチュアル」という大衆的語彙が普及し、宗教社会学の現代宗教分析で「スピリチュアリティ」という概念が用いられているがゆえに、

（R・A・ウィルソンのように）挑発的に使っているのである。このFacebookの投稿に対し、宗教社会学者の小池靖からは「その場合の「スピリチュアル」ってどういう意味なんでしょうね。「新たな宗教的創造が起こる、雑多な霊的実践の場」というような感じですかね」というコメントが来ており、まさに吉永の雑な（＝ツッコミ待ちの）「スピリチュアル」概念への的確なツッコミでもある。これに続く吉永のコメントは、先の投稿で強調したいことが「新たな宗教的創造」（傍点引用者）が起こるという点ではなく、むしろ「創造」とみなされるものの根底にある連続的、持続的な「場」のほうにあることを伝えている。

小池さんの言うように、僕はいまだにcultic milieu概念でいいじゃん、オカルト、ニューエイジ、スピリチュアルと名称が移ろうのは世の習いだし、という冷たい見方をしています。確かに「科学への対抗する真理」の時代にはオカルト、「社会変革を志向する」時期にはニューエイジ、「個人的なものにしか拠点が求められない」時代はスピリチュアルと名称の変化は時代を映してきましたが、そうしたのは外的なレッテルであって、その場はある程度の歴史的な連続性があります。制度的なものではないのですが、たとえばスピリチュアル仏教を構想した平井金三がスピリチュアルキリスト教（道会）の基本構想を提供するように、バトンを渡すような形でその場が連続してきたのではないか。

このやり取りには、スピリチュアリティ研究者と吉永の視点の違いが明瞭に表れているように思われる。

ここで、カルト的場概念の導入によって吉永が日本の宗教社会学に対して問いかけたものの現代的意義を、二つの観点からまとめてみよう。

（一）まず、旧宗教→新宗教→スピリチュアリティ（新霊性文化＝運動）という前景化する宗教現象の発展図式に沿った議論の相対化である。この図式には前近代→近代→後期近代（またはポストモダン）という先進諸国でパラレルに想定された社会学的時代区分、それに伴う個人化や私事化、あるいは再帰社会化や市場化といった社会変化に応じて前景化する宗教現象が移行するという含意がある。論点が民衆の主体化から民衆（大衆）の欲望やアイデンティティ（自己表現）に移行してはいるが、歴史社会的変化の根底に民衆の動きを置く点で民衆宗教・新宗教研究の問題意識を継承しているとも言える。もしくは、宗教変化を社会変化の函数として捉えるという社会学的意義も見出しやすい図式だった。

だが、スピリチュアリティ的諸要素が広く一般化したように見える現在、かえって新たな問題意識を見出しにくくなっていることは否めない。もちろん、ジェンダーや市場《マーケット》といった観点から新たな成果も出ている(63)。特に市場はスピリチュアリティも旧宗教（既成宗教）も同一平面で扱うという点では、カルト的場の視点に通じるものもある。ただし、市場という観点では、宗教（聖）／世俗（俗）の相互浸透といった論点を深めることはできても、市場や市民社会に回収しきれない他者の問題――暴力・死（死者ではなく）・国家・イデオロギーなど――には議論が及びにくい（ただしジェンダー研究との絡み合いは他者問題を考えるうえで重要になってくるだろう）。この点では、私事化・個人化を批判して現れた公共宗教論――宗教の公的役割に注目する議論――であっても、基本的には変わりがない[64]。

そもそも個人化・市場化（および民主主義や資本主義の発展）、あるいはその是正としての公共性という視点には、そもそもそれらが国際政治の力学やそれに伴う統治術の展開、すなわち植民地主義、世界大戦、ポスト植民地主義、冷戦と第三世界、そして新自由主義と「テロとの戦争」といった権力関係とイデオロギー闘争の問題をほとんど視野の外に置いてしまっている。言うなれば、これらの視点は、あまりにも西側先進諸国の市民的〝日常〟生活の内部に固定されたものだということである。だが、昨今のパレスチナ問題に代表されるように各地で見られる原理主義や排外主義的民族主義のグローバルな勃興は、物理的《フィジカル》＝身体的な次元と絡んだスピリチュアルもしくはイデオロギーの問題が、今なお過去のものではないことをまざまざと見せつけている。

これに対して、吉永の言う「カルト的場」概念は、こうした発展図式に対する再考を促していることは先のFacebookのコメントからもはっきりしている。とりわけ、その傍点部で、「それらの「スピリチュアル」な場」や「私的なもの（言語以前の身体を含む）」が、単なる公共性ではなく「国家の夢」に繋がると言及している点が、その「毒」＝「危険性」の議論と合わせて市民社会の外部に注意を促しているものとして注目できる。加えて吉永は十九世紀末から二十世紀初頭に研究の焦点を合わせることで、この社会変化そのものに対する再考も視野に入れていた可能性がある。これについては、「知識人宗教」概念とともに後述する。

（二）次に、セクト的カルト概念に代表される教団類型論的な宗教社会学への異議申し立てである。この概念にはいくつかの派生があり、例えば島薗進は「新霊性文化」のなかで生まれる新新宗教を隔離型／個人参加型／中間型と分類するが、ここでの「隔離型」もセクト的カルトとほぼ同じ含意を持っている。また、櫻井義秀は、「社会問題の所在をアピールする指標としてカルト概念を用いること」に積極的意味を見出そうとしている（ここでのカルト概念は本稿でいうセクト的カルト概念を継承したものである）[65]。この背景には、オウム真理教事件以降、宗教社会学系の新宗教研究者のなかには、「内在的理解」を反省して「カルト問題」に積極的に関与しようという動きが見られる。島薗進や櫻井義秀は、その代表的な人物だと言えよう。

だが、こうした両極端の転回は、先に見た「予定調和」の裏返しでしかない。あるいは、信仰と懐疑、現象と歴史のはざまを歩むことの困難を示していると言えるかもしれない。もちろん、島薗にせよ、櫻井にせよ、細部ではバランスを取りながら、慎重な議論を行っているが、概括的には裏返しの「予定調和」で結論付けていることは否めない[66]。これに対して、吉永ならば、特定の教団を「カルト」として客体化するのではなく、自分の問題として考える必要がある、と独特の韜晦とユーモアを込めつつ言うであろう。敢えて（セクト的）カルト概念を使うのであれば、我々自身の社会そのもののカルト性や、「カルト」を指弾するジャーナリズムや知識人（研究者含む）のカルト性にも視野が及ばざるを得ないはずである。

もちろん、オウム真理教事件が日本社会および宗教学界に与えたトラウマの深さは想像するに余りあるし、「カルト問題」に取り組むことで社会からの要請に宗教学者も応えるべきだという論点もその通りだと思う。しかし、そうであればなおさら「カルト問題」を客体化して片づけるだけではなく、自らの問題としても取り組む必要があるのではないか。そうでなければ、「カルト」と名指されていない何かにおける「カルト問題」を、かえって構造的に温存する可能性さえある。こうしたことこそが、「カルト問題」の「社会的構築」[67]ということに他ならないだろう。「精神療法」やスピリチュアリティからセクト的カルトまでをも視野に入れた「カルト的場」概念は、改めてこうした視点に開いている。加えて、宗教研究者やジャーナリストの使うセクト的カルト概念やそれを前提としたマインドコントロール論への批判は、宗教研究者よりも、むしろ在野で考察を深める人々から出てきているようである[68]。そのなかには、例えば信仰のない／希薄な「二世信者」のように、何らかの理由で新宗教教団のウチとソトの境界を行き来し、教団と市民社会の双方を対象化しうる立場を有する人々がいる。このことにも、やはり宗教研究者のあり方を改めて見つめ直す必要とともに、吉永のいう「フィールドから来た」という視点の重要性が思い起こされる。

ここでも研究者という自己の問題が問い直されているのである。そして、この論点をさらにダイレクトに問う概念として、吉永は宗教社会学の自己言及に及ぶ「知識人宗教」に注目する。

知識人宗教

以上のような民衆宗教・新宗教研究との違いや「カルト的場」への注目は、従来の「知識人」観への見直しを迫るものでもある。最初期の論文「霊と熱狂」においてすでに「知識人」がキーワードとなり、特に二〇〇〇年代以降の諸章では「知識人」が明瞭に主題となっていることからも、吉永の一貫した関心が「知識人」における霊的思想の探求にあったことは、本セレクションを通読すれば首肯されよう。

だからと言って、吉永に〈知識人ではないとされる〉「大衆」や「民衆」に対するまなざしがなかったわけではない。そうした誤解は、ここまでの議論を踏まえればおそらく受けないとは思うが、念のために再論しておこう。そもそも、「民衆」に寄り添い、「民衆」を語ろうとする姿勢そのものが、「知識人」の無自覚なエリート意識やナルシシズムを反映したものであり、〈知識人／民衆〉の二分法の根本的ジレンマに他ならない。同時にそれは、大衆社会化とともに、「知識人」と「民衆」という階級のリアリティが消失していくという社会的事態、そしてそれに付随して知識社会学や言説分析によって知識人そのものが人文・社会科学の研究対象となるという学問的事態にも基礎づけられる。換言すれば、従来の民衆宗教研究や内在的理解に見るような、民衆から自立の根拠を汲み取ろうとする姿勢が持つ根本的な知識人的ジレンマの乗り越え――あるいはその不可能性・無自覚性・欺瞞性の直視——を志向するならば、翻って知識人に焦点を当てることにこそ、現代における大衆の意識形態に接続しうるのである。

もちろん、このような問題意識そのものが極めて「知識人」的である。だが、だからこそ「民衆」の問題意識に無媒介に寄り添おうとし、また、寄り添えると主張する一種の代行主義的振る舞いを抑制しうるのである。すなわち、「知識人」であることを自覚して引き受けることで、「知識人」であるがゆえに「知識人」を論じ、語り、批判するという非‐代行主義的な、言うなれば当事者的な形で学問を遂行することが可能となる。そうした非‐代行主義的な営みは、知識人に向けられているが故にこそ、その言説に耳を傾けたとき、「民衆」は（たとえその社会的身分がどのようなものであれ）「知識人」へのコンバージョンを果たすことになるだろう。このとき、その元「民衆」たる「知識人」もまた無垢ではいられなくなる。この点で、意識的に「知識人」の思想や言説を記述する研究は、大衆啓蒙に背を向けるように見えて、実は深いレベルの大衆啓蒙に関わることにもなる。

そもそも、あらゆる人々が——自己認識において知識人であれ民衆であれ——知識を媒介して各々の体験を理解している。それゆえ、知識の自覚的な再生産を担う「知識人」の言説を検討することは、それがいかに我々の世界認識を構成し、枠づけてきたのかを理解することなのである。知識は単なる主観的な認識ではなく、法、道徳、慣習と結びつき、我々の物理的《フィジカル》＝身体的な側面を支配する。ここに権力や政治と結びつく知識の問題とその構築に関わる知識人の責任が問われることになる。ここから、宗教学・宗教研究の分野では宗教学者らが関わった近代的な「宗教」概念の構築や宗教に関わる言説の生産を批判的に検討する研究が、一九九〇年代末から二〇〇〇年代にかけて行われた。いわゆる宗教概念論や宗教概念批判と呼ばれる動きである。

「毒」の自覚を持ちながら、知識人の言説に注目する吉永の研究は、こうした宗教概念批判にも耐えうるものでもあった。近代仏教史研究の「新しい波」とは、この宗教概念批判を踏まえて、新たに近代「仏教」史をメタとベタの往還として記述し直そうとする動きであり、この動きにおいて吉永が大きく評価されることになったのは、必然的な流れでもあった。一方、従来の民衆宗教・新宗教研究・スピリチュアリティ研究は、その学問的フレームワークが〈研究主体／研究対象〉の二項対立を前提にしている限り、宗教概念批判の厳しい追及にさらされる。九〇年代までの活況に比して、二〇〇〇年代以降に急速にこのラインの研究に陰りが見えたのも、オウム真理教事件や新宗教団体の停滞といった理由に加えて、この宗教概念批判のもたらした影響があったようにも思う(69)。

ところで筆者は、二〇〇〇年代以降に吹き荒れた宗教概念批判の嵐のなかで学問的バックボーンを形成した世代だが、吉永と日本の宗教概念論に関連する本の話題になったとき、通例だと真っ先に話題になる磯前順一『近代日本の宗教言説とその系譜』（二〇〇三年）ではなく、深澤英隆『啓蒙と霊性』（二〇〇六年）のほうが理論の賞味期限がはるかに長く、熟読するべきだと薦められた。あまり他人の研究を論評する人ではなかったが、これについてはかなりはっきりと言われたために非常に記憶に残っている。

磯前順一と深澤英隆は、宗教概念批判の観点から日本の宗教学創始者の研究に関する歴史性・政治性を検討した『近代日本における知識人と宗教――姉崎正治の軌跡』（二〇〇三年）という共著もあり、ともに宗教概念批判のトップランナーとも言える研究者である。両者の複雑な議論を簡単に要約することは難しいが、吉永の知識人論を理解するための物差しとして、敢えて単純化して比較してみよう。

宗教概念や宗教言説が政治的・歴史的・恣意的に運用されていることを指摘する点では両者は共通する。ここから磯前は、ポスト構造主義やポストコロニアル批判に依拠しながら、ガヤトリ・スピヴァクの言う「サバルタン」、もしくは底辺民衆に対する西洋近代の抑圧を問題視し、普遍的な学を僭称しながら、宗教概念を含む西洋近代的なカテゴリー編成を押し付けていったものとして宗教学を批判して「宗教学の死」を宣告する(70)。

こうした磯前に対して、深澤はむしろ最初期の宗教学・宗教社会学のうちに、すでに宗教概念批判を含む近代への批判的介入の含意を読み取っている。このときに重要なキーワードとなるのが、「知識人宗教」である。深澤によれば、近代の宗教思想・運動――教会批判・宗教批判・宗教の近代的再構築・新たな宗教的ヴィジョンの主唱――の特徴は、その担い手が教会人や宗教家よりも、世俗の知識層であったことにある。そうした宗教思想の原型は十八世紀末のシュライエルマッハーの宗教規定に伺えるが、それを可能にした前提が、メディアの発展によって宗教が知識という形に置き換えられたことである。この点において、近代以降のあらゆる宗教が――たとえ「民衆宗教」「新宗教」と名付けられようとも――、多少なりとも「知識宗教」という性格を持つ。一方、ドイツの知識層は、十九世紀中頃に最盛期を迎える教養市民層――大学教育を前提とした大学教員・医師・法律家など――から、十九世紀後半の高度工業化・都市化・労働運動の勃興・大衆の政治的覚醒・大学やジャーナリズムの大衆化によって、反抗的な若い教養層・中間的教養層（学校教師・独学者・ボヘミアン・芸術家等々）・知的な労働者層までも含むものに推移する。[71]

「知識人宗教」というときの知識人は、こうした広範な知識層を意味する。そうした担い手による二十世紀転換期に出現した宗教的・思想的運動群が、「知識人宗教」である。これは、「流浪する宗教性」とも呼ばれ、伝統宗教にも啓蒙的合理性にも信頼や期待を抱かず、しかし近代化や産業化の進展による危機意識――「鉄の檻」の支配や「近代性の危機」――に応答しようとしていた。そして、こうした知識人宗教とモチベーションを同じくして成立したのが、ヴェーバー、トレルチ、ジンメルによって担われた初期宗教社会学だったのだという。この視角によって、深澤は二十世紀転換期ドイツにおける宗教社会学と新宗教が共有した地平を把握し、研究主体と研究対象の錯綜した状況に注目する。これによって、一九七〇年代後半以降の宗教社会学の新宗教研究、さらには二十一世紀転換期に現れた宗教概念批判をも、二十世紀転換期の「知識人宗教」の反復的バリエーションとして捉えうるのである。

吉永はこの「知識人宗教」という視角を重視し、実際に自身の研究のキーワードにも採用している。具体的には、先述した科研「近代日本における知識人宗教運動の言説空間――『新佛教』の思想史・文化史的研究」、および本セレクション第一巻第一〇章「大川周明、ポール・リシャール、ミラ・リシャール」である。後者の「知識人宗教」概念の参照を確認してみよう。

既成宗教に属することなく、読書と反省の内に自らの宗教を深めるという態度は、深澤英隆のいう「知識人宗教」の類型にあてはまる。深澤は十九世紀末から二十世紀前半のドイツをモデルに、教会人ではなく知識人による知識人のための宗教に対してこの語を用いたが、その直接の祖先は十八世紀のプロテスタント神学者シュライエルマッハーの宗教観に求められるという。儀礼の軽視、宗教経験の重視、経験の直接性など、深澤の挙げている特徴は、おおむね大川の宗教論に当てはまる(72)。

その後に続く文章を読むと、大川周明のみならず、村井知至、平井金三、桑原俊郎、岡田虎二郎と本セレクションを彩る修養法指導者や民間精神療法家の名前が並ぶ。つまり、担い手との関係からとらえた時、吉永は民間精神療法を「知識人宗教」と見なしていたことが分かる（それに対してそれを再生産する環境からとらえた概念が「カルト的場」であろう）。実際、深澤の議論には、「フィールドから来た」宗教研究者という吉永の自己規定、および脱寺院・学知の成立・メディア社会化といった吉永テーゼに重なる議論があることが分かるだろう。吉永は、近代日本社会の知識層の変動と宗教思想・運動を、ドイツのケースを物差しとして考えようとしていた可能性がある。

さて、こうした深澤の知識人宗教の議論に対して、磯前は、「宗教概念そのものは歴史的産物であるが、それを批判する宗教学者の反省的意識こそが純粋で超越的なものであるという、真理の病に宗教学者をふたたび陥らせてしまうことになる」と批判する。それとともに批判されているのが、「ときとして社会還元主義的な様相を帯び、宗教が社会に占める独自の役割あるいは宗教のもつ救済的な側面を見失わせ、宗教研究を社会学や歴史学一般となんら変わらないものに還元させてしまう危険性を有する」とされる宗教概念批判以後の近代仏教史研究である。(73) こうして見ると、知識人宗教の視点を採用し、近代仏教史研究の「新しい波」の「シンボル」でもある吉永は、まさにここで磯前が批判する両極をまたにかけた人物であることになる。

こうした磯前の批判は、個別の研究に対しては、ある程度は妥当だろう。だが、完全に的を射抜いているとはいえない。そもそも吉永が取り組んでいたのは、これまで論じてきたように、〈懐疑／信仰〉、〈知識人／大衆〉、〈研究主体／研究対象〉という二項対立の乗り越えや引き受けについての、ある種の実践的な応答であった。それゆえ、近代仏教史研究への指摘にあるような、社会還元主義や歴史還元主義へのリミットとしての「裂け目」が言われていたことはすでに見た。むしろ、知の権力性を問題にする初期の磯前のスタンスの先にあるのは「底辺民衆」への下降しかないはずであり、構造的には吉本の自立の思想とほぼ変わりはない。これまで見て来たように、そのフレームワークは、あるべき理想を具体的な「民衆宗教」「新宗教」に求めた時は「予定調和」に陥り、期待にそぐわない時はその反転が生じる。あるいは、「サバルタン」をジャック・デリダのいう「痕跡」としてしか出現しないと捉え、具体的なものを指示し得ないのであれば、誰にも批判し得ない空虚な主体を代弁する究極の代行主義にもなる。いずれにせよ、こうしたスタンスの無謬性と無責任性は明らかだろう。

おそらく、そのような問題に対応して、後に磯前はホミ・バーバに依拠して異種混淆性を打ち出すようになる。その戦略を「本来性を欠如したアイデンティティをとおした支配・被支配者間の上下関係の転覆行為」、あるいは「均質なアイデンティティのあり方を異種混淆性に訴えることで根本的に脱臼させる」ことだという。(74)「痕跡」や「異種混淆性」として表される磯前の未決定性の含意は、「余白」という言葉でも言われている。例えば、言語ゲーム的な宗教体験批判を批判するなかで、「言語に規定された宗教体験もまた身体という物質性をもったものとして分節化されたものであり、その限りにおいて言語に回収されきることのない余白をはらむことが理解できなくなってしまった(75)」と述べ、逆に批判に伴う真理欲求という屈折した欲望を批判して、差異と同一性の宙吊りを志向しようとする。

この点では、吉永の理論的前提は、一見すると深澤よりむしろ磯前に近いようにさえ思える。何らかの同一性に収まりきらない「裂け目」——『神智学と仏教』では「余白」という言葉もある——が示唆され、また「雑多な霊的実践の場」としての「カルト的場」は異種混淆性の場でもあるかのようである。磯前の文章の他の箇所でも見られる「身体」への注目という点でも共通している。

だが、決定的な違いは、吉永がエティックな概念を避け、その「裂け目」をベタな歴史記述を通して描いたことである。そのようなスタイルは、場合によっては「社会還元主義」に見えるのかもしれないが、目指すところは「裂け目」を概念化することなく、「裂け目」そのもの（というより「裂け目」という言葉で表せない何か）として見させるところにある。「裂け目」であれ、「裂け目」と言ってしまったら、本当のところは「裂け目」に蓋をしてしまっているからである。ゆえにインタビューでは「騙るに落ちたとはこのことか」と言うのである。この点で、「社会還元主義」が「余白」の理解不能に関わるのであれば、磯前のポストモダンの言葉を借りた「余白」の語り＝騙りにも同じことが言えよう。問題は「社会還元主義」かそうでないかではなく、むしろ文体として現れている思想にこそある。

「知識人宗教」の議論への批判に対しては、さらに根深い問題がある。私見では、そもそも深澤が示唆していたのは、従来の戦後歴史学や戦後民主主義、あるいはそれを踏まえた戦後の近代宗教史の歴史観への問いかけである。なぜなら、その議論の要点は、戦後の新宗教研究から宗教概念批判まで、世俗的近代や近代的カテゴリーを乗り越えようとする営みとその限界のせめぎ合いが、すでに二十世紀転換期の知識人宗教と初期宗教社会学に現れていたことを指摘するものだからである。これを「反省意識」の超越性によって「真理の病に宗教学者をふたたび陥らせてしまう」というのは、完全に問題の矮小化であろう。

深澤の議論にあるのは、宗教学の真理性の擁護などではなく、戦後民主主義と戦後宗教学が隠蔽したものの開示である。周知のように戦後民主主義は、戦前や戦争を否定したところから出発した。進歩的知識人たちは世界大戦と総力戦へと到達した日本の営みを見捨て、近代化をやり直そうとしてきた。その後、ポストモダンやポストコロニアリズム批判の輸入を経由し、近代主義を批判し、宗教概念批判を潜り抜けてきたのだが、そもそもその全過程が二十世紀前半の知識人宗教とカルト的場のバリエーションだと深澤は言っているのである。資本主義の精神と教団類型論で受容されたヴェーバーやトレルチの戦後的継承の裏面に、初期宗教社会学者を含む知識人宗教のカルト的場があったという指摘は（この点でカルト的場においてトレルチの議論を受容したキャンベルの意義も見直されるべきだろう）、反省意識ではなく、引き受けるべき「毒」を具体的に示している。なぜなら、そうした知識人宗教の地平（＝カルト的場）の上にエルンスト・ブロッホのような西欧マルクス主義者から、ルドルフ・シュタイナー、ゲルマン主義宗教学・宗教運動、そしてナチズムまでが立っているからである。

もちろん磯前もまた一九三〇年代から四〇年代の日本の文化的マルクス主義や近代の超克に触れており、その頃の知識人たちが西洋と東洋、近代とその超克の二項対立ではなく、「第三の道」の可能性に賭けようとしたことにも目を向けている[76]。だが、その「第三の道」はいつも近代に内在しており、知識人たちはそれを見出し、認識しようとしていたに過ぎない。また磯前は身体の物理性や技術の問題にも触れながら、それを突き詰めることはない。京都学派が東アジアと西洋のはざまで曖昧な「無」のイデオローグたろうとし、戦中の文化的マルクス主義者が政治的未決定性に留まるなか、ヨーロッパとアジア、資本主義と社会主義の具体的裂け目たる「第三の道」として自己表象し、そうした「第三の道」の友邦を反英同盟やドイツ・コネクションとして実際に構築し、そして身体技法を通じて他者と出会い、自己規律の共同性を構築していたのは、むしろ知識人宗教者たる大川周明や精神療法家や修養実践者たちであった[77]。磯前と吉永・深澤の違いは、前者は未決定性の霧とともに反省意識を媒介した学問に依拠するが、後者は未決定性の上に生じた諸々とともに立とうとしているところにある。磯前自身が認めるように、未決定性に留まることは認識論的次元に終始するが[78]、しかし認識は肉体とともにあるのである。そして知識人宗教の地平という肉体は、戦後という未決定性の時代を脱中心化するだろう[79]。吉永がいう深澤の理論の「賞味期限」の長さとは、その射程が、足元にありながら猶はるかに遠い戦後の終焉の後に届きうるということなのだろう。そしておそらく、その「賞味期限」の長さは、吉永自身の著述にも当てはまると思われる。

吉永先生が亡くなってから約四か月後に脱稿した『「日本心霊学会」研究』の「あとがき」では、「今はまだ無理に感情や抱負を言葉にしたところで、ごくありふれた文字列に変換され、何の心の準備もできていなかったことを露呈するのみである」と吐露している。この原稿を書き始めたのは、昨年の十月頃であった。亡くなってから一年半が経過し、何かしら心の準備ができていたと思っていたのだが、豈図らんや全くできておらず、脱稿には一年近くもかかってしまった。これほど時間がかかった原稿は初めてである。自分のなかでの吉永先生の巨大さに慄きながら、しかし、関係者の皆様にこれ以上迷惑はかけられないという思いから無我夢中で書き綴った次第である。いまだに私などが吉永先生について何事か解説できたという気はしないが、とにかく書き終わることができて良かったというのが嘘偽りない本心である。

本セレクション第二巻の編者と解説は、あの横山茂雄先生がお引き受けくださった。その仕事の質の高さとスピードの速さを目の当たりにして、これが「伝説」というものかと感嘆した。ともに仕事をする機会にめぐまれたことに、深く感謝したい。なお、横山先生は昨年六月に解説を脱稿されたのだが、私の原稿の遅れのために大幅に刊行が遅れてしまった。これについては、本当にお詫びの言葉もない。また、国書刊行会編集部の今野道隆さんには、非常に苦労と迷惑をおかけしてしまった。本書が成ったのは、間違いなく今野さんの丁寧な編集作業とまことに根気強い叱咤激励のおかげである。篤く御礼を申し上げる。

二〇二四年（令和六）八月

註

はじめに

（1）碧海寿広「解題　吉田久一から吉永進一へ」（吉永進一『神智学と仏教』〔法藏館、二〇二一年〕）三五二頁。

（2）最後まで完成を目指しておられたが、残念ながらかなわず、旧稿「日本の心霊研究と精神療法」（初出『特別展　奇なるものへの挑戦――明治大正／異端の科学』〔岐阜県博物館、二〇一四年〕）を再録することになった。

（3）吉永進一「序論」（栗田英彦・塚田穂高・吉永進一編『近現代日本の民間精神療法――不可視なエネルギーの諸相』〔国書刊行会、二〇一九年〕）三頁。

第一章

（1）『「絶対」の探究』（水野亮訳、『バルザック全集』第六巻〔東京創元社、一九七三年〕）六六頁。

（2）Charles F. Briggs and Augustus Maverick, *The Story of the Telegraph and a History of the Great Atlantic Cable*（New York: Rudd and Carleton, 1858）, p. 13, cited in Hal D. Sears, *The Sex Radicals*（Lawrence: Regents Press of Kansas, 1977）, pp. 12–13.

（3）例えば、以下のような研究がある。Hal D. Sears, ibid.; Harold Aspiz, *Walt Whitman and the Body Beautiful*（Urbana: University of Illinois Press, 1980）.

（4）Roger K. French, "Ether and Physiology," in G. N. Cantor and M. J. S. Hodges eds., *Conceptions of Ether*（Cambridge: Cambridge University Press, 1981）, p. 111.

(5)『哲学の原理』(井上庄七・水野和久訳、『世界の名著』第二二巻〔中央公論社、一九六七年〕)三九〇―三九一頁。
(6)『情念論』(野田又夫訳、『世界の名著』第二二巻〔中央公論社、一九六七年〕)四一六頁。
(7)同書、四一八頁。
(8)同書、四一八頁。
(9)同書、四二二頁。
(10)J・ヤコビ編『パラケルスス　自然の光』(大橋博司訳、人文書院、一九八四年)二九九頁。ヤコビによる用語辞典による。Jolan Jacobi, *Theophrastus Paracelsus* (Zürich und Leipzig: Rascher Verlag), 1942.
(11)ヤコビ編、前掲書、五六頁。
(12)同書、八〇頁。
(13)その例としては、パラケルスス(一四九三―一五四一)に影響を受けたヤン・バプティスト・ファン・ヘルモント(一五七九―一六四四)がいる。彼は発酵を発見したベルギーの医師でデカルト(一五九六―一六五〇)の同時代人に当たる。さらにヘルモントから影響を受けたのがトーマス・ウィリス(一六二一―一六七五)である。ディーヴァスは、同じパラケルスス主義者でヘルメス主義者であったファン・ヘルモントとより神秘的錬金術の傾向の強いロバート・フラッドを比較し、前者の方が十七世紀後半のイギリスの科学者に大きな影響を与えたと指摘している。アラン・G・ディーバス「十七世紀の科学論争」(村上陽一郎訳)参照。M・L・R・ボネリ、W・R・シェイ編『科学革命における理性と神秘主義』(村上陽一郎他訳、新曜社、一九八五年)所収。原題 M. L. R. Bonelli and W. R. Shea eds., *Reason, Experiment, and Mysticism in the Scientific Revolution* (1975).

（14）ジョルジュ・カンギレム『反射概念の形成』（金森修訳、法政大学出版局、一九八八年）七六頁。原題 Georges Canguilhem, *La formation du concept de réflexe aux XVIIe et XVIIIe siécles*（1977）.
（15）同書、八〇頁。
（16）Roger K. French, op. cit., p. 115.
（17）Ibid., p. 117.
（18）J. L. Heilbron, *Electricity in the 17th and 18th Centuries: a Study of Early Modern Physics*（Berkley: University of California Press, 1979）, p. 258.
（19）Ibid., p. 280.
（20）Ibid., pp. 353–354.
（21）Geoffrey Sutton, "Electric Medicine and Mesmerism," in *Isis*, vol. 72, no. 3, 1981, p. 380.
（22）Ibid., p. 382.
（23）Ibid., p. 381.
（24）神経衰弱治療の大家であった医師 George M. Beard の *Practical Treatise on Nervous Exhaustion*（1905）には「神経電流の流れを阻害している神経単位の伝導性を高める効果がある。神経細胞が内蔵しているエネルギーが解放され、あらたな伝導路が開かれ、筋肉と感覚器官の両方を変化させる」とある。John L. Greenway, ""Nervous Disease" and Electric Medicine," p. 60, in Arthur Wrobel ed., *Pseudo-Science and Society in Nineteenth-Century America*（Lexington: The University Press of Kentucky, 1987）.
（25）ヴィンセント・ブラネリ『ウィーンから来た魔術師』（井村宏次・中村薫子訳、春秋社、一九九二年）

一四〇頁、原題 Vincent Buranelli, *The Wizard from Vienna* (1975).

(26) 同書、一四一頁。

(27) 同書、一四二頁。

(28) Geoffrey Sutton, op. cit., p. 392. なお Robert Amadou の編集したメスマーの論文集、*Le Magnétisme Animal* (Paris: Payot, 1971), p. 62 に「私は体系の人 homme à système のように扱われた」とあるが homme à système とはデカルト主義者のこと。

(29) G. N. Cantor, "The Theological Significance of Ethers," in G. N. Cantor and M. J. S. Hodges eds., op. cit., p. 147.

(30) Ibid., p. 147.

(31) Ibid., p. 149.

(32) Antoine Faivre, 'Magia Naturalis (1765). Théologie de la lumière et de l'électricité dans la "Naturphilosophie" romantique' in *Lumière et Cosmos* (Paris: Albin Michel, 1981).

(33) ジョルジュ・カンギレム、前掲書、一〇四頁。

(34) Auguste Viatte, *Les sources occultes du Romantisme* (Paris: Champion, 1979), p. 253 より引用。原文は Restif de la Bretonne, *Les posthumes*, (1802), pp. 204-205. なおヴィアットは「ほかのイリュミネたちが世界を霊化することになったのに対し、レチフは神を物質化した」(Viatte, op. cit., p. 254) と述べている。

(35) Alan Gauld, *A History of Hypnotism* (Cambridge: Cambridge University Press, 1993), p. 82.

(36) J. H. Jung-Stilling, *Theorie der Geister-Kunde* (1808). 引用は英訳本からである。Johann Heinrich

Jung-Stiling, *Theory of Pneumatology*（London: Longman, Rees, Orme, Brown, Green, and Longman, 1834）, p. 372–373.

（37）註（24）参照。

（38）Harold Aspiz, *Walt Whitman and the Body Beautiful*（Urbana: University of Illinois Press, 1980）, p. 145.

（39）John Bovee Dods, *The Philosophy of Electrical Psychology*（New York: Fowlers and Wells, 1850）, p. 7.

（40）John Bovee Dods, *Six Lectures on the Philosophy of Mesmerism*（New York: Fowlers and Wells, 1865. First published in 1847）, p. 57.

（41）Ibid., p. 103.

（42）Ibid., p. 106.

（43）Ibid. p. 123.

（44）Ibid., p. 137.

（45）イマヌエル・スエデンボルグ『神の愛と知恵』（柳瀬芳意訳、静思社、一九六一年）第四部参照。

第二章

（1）今回参照した通史は以下のものである。グレゴリ・ジルボーグ『医学的心理学史』（神谷美恵子訳、みすず書房、一九五八年。原題 Gregory Zilboorg, *A History of Medical Psychology*［1941］）、アンリ・エレンベルガー『無意識の発見　上下』（木村敏・中井久夫監訳、弘文堂、一九八〇年。原題 Henri Ellenberger, *The Discovery of the Unconscious*［1970］）。Alan Gauld, *A History of Hypnotism*（Cambridge: Cambridge University Press, 1992）; Adam Crabtree, *From Mesmer to Freud*（New Haven and London: Yale University Press, 1993）; Frank Podmore, *From Mesmer to Christian Science*（New Hyde Park: University Books, 1963. First published as *Mesmerism and Christian Science*, London: Methuen, 1909）.

（2）Crabtree, op. cit., p. 114.

（3）ガスナーの方法は、まず患者に痙攣を起こさせる、そして病気の痛みを起こさせると、その痛み（つまり憑いた悪霊）に動くよう命じる、すると体のあちこちに痛みが移動し、最後につま先や指先から出ていくよう命じる。言葉の代わりに磁石を使えばメスマーの場合とほぼ等しくなる。Podmore, op.cit., p. 27.

（4）J. L. Heilbron, *Electricity in the 17th and 18th Centuries: A Study of Early Modern Physics*（Berkley: University of California Press, 1979）, p. 353.

（5）マリア・M・タタール『魔の眼に魅せられて』（鈴木晶訳、国書刊行会、一九九四年。原題 Maria M. Tatar, *Spellbound: Studies on Mesmerism and Literature*〔1978〕）七八頁を見よ。ドイツ・メスメリズムの電気概念の全貌についてはこの書を参照されたし。

（6）ヴィンセント・ブラネリ『ウィーンから来た魔術師』（井村宏次・中村薫子訳、春秋社、一九九二年。原題 Vincent Buranelli, *The Wizard from Vienna*〔1975〕）九九頁。

（7）吉永進一「「電気的」身体——精妙な流体概念について」（『舞鶴工業高等専門学校紀要』第三一号、一九九六年）一一六頁〔本書第一章、一五—一六頁〕ならびに Geoffrey Sutton, "Electric Medicine and Mesmerism," in *Isis*, vol. 72, no. 3, 1981, を参照のこと。

（8）Thouret, *Recherches et doutes sur le Magnétisme animal*（Paris, 1784）に既に取り上げられているという。Podmore, op. cit., p. 39, n. 1.

（9）Podmore, op. cit., p. 40.

（10）ブラネリ、前掲書、一四〇―一四四頁。メスマーが最晩年の一八一二年に書いたところでは、施術者が精神集中をして体内の動物磁気を強め（これを「不可視の火」と呼んだ）、意志によって、手、棒、眼から被術者に伝えることができるとされている。Crabtree, op. cit., p. 115.

（11）ジルボーグ、前掲書、二五六頁。

（12）Antoine Faivre, *L'ésotérisme au XVIIIᵉ siècle en France et en Allemagne*（Paris: Seghers, 1973）を見よ。

（13）「委員会は、動物磁気という流体が五感のいずれによっても知覚されないこと、また委員にも彼らが観察した患者たちにもなんの影響も与えなかったことを認め（中略）磁気をかけられずとも想像力によって痙攣が生じるが、想像力の働きがなければ磁気をかけても何事も起きないことを決定的な実験により最終的に確認した」（ブラネリ、前掲書、二四二頁）。なおメンバーの一人、バイイは測定器を使って電気の有無を確かめた。Gauld, op. cit., p. 142 参照。

（14）Crabtree, op. cit., p. 172 n. 2.

（15）Gauld, op. cit., p. 48.

（16）Ibid., p. 55.

（17）エレンベルガー、前掲書、上、九一頁。

（18）同書、八七頁。【編註】同書によれば、磁気催眠中に霊魂の秘密、神と三位一体の秘密などを解き明かした女性の居住地は、バーデン領カールスルーエではなく、同領ラシュタットである。なお、カールスルーエは、雑誌『磁気催眠‐夢遊病学宝函』（*Archiv für Magnetismus und Somnambulismus*）を創刊した物理学者ベックマンの出身地。したがって「カールスルーエの女性」は、正しくは

「ラシュタットの女性」である。

（19）Gauld, op. cit., pp. 101–103.

（20）Ibid., pp. 106–107.

（21）タタール、前掲書、九六―九七頁。

（22）Dupotet de Sennevoy, *An Introduction to the Study of Animal Magnetism*（New York: Arno Press, 1976. First published in London: Saunders and Otley, 1838）, p. 341.

（23）J. H. Jung-Stilling, *Theorie der Geister-Kunde*（1808）. 引用は以下の英訳本からである。Johann Heinrich Jung-Stilling, *Theory of Pneumatology*（London: Longman, Rees, Orme, Brown, Green, and Longman, 1834）, p. 312. なおこの説の原形は、メスマーにも影響を与えたとされる、十六世紀の医師パラケルススが唱えた人間論であろう。彼は、身体を三分し、不滅の神的部分と肉体との中間に、生命原理であると同時に天体の影響を受けて高次の精神生活を送る「星辰的身体」があると主張していた。

（24）吉永、前掲論文、一一七頁〔本書第一章、二〇―二一頁〕。

（25）深澤英隆「ロマン主義心理学のパラダイム」（『ユング研究』第二号、一九九一年）六八頁。

（26）Thomas Hardy Leahey and Grace Evans Leahey, *Psychology's Occult Doubles*（Chicago: Nelson-Hall, 1983）, p. 156.

（27）Robert C. Fuller, *Mesmerism and the American Cure of Souls*（Philadelphia: University of Pennsylvania Press, 1982）, p. 40.

（28）Ibid., p. 191 n. 40.

（29）Chauncy Hare Townshend, *Facts in Mesmerism*（New York: Da Capo Press, 1982. First published in New York:

Harper and Brothers, 1841), p. 253.

（30）【編註】トマス・ブラウン（Thomas Brown 一七七八―一八二〇）。スコットランド啓蒙主義時代に活躍した哲学者。デイヴィッド・ヒュームの哲学を擁護し、連合主義の心理学を説いた。催眠術の暗示説を提唱した医師ジェイムズ・ブレイドに影響を与えたことでも知られる。

（31）Townshend, op. cit., p. 203.

（32）Ibid., p. 302.

（33）Ibid., p. 269.

（34）Ibid., p. 309.

（35）Ibid., p. 356.

（36）Joseph Haddock, *Psychology; or the Science of the Soul*（New York: Fowlers and Wells, 1850. First published as *Somnolism and Psychism* [London: J. S. Hodson, 1849]）, p. 63.

（37）Ibid., p. 104.

（38）F. W. H. Myers, "The Subliminal Consciousness," in *Proceedings of the Society for Psychical Research*, Vol. VII, 1891–92（London: Kegan Paul, Trench, Trübner and Co., 1892）, p. 299.

（39）Ibid., p. 301.

（40）Ibid., p. 306.

（41）F. W. H. Myers, *Human Personality and Its Survival of Bodily Death*, Vol. I（New York, London and Bombay: Longmans, Green, and Co., 1903）, p. 246.

（42）F. W. H. Myers, *Human Personality and Its Survival of Bodily Death*, Vol. II（New York, London and Bombay: Longmans, Green, and Co., 1903), p. 282.

（43）　F. W. H. Myers, op. cit., Vol. I, p. 246.

第三章

（1）　吉田精一・下村富士男編『日本文学の歴史』第一〇巻（角川書店、一九六八年）一九〇頁。【編註】藤村道生による引用。引用元は、徳富猪一郎『大戦後の世界と日本』（民友社、一九二〇年）六五八頁。引用文は、徳富の原文にしたがって修正した。

（2）　別所彰善「神経衰弱の語を葬れ」（精常会編集部編『霊肉一新』文友堂書店、一九二〇年）三〇頁。

（3）　田中聡『健康法と癒しの社会史』（青弓社、一九九六年）一九二頁。橋孝三郎が岡田式静坐法で千里眼能力を発揮したとも言われている。笹村草家人編『静坐　岡田虎二郎　その言葉と生涯』（無名会、一九七四年）二二六頁。【編註】上記笹村編『静坐』の橘孝三郎に関する記述は、保坂正康『五・一五事件――橘孝三郎と愛郷塾の軌跡』（草思社、一九七四年）三―五頁を再録したものである。

（4）　慶応三年（一八六七）、後の初代文部大臣森有礼を含む薩摩藩留学生五名は、元英国外交官ローレンス・オリファントの勧誘によって、スウェーデンボルグ系のトマス・レイク・ハリスのコミューンに入っている。『林竹二著作集2　森有礼』（筑摩書房、一九八六年）、『林竹二著作集4　幕末の海外留学生の記録』（筑摩書房、一九八五年）を見よ。森の斡旋で明治四年（一八七一）にハリスの許に行った元仙台藩士新井奥邃は、滞米中も明治三十二年（一八九九）に帰朝した後も隠者生活を続けた。新井の思想は、田中正造、川合信水などの人士に影響を与えたと言われる。新井については、工藤直太郎『新井奥邃の思想』（青山館、一九八四年）、『内観祈禱録　奥邃先生の面影』

（青山館、一九八四年）を見よ。

（5）日本のオカルト史については、一柳廣孝『〈こっくりさん〉と〈千里眼〉』（講談社、一九九四年）、同『催眠術の日本近代』（青弓社、一九九七年）を見よ。

（6）マーチン・A・ラーソン『ニューソート――その系譜と現代的意義』（高橋和夫他訳、日本教文社、一九九〇年）一四八頁。

（7）桑原『精神霊動　第二編　精神論』（開発社、一九〇四年）二〇三頁。「英国のマイヤー氏などは、Larger selfで無ければ説明が出来ないと、昨今云い出したそうである。（中略）大学者然として威張って居られる先生達も、『今度は西洋が変って来たから、私も説を変じます。今迄の心理的説明は取り消します』と云って出られるであろうと思う」（同書、二〇七頁）。マイヤーとはF・W・H・マイヤーズのこと。

（8）高橋『心霊万能論』（前川文栄閣、一九一〇年）一二一―一二三頁。ダウイ師とはジョン・アレクサンダー・ダウイで「クリスチャン・カソリック教会」を建て、イリノイ州にザイオンというキリスト教都市を建設、信仰治療を行って何度も逮捕された。エッデ女史はメアリ・ベイカー・エディ。P・P・クインビーの教えを元にクリスチャン・サイエンスを創始した。病気は存在しないというのがその主張。

（9）友清『鎮魂帰神の極意』（汲古書屋、一九二〇年）一頁。

（10）同書、二頁。

（11）同書、三八頁。

（12）谷口『皇道霊学講話』（新光社、一九二〇年）一〇九頁。

(13) 松本『霊学講座　第四冊　帰神交霊篇』（人体ラヂウム学会本部、出版年不明）五三頁。
(14) 実業之日本社編『岡田式静坐法』（実業之日本社、一九一四年〈改版四十六版〉）一二五―一二六頁。
(15) 松本道別『霊学講座　第二冊　催眠篇』（人体ラヂウム学会本部、出版年不明）一〇頁。
(16) 『霊光録』（『太霊道』第四巻臨時号［大正九年六月一〇日増訂発行］太霊道本院出版局、一九二〇年）一三頁。
(17) 大正三年（一九一四）発行のもので、四十六版に至る。なお同社は、その後もこの分野の本を多く出版している。
(18) 実業之日本社編、前掲書、一二八―一二九頁。早稲田大学長の高田早苗の言葉。
(19) 笹村編、前掲書、三五三頁。
(20) 佐藤幸治、佐保田鶴治編著『静坐のすすめ』（創元社、一九六八年）二三八頁。岡田の最晩年の弟子でもあった佐保田鶴治の説。アメリカの思想家・詩人で超絶主義の中心人物ラルフ・ウォルド・エマソンはニューソートの源の一つと言われている。岡田自身「エマーソンの書いたものは静坐をしたものには、よくわかる。あれを読むと心の変わってゆくのがわかる」（笹村編、前掲書、二三四頁）など、弟子に対しくり返し推奨していた。
(21) 笹村編、前掲書、九九頁。
(22) 出版社と出版年は以下の通り。ヨギ・ラマチャラカ『研心録』（二宮峰男訳、実業之日本社、一九二四年）、忽滑谷快天『錬心術』（忠誠堂、一九二五年）、清水正光『呼吸哲学』（人文書院、一九三一年）。『研心録』の原題は *A Series Of Lessons in Raja Yoga* (Chicago, London: Yogi Publication Society, 1905)。忽滑谷のものは、クンダリーニ・ヨガの紹介としても最初期の一冊である。清水のものは、どこにも記されていないが、後半は Yogi Ramacharaka, *The Science of Breath* (Chicago: Yogi Publishing Society, 1904)

のかなり忠実な翻訳。
(23) 中身は翻案で、原著は Anon., *Vril or Vital Magnetism*（Chicago: A. C. McClurg & Co., 1911）である。ヴリルはプラナとまったく同様の概念だが、こちらではアトランティスに起源があるとされている。この匿名の著者とヨギ・ラマチャラカとの関係は不明。
(24) ラマチャラカ、前掲書、第三章、第四章。
(25) 忽滑谷、前掲書、八一頁。
(26) 高橋『幽明の霊的交通』（広文堂書店、一九二一年）二〇六頁。
(27)「覚譜」（『太霊道神教聖典』〔太霊道神教総本宮、一九二七年〕一一一―一一二頁）より。
(28) Horatio W. Dresser, *Quimby Manuscripts* (New York: University Books, 1969), p. 61.
(29) Yogi Ramacharaka, *Fourteen Lessons in Yogi Philosophy* (Chicago: Yogi Publication Society, 1903), p. 78.
(30) 高橋、前掲書、二四四―二四五頁。友清が『天行林』の表紙に用いた「信仰心篤い宗教家の思考の図」は、おそらくここから取ったものだろう。
(31) 栗原『若返る神秘　愛善叢書第二編』（人類愛善新聞社、一九三〇年）三九―四〇頁。栗原は元実業之日本社理事で、太霊道から大本と遍歴を重ね、最後は大本教第二次弾圧の際に獄死している。
(32) 谷口『生命の謎』（日本教文社、一九五一年）第一章〔特に一一―一五頁〕。
(33) 友清『天行林』（天行居、一九二三年）六一頁。
(34) 小野泰晴『谷口雅春とその時代』（東京堂、一九九五年）一八三頁。なお、耳根円通法とは、元来、明治初期の傑僧と言われた原坦山の提案した一種の座法で、奥歯に力を入れて、脊髄と脳をつなぐ「筋」の所に念を込めて観念的に切断するというもの。血液とは別の体内のエネルギー流を想定する行法、道教の周天法、ヨガのクンダリーニなどが、身体のエネルギー脈を循環させるのに対し、逆に切ってしまうという点であまり例を見ない。

第四章

（1）横田順彌「ＳＦこてん古典」（『ＳＦマガジン』二二七号〔早川書房、一九七七年十月号〕）。
（2）【編註】The World's Parliament of Religions. 近年は「万国宗教会議」または「世界宗教会議」と訳されるのが一般的である。
（3）『宗教界』第九巻第三号（大正二年三月）「彙報」によれば、大正二年（一九一三）雲水になり、『六合雑誌』等によると同五年（一九一六）に心臓麻痺で死亡。
（4）Ａ・ブルース『心霊の謎』（森江書店、一九一一年）を翻訳した忽滑谷快天は曹洞宗の僧侶で、宗教大学の学長。鈴木大拙もスウェーデンボルグを翻訳。
（5）【編註】それ以前の大正一四（一九二五）年に、日本心霊学会（後の人文書院）から再刊されている。
（6）吉田久一『日本近代仏教史研究』（吉川弘文館、一九五九年）参照。
（7）平田元吉は『心霊の秘密』に、明治四十四年十月二十五日付の『万朝報』の次のような記事を引用している。「人体から不可思議なる光線が発する事は世界各国に於て古くから、言い伝えられている説で、（中略）所が彼のラジウムの発見以来或いは一種のラジウム発散気ではないか、という説が生じて（中略）然るに今回独逸ハイデルベルク大学の助手ドクトル、カース氏は遂にラジウムの発散気とする説の事実なるを証明した」（三五七頁）。大正六年（一九一七）、霊術家松本道別は人体ラジウム学会なる団体を設立。さらに進むとラジウム温泉にまで行きつく。

(8) 彼の著書では昭和五年（一九三〇）に出版された『心霊不滅』（万里閣書房）を参照できた。これは六百ページ近くにわたって心霊事例を集めている。

(9) 【編註】「近代日本異端医療の系譜——維新以後の霊術家の饗宴」（『迷宮』第一巻第三号、白馬書房、一九八〇年）。

(10) 例えば、栗田仙堂、鈴木美山は米国哲学博士号を自称。

(11) 【編註】高橋『心霊哲学の現状』一八七頁。なお、引用箇所は目次の通りであれば、第二篇第二章「幽明交感の可能」のはずであるが、本文中では突然一四一—一八七頁まで目次にない第三篇第一章「日本心霊学発展史」が挿入されており、一八七頁からまた第二篇に戻って第三章「太霊道派」が続いている。

(12) 瞑想による全身の震動だが、面白いのは「飛動法は、数時間、長くも数日間に、何人も之を体得し得ること易々たり」（中根滄海『最新思潮太霊道』（洋洲社、一九一七年）四九頁）とある。TMの宣伝を思い出していただきたい。

(13) 【編註】高橋、前掲書、一八八頁。

(14) 【編註】田中守平『太霊道の本義』（太霊堂本院、一九一八年）「第四輯　論纂」九頁。

(15) 【編註】高橋、前掲書、一九一頁。ルビは原文ママ。

(16) 【編註】同書、二〇〇頁。

(17) 生長の家以前にクリスチャン・サイエンスを取り入れていた。

(18) 特に太霊道が被害を受け、仙台支部は崩壊してしまったそうである（『彗星』一四一号）。

（19）【編註】『鎮魂帰神の要諦』表紙裏。

（20）福来事件の詳細については劇作家の飯沢匡が書いている（「明治末年のオカルト騒動　千里眼の女」〔『別冊文藝春秋』一三五号、文藝春秋、一九七六年〕、「時代を超えて甦る女の勁さと哀しみ！　念写の女　超能力者・長尾郁子小伝」〔『別冊文藝春秋』一三八号、文藝春秋、一九七六年〕）。

（21）この記事は昭和三年（一九二八）に単行本として出版された（『迷信と妄想』〔実業之日本社、一九二八年〕）。その附録に大正七年（一九一八）に『変態心理』同人が行った読心術実験が載っている（附録四　読心術）。その霊能者ジョン博士は古峡・正馬の鑑定を待つまでもなく、手品師に過ぎないというのは実験録で容易にわかるのだが、このようなイカサマ実験を読者につきつけて、心霊現象全体を推断させるというお馴染の情報操作を森田も行っている。なお、この本は『森田正馬全集』第六巻（白揚社、一九七五年）に収められ、現在でも入手可能。

（22）大正八年（一九二〇）、官憲によって大本が調査された。そのとき警察側の「鎮魂帰神は催眠術の類ではないか」という問に対して王仁三郎は「鎮魂の法が催眠術の進歩したものか、又は催眠術が鎮魂法の進歩したものかは知りませぬ。開祖はこれを非難し、（中略）私は廃止しておりましたが、浅野氏が復活したのであって」とある（『大本七十年史』上〔大本、一九六四年〕五三二頁）。

（23）『科学画報』一二三巻五号（昭和九年十一月〔誠文堂新光社、一九三四年〕）七三二頁。

（24）当時の人文書院の目録を見ると、平田元吉『近代神霊学』、渡辺藤交『霊の神秘力と病気』、野村瑞城『霊の活用と治病』、福来友吉『精神統一の心理』などが並んでいる。

（25）彼は養子の鉄雄をポイント・ロマに留学させており、大震災前にポイント・ロマに移住した（宮沢虎雄「心霊研究者の歩んだ道　私と心霊研究（一二）」〔『心霊研究』三三一号、日本心霊科学協会、一九七四年〕）四一頁下。【編註】スティーブンソンの養子には多美子もおり、彼女もポイント・ロマに留学させている。吉永進一『神智学と仏教』（法藏館、二〇二一年）一一四―一一八頁を参照。

（26）『霊智学解説』は *Key of Theosophy*、『霊智学初歩』は *Theosophical Manuals* のそれぞれ翻訳である。

（27）「霊の発動と其目的」（『神霊界』第四五号〔大正六年三月一日号〕）の内で、「霊智学は百中の九十九まで知って居る。実に立派な者で、他の諸教に比して特に卓越して居る」と一応の評価を下している。なお、大本教とテオソフィーに関しては一つの興味深いエピソードがある。出口和明『大地の母』一〇巻（毎日新聞社、一九七一年）によれば、開祖なおの三女、福島ひさは大正四年（一九一五）十一月七日の神懸かりの後で、次のような霊的体験を語ったそうである。「いやらしい大きな顔したどえらい女の悪魔でした。ものすごい力で首を絞められて……、『わたしは露国のブラバッキーじゃ。よくも長い間のわたしの仕組を邪魔しおったな。このまま生かしておれぬ』いうて」（同、二一五頁）。この事件および福島ひさという特異な霊的キャラクターについては、本誌（『迷宮』白馬書房）連載「肝川竜神とその周辺」（本号〔＝第一巻第三号〕休載）において詳述の予定と聞く。

（28）【編註】『神霊界』第七八号（大正八年一月十五日号）二九頁。

（29）【編註】『大本七十年史』上（大本、一九六四年）六九〇頁。

（30）【編註】『日本心霊』については、その後に研究が進み、次のようなことが分かっている。まず、創刊は一九一五年（大正四）二月である（一九三九年七月に終刊）。また旬刊だったのは一時期のみで、次のように推移している。

・一九一五年二月～一九一五年一二月　→　毎月一回七日発行（月刊）
・一九一六年一月～一九二三年一二月　→　毎月二回一・一五日発行（隔週刊）
・一九二四年一月～一九三六年一二月　→　毎月三回一・一〇・二〇日発行（旬刊）
・一九三七年一月～一九三九年七月　→　毎月一回一日発行（月刊）

以上のデータは、栗田英彦「「日本心霊」デジタルアーカイブ解題」（『J-DAC 株式会社 人文書院所蔵「日本心霊」デジタルアーカイブ』〔丸善雄松堂、二〇二二年〕一九頁）に拠った。また、日本心霊学会については、栗田英彦編『「日本心霊学会」研究――霊術団体から学術出版への道』（人文書院、二〇二二年）に詳しい。

（31）【編註】『心霊生活』序文を書いたのは杉山重義である。元民権運動家のキリスト教徒で、経済学者・教育者として活躍し、『心霊生活』を出版した大日本文明協会理事を務めていた（富山房編集部編『国語科教授の実際　帝国実業読本　巻三』〔富山房、一九三八年〕五九―六〇頁）。一方、杉山義雄は『心霊研究協会設立について趣意書』（一九二三年）を執筆した人物であり、秀英社（後の大日本印刷）の社長。「心霊研究協会」はのちに「心霊科学研究会」と名前を変える（神保町のオタ「甘粕正彦と謎の心霊研究協会」『神保町系オタオタ日記』二〇〇八年八月一四日付〔https://jyunku.hatenablog.com/entry/20080814/p1〕）。つまり、杉山義雄は心霊科学研究会の創立に参加したが、『心霊生活』の解説者ではなく、ここの記述は著者の思い違いと考えられる。

（32）【編註】森『心霊研究と新宗教』一三七頁。

第五章

（1）常光浩然『明治の仏教者　上』（春秋社、一九六八年）一〇四―一一二頁を参照した。
（2）末木文美士『明治思想家論』（トランスビュー、二〇〇四年）八六―九〇頁を参照のこと。
（3）秋山悟庵編『坦山和尚全集』（光融館、一九〇九年）五八頁。
（4）同書、七七頁。
（5）木原鬼仏『耳根円通法秘録』（再版、心霊哲学会、一九一七年）六九頁。
（6）秋山編、前掲書、六頁。
（7）同書、七四頁。
（8）原坦山『首楞厳経講義』（華蔵界万拙、一八九一年）一六二丁裏。原文はカタカナであるが、引用はひらがな表記に改めた。
（9）同書、一四〇丁表。
（10）秋山編、前掲書、七八頁。
（11）原、前掲書、一三八丁表。
（12）秋山編、前掲書、七九頁。
（13）同書、一〇〇―一〇一頁。
（14）荒木礒天編『禅学心性実験録』（井洌堂、一九〇七年）による。【編註】この段落は、『老婆新説』の内容とは完全には一致していない。おそらく著者は、『禅学心性実験録』の第七章「結論」やその他の資料も参照して執筆したと思われる。
（15）当時のアメリカの代表的な神経科医 George Beard などによる電気治療の利用については、以下の論文を参照のこと。John L. Greenway, "Nervous Disease and Electric Medicine," in A. Wrobel ed.,

Pseudo-Science and Society in Nineteenth-Century America (Lexington: University Press of Kentucky, 1987).

(16) 秋山編、前掲書、三頁。

(17) 同書、三頁。

(18) 原、前掲書、一四七丁裏。

(19) 同書、一九四丁表。

(20) 秋山編、前掲書、五四—五五頁。

(21) 円了に関しては、恩田彰「解説」（井上円了『新校　心理療法』〔群書、一九八八年〕所収）、島薗進『〈癒す知〉の系譜』（吉川弘文館、二〇〇三年）を参照のこと。

(22) 半禅庵主編『坐禅法正解』、附原田玄龍「耳根円通論」（藍外堂書店、一九〇〇年〔三版〕）一五—一六頁。

(23) 同書、一七頁。

(24) 同書、二六頁。

(25) 民間精神療法、あるいは霊術に関する全体的な見通しについては、井村宏次『霊術家の餐宴』（心交社、一九八四年）、田邉信太郎『病いと社会』（高文社、一九八九年）、ならびに吉永進一「解説　民間精神療法の時代」（『日本人の身・心・霊』第一期第八巻〔クレス出版、二〇〇四年〕所収）を参照。

(26) 木原の経歴については、『耳根円通法秘録』、『神霊界』第八七号（大正八年六月一月号）、奥村次郎編『愛媛県紳士列伝第一編』（奥村次郎、一九〇〇年）二〇二—二〇三頁を参照した。【編註】木原の経歴は、横山茂雄「霊怪の探求—岡田建文の場合—」（岡田建文『怪異のフィールドワーク　霊怪談淵　幽冥界研究資料第二巻』八幡書店、二〇二二年）にも記述がある（五—六頁）。記述内容はおおむね一致するが、それぞれで若干記載事項の省略があり、両方を参照することでより精細な経歴を得ることができる。

（27）木原鬼仏『耳根円通法秘録』（心霊哲学会、一九一七年〔再版〕）八〇頁。
（28）同書、一〇四頁。
（29）同書、一〇三頁。
（30）同書、九一頁。
（31）片桐正雄『耳根円通法解説』（健寿修養会、一九一九年）「健康上の略歴及び本書発行の事由」一―四頁を参照。
（32）同書、一四一頁。
（33）同書、一八九―一九〇頁。
（34）ただし他方では超能力の発現があったという証言も残っている。片桐の協力者であった森田笑悟は、耳根円通法実修中に、眉間より光線が出たという。

乳白色或は硝子色めきた中に、活き活きとした微妙の光明が燦爛と云わんか荘厳と云わんか、（同書、一七八頁）

耳根円通法により一大確信力の下に慈悲心を以て思念しつつ患者を取扱うて居ると前述の通り前額が頻りにフワついてオーラーが盛んに発散するを覚え（此時手指にも猛烈なる顫動が起る）物心の作用を以て患者に偉大の効果を与えて居る。（同書、一七九頁）

（35）この点については森真一『自己コントロールの檻』（講談社、二〇〇〇年）を参照。

第六章

（1）「電気心理学」についてはJohn Bovee Dods, *The Philosophy of Electrical Psychology* (New York: Fowlers and Wells, 1853) に拠った。なお、ドッズに関しては、吉永進一「「電気的」身体——精妙な流体概念について」（『舞鶴工業高等専門学校紀要』第三一号、一九九六年）〔本書第一章、二三—二七頁〕を参照のこと。ドッズの著書は鈴木万次郎訳で『動物電気概論』（岩藤錠太郎、一八八五年）という題名で邦訳されている。メスマー著とされているが、内容からしてドッズの著作を訳したものと思われる。

（2）リード『魂から心へ』（村田純一他訳、青土社、二〇〇〇年。原題 Edward S. Reed, *From Soul to Mind: The Emergence of Psychology from Erasmus Darvin to William James* [1997]）。

（3）木村『日本主義国教論』（開発社、一八九八年）七六頁。

（4）峰島旭雄「明治期における西洋哲学の受容と展開（八）——井上哲次郎、その哲学の再吟味」（『早稲田商学』二二九号、一九七二年）六八—六九頁。

（5）黒岩『天人論』二五頁。

（6）同書、二六頁。

（7）同書、二六頁。強調、黒岩。以下も同様。

（8）同書、二七頁。

（9）同書、五三頁。

（10）同書、五六頁。

（11）同書、五七頁。

（12）同書、一三四、一三五頁。
（13）同書、一三六頁。
（14）同書、一三六頁。
（15）霊術という語については、〔桑原俊郎「催眠術に就て（第二回）」〕『教育時論』六四七号（明治三十六年四月五日）に、精神霊動の神妙の活力として「その術を見たるものは、鬼神も及ばざる霊術に愕く」（同、二〇頁）とあり、霊妙な術という意味で使われていたようである。
（16）井村宏次『霊術家の饗宴』（心交社、一九八四年）を参照のこと。
（17）桑原俊郎『改版　精神霊動　全』（開発社、一九一〇年）二一五頁。本書は明治三十六年から三十七年にかけて開発社が出版した、第一編「催眠術」、第二編「精神論」、第三編「宗教論」の合本である。
（18）同書、二二七頁。
（19）同書、二五一頁。
（20）『教育時論』六四六号（明治三十六年三月二五日）二八頁。
（21）桑原は以下のように書いている。

現今、我国に於ける宗教中で、比較的に、活動的宗教、強勢的宗教、有力的宗教は何であるかと申せば、無論、この、キリスト教と、浄土教（特に浄土真宗）とであると申さねばならぬ。（中略）この二宗教は、幾年かの後に於て、必、結婚して、その夫婦の間に、一個の大宗教を産み出して、遂に、今日より、更に、大なる宗教となることは疑いないと思う。（桑原、前掲書、三六三頁）

(22) 滝澤『養生論の思想』（世織書房、二〇〇三年）。
(23) 加瀬『呼吸術』四頁。
(24) 竹内編『精神療法』二二一―二二三頁。
(25) 同書、二二三頁。
(26) 同書、二一六頁。
(27) 同書、二二一頁。
(28) 断食法と霊気療法で知られる霊術家、高木秀輔、民間療法の大成者であった平田内蔵吉が檜山の門を叩いている。
(29) 檜山鉄心『檜山式療養法伝授録　後期（他力治療篇）　実習篇』（研精社、一九二〇年［第五版、初版は一九一八年］）一一一頁。
(30) 檜山『心身修養療法』九八頁。
(31) この記述は永井霊洋の孫にあたる勝部正氏、永井武治氏からのご教示による。なお、永井嘉太郎の次子、永井恒三郎（一八六五―一九九五）が活霊会を引き継ぎ、昭和二十八年（一九五三）九月三日に松江市伊勢宮町で「みちから教団」を設立したという。
(32) 永井霊洋『宇宙の力　活霊強健法の解説と活霊療法の実際』（活霊会本院、一九三三年）一五〇頁。
(33) 同書、一六八頁。
(34) 同書、一六〇頁。
(35) 明治三十六年活動開始とすれば、永井は身体を用いた精神療法の先駆けとなるが、ただし出版物は昭和以降に集中しており、その思想内容や用語法、あるいは板を用いた霊能開発法など、むしろ太霊道からの影響を思わせるところがある。その思想の源や年代についてはさらなる調査を待ちたい。

(36) 永井、前掲書、一八九―一九三頁。

(37) 【編註】永井『霊』七―八頁。

(38) 永井『宇宙の力』九二頁。

(39) 同書、三二頁。

(40) 同書、四二頁。

(41) 同書、四四―四五頁。

(42) John B. Buescher, *The Other Side of Salvation* (Boston: Skinner House, 2004) 中の Doctor of Electropsychology の章を参照。

第七章

(1) 前川理子「近代の生命主義」(『生命――生老病死の宇宙』〔『岩波講座宗教』第七巻、岩波書店、二〇〇四年〕) 一六三頁。

(2) 西山茂「現代宗教のゆくえ」(大村英昭・西山茂編『現代人の宗教』〔有斐閣、一九八八年〕所収)。この論文では霊術と区別し、大本教を主なモデルとして霊を操作する宗教として〈霊＝術〉宗教というネーミングを行っている。西山の用語法についての批判は尾堂修「「霊術系新宗教」の再検討」(『西日本宗教学雑誌』一六号、一九九四年) を参照。また、ここでは議論できなかったが、対馬路人は、新宗教の生命主義的救済観について、個々の生命の背景に大きなひとつの大生命を想定する「大生命の思想」と、現世の生命の背景にさまざまな霊（＝生命）の連帯を想定する「霊界思想」の二つに分けられると指摘している（対馬路人「世界観と救済観」〔『新宗教事典』弘文堂、一九九〇年〕二二三―二三二頁）。精神療法の「大霊」思想は前者、「霊気」思想は後者に類似するが、いずれにしても人格的な存在が想定されていない。

（3）霊術もしくは精神療法の全般については、井村宏次『霊術家の饗宴』（心交社、一九八四年）と田邉信太郎『病いと社会』（高文堂書店、一九八九年）の二著、ならびに吉永進一「解説　民間精神療法の時代」（『日本人の身・心・霊』第一期第八巻〔クレス出版、二〇〇四年〕）を参照。

（4）竹内周子『精神療法』（東京養生院、一九一〇年）五四頁。

（5）田中守平（一八八四―一九二九）、岐阜県出身。明治三十六年（一九〇三）に天皇直訴事件を起こす。明治三十八年（一九〇五）山林で九十日断食して霊能を発現。明治四十三年（一九一〇）最初の太霊道の経典を完成、明治四十四年（一九一一）から大正二年（一九一三）まで満州から蒙古に布教、大正五年（一九一六）東京に本院を開設、大正九年（一九二〇）故郷武並村に総本院を完成、大正十年（一九二一）末総本院で火事が起こり、その後は勢いが弱まる。

（6）大正三年二月十八日『東北日報』紙。

（7）井村は『霊術家の饗宴』において都市型修験の濱口熊嶽を最初の霊術家に位置づけている。

（8）Robert Ellwood Jr., *Religious and Spiritual Groups in Modern America*（New Jersey: Prentice-Hall, 1973）; Robert C. Fuller, *Mesmerism and the American Cure of Souls*（Philadelphia: University of Pennsylvania Press, 1982）、詳しくはCatherine L. Albanese, *A Republic of Mind and Spirit: A Cultural History of American Metaphysical Religion*（New Haven and London: Yale University Press, 2007）を参照。

（9）吉永進一「明治期日本の知識人と神智学」（川村邦光編『憑依と近代のポリティクス』［青弓社、二〇〇七年］）参照。【編註】『神智学と仏教』（法藏館、二〇二一年）に再録。

（10）河西善治『『坊ちゃん』とシュタイナー——隈本有尚とその時代』（ぱる出版、二〇〇〇年）参照。

（11）木村駒子『観自在術』（育成会、一九一四年）参照。なお木村秀雄のタントラの師ピエール・アーノルド・バーナードという不可思議な人物については Robert Love, *The Great Oom: the Improbable Birth of Yoga in America* (New York: Viking, 2010) を参照のこと。

（12）一柳廣孝『催眠術の日本近代』（青弓社、一九九七年）ならびに吉永進一「解説」（『催眠術の黎明』第七巻［クレス出版、二〇〇六年］）参照。

（13）桑原俊郎（号、天然。一八七三—一九〇六）、岐阜県出身、教員。高等師範学校卒業、静岡師範学校教員時代に催眠術の実験を開始、明治三十六年（一九〇三）東京の麻布中学に移り、精神研究会を発足させる。岸本一念、松橋吉之助、宅間巌、中堂謙吉といった弟子がいた。

（14）岡田虎二郎（一八七二—一九二〇）、愛知県田原市の出身。高等小学校卒業後、独学で農学を研究、冷水浴などの健康法を実践。明治三十四年（一九〇一）に渡米、三十八年（一九〇五）に帰国、明治四十年（一九〇七）頃から静坐法を教授し始める。中西清三『ここに人あり——岡田虎二郎の生涯』（春秋社、一九七二年）、笹村草家人編『静坐　岡田虎二郎　その言葉と生涯』（無名会、一九七四年）参照。

（15）藤田霊斎（一八六八—一九五七）、真言宗の僧侶。不摂生で体を壊し、白隠の教えなどを実践して病気を克服、息心調和法（調和道丹田呼吸法）を編み出す。最初は松村介石の道会の中で活動し、その後独立。昭和二年（一九二七）に社団法人調和道協会を設立。

（16）川合（後に肥田）春充（一八八三―一九五六）、山梨県出身。若い時期から健康法を渉猟し身体を鍛える。『実験簡易強健術』（文栄閣、一九一一年）以降、強健術を冠した著作を出版しベストセラーとなる。その思想は聖中心道と呼ばれる。兄は基督心宗を開きグンゼの社員教育に当たった川合信水。押川方義、松村介石らと交流があった。

（17）本名、檜山鋭（一八七二―？）、水戸出身、教員。士族の生まれ。明治三十二年（一八九九）に文検に合格、明治三十四年（一九〇一）から四十二年（一九〇九）まで各地の師範学校、幼年学校の教員を務める。成田山での断食で霊能を発現。その後、催眠術師、古屋鉄石の主宰する精神研究会を経て精神療法家となる。同会の雑誌『精神新報』八〇号（明治四十四年七月）には「元陸軍教授従七位檜山鋭氏は本会にて精神学を研究し、後哲学上より、無有術を発明し治療矯癖を盛にせらると、場所は浅草公園観音堂の東なり」（三二頁）とある。著書は『心身改造精神的呼吸法』（弘学館、一九一二年）など。

（18）檜山鋭『心身修養療法』（研精会、一九一四年）一〇六頁。

（19）松本道別（一八七二―一九四二）、伊勢出身、政治運動家。明治三十九年（一九〇六）市電焼討ち事件で投獄され、獄中で健康法を考案し、出獄後はさまざまな精神療法を実践。その蓄積を集大成したものが昭和三年（一九二八）に出版された『霊学講座』である。また、大本教を始め同時代の宗教や精神療法を厳しく批判した雑誌『霊学春秋』も発行。田邉信太郎「闇の知の跋歩――松本道別の痕跡」（松本道別『霊学講座』［壮神社、一九九〇年］）参照。

（20）本名、松原剛（一九〇九？―？）、姫路出身。若くして多くの精神療法を修め、洗心会を組織。『霊術大講座』十一巻などの著書がある。大宮司朗「霊術家・松原皎月――本書復刻にあたって」（松

原皎月『神伝霊学奥義』〔八幡書店、一九八八年〕）参照。

(21) 本名、桑田源五郎（一八九七―一九七一）、後に桑田道教。徳島県生まれ、十歳で北海道に移住。清水英範（芳洲）に催眠術を学び、太霊道に入門してから独立。帝国心霊研究会という精神療法団体を興し、日本全国で精神療法の講習会を行い、優れた技法指導者として評判を集める。昭和二十八年（一九五三）に宗教法人、真生会に組織替えしている。

(22) 貝島炭礦の貝島太市は昭和三年（一九二八）から生気倶楽部を日本各地に設立したという。山田一郎『生気養生法に就て』（山田精神文化研究所、一九三三年）「例言」を参照。

(23) 岡田茂吉（一八八二―一九五五）、東京出身。昭和九年（一九三四）から岡田式神霊指圧療法を始め、大日本観音会を組織するが、戦前は療術行為取締規則違反で何度か警察に取締を受けている。戦後宗教法人として再出発。

(24) 野口晴哉（一九一一―一九七六）、東京出身。野口整体で知られる。その出発点は精神療法家であり、松本道別や桑田欣児に技法を学んでいる。後期精神療法で多用されたお手当て、あるいは霊動と呼ばれた自動運動は、愉気や活元運動として野口整体の中に残っているが、これについては田邉信太郎・島薗進・弓山達也編『癒しを生きた人々』（専修大学出版局、一九九九年）所収、前川理子「気――野口晴哉と「全生」思想」が生命主義思想との連関で論じている。

(25) 桑原俊郎『精神霊動　第二編　精神論』（一九〇四年）第一章参照。

(26) 本名、木原通徳（一八七三―?）、愛媛県今治出身。実業家、新聞記者などの職業を転々とする。明治三十八年（一九〇五）から神戸で精神療法（催眠術）を開業、一時は中国人専門の精神療法を開業して一八〇〇〇人を治療したという。明治三十九年（一九〇六）に松江に移住し精神療法を開業。

木原通徳『心身強健養気療法』（養気療院、一九一〇年）によれば、通常の催眠療法に加えて「養気療法」という一種のお手当て療法も行っていた。一時、大本に入信、大本を離脱してからは真言宗系の術を伝授していた。

(27) 吉永進一「原坦山の心理学的禅――その思想と歴史的影響」（『人体科学』第一五巻第二号［二〇〇六年］）参照〔本書第五章に再録〕。

(28) 川合清丸「神代の治療法」（『川合清丸全集』第七巻［川合清丸全集刊行会、一九三一年］）。

(29) 忽滑谷快天『養気錬心乃実験』（東亜堂書房、一九一三年）、ラマチャラカ『最新精神療法』（松田霊洋訳、公論社、一九一六年）、ヨギ・ラマチャラカ『研心録』（二宮峰男訳、実業之日本社、一九二四年）、白石喜之助『印度哲学の精華　ヨギ哲学』（新生堂、一九二七年）、清水正光『健康増進呼吸哲学ヨギの強健呼吸法』（人文書院、一九三一年）。安東禾村『意志療法活力増進の秘訣』（日本評論社出版部、一九二二年）の原著は匿名の著作 *Vril, or Vital Magnetism* と思われる。これら以外にも抄訳はあると思われるが、現在のところは不明。

(30) 桑原の思想については、吉永進一「精神の力――民間精神療法の思想」（『人体科学』第一六巻第一号［二〇〇七年］）を参照〔本書第六章に再録〕。

(31) 近藤嘉三については不詳。他に『催眠術独習』（大学館、一九〇四年）がある。大学館からさらに、近藤正一『催眠術百話――簡易施術』（一九〇七年）、近藤不二『不老長生の魔術』（一九〇二年）という本も出ており、この二つの筆名も同一人物と思われる。【編註】その後の研究から、近藤は神道改革に関わった神職であることがわかった。詳細については、栗田英彦「明治二十年代の神道改革と催眠術・心霊研究――近藤嘉三の魔術論を中心に」（伊藤聡・斎藤英喜編『神道の近代――アクチュアリティを問う』〔勉誠出版、二〇二三年〕）を参照。
（32）近藤『魔術と催眠術』（顯才新誌社、一八九二年）四頁。
（33）三吉霊峰『三吉式精神修養法』（精神学会、一九一七年）四三頁。本名、彦一、当時、神戸在住であった。他に三吉彦一『三吉式催眠術講義録』がある。
（34）檜山鉄心『檜山式療養法伝授録　前期（自己療養法）学理篇』（研精社、一九二〇年〔第五版、初版は一九一八年〕）三四頁。
（35）太霊道については、「太霊と国家――太霊道における国家観の意味」（『人体科学』第一七巻第一号〔二〇〇八年〕）を参照（本書第八章に再録）。
（36）自伝では山中で断食して霊能力を発見したことになっているが、石川雅章『戦争と迷信』（佛教公論社、一九四一年）中の第二部第三話「太霊道主元田中守平」によれば、田中守平は濱口熊嶽の番頭富田某を頼って上京し、五十嵐光龍（真言宗僧侶で精神療法家）について自動療法を学んだとある。さらに石川の記事からすれば、満州に渡ったのは精神療法家、木村秀雄に対して不始末をしでかしたせいであり、満州時代に成功したのは田中の背後にいたジャーナリストM（おそらく満鮮実業社の目黒幸太郎）が売り出したせいだという。
（37）宇宙霊学寮編纂『太霊道及霊子術講授録　第二輯』（宇宙霊学寮、一九一八年）一三四頁。
（38）【編註】「内部生命論　第一」（『文学界』第五号〔文学界雑誌社、一八九三年〕）一五頁。
（39）加藤咄堂『人格の養成』（東亜堂、一九〇七年）二六頁。
（40）「英国のマイヤー氏などは、Larger selfで無ければ説明が出来ないと、昨今云い出したそうである」（『精神霊動　第二編　精神論』〔一九〇四年〕二〇七頁）。

（41）邦訳はカール・フォン・ライヘンバッハ『神秘のオド・パワー――もうひとつの科学史の発掘』（井村宏次監訳・解説、岡田圭吾訳、日本教文社、一九九七年）。オド力については哲学館での講義で、徳永（清沢）満之が Edward Carpenter, *Principles of Mental Physiology* を用いて、かなり詳しく反駁している。徳永満之「心理学（応用）」（哲学館講義録『心理学』〔哲学館、一八八八年？〕）参照。

（42）神智学徒リードビーターのオーラ説は、高橋五郎『幽明の霊的交通』（広文堂書店、一九二一年）で紹介され、岡田式静坐法を治療に取り入れていた医師小林参三郎も『生命の神秘』（春秋社、一九二二年）でオーラ図を紹介している。またイギリスの医師キルナー博士がオーラ眼鏡を発明したというニュースも伝わっており、キルナーのオーラについての研究書 *The Human Atmosphere* (1911) も大正時代には読まれていたようである。

（43）ライヒのオルゴン・エネルギーについては横山茂雄訳編「ライヒとオルゴンエネルギー」（『地球ロマン』復刊六号「総特集　綺想科学鑑」〔絃映社、一九七七年〕）が一次資料の翻訳を含む。

（44）黒岩『天人論』（朝報社、一九〇三年）一三六頁。桑原俊郎が名前をあげた心霊研究家F・W・H・マイヤーズについては、このベストセラーですでに紹介されている（一三四―一三五頁）。

（45）檜山鋭『心身修養療法』（研精会、一九一四年）一二三頁。なおこの本には医科大学に精神療法科に設置を求める建議書がついている。檜山は科学的研究の対象になりうると信じていた。

（46）本名、ウィリアム・ウォーカー・アトキンソン（一八六二―一九三二）、アメリカ人ビジネスマン、ニューソート系の著述家。ラマチャラカ以外にも複数のペンネームで多数の著作を残す。現在もアトキンソン、セロン・デュモン名義の著作が邦訳されている。

（47）ラマチャラカ『最新精神療法』一〇〇頁。

（48）山田信一、生没年不詳。オステオパシー、カイロプラクティックの治療者。著書の『山田式整体術講義録』全三巻（山田式整体術講習所、一九二〇―一九二一年）にはプラナ療法についての記述がある。

（49）本名、中村三郎（一八七六―一九六八）、三十代で欧米からインドを旅行し、インドではヨガを修行したという。大正時代に統一哲医学会を創立し、精神療法家として活躍、政財界の要人を会員に集める。現在は財団法人天風会。

（50）玉利喜造（一八五六―一九三一）。鹿児島出身。駒場農学校（東大農学部）卒業、ミシガン州立農学校に留学、農科大学教授、盛岡高等農林学校初代校長、鹿児島高等農林学校初代校長。健康法として流行していた冷水浴を実践し『冷水浴の実験と学理』（実業之日本社、一九〇七年）の著作がある。鹿児島の民間療法であった紅療法も熱心に行っている。明治四十年（一九〇七）頃より霊気と邪気の研究を開始。

（51）高木秀輔（一八八七―？）、山口出身。明治三十五年（一九〇二）、父親の病気回復を祈願して水垢離を続けたところ、手のひらから霊能が発現したという。大正時代には檜山鉄心、太霊道、岡田式静坐法、山田信一（プラナ療法）、中村古峡、松本道別（人体ラジウム）などのさまざまな療法に入門。大正八年（一九一九）より霊道救世会を発足、また修養団の小郡支部を開設。『神秘霊動術講習録』（救世会出版部、一九二二年）によると、呼吸法、自動運動、お手当てを組み合わせた人体アウラ霊気術を行っていた。後に六法術（霊気術、暗示法、正体術、静坐法、断食法、食養法）を併用する断食療法を専門にするようになる。なお『断食講話』（高木断食療、一九三六年）によれば、高木はキルナーの原書を取り寄せてオーラを研究していたという。

(52) 森田義郎、本名、義良(一八七八―一九四〇)、愛媛県出身、子規門下の歌人。政教社社員、『日本及日本人』の記者、立憲青年連合団代表。一時は押川方義の選挙運動にも尽力。大正八年(一九一九)に八六八八名の患者に施術し、二〇三四名が全治したという(『調精術伝習録』第二集[調精術普及会、一九二〇年]三四九頁)。

(53) 以下は森田『調精術』(調精術普及会、一九一八年)二二―七七頁を参照。

(54) 森田『調精術伝習録』第二集、三五六頁。

(55) 本名、岩田篤之介(生没年未詳)。岡山県津山出身。大正八年(一九一九)よりしばらく太霊道に入り、その後独立。身体の自動運動(霊動)を治療に用いる。

(56) 本名、大山覚行(著書奥付による)、生没年など未詳。広島で活躍した精神療法家。『霊掌術教授全書』(生道学会本部、一九二八年)によれば、東京遊学中に神経衰弱を発症し、これを治すために断食や禅を試している内に霊能を発揮、心霊光波術を編み出したという。呼吸とお手当てという基本は他の療法と同様だが、心霊光線(オーラ)によって病気診断と治療を行う点は独特である。さらにオステオパシーとカイロプラクティックを学び、霊的、物理的の両面から治療を行った。生気治療家、木村薫子によると、大山が石井常造の師匠であった(石黒憲輔『一人で出来る健康法』[大阪屋号書店、一九二九年]一七八頁)。

(57) 石井常造(一八七六―?)、陸軍軍人。大正十年(一九二一)陸軍少将、大正十二年(一九二三)予備役。大山霊泉に学んで「生気自強療法」を始める。弟子多数。石黒景文『石黒式　生気呼吸療法の根本原理』(生気三養荘、一九三九年)によると、石黒は大正十三年(一九二四)に石井の治療を受け自宅を生気療養研究所とし、伊部直光、嘉悦敏の陸軍軍人と共に発起人となって常盤会館で石井の療法を紹介したが、昭和二年（一九二七）以降は石井と別れて単独で研究所を立てるとある。

（58）江口俊博（一八七三―一九四六）、熊本出身、教育者。父は軍人、叔父の江口鎮白《やすきよ》は陸軍少将。五高から東京帝国大学に進学するが、心身の不調が絶えず、二十九歳で卒業後、各地の中学校長を転々とし、大正十二年（一九二三）に甲府中学校長。大正十四年（一九二五）から臼井霊気に入門。昭和二年（一九二七）より一般に公開し、東京、京都、広島などで講習会を開く。「吾が経歴」（江口俊博『手のひら療治を語る』〔手のひら療治研究会、一九七五年〈新訂増補七版、初版は一九五四年〉〕）より。

（59）臼井甕男（一八六五―一九二六）、岐阜出身、精神療法家。彼の霊気療法は林忠次郎、高田ハワヨを経由してアメリカに広まり、現在は Reiki Healing として世界各地で実践されている。

（60）「吾が経歴」によれば「臼井の霊気療法は人間自然の療能にして、多額の料金を課する事全然その謂われなきを看破し、同時にその使徒武富氏は海軍少将と云う身分ある人たるに於てその不可一層目立つものあり、鎮さん〔引用者註　叔父の江口鎮白〕と協議し、断然会と手を切り自立せんと決意し、会長海軍少将牛田従三郎氏に宛て退会届を提出し、同時に手のひらりょうじと命名し、平易に一般伝道する事に定む」と書いている（原文漢字カタカナ。江口、前掲書、二三〇頁）。

（61）本名、三井甲之助（一八八三―一九五三）、山梨県出身、歌人、文学者、右翼思想家。『馬酔木』『アカネ』といった根岸派の短歌雑誌や、『日本及日本人』の編集に携わる。大正十四年（一九二五）に蓑田胸喜らと原理日本社を結成。近角常観を経由して親鸞、あるいはヴィルヘルム・ヴントから思想的な影響を受けた。

（62）江口、前掲書、五九頁。

（63）同書、一一八頁。

（64）三井甲之『手のひら療治』（アルス、一九三〇年）二四頁。
（65）同書、二八、二九頁。
（66）片山杜秀「写生・随順・拝誦　三井甲之の思想圏」（竹内洋・佐藤卓己編『日本主義的教養の時代』［柏書房、二〇〇六年］）注四八を参照。
（67）永井についてより詳しくは、吉永、前掲論文を参照（本書第六章に再録）。
（68）永井霊洋『宇宙の力　活霊強健法の解説と活霊療法の実際』（活霊会本院、一九三三年）一六〇頁。
（69）同書、九二頁。
（70）同書、三二頁。
（71）この点については以下の論文が参考になる。安藤泰至「越境するスピリチュアリティ――諸領域におけるその理解の開けへ向けて」（『宗教研究』八〇巻二号、二〇〇六年九月）。

第八章

（1）太霊道総本院があった「国集ケ丘」は現在は宅地となり、わずかに門柱が残る。しかし、恵那市武並では彼の名前は郷里の偉人として記憶されており、顕彰碑も建てられている。また『武並町史』（武並町史編纂委員会、一九九三年）第三章第一節「先覚者」で、田中守平が取り上げられている。
（2）【編註】ここでは、「第一節で田中守平の生涯、組織の性格について、第二節で思想の根幹をなす「太霊」と「霊子」について、そして第三節で太霊道思想の基本的な性格を論じ」るとある。しかし実際には、第一節「田中守平の生涯」では「組織の性格」までは論じられず、代わりに、

第二節「精神療法・宗教・政治」において「外的な特徴」（二〇一頁）として組織形態や運動形態の特徴が扱われ、さらに第二節ではなく第三節の「太霊と霊子」において「太霊」と「霊子」および「思想の基本的な性格」が論じられている。おそらく執筆過程で構成にズレが生じたのだと思われる。ともあれ、「はじめに」で予告された構成と実際の論文構成とは異なっていることに注意されたい。

（3）出版データは以下のとおりである。宇宙霊学寮編『太霊道主元伝』（太霊道本院、一九一八年）、井村宏次『霊術家の饗宴』（心交社、一九八四年）、中村和裕「霊術団体・太霊道の崩壊（上）」（『むさしの文学会会報』一九九九年一月十四日号）六―八頁、中村和裕「霊術団体・太霊道の崩壊（下）」（『むさしの文学会会報』平成十一年八月十五日号）一―二、八頁。

（4）田中守平関連の新聞記事の切り抜きのコピーが恵那市の教育委員会に保存されており、今回はそれも活用した。切り抜きは、掲載紙不明のものもあるが、直訴時期のものから昭和期に及んでおり、満州、朝鮮の新聞記事も含んでいる。

（5）明治三十六年十一月二十二日付『大阪朝日新聞』。

（6）明治三十六年十一月二十日付『東京朝日新聞』。明治三十六年十一月二十日付『報知新聞』では、馬車に向かって七、八間歩き出したところで地上に平伏して、持っていた風呂敷包みを投げ出し、天皇はこれをチラと見て通り過ぎた、とあり、同年十一月二十一日付『大阪朝日新聞』では、左手を地上につき、右手で上奏書を高く捧げたともある。

（7）宇宙霊学寮編、前掲書、五一―五三頁。

（8）明治三十四年（一九〇一）十二月十日に田中正造による直訴事件が起こった際に扱ったのも麴町

署であった。ただし俗説と異なり、正造の場合は精神異常として処理されることはなかった。

（9）十一月二十一日付『都新聞』。

（10）東亜文行編『奇蹟之田中守平』（満鮮実業社、一九一二年）七八頁。

（11）「霊子術講義及教授　第一部　講義」（宇宙霊学寮編纂『太霊道及霊子術講授録』第二輯〔宇宙霊学寮、一九一八年〕）九頁。

（12）東亜文行編、前掲書、八〇頁。

（13）同書、八二頁。

（14）田中と同時期の精神療法家、檜山鉄心は成田山断食堂での断食修行、また太霊道に一時属していた高木秀輔や岩田篤之介は水垢離や神社参りなどで最初の能力発現があったと述べているが、いずれも師匠についての修行ではなく、がむしゃらな苦行であった。大正後期になると精神療法の講義録が市場に流布し、講習会も盛んに行われているので、そのような自発的なプロセスは影を潜める。

（15）東亜文行編、前掲書、八三―九二頁。

（16）【編註】『奇蹟之田中守平』（九一―九五頁）と『太霊道主元伝』（一三〇―一三四頁）によれば、青年会の解散は児玉の急逝による蒙古探検中止の後である。

（17）東亜文行編、前掲書、一一六頁。引用部分で「天真の道」とある部分は、『主元伝』では「全真太霊の道」と変更されている。また、この時点では「太霊道」ではなく、『奇蹟』に引用された上申書では「天真至上の道を唱え太霊の教を流布して以て世衆をして正道に帰らしめんとす」（同書、一二九頁）とあり、天真の道と太霊の教であった。しかしその後、「太霊道は既に総ての思想の大統的根本たるが故に之れを教又は学と唱えず」（宇宙霊学寮編纂『太霊道及霊子術講授録』第一輯〔宇宙霊学寮、一九一八年〕六頁）とある。

（18）東亜文行編、前掲書、一一二三頁。

（19）『奇蹟』には明治四十四年（一九一一）十一月十一日、十二日付『釜山日報』、同年十二月十三日付『京城日報』、明治四十五年（一九一二）三月十六日付『遼東新報』、同年二月二十日付『満州新報』などの記事が掲載されており、大連と奉天を中心に満州各都市を回ったようである。

（20）これは日本の大陸浪人と清朝遺臣による満蒙独立工作事件の第一次宗社党事件と同時期にあたっている。この事件は川島浪速と陸軍軍人らが、清朝の粛親王や蒙古のカフチン王らを擁立して満蒙を独立させるため、明治四十五年五月に武器を密輸したが、輸送中に中国軍に攻撃されて敗退したという事件である。また皇寺と田中の間を仲介した人物は陸軍歩兵大佐、守田利遠であったので、蒙古行きの背景に軍の満蒙工作があった可能性はある。守田は東部蒙古の情報を収集し、ロシアの行動を調査して、関東都督府陸軍部、北京公使館付武官、満州と蒙古の諜報機関に報告するように訓令を受けていた。栗原健編著『対満蒙政策史の一面』（原書房、一九六六年）二九四―二九五頁参照。

（21）『精神新報』八七号（大正二年夏号）によると、大正二年（一九一三）三月十六日、同年始めに結成されたばかりの全国精神治療協会を東洋心理協会と改称し、東京麴町区華族会館で発足式を開催とある。発起人総代は柵原義光、東京市会議長江間俊一、医学博士金杉英五郎、八家勝太郎、山田隆一郎、木村秀雄、釈慶淳、横瀬琢之、北原種忠、古屋鉄石。事務所は小石川区白山前町江間別邸内にあり、江間が中心となっていた組織である。『精神新報』八九号（大正二年冬号）に、七月六日に開催された第二回の東洋心理協会の実験、演説会の模様が報じられている。横瀬琢之、古屋鉄石、木村秀雄、釈慶淳、江間俊一に並んで田中守平が「霊子作用に就きて」という講演と実験を行っている。

(22) 太霊道の実際の治療風景については、田邉信太郎『病いと社会』(高文堂書店、一九八六年)第八章「霊動――自己調律する身体」に大正六年(一九一七)の雑誌『日本一』第三巻九号の紹介記事が引用されている。

(23) 大正三年二月十八日付『東北日報』。

(24) 「太霊道公宣」(大正五年十一月二十九日付『読売新聞』)。

(25) 田邉、前掲書、一一八―一一九頁。『日本一』第三巻九号、一三〇―一三一頁。

(26) 『太霊道』第二巻臨時号(大正七年九月一〇日)では、「本院講授会に於て霊子作用を実修せし会員諸氏」と題して、以下のような名前が挙がっている。辻村楠造(陸軍主計総監)、中村春二(成蹊学園の創立者)、郡司成忠(探検家)、友清九吾(東亜評論社長)、牧虎文(海軍軍医大監)、山崎増蔵(医師、数冊の催眠術書を著した山崎増造か?)など、全部で一六一名の人名が挙がっており、軍人(軍医を含む)が一九名、医師(医学士、獣医も含む)が五〇名、教育家が一四名であった。なお有名人については会費を無料としていたのも、参加者が多かった理由であろう。

(27) 『太霊道之教義』創刊号には「岡田式静坐法に反対する意見」、『太霊道』創刊号には、東山大花「静坐法で身体が動き出す原理」が掲載されている。後者の記事は、岡田虎二郎の元門人によるもので、静坐の際に身体が動きだすことについて、岡田は何の説明も与えていないが太霊道の霊理学が完全に説明を加えているので太霊道に入門したと語っている。

(28) 中根環堂は、山村イヲ子「太霊道の霊子術解剖」(『変態心理』第六巻第四号［大正九年一〇月一日発行］「催眠術革新号」所収)によると太霊道の渉外を担当し、『最新思潮太霊道』(洋洲社、一九一七年)を著すなど、かなり深い関係であった［ここでの「渉外の担当」とは、山村の精神交通術実験に立ち会った裁判官に中根が説明をした、ということだと思われる］。ジャパン・タイムズ主筆のジェイ・イングラム・ブライアン(J. Ingram Bryan)も、英文で紹介記事を物していた。高橋五郎(一八五六―一九三五)は明治の英学者で心霊研究の第一人者であった。『太霊道』誌に心霊文献の翻訳を連載し、『心霊哲学の現状』(大鎧閣、一九一九年)、『幽明の霊的交通』(広文堂書店、一九二一年)で太霊道について触れている。ジャック・ブリンクリー(Jack Ronald Brinkley)はジャパン・メイル主筆フランシスの息子でジャーナリスト。大正九年(一九二〇)には鈴木大拙夫妻や今武平らと共に日本のアディヤール派神智学ロッジに参加しているので、太霊道と同時並行して神智学の活動も行っていたことになる。Adele S. Algeo, "Beatrice Lane Suzuki and Theosophy in Japan." *Theosophical History*, 11.3 (July 2005) を参照。久米民十郎(一八九三―一九二三)は早逝したモダニズムの画家で五十殿利治『日本のアヴァンギャルド芸術』(青土社、二〇〇一年)に発掘されている。

(29) 太霊道では法官のような服を着用しているが、これは満鮮時代には始まっている(『奇蹟』二〇六頁参照)。田中が始めたものではなく、それより僅かに早く、催眠術師、古屋鉄石が弁護士服を模した催眠服を仕立てていた(『精神治療新報』七五号［明治四十三年夏号］)。

(30) 『太霊道』第四巻臨時号(大正九年六月一〇日増訂発行)太霊道本院出版局、一九二〇年。

(31) 夏季特別講授会を受けるには一七五円、普通講授(通信会員)は入門会費五円、基本会費一五円であった(これは実質的には『太霊道及霊子術講授録』と『霊子潜動作用特別講授録』の書籍代である)。他方、治療を受けるためには施術部に入会する必要があったが、一週間で五円という規定であった。さらに、通院を要さない遠隔治療なるものもあり、その場合は容態を記した依頼書に写真やサインをつけて送ることになっていた。施術部の人間がこれに向かって念をおくって治療するという説明であったが、要するに儀礼を伴わない祈禱というに近い。【編註】なお、施術部会員の一週間で五円という規定は、「丙種通常会員」に限っての場合である。『霊光録』によれば、「終身会員」は終身で一〇〇円、「甲種通常会員」は一年間で五〇円、「乙種通常会員」は半年で三〇円となっている。

（32）支部開設は月に五円以上、出張所は一ヶ月に三円以上を本部に納めることになっていた（山村イヲ子、前掲記事）。ただ逆に、治療家として名前をあげてしまえば太霊道から独立するのも簡単であり、研究家、中村和裕は、前掲論文中で、太霊道の衰退が急激であったのもそこに原因があるのではないかと指摘している。

（33）田邉、前掲書、一四一頁。松本道別「最近流行する精神療法の趨勢と其内幕」（『通俗医学』第七巻一二号）。

（34）御嶽講の儀礼については、菅原壽清『木曾御嶽信仰――宗教人類学的研究』（岩田書院、二〇〇二年）を参照。

（35）『太霊道』大正九年八月号、三頁。

（36）真霊顕現状態においても田中は宣伝の手段として宗教という形態を活用するようにと檄を飛ばしている。『太霊道』大正十年九月号「霊示」其一、一一一―一二九頁を参照。

（37）『太霊道』大正十一年八月号、一五頁。

（38）『講授録』第一輯、一二三―一二七頁を参照。「太霊道真典講義」第六章「教義　第四　国家章」には「五、国家は統合せらるべきものなることを理得す」とある。
（39）『日本通信』からの転載。『太霊道』大正八年十一・十二月号合冊（記念号）七六頁。
（40）全文は以下の通り（『太霊道』大正八年十月号、三四―三五頁）。

一、絶対に対する尊信と人生の本務及び帰趨
二、皇道の顕揚と国体の本義及国家的生活の意義
三、普通選挙の施行と党弊の打破及総理大臣公選の実施
四、外交の刷新並に外交家の養成
五、華族制度の改廃
六、労働階級及び資本階級の覚醒協調並に中流階級の覚醒結合
七、婦人覚醒開放並に女子参政権賦与
八、人格的教育の施行及び英才教育制度の実施
九、兵制改革並に徴兵国家補償制度の実施
十、陪審制の実施並に国家賠償制度の実施
十一、税制改革及び累進法実施並に徴税法の改善
十二、言論機関の尊重及び言論者の覚醒
十三、人種の改良
十四、宗教的迷信、科学的迷信の打破
十五、世界的学術の振興

十六、国民の世界的観念養成

(41)「個人が罪悪を行うと云うことは其社会国家に取って一の病的現象に外ならず、然るに恰も之を徒らに疾病そのものを憎んで疾病を醸したる其人の不注意を咎めざるの不当なるが如く、罪悪を犯すに至らしめたる社会国家の不備欠点不注意を咎めずして徒らに罪悪を行いたる個人そのものを責むるは寧ろ惨酷といわなければならぬ」(『太霊道及霊子術講授録』第一輯「太霊道真典講義」一八六頁)と、人格主義的な刑法観を述べている。

(42)『講授録』は分冊で発行されていったが、最終的な版では、第一輯「太霊道真典講義」、第二輯「霊子術講義及教授」(第一部「講義」、第二部「霊子顕動作用教授録」)、第三輯附録「第一部　反熱療法特別教授」「第二部　太霊道深呼吸法特別教授」「第三部　太霊道食養法特別教授」、第四輯別録「比較治療学講義教授及び批評」、附録「霊子潜動作用特別講授録」という構成であった。

(43)山村イヲ子、前掲記事によれば、栗田が神田で購入してきた哲学書をアレンジして講授録を書いていたという。なお、栗田は米国哲学博士と称していたが、太霊道から離脱した後はリズム学院なる精神療法団体を興し、無神論、無実体論的な精神療法理論を唱えた。

(44)太霊道から大本へ行き、その後、自らの宗教を興した友清歓真、谷口雅春は、「霊子の発動」という代わりに映写機のフィルムによって世界が投影されるという比喩を使い、観念論的な立場を取った。

(45)『講授録』第一輯「太霊道真典講義」七五頁。

(46)同書、一五二頁。

(47)『真典』宇宙章では、エンマン(逆卍がカーブを描いたような記号)の形理律によって霊性霊能が発

動することが「理識」されると述べられている。この記号はさらに、|、－、＋、×、○の五つの形律に分解され、そのシンボルによって宇宙の現象が説明される。いわば太霊道版の一種の易であり陰陽五行説である。

(48)『講授録』第二輯「霊子術講義及教授」第一部「講義」一三四頁。
(49) 同書、六三頁。
(50)『講授録』第一輯「太霊道真典講義」五一頁。
(51) 同書、三二二―三二三頁。
(52) 井上『倫理と宗教との関係』(冨山房) 五八頁。
(53) 同書、五九頁。
(54) 同書、七一頁。
(55) 同書、一〇一頁。
(56) 同書、九〇―九一頁。
(57) 同書、一一三頁。
(58) ただし、井上の場合は、現象即実在論をとり、実在を現象界とは別個の実体とは考えないが、太霊道の場合は、実在(太霊)を現象の背後にある実体と設定し、実在と現象をつなぐものとして霊子を置く。
(59) 栗田仙堂の発行していた『火星通信』第三号(大正七年四月三十日、宇宙霊象研究協会発行)には、大正七年四月三日付の松本道別の檄文が掲載されている。それによれば「元首陛下に擬して主元院下と称し、御名御璽に擬して主元霊璽と称し、宮中に擬して正殿と称し、三位以上の高位高官に擬して会員を諸卿と称し、或は天皇の大権に属する叙令任命等の語を乱用する等、尊厳を冒瀆し大権を干犯するの太だしき」（同、九頁）とある。

第九章

（1）石川貞吉『実用精神療法』（人文書院、一九二八年）二頁。

（2）療術の社会史的研究は鈴木晃仁「治療の社会史的考察――滝野川健康調査（一九三八年）を中心に」（鈴木晃仁・川越修編『分別される生命――二〇世紀社会の医療戦略』法政大出版局、二〇〇八年）を参照。

（3）明治四十一年、「濫に催眠術を施したる者」は「三十日未満の拘留に処す」という警察犯処罰令（現在の軽犯罪法）が出されている。「濫に」とあるように、所轄警察署が恣意的に運用できた。

（4）西山茂「現代の宗教運動――〈霊＝術〉系新宗教の流行と2つの近代化」（大村英昭・西山茂編『現代人の宗教』［有斐閣、一九八五年、五章］一六九―二一〇頁）も基本的に、井村の研究に依拠している。

（5）霊妙術という用例は多くないが、野田為憲『霊妙術伝書』（野田為憲、一九一七年）という催眠術書がある。

（6）真生会同志社編集部『桑田会長』（真生会同志社、一九六二年）によると、桑田欣児は、昭和四年（一九二九）二月修霊教化団（清水英範主宰）発行の「全国精神療法家番付」で東の正横綱、『通俗医学』昭和四年四月号の「精神療法家信望投票」で第一位、昭和四年十一月精神界社発行「精神療法家大番付」で検査役となっている（同書、二八三頁）。

（7）【編註】『日本人の身・心・霊』第一期第八巻（クレス出版）所収。

（8）【編註】基盤研究（C）「近現代日本の民間精神療法に関する宗教史的考究　身体と社会の観点

から」（研究代表・吉永進一、研究課題番号・二四五二〇〇七五、研究期間・二〇一二―二〇一五年度）。

（9）吉永進一「精神の力――民間精神療法の思想」（『人体科学』第一六巻第一号〔二〇〇七年〕）〔本書第六章に再録〕。

（10）桑原の伝記については、吉永進一編『日本人の身・心・霊』第一期第八巻（クレス出版、二〇〇四年）「解題」内の「4　桑原俊郎　精神霊動」（二九―三二頁）を参照のこと。

（11）桑原俊郎『改版　精神霊動　全』（開発社、一九一〇年）二五一頁。

（12）同書、三七七頁。

（13）桑原の催眠術論と同年に出版された黒岩周六『天人論』（朝報社、一九〇三年）では、同一の世界は二つの認識形態によって、自観（主観的精神）と他観（客観的物質世界）という二つの様態をとり、自己認識において感得されるエネルギーを、黒岩は「心霊」と呼ぶ。「現象は他観なり、実体は自観なり、他観は物質にして自観は生命なり、心力なり、生命心力を併称して心霊と云う」（同書、二六頁）と述べ、物質と心霊は一体、視点が異なるだけで、「宇宙は物質の海にして実は心霊の海たるなり」（同書、二七頁）と結論づけている。桑原がより実体的、黒岩は認識論的という差はあるが、酷似した宇宙論である。

（14）湯本武比古（一八五七―一九二五）は教育学者、明治十九年（一八八六）宮内省御用となり、東宮の明宮の教育掛となる。明治二十二年（一八八九）、ドイツに留学し、皇族教育に関する研究を行う。二十六年（一八九三）に帰国、学習院教授、明治二十九年（一八九六）開発社に入り、教育時論の主幹、後に開発社社長となる。明治二十四年（一八九一）、ベルリンに留学中、下宿していた家主がオカルティズムに詳しい人物であった（ベルリンの妖怪博士ドクトル、ミュルラー）ために、スピリチュアリズムや催眠術には親しんでいた。彼本人も胃病を治すために名高い催眠術師に治療してもらったが、それをきっかけに催眠術に目覚めて研究を重ね、帰国後に雑誌『天則』（哲学書院）に「催眠術及教育」という記事を連載している（『天則』八巻一〇号、八巻一一号、八巻一二号、九巻二号、九巻三号）。桑原の記事を自社の雑誌『教育時報』で発表させた理由は、このような背景があった。

(15) 催眠術師古屋鉄石の回顧によると、古賀廉造から催眠術を学び、明治三十一年（一八九八）に催眠術師として開業したという（『催眠術雑誌』七〇号［明治四十二年春号］）。また明治三十六年（一九〇三）十月の国家医学会総会では「催眠術と医業の区別を論ず」という講演を行い、桑原俊郎から借用したと思われる、精神感応、精神霊動といった言葉を使って生気論的宇宙論を唱えた上で、催眠術は医術ではないので刑法二七五条の適用はできないと断言している。これについては国家医学会編纂『催眠術及ズッゲスチオン論集』下（南江堂書店、一九〇四年）を参照。

(16) 明治三十七年（一九〇四）二月十一日の項によると、午後三時から四時まで「演説予習」のはずが『精神霊動　催眠術』を読み耽ってしまい「余は本日遂に催眠術なるものを信ぜり。同時に所謂奇蹟。神力なる物をも之を確信せり。これ実に催眠術を以て解釈すべきものなり」という確信を得ている（大川周明顕彰会編『大川周明日記――明治三十六年〜昭和二十四年』［岩崎学術出版社、一九八六年］七〇頁）。

(17) 近藤嘉三『魔術と催眠術』（頴才新誌社、一八九二年［二版］）五頁。

(18) 「進歩したる科学の竄入して来てから以来《このかた》、まず流俗的宗教《ポプレーレ・レエリギオン》の根基は破壊された、俗説的倫理《ポプレーレモラリテート》の土台は危殆《あやう》くなった。自《みず》から高等の宗教と誇称して居る耶蘇教でさえ、其信仰箇条の眼目に置かれた奇蹟は、神人の行《おこない》でも無い、超自然的の所為でも無い、普通必然の行為であると認められて来た、況《ま》して下等の宗教の副生物たる禁厭、加持、祈禱、先見、預言、示現、夢想などは、みんな、科学的に或る方法を実行すれば必ず実現し得る一種の現象」（富永勇『感応術及催眠術秘訣』〔哲学書院、一九〇三年〕九頁）。富永は慶応二年（一八六六）生まれ、昭和十八年（一九四三）没。東京大学別科医学科出身で、明治二十七年（一八九四）より陸軍の軍医を勤める。二十九年（一八九六）には病のために軍を休職。その後に静岡市で富永外科を開業したものと思われる。彼は外科医や軍医の傍ら催眠術の教授を行っていたようで、『催眠術』三号（明治三十七年四月発行）の記事によると河野通綱なる元教師は明治三十六年（一九〇三）に静岡で富永より催眠術を学んでいる。桑原と交流があったかどうかは不明。なお『催眠術』は、桑原と対立していた小野福平が主宰する雑誌である。

(19)　第二編第三章「催眠現象に於ける仏的解釈」に、「術者なる発信局の心力作用を仏教で云う処の、第七の末那識第八の阿頼耶識が受感器《ママ》となって受信したる其上に手足身体に命令を下すから運動するのである」と唯識を交えた催眠術解釈を行っている。のちに気合術で有名になる江間俊一も唯識用語を用いる（鷲尾『神仏即座感応術並原理』一八頁）。

(20)　桑原が鎮魂帰神法の中興の祖、長澤雄楯と間接的交流があった可能性も否定できない。昭和期に岩清水八幡宮主典を務めていた平野幸太郎は、静岡の見性寺（真言宗）で小僧をしていた時期、桑原に催眠術を学び、長澤に弟子入りしていたという（夏目隆文編『神社人異色鑑』〔中外日報社出版部、一九三六年〕一三一―一三四頁）。この項、並木英子氏（ＩＣＵ院生）のご教示による。【編註】『神社異色鑑』では、見性寺の宗派は真言宗ではなく臨済宗となっている。また、平野が預けられていたのは小学校入学前の二年間であり、長澤に弟子入りし桑原に催眠術を学んでいたのは小学校卒業後に助教として働いていた頃だ、と記されている。

(21) 宅間『実験精神療法』九二―九三頁。

(22) 同書、九八頁。

(23) 同書、九八―九九頁。

(24) 「禁厭を信じ、神水を信じ、巫覡を信ずるも同じくこれ信仰なるも、かくのごとき信仰は、いわゆる迷信にして一時の気休めに過ぎざれば、到底これによりて死生の決心を定め難く、ややもすればかえって疑懼の念を増さしめ、一時の気休めの役にも立たざること多し。これに反して宗教の道理の根本となる体に己の心を託し、これと相合して離れざるに至らば、人生にありていかなる病気災難の風波に会するも、一点の迷雲を生ずることなかるべし。これを仏教の上にていわば、その教理の本体は不生不滅の真如、霊妙不測の一心、あるいは光寿無量の覚体なり。人もし平素においてその心をこの体の上に安住せしむれば、多苦多患の世界にありて、寂光の浄土のごとくに最楽至安の生涯を送ることを得べし。宗教もここに至れば哲学と相合するを見る。これ実に迷信の幽谷を出でて、理想の高山に達するものなり。けだし愚民をしてよくこの山巓に達せしむるものは、宗教の外に求むべからず」（井上円了「心理療法」『井上円了選集』一〇巻、一九九一年〔原本一九〇四年〕二五五頁）。

(25) 桑原俊郎『実験記憶法』（開発社、改版一九一一年／初版一九〇三年）中では、記憶の鍛錬に深呼吸を勧めている。「朝から晩まで、息を吸える丈け吸っては、吹ける丈け吹く。初めの中には、眩暈をするように感ずることがあるけれども、始終、それを続けてやる」（同書、一一一頁）。さらに原坦山の言葉として、「深呼吸を、是非やれ、そうして、下腹を、恰も、南蛮鉄の如く、棒で擲っても、ボーンと刎反えるようにしなければならぬ」（同書、一一九頁）を紹介している。あるいは「一つは、南無阿弥陀仏を唱えることである。もう一つは、南無妙法蓮華経の題目を唱えることである。もう一つは基督教に行われて居る所の彼のアーメンという言葉を無限に繰返すことである。其他、祝詞を唱えるも宜しい。讃美歌を歌うのも宜しい。それから坐禅をするのも宜しい」（同書、一二五―一二六頁）とも述べている。

(26) 加瀬『呼吸術』四頁。

(27) 同書、四八―四九頁。

(28) 竹内編『精神療法』四頁。

(29) 同書、四九頁。

(30) 檜山鋭『心身修養療法』（研精会、一九一四年）一二三頁。なおこの本には医科大学に精神療法科の設置を求める建議書がついている。檜山は科学的研究の対象になりうると信じていた。

(31) 桑田欣児『霊法教闡』（帝国心霊研究会、一九三〇年）二二―三〇頁。

(32) 同書、二八頁。

(33) 桑田欣児『心霊解蘊』（帝国心霊研究会、一九三〇年）九―一〇頁。

(34) ラマチャラカ『最新精神療法』（松田霊洋訳、公論社、一九一六年）一〇〇頁。

(35) ラマチャラカの邦訳、紹介は以下のとおりである。その他、中村天風の呼吸法は、ラマチャラカから大きな影響を受けている。

① 忽滑谷快天『養気錬心の実験』（東亜堂書房、一九一三年）

②ラマチャラカ『深呼吸強健術』（松田卯三郎訳、大学館、一九一五年）
③ラマチャラカ『最新精神療法』（松田霊洋訳、公報社、一九一六年）
④山田信一『山田式整体術講義録第一巻』（山田式整体術講習所、一九二〇年）
⑤安東禾村『意志療法活力増進の秘訣』（日本評論社出版部、一九二二年）
⑥ヨギ・ラマチャラカ『研心録』（二宮峰男訳、実業之日本社、一九二四年）
⑦白石喜之助『印度哲学の精華ヨギ哲学』（新生堂、一九二七年）
⑧清水正光『健康増進呼吸哲学――ヨギの強健呼吸法』（人文書院、一九三一年）
⑨谷口清超『瑜伽のプラナ哲学及びその応用――瑜伽の呼吸式心霊治療論』（日本教文社、一九五〇年）

（36）ラマチャラカのプラナ療法を学んだ高木秀輔は、それを自分流に消化して霊気療法として再構成しているが、高木の霊気療法に大きく影響を受けた臼井甕男の霊気療法は、レイキヒーリングとしてアメリカへ渡ることになる。そのような太平洋（そしてインド）をめぐる、大きな身体技法の循環については、Naoko Hirano, "The Birth of Reiki and Psycho-Spiritual Therapy in the 1920s-1930s Japan: The Influence of 'American Metaphysical Religion'" (*Japanese Rligions* no. 40, 2016）を参照されたい。
（37）姉崎『新時代の宗教』（博文館、一九一八年）一三―一四頁。
（38）同書、一八頁。
（39）三吉『三吉式精神修養法』（精神学会、一九一七年）二頁。
（40）同書、六頁。
（41）檜山『心身修養療法原論』（忠誠堂、一九一五年）七頁。

(42)【編註】青年会の解散については、本書第八章註(16)を参照。
(43)栗原健編著『対満蒙政策史の一面』(原書房、一九六六年)二九四—二九五頁。
(44)大正二年三月二十四日付『二六新報』。
(45)大正二年三月二十八日付『やまと新聞』。
(46)石川雅章『戦争と迷信』(仏教公論社、一九四一年)第二部三二—三七頁。
(47)【編註】「親療」とは、田中自身が霊子療法の施術を行うことである。
(48)『太霊道』大正八年十月号、三三一—三五頁。
(49)『太霊道』大正八年八月号。
(50)【編註】武並への本部移転計画については、理想街建設部「理想街記事」(『太霊道』大正八年十一月・十二月号合冊[記念号]五二—五三頁)に出ている。
(51)【編註】『太霊道』大正九年七月号、四—八頁。
(52)【編註】『太霊道』大正九年八月号、六三頁。本号は大正九年七月十二日印刷、同月十五日発行なので、七月十五日の霊華殿竣成は予定を報じたものである。実際にこの日に竣成したかどうかは、管見の限りでは次の九月号にも記載はない。ただし、九月号には予定通り七月三十一日に太霊大本宮(霊位)を霊華殿に奉安し、太霊大本宮奉安式(霊宮奉安式)を挙行したことが大々的に報じられているため、霊華殿竣成も予定どおりであったものと思われる。
　ちなみに、『太霊道』誌は通常であれば発行前月の二十八日に印刷し、発行月の一日に発行となるが、大正九年八月号は半月ほど早い。会員に太霊大本宮奉安式への参加を呼び掛けるためであろう。同号には、奉安式の式次第(九—一一頁)や、奉安式参加者に対する東海道線の東京・釜戸間と信越線の篠ノ井・大井間の時刻表（二六頁）の掲示がある。
(53)【編註】『太霊道』大正九年九月号、一―三二頁。
(54)【編註】『太霊道』大正十年一月号、一〇頁。
(55)『太霊道』大正十年三月号（四六頁）。
(56) 大正十二年二月八日付『名古屋毎日』。恵那市史編纂委員会編『恵那市史　通史編　第三巻一下』（恵那市、一九九三年）三三五頁。
(57) 同書、三四―三八頁。
(58) 中村和裕「霊術団体・太霊道の崩壊（下）」（『むさしの文学会会報』三七号、平成十一年八月十五日）一―二頁。
(59) 伊藤康成「主元対大本教総務浅野氏会見顚末　其一」（『太霊道』大正八年九月号）五六―五七頁。
(60) 同論文、五八頁。
(61)『彗星』一三八号（大正八年八月十五日）二二頁。【編註】この引用文は『彗星』巻末にある「投込み」という小さな報告欄に掲載されている。
(62) 中村、前掲論文、一―二頁。【編註】引用文の出典は「主元対大本教総務浅野氏会見顚末　其二」（『太霊道』大正八年十月号）五八頁。
(63)「主元対大本教総務浅野氏会見顚末　其二」（『太霊道』大正八年十月号）五九頁。
(64)『彗星』一四一号（大正八年十一月十五日）一七頁。
(65)『太霊道』大正十年八月号、二七頁。
(66)『太霊道』大正九年八月号、三頁。

（67）【編註】本書二〇六頁。
（68）『太霊道』大正十一年八月号、一五頁。
（69）『太霊道』大正十二年五月号、六頁。
（70）これについては成瀬公策「大正デモクラシーと地域社会」（『静岡県近代史研究』二九号、二〇〇三年）を参照のこと。
（71）松本君平『霊命観』（言海書房、一九三五年）一六頁。
（72）同書、一九―二〇頁。
（73）同書、「序文」一―三頁。【編註】編者が確認した限り、同書の初版には「躊躇逡巡する勿れ」以下の文章は見当たらない。
（74）岡田喜憲『最新　岡田催眠学』（心理学協会、一九一六年）巻末広告。
（75）『変態心理』六巻四号（大正九年十月発行）四六九頁。【編註】「太霊道の霊子術解剖」の記述に従うと、山村が栗田に会ったのは、大正六年七月に参加した講授会の時ではなく、その後の毎月一回開催される研究会の時であったと考えられる。
（76）『変態心理』七巻六号（大正十年六月発行）八〇六―八〇七頁。
（77）『火星通信』三号（大正七年四月三十日発行）九頁。
（78）山田一郎『生気養生法に就て』（山田精神文化研究所、一九三三年）「例言」および一八五―一八六頁。
（79）高木秀輔『高木式六法術　断食体験録』（高木断食寮、一九三七年）一四二頁。
（80）真生会立教五十周年記念式典委員会編『真生会五十年史』（真生会事務局、一九七五年）九七頁。

（81）同書、一〇三頁。
（82）『霊光照遍』三六号（昭和三年八月）によると、桑田の霊界（霊術の業界）入りは大正六年（一九一七）に太霊道に入ってからであり（同誌、七頁）、治療施設は帝国心霊研究会とは別名であったようである。
（83）付録「真生会のたどった道」（真生会同志社編集部、前掲書、二八二頁）。
（84）『霊光照遍』七号（大正十四年四月）二八―二九頁。
（85）同誌、八―一二頁。
（86）付録「真生会のたどった道」（真生会同志社編集部、前掲書、二八三頁）。
（87）【編註】なお、本文中に記載のある支部を合計すると五八になる。これは、「除名」「退職」「失格」「休職」および朝鮮と台湾を除いた支部数である。
（88）真生会同志社編集部、前掲書、一六四―一六五頁。
（89）『霊光照遍』三〇号（昭和三年一月）二五頁。
（90）【編註】大正一三年および大正一四年の会員数については、先述の『霊光照遍』八号で示された数とは異なっている。
（91）桑田『心霊解薀』一一七―一一八頁。
（92）『霊光照遍』（昭和三年十二月）一四頁。
（93）桑田欣児『指圧療法』（真生会、一九四三［?］年）一頁。
（94）付録「真生会のたどった道」（真生会同志社編集部、前掲書、二八三頁）。
（95）中森幾子「本部講師養成会開催記録」（真生会立教五十周年記念式典委員会編、前掲書）六四頁。

(96) 中森、同記録、六二頁。
(97) 真生会同志社編集部、前掲書、一四六頁。
(98) 昭和十一年（一九三六）五月、会員からの質問に答えて、桑田式の特徴を以下の五つにまとめている（同書、一四六―一四八頁）。
一　桑田式は「現在の生活心情に則してそのまま自己を基調とした向上改善を計るものにして、幸福は自己を確立して伸すところにあり、現世を離れて来世の応果はなく」、
二　桑田式は、一つ覚えればすぐにひとつ役立つ、
三　桑田式は、即日に使える。
四　桑田式は「一般的にして、真人道即真生活を目標とし」、
五　「霊能奇蹟と人の幸運とは自ら別物なり」。

第一〇章

(1) 吉永進一「大拙とスウェーデンボルグ」（『宗教哲学研究』第二二号、二〇〇五年所収）。なお同「明治期日本の知識人と神智学」（川村邦光編『憑依の近代とポリティクス』［青弓社、二〇〇七年］）も参照のこと。【編註】両論文ともに、吉永進一『神智学と仏教』（法藏館、二〇二一年）に再録。
(2) シュタイナーの三重組織論の影響に関しては衛藤吉則「大川周明の国家改造思想にみるシュタイナー思想とナショナリズムの関係　Ⅰ・Ⅱ」（『下関市立大学論集』四九巻一号、二号、二〇〇五年）が詳しい。また、大塚健洋『大川周明と近代日本』（木鐸社、一九九〇年）一八九―一九二頁参照のこと。

（3）カタカムナ農法とは、楢崎皐月が「超古代文献」なるものから解読したという疑似電磁気学的農法。比較的信頼にたる関係書には阿基米得『謎のカタカムナ文明』（徳間書店、一九八一年）がある。大川の関与については細かいことは分かっていないが、大塚は次のように述べている。「大川は日本を瑞穂の国にするという理想を実現するために、植物波農法の普及に尽力した。植物波農法というのは、静電気発振装置を用いて植物の種子を優性化し、収穫を増大させようとするもので、種子を処理することによって米は三割、麦や粟は二倍、サトイモやジャガイモならば三倍の増収になるという。大川は昭和二八年一一月から、この機械をもって、山形、福島、宮城、山梨、群馬、岩手、長野、茨城、新潟、千葉各県下の農村を行脚した」（大塚、前掲書、二七〇―二七一頁）。さらに晩年の手紙には「楢崎氏の件、傷心且遺憾至極に存候が、後禍を防ぐため止むなしと被存候。今にして一刀両断せざれば新瑞穂国建立の邪魔発生必定と被存候。（中略）甲府に神器を擁する横内君が専ら之を医療に使用して農村を閑却し居るのみならず、色々不可解の行動あるを聞知したる故」（昭和二十九年十一月十九日付池田徂弘宛書簡。大川周明関係文書刊行会編『大川周明関係文書』［芙蓉書房、一九八九年］五九八頁）とあり、創始者の楢崎と大川の間に対立内紛があったことをうかがわせる。

（4）伝記的データについては、大塚、前掲書を参照した。また同『大川周明――ある復古主義者の思想』（中央公論社、一九九五年）、松本健一『大川周明』（岩波書店、二〇〇四年）も参照した。なお松本は竹内好の論を引いて大川の宗教性を低く評価しているが、それはむしろ竹内や松本の側の近代的な宗教観からの評価ではなかろうか。

（5）明治三十六年十月十二日の項（大川周明顕彰会編集『大川周明日記――明治三十六年～昭和二十四年』［岩

崎学術出版社、一九八六年、以下『日記』と略〕二一頁）。

（6）大川『安楽の門』七九頁。

（7）『日記』一五頁。【編註】『百年後ノ世界』の正しい書名は『百年後の社会』（平井広五郎訳、警醒社、一九〇三年）である。『大川周明日記』内で書名が誤って書かれており、論文内でもそれがそのまま踏襲されている。なお、原著はEdward Bellamy, *Looking Backward: 2000–1887*（1888）であり、現在では『顧りみれば』（山本政喜訳、岩波書店、一九五三年）の訳書で知られる。

（8）『日記』八〇頁。

（9）『日記』七〇頁。

（10）『改版　精神霊動　全』（開発社、一九一〇年）四五〇頁。なお、この歌を用いて早くから「総合宗教論」を説いていたのは平井金三である（拙稿「平井金三、その生涯」〔科研報告書『平井金三における明治仏教の国際化に関する宗教史・文化史的研究』〕七—三〇頁参照のこと〔吉永、前掲書に再録〕）。松村介石もこの歌を用いている（松村介石『高嶺の月』〔道会、一九七七年〕参照）。

（11）『安楽の門』二〇四—二〇五頁。

（12）『安楽の門』二〇五頁。

（13）深澤英隆『啓蒙と霊性』（岩波書店、二〇〇六年）第一章「新宗教と知識人」参照。

（14）『岡田虎二郎先生語録』（静坐社、一九三七年）。

（15）リシャール夫妻の伝記的事実については、以下の二著を参照した。Sujata Nahar, *Mother's Chronicles Book 3: Mirra the Occultist*（Paris: Institut de Recherches Evolutives, 1989）; Georges Van Vrekhem, *The Mother: The Story of Her Life*（Haryana: HarperCollins Publishers India, 2001）. ポール・リシャールにつ

いては、Michel Paul Richard, *Without Passport: The Life and Work of Paul Richard*（New York: Peter Lang, 1987）がある。これはリシャール本人の部分的な自伝と著作 *The Scourge of Christ* を、最後の妻の息子でニューヨーク州立大教授（社会学）の著者がまとめたもの。自伝は日本滞在までで終わっている。

（16）Michel Paul Richard, ibid., pp. 58–59.

（17）Joscelyn Godwin, Chrsitian Chanel, John P. Deveney, *The Hermetic Brotherhood of Luxor*（York Beach: Samuel Weiser, 1995）, pp. 8–21.

（18）オーロビンドの伝記については Peter Heehs, *Sri Aurobindo, A Brief Biography*（Delhi: Oxford University Press, 1989）を参照した。

（19）『秋田雨雀日記』第一巻（未来社、一九六五年）五八―五九頁。

（20）雨雀は一つの脚本の題名をスウェーデンボルグにちなんで「天上の結婚」としている（『秋田雨雀日記』第一巻八〇頁。一九一六年十一月二十九日の項）。一九一七年十一月九日、十日と鈴木大拙を訪ねて、スウェーデンボルグソサエティを紹介してもらっている（同書、一一八―一一九頁）。さらに、鈴木大拙夫人ビアトリスの母親ハーンがバハイ教徒であったので、一九一八年三月三十一日にはバハイ教の集まりでも大拙の家を訪れている（同書、一三七頁）。

（21）『秋田雨雀日記』では、一九一七年九月二十九日の項〔第一巻一一三頁〕にポール・リシャールの名前が出てくるのが最後である。

（22）リシャールとタゴールは日本で初めて出会っているが、それ以前よりお互いに名を聞き及んでいたという。リシャールの著書 *To the Nations* は、タゴールに記事を預けたことから、偶然にもタゴールの序文つきでアメリカで出版されている。Michel Paul Richard, op. cit. pp. 84-85.

(23) カズンズは慶應大学の客員教授を務めた詩人で神智学徒であった。一九二〇年に鈴木大拙夫人ビアトリスらと共に神智学ロッジを結成している。Adele S. Algeo, "Beatrice Lane Suzuki and Theosophy in Japan." in *Theosophical History*, vol. 11, no. 3（July 2005）を参照のこと。

(24) Georges Van Vrekhem, op. cit., p. 173.

(25) ポール・リシャール「大川周明全集に捧ぐ」（『大川周明全集』［以下『全集』と略記］第四巻［大川周明全集刊行会、一九六二年］）九六九頁。

(26) 『全集』第一巻（一九六一年）八八四頁。

(27) 沼波瓊音（武雄）は大川と東大の図書館で知り合う。沼波と、メーテルリンクなどの心霊文献の翻訳を行った栗原古城（元吉）は同じ新宗教に凝っていた。幸田露伴は大正五年（一九一六）四月十七日の日記に「夜沼彼《ママ》武雄栗原元吉来る。二人降神術の如きことを語る。所謂御筆さきによって古今の事を知るという。（中略）論語の如きも御筆さき即神示によりて新解を得、これを新脩養社に寄せたりという。」と書き残している（『露伴全集』三十八巻［岩波書店、一九五四年］三五二頁）。

(28) 『全集』第一巻、八九六頁。

(29) 同書、九〇二頁。

(30) 同書、九四四、九四五頁。

(31) 同書、九八七頁。

(32) 同書、九〇〇頁。

(33) ポール・リシャール『永遠の智慧』（大川周明訳、警醒社、一九二四年）二一一、二一四頁。

（34）同書、七五頁。
（35）同書、七八頁。
（36）同書、八一頁。
（37）同書、八二頁。【編註】筆者が「出典不詳」としているのは、『永遠の智慧』の当該箇所には註番号七が振られているが、八五頁の註リストにはこの註七に対応する出典が欠落しているためである。なお、後年の生活文化研究会版『永遠の智慧』（一九四二年）では「7 サヂ」（九四頁）となっており、これを底本にした『大川周明全集　第四巻』（大川周明全集刊行会、一九六二年、九〇九頁）も同様である。
（38）小林参三郎『生命の神秘』改版第二版（静坐社、一九三四年）二一七―二一八頁。
（39）【編註】二〇二三年現在、小林信子直系の京都静坐社は閉鎖状態にある。ただし、今でも京都静坐社の流れを汲む人々――特に大阪静坐会や真宗大谷派北米開教使の名倉幹氏ら――による静坐会の開催や静坐の普及活動は活発に行われ、京都静坐社の始めた夏季静坐実習会（年一回）も開催され続けている。また全国でも、管見の限り、十数カ所の静坐会が開かれている。小林参三郎・信子夫妻および京都静坐社の詳細については、栗田英彦「国際日本文化研究センター所蔵静坐社資料――解説と目録」（『日本研究』四七号、二〇一三年）および同「南山宗教文化研究所所蔵静坐社資料――解説と目録」（『研究所報』二七号、二〇一七年）を参照。
（40）小林、前掲書、二九〇―二九一頁。なお、『養生訣』には以下のように述べられている。「病の伝染べき理を説条に、孝悌仁愛の志あるものは、其身内より発透て、上下四方を衛護ところの気ありて、いかなる悪毒気といえども、その人の雰囲裏を侵掠て、身を害することは決してなきよしを記せしは、この身体の中心より、上下四方へ、発透て、雰囲となるところの光輝（中略）をいうなり、これその人の心の善悪邪正徳不徳の等級に従て、発するところの気にもまた差別あり」（『日本衛生文庫』第三輯［教育新潮研究会、一九一七年］一六一頁）。

（41）Michel Paul Richard, op. cit., pp. 104–109.

（42）Robert N. Minor, *The Religious, the Spiritual, and the Secular: Auroville and Secular India* (Albany: State University of New York Press, 1999) p. 40.

（43）オーロビンドの以下の論文を参照。Sri Aurobindo, "The Synthesis of the Systems," in Peter Heehs ed., *Essential Writings of Sri Aurobindo* (Delhi: Oxford University Press 1998) pp. 271–279. 同論文の初出は *Arya* 誌（1914）。

なお、synthetic という語は平井金三も用いたが元々は Hebert Spencer の synthetic philosophy に由来するものと思われる。

第一一章

（1）ここでいう「場」は、イギリスの社会学者コリン・キャンベルが提案し、ジョーゲンセンが用いた「カルト的場」cultic milieu という語を念頭に置いている。Danny L. Jorgensen, *The Esoteric Scene, Cultic Milieu, and Occult Tarot* (New York: Garland, 1992) を参照のこと。

（2）安丸良夫『出口なお』（朝日新聞社、一九七七年）八五頁。

（3）同書、八六頁。

（4）同書、九二頁。

（5）大本七十年史編纂会編『大本七十年史』上（宗教法人大本、一九六四年）一六六―一六七頁。
（6）王仁三郎の経歴については村上重良『出口王仁三郎』（新人物往来社、一九七三年）を参照した。
（7）大本七十年史編纂会編、前掲書、二九四―二九五頁。なお改正の日付は、改めて国民教化を行うために戊申詔書の出された日である。
（8）明治三十二年（一八九九）に出された金明霊学会会則では、第二条に「出口会祖の幽玄聖美なる神訓を顕彰」とあった。池田昭編『大本史料集成Ⅱ　運動篇』（三一書房、一九八二年）三一頁。
（9）同書、三五頁。
（10）同書、三五頁。
（11）『神霊界』大正七年三月―五月。【編註】大正七年三月一日号は第五七号、大正七年四月十五日号は第六〇号、大正七年五月一日号は第六一号。
（12）村上重良編集・解説『出口王仁三郎著作集』第一巻（読売新聞社、一九七二年）二五四頁。
（13）同書、二六〇頁。
（14）同書、二六八頁。
（15）同書、二七一頁。
（16）池田編、前掲書、二六四―二六六頁。京都府警警部高芝羆が所蔵していた文書の一部。
（17）大本七十年史編纂会編、前掲書、四六八頁。【編註】なお、同書の信者分析は、大正七年から九年の三年間に『神霊界』および『大本時報』に掲載された「入信の経路」をもとにしておこなったものであり、大正期全体の信者傾向ではないことに注意されたい。
（18）飯森の伝記的事実については以下の論文を参照した。呉念聖「「思想遍歴屋」飯森正芳――ある明治知識人の弛まざる追求」（『人文論集』四七号〔早稲田大学法学会、二〇〇九年〕）。

（19）「飯森正芳神」（『高田集蔵文集』第二集〔高田集蔵著書刊行会、一九八五年〕〔七〇頁下〕）。

（20）宮崎の弟子、村田通太郎からの以下のような文章が『村落通信』に掲載されていた。「飯森君は、ここの勢力はまだ至って小さいから、綾部へ行って力を併せろと云い、そして自由の根に神生活の声を大ならしめ、無宗派的団体を綾部に組織しようと主張されました」（「村田通太郎兄より」〔『高田集蔵文集』第三集、高田集蔵著書刊行会、一九八五年〕〔九六頁下〕）。

（21）浅野和三郎『冬籠』（龍吟社、一九二二年）三五頁。

（22）宮飼陶羊が『神霊界』に連載していたモデル小説「桑の葉の茂る頃」では、大本に入った飯森が相変わらず神智学に傾倒していたこと（第四九号〔大正六年七月号〕）、英語で浅野と議論して大本教が嫌いだと打ち明けたことなど（第五一号〔大正六年九月号〕）が描かれている。さらに後に『変態心理』第六巻第六号（大正九年十二月）に「余が綾部生活の二年」という暴露記事を寄稿しており、その記事にも、飯森が浅野からブラヴァツキーの霊が憑いていると言われたほどに神智学を信奉していたことや、浅野から一方的に批判されていたことが描かれている。

（23）綾部警察署における聴取。池田昭編『大本史料集成Ⅲ　事件篇』（三一書房、一九八五年）一五頁。

（24）同書、二七頁。

（25）同書、二九頁。

（26）同書、二九頁。

（27）浅野和三郎『出盧』（龍吟社、一九二一年）一三八頁。

（28）以下は『神霊界』四三号から五九号に見る海軍軍人の動向である。綾部の大本本部を訪れた軍人の名前を抜き出した〔出典はすべて「大本通信」〕。（鎮魂帰神）などとあるのは修行を行ったとの記述のあるもの。綾部を離れたという記述は省略。［　］内は、浅野と飯森の動向。

四三号　大正六年一月一日発行

［十二月十一日　浅野和三郎、綾部移住］

十二月中旬から月末にかけて、舞鶴から海軍将校、多数到着。

海軍少将　秋山真之。

海軍大佐　桑嶋省三、四元賢助（鎮魂帰神）。

海軍機関大尉　泉富三郎（鎮魂帰神）。

進藤機関少佐、松本海軍少佐、鮫嶋海軍大尉、武藤海軍大尉、有岡機関大尉、糸満機関大尉、香椎海軍大尉。

二十二日　呉より竹内機関中尉。

二十四日　東京より松尾機関中佐。

四四号　大正六年二月一日発行

十二月二十八日　舞鶴より松本少佐、立花大尉（鎮魂帰神）。

十二月二十九日　舞鶴より松本、立花が再訪（鎮魂帰神）。

十二月三十日　有岡機関大尉。

十二月三十一日　松本、立花、香椎。

一月二日　糸満機関大尉、渡邊少尉（鎮魂帰神）。

一月五日　舞鶴より松本、立花、糸満、武藤、佐伯機関少尉（鎮魂帰神）。

一月七日　立花、糸満、佐伯（鎮魂帰神）。四元海軍大佐。
一月十一日　立花、糸満、来訪告別。
一月十四日　鎌倉より、檜貝機関大佐（鎮魂帰神）。
一月二十一日　篠崎海軍大佐。
四五号　大正六年三月一日
二月十一日　大沼機関大佐。
［二月二日飯森正芳、能登へ帰る。二十日飯森夫人も家財をまとめて帰る］
四六号　大正六年四月一日
二月二十五日　四元海軍大佐（鎮魂帰神）。
三月十六日　浅野正恭海軍少将。
（軍艦吾妻の将校は横須賀に昨年十二月から春にかけて帰港して鎮魂帰神を続け、○○機関大尉の天眼通は確実になった）。
四七号　大正六年五月一日
三月十七日　篠原国彦海軍大尉。
三月二十四日　四元海軍大佐。
四月一日　篠崎海軍大佐。
四八号　大正六年六月一日
五月四日　呉より竹内機関中尉、横須賀より富井機関少佐。
四九号　大正六年七月一日

久しく当地に滞在中の〇〇大尉は、神勅によって東上。
六月四日　東京より、〇〇海軍大尉。
六月九日　山本英輔海軍大佐（鎮魂帰神）。
六月十四日　秋山海軍少将（鎮魂帰神）。
五四号　大正六年十二月一日
十月三十日　浅野正恭海軍少将。
木村海軍少将、大沼機関大佐、篠崎大佐、佐藤主理ほか大佐級数氏。
五五号　大正七年一月一日
糸満大尉（三日間言霊の修行）。
十二月十八日　矢野祐太郎海軍中佐。
十二月十九日　竹内海軍機関大尉。
五六号　大正七年二月一日
十二月二十一日　某海軍機関大尉。
十二月二十三日　竹内機関中尉。
十二月二十五日　岡野機関中尉。
十二月二十七日　糸満機関大尉。
十二月二十八日　吉田海軍兵曹、久米機関兵曹。
十二月三十日　「吾妻」副長駒林中佐、糸満機関大尉。
十二月三十一日　軍艦「薩摩」の組寺、嶋徳。

大正七年一月一日　柏木質海軍大尉。
一月五日　栗田貫一機関中尉。
一月十二日　吉崎徳一郎機関中佐。
一月十三日　糸満機関大尉以下、「吾妻」の軍人、数多。
一月十九日　糸満機関大尉ほか数名。
一月二十日　軍艦「吾妻」副長駒林中佐。
五七号　大正七年三月一日
一月二十八日　糸満盛良海軍機関大尉（教主より軍刀を拝受）。
二月三日　後藤充蔵海軍少佐（三日間幽斎修行）。
不明　舞鶴軍港新聞　藤村久吉主任、前田史郎の両氏、来訪。
五九号　大正七年四月一日
三月六日　四元賢助海軍大佐。
三月七日　木佐木幸輔海軍機関少将、浅野正恭海軍少将。

（29）明治三十六年（一九〇三）十二月に出された有馬新一海軍教育本部長「海軍機関学校教育綱領」では、「精神教育ハ寧ロ学術教育ヨリモ之ヲ重視スヘシ」という項目がはずされ、昭和三年（一九二八）六月校令改正まで、訓育（徳育と体育）は重視されなかった。また昭和三年以降も形式的に心理学、論理学、哲学概論などを科目に加えたりしたが、宗教的な教育はなかった、という。堀健男『クリスチャン海軍生徒――海軍機関学校と日本陸海軍人伝道義会』（広島、堤健男、一九八七年）参照。また同書によると大本教の流行のために、大正八年（一九一九）から十二年（一九二三）まで機関学校では宗教禁止令が出ていたという。

(30) 剣山での宝探しは、山本英輔『真理の光』（千代田書院、一九五二年）に記載あり〔三七二―三七六頁〕。

(31)『神霊界』第四九号（大正六年七月一日）。

(32) 浅野『冬籠』三二頁。

(33) 宮飼「余が綾部生活の二年」では、大正六年（一九一七）六月、秋山邸で、浅野が審神者、海軍軍人を神主に鎮魂帰神を行ったところ、二十六日に東京に大地震があるという予言があり、浅野もこれを正神と認定、驚愕した秋山は宮内庁などに急報したが、綾部にいた王仁三郎は即座にこの予言を邪神の仕業として怒った。ただし宮飼によれば大正六年六月の大地震説はその前年、横須賀での鎮魂帰神での神憑による託宣をもとに王仁三郎自身が言い出したことだったという（『変態心理』第六巻第六号〔大正九年十二月〕七一二―七一八頁）。なお田中宏巳『秋山真之』（吉川弘文館、二〇〇四年）には、大正六年七月秋山は海軍将官会議議員になり、名誉職に格上げされている（二七〇頁）が、同書中にはこの予言事件については言及されていない。秋山は浅野和三郎の教養と学識あふれる人格に憧れて入信したのではないか、と推定されているが、浅野の記述からすると、鎮魂帰神の現象に惹かれたようである。

(34) 浅野『冬籠』一四六頁。

(35) 太霊道の歴史については、拙稿「太霊と国家――太霊道における国家観の意味」（『人体科学』第一七巻第一号〔二〇〇八年〕）参照〔本書第八章に再録〕。

(36) 木原は原坦山の創始した耳根円通法を伝授する心霊哲学会という霊術団体を主宰していた。木原は短期間で大本を離れている。岡田と木原の大本入信については、大本七十年史編纂会編、前掲書、四一二―四一四頁。

（37）『神霊界』第八〇号（大正八年二月十五日）七―八頁。

（38）高田の経歴については大竹一燈子『母と私』（築地書館、一九八四年）を参照した。大竹は、高田と社会主義運動家九津見房子の間の長女。

（39）同書、二一七頁。

（40）「神秘の扉――神に引かれし記」（『高田集蔵文集』第三集所収（四六頁下、四八頁上下））。

編者解説

（1）以下、本解説では謝辞を除き、すべて敬称を略する。ご寛恕を乞う。

（2）管見の限り、吉プロおよび日本宗教学会のパネル以外に、以下の追悼記事や追悼企画があった。

- 「宗教と社会」学会発行のメールマガジン「JASRS-MailNews 会員からの情報」二〇二二年七月三十一日号に、大谷栄一「訃報」、および岩田文昭「清水みなとの小林旭」、深澤英隆「吉永さんを偲んで」、堀江宗正「混淆こそ標準――残された課題」、守屋友江「フェアな人」の四追悼文が掲載される。
- 中川剛マックスによる追悼文「吉永進一氏の訃報に接し、師・柏木隆法の遺言を思う」が『仏教タイムス』二〇二二年十二月二十六日付に掲載される。
- 樺山聡記者による記事「「日本心霊学会」を徹底解剖　人文書院１００年総合的に捉え直す

論集発行　資料発掘、先鞭は故吉永さん」が『京都新聞』二〇二二年十二月二十六日付（文化欄）が掲載される。

•第三一回日本近代仏教史研究会（二〇二三年五月二十七日、東北大学）にてシンポジウム「近代仏教史とオカルト研究──吉永進一が残した課題の可能性」が開催、報告者として莊千慧、栗田英彦、オリオン・クラウタウ、コメンテーターとして岡本佳子とヤニス・ガイタニディス、総合司会として碧海寿広が登壇する（同シンポジウムの報告とコメントは『近代仏教』第三一号、二〇二四年に掲載）。

•『近代仏教』三〇号（二〇二三年五月）に、〈追悼　吉永進一氏〉として林淳「みんなの吉永進一」、碧海寿広「「あいだ」のオカルティズム」が掲載される。

•「宗教と社会」学会機関紙『宗教と社会』二九号（二〇二三年）に、岩田文昭による、実質的に追悼文に等しい内容の『神智学と仏教』の書評が掲載される。

•*Japanese Religions* vol. 45, no. 1 & 2, 2023 が、吉永進一追悼号として刊行される。ヤニス・ガイタニディスが論文 "The 'Questionable' as Method: Yoshinaga Shin'ichi and Research Methodology" を寄稿、また『神智学と仏教』（法藏館、二〇二一年）所収の碧海寿広「吉田久一から吉永進一へ」および吉永「あとがき」の翻訳が掲載される。なお、吉永は、二〇一四―二〇二〇年、*Japanese Religions* 誌の編集長を務めていた。

•大谷栄一・吉永進一・近藤俊太郎編『増補改訂版　近代仏教スタディーズ』（法藏館、二〇二三年）に収められた大谷栄一「増補改訂版あとがき」の末尾に、訃報と追悼文が掲載される。

そのほか、吉永を追悼する英語論集の刊行が、オリオン・クラウタウとヤニス・ガイタニディスの編集で進められている。

（3）碧海寿広「解題　吉田久一から吉永進一へ」（『神智学と仏教』法藏館、二〇二一年）三五一―三六一頁。

（4）大谷栄一・吉永進一・近藤俊太郎編『増補改訂　近代仏教スタディーズ』（法藏館、二〇二三年〔初版二〇一六年〕）viii―ix頁（丸括弧は原文通り）。

（5）Wouter J. Hanegraaff and Joyce Pijnenburg eds., *Hermes in the Academy: Ten Years' Study of Western Esotericism at the University of Amsterdam*（Amsterdam: Amsterdam University Press, 2009）. オリオン・クラウタウ「コメント――日本オカルトと観点としてのグローバル宗教史」（二〇二三年度東北文化研究会シンポジウム「東北×カルト――不可視の想像力をめぐって」〔二〇二四年一月六日、東北大学、報告スライド〕）。HHPのウェブサイトには、近年に構築されたエソテリシズムの学術研究の国際ネットワークの一覧がある（https://www.amsterdamhermetica.nl/esotericism-in-the-academy/emerging-international-networks/）。HHPはW・J・ハネフラーフ、GEMはJ・クリパル、EXESESOはN・グドリック＝クラークが創設や運営に重要な役割を果たしている。なお、EXESESOは公共慈善団体のブラヴァツキー財団の後援を受けて設立されたが、グドリック＝クラークの死をきっかけに二〇一四年に閉鎖した（Mark Sedgwick, "Exeter MA in Western esotericism and EXESESO close," *ESSWE Newsletter*, vol. 5, no. 1, 2014）。後にデンマーク・コペンハーゲン大学の神智学・エソテリシズム研究センター（通称CCSTE）が設立され、同財団の後援はそちらに移っている。

（6）赤井敏夫「吉永進一の神智学研究」（『宗教研究』第九六巻別冊、二〇二三年）三九頁。

（7）クラウタウ前掲「コメント」スライド番号九。

（8）岩田文昭「吉永進一氏略歴」（二〇二二年度日本宗教学会第八一回学術大会パネル「吉永進一とは何者か？——その研究の軌跡を問う」発表資料）。

（9）「小野中山両君インタビュー」（聞き手・吉永進一）（『宇宙波動』一六号、一九七八年）一七頁。

（10）廣野隆憲『阿含宗の研究——桐山密教の内実』（東方出版、一九九二年）四一一頁。

（11）韓相允「1970年代の日本における「オカルト」概念の受容と展開——「密教ブーム」との関係を中心として」（『学際日本研究』一号、二〇二一年）九—二一頁。

（12）本セレクション第二巻第二章「余はいかにして「類似宗教学者」になりしか——吉永進一インタビュー」五三—五四、五六、六九、九四—九五、一〇七—一〇八頁。

（13）飯倉義之「美しい地球の〈秘境〉——〈オカルト〉の揺籃としての一九六〇年代〈秘境ブーム〉」（吉田司雄編『オカルトの惑星——一九八〇年代、もう一つの世界地図』青弓社、二〇〇九年）二一七—二一八頁。

（14）島薗進『精神世界のゆくえ——宗教・近代・霊性《スピリチュアリティ》』（秋山書店、二〇〇七年）一六七—一六八頁。

（15）前掲「余はいかにして「類似宗教学者」になりしか」一〇八頁。

（16）岩田前掲「吉永進一氏略歴」。

（17）吉永進一「あとがき」（栗田英彦・塚田穂高・吉永進一編『近現代日本の民間精神療法』国書刊行会、二〇一九年）三九四頁。

（18）『別冊歴史読本特別増刊』所収の鼎談や論考は、その後、井村宏次・稲生平太郎・吉永進一『オカルトがなぜ悪い！』（横山茂雄編、ビイング・ネット・プレス、二〇二四年）として刊行されることになる。

（19）二〇二二年十月二十四日、島薗進と櫻井義秀を代表とする二十五名の「宗教研究者有志」による「旧統一教会に対する宗務行政の適切な対応を要望する声明」が提出されている。

（20）吉永が亡くなったため、研究期間の途中で中断した。

（21）両科研の報告書の電子ファイルは次のＵＲＬからダウンロードできる。① https://dl.ndl.go.jp/pid/12360022　② https://dl.ndl.go.jp/pid/12360021

（22）同報告書の刊行経緯は、並木英子「吉永進一の霊学思想研究」（『宗教研究』九六巻別冊、二〇二三年）に詳しい。

（23）そうした批判の例として以下を挙げておく。「異見交論40「国立大学法人化は失敗だ」山極寿一氏（京都大学学長）」（聞き手・松本美奈、「読売新聞教育ネットワーク」二〇一八年三月九日付、https://kyoiku.yomiuri.co.jp/rensai/contents/40-2.php）。

（24）「〔懐疑派と人生派という〕二つの両極端があって、僕は揺れ動いてて。もう一方の次元として、軸として「歴史研究」――というかこれは正確には文学研究なんですけど。一方の端にあったのは――下のほうにあったのは――当時のモデルであった澁澤ですね、やっぱり。もう一方の「現象研究」のほうであったのは、もちろんラインとかの超心理研究です。例えば本山博の宗教心理研究所とか――これは井の頭にあって、見学に行ったりもしてましたけど。で、その二つの間で揺れ動いたんですけど」（前掲「余はいかにして「類似宗教学者」になりしか」八五頁、括弧内引用者補足）。

（25）稲生平太郎『定本　何かが空を飛んでいる』（国書刊行会、二〇一三年）一五頁。

（26）「最初のきっかけは一九七〇年に『ＳＦマガジン』を読み始めてからでしょうか。それから、足を踏み外したような気がします。当時の田舎の中学二年生にしては、少々風変わりですね」

（前掲「余はいかにして「類似宗教学者」になりしか」三六頁）。

（27）「初めて買った『ＳＦマガジン』が、筒井康隆の『脱走と追跡のサンバ』の連載が始まった号で、それが面白かったものでどんどん普通じゃないＳＦの方に傾斜していってしまいました。当時流行のニューウェイブＳＦを読み始めて、『ＮＷ－ＳＦ』を購読したり、ずいぶんひねた中学生でしたね」（前掲「余はいかにして「類似宗教学者」になりしか」三六頁）。

（28）吉永前掲「あとがき」（『近現代日本の民間精神療法』所収）三九二―三九四頁。

（29）前掲「余はいかにして「類似宗教学者」になりしか」九六頁。

（30）岩本道人「新異端審問　［連載第１回］　ロバート・アントン・ウィルソン」（『ピラミッドの友』七号、一九九一年）一頁。岩本道人は、吉永が使用した筆名の一つである。また『コズミック・トリガー』の邦訳は、「新異端審問」翻訳開始当初は未刊行だったが、一九九四年に八幡書店から武邑光裕訳・横尾忠則装丁で出版されている。

（31）Ｒ・Ａ・ウィルソンは、ニューウェイブＳＦの一人に数えられることは少ないようだが、特にその文体へのこだわりついて、ニューウェイブＳＦと類比されることもある（Greg Costikyan, "A Coming of Age," *Prometheus: Newsletter of the LFS*, vol. 3, no. 2, 1985. 以下のウェブサイトで閲覧 https://www.lfs.org/newsletter/03/02/ComingOfAge.shtml）。

（32）Robert Anton Wilson, *The New Inquisition: Irrational Rationalism and the Citadel of Science*（Hilaritas Press, 2020［eBook Version 1. 0, 1st Editon: 1987］）, p. 10.

（33）岩本前掲「新異端審問　［連載第１回］」二―一〇頁。岩本道人「新異端審問　［連載第２回］ロバート・アントン・ウィルソン」（『ピラミッドの友』八号、一九九二年）三―八頁。なお、『ピラミッドの友』八号は、神保町のオタ氏のご厚意により借用・閲覧が可能となった。記して感謝いたします。

（34）Wilson, *The New Inquisition*, pp. 10–12. なお、ウィルソンが自身の用いる用語を解説する「序文 Introduction」の訳は『ピラミッドの友』には掲載されなかったが、吉永のパソコンを調査したところ訳文を発見することができた。ここでの記述は吉永訳をできるかぎり尊重しながら、筆者自身で訳出したものに基づく。パソコン調査の際には、奥様の吉永ゆかり氏のご厚意をいただいた。記して感謝いたします。

（35）ＳＹ「サイキな人たち「その1」　陰謀の真実　ロバート・アントン・ウィルソン・インタビュー」（『ピラミッドの友』六号、一九九一年）一一頁。

（36）本セレクション第二巻「編者解説」三二三頁。

（37）岩本道人「（Book Review）6 Rudy Rucker, R. U. Sirius and Queen Mu eds., *MONDO 2000: A User's Guide to the New Edge*, Harper Collins, 1992.」（『ピラミッドの友』一〇号、一九九四年）二七―二八頁。

（38）「新異端審問　ロバート・アントン・ウィルソン　岩本道人訳」（『ピラミッドの友』一〇号、一九九四年）一―二頁。

（39）前掲「余はいかにして「類似宗教学者」になりしか」六四、九二頁。

（40）島薗進『現代救済宗教論』（青弓社、一九九二年）一三五―一五二頁。

（41）西山茂「霊術系新宗教と二つの「近代化」」（『國學院大學日本文化研究所紀要』六一輯、一九八八年）、新屋重彦・田邉信太郎・島薗進・弓山達也編『癒しと和解――現代におけるＣＡＲＥの諸相』（ハーベスト社、一九九五年）、田邉信太郎・島薗進・弓山達也編『癒しを生きた人々――近代知のオルタナティブ』（専修大学出版局、一九九九年）、田邉信太郎・島薗進編『つながりの中の癒し――セラピー文化の展開』（専修大学出版局、二〇〇二年）、島薗進『癒す知の系譜――科学と宗教のはざま』（吉川弘文館、二〇〇三年）。

(42)　学知史とは、(1)個別専門分野の「学説史」「研究史」とは異なり、分野の枠組みを超えて「互いに共振するような関係」を明らかにし、(2)「人文諸学を生み出した「近代」や「現代」という時代を問い直し、それを読み替えていくことを企図する」ための方法的視点である（田中聡・斎藤英喜・山下久夫・星優也編『〈学知史〉から近現代を問い直す』〔有志舎、二〇二四年〕四頁）。

(43)　島薗進（聞き手・近藤伸郎）「宗教学者、島薗進に訊く」（『情況　第三期』一〇巻八号、二〇〇九年）。

(44)　小熊英二『1968【上】――若者たちの叛乱とその背景』（新曜社、二〇〇九年）、同『1968【下】――叛乱の終焉とその遺産』（新曜社、二〇〇九年）、小杉亮子『東大闘争の語り――社会運動の予示と戦略』（新曜社、二〇一八年）など。ただし、次に見るように、エリート意識から発した「自己否定」とは別の「自己否定」の用法もあった。

最首悟（当時東大助手）らによって流布され、日本の六八年革命におけるクリシェであった「自己否定」は、しかし、おおむねこのような意味〔＝藤本進治が言ったような労働者たることの「自己否定」の意味〕には用いられなかった。それは、聖職者的インテリゲンツィアの自己意識（＝「疚しい良心」）のナルシスティックな発露に過ぎない。（中略）藤本進治のごとくそれを用いたのは、津村喬を除けば、わずかに、廣松渉くらいであったはずである。もちろん、それは労働の廃棄を掲げる『ドイツ・イデオロギー』に依拠している。（絓秀実『増補　革命的な、

あまりに革命的な――「1968年の革命」史論』〔筑摩書房、二〇一八年〕四四六頁）

藤本進治（およびその影響を受けた津村喬）や廣松渉の「自己否定」は、エリートの自己否定ではなく労働者であることの「自己否定」であった。こちらのほうが、東大以外（あるいは東大医学部や東大院生以外の）の全共闘運動の感覚には近かった可能性はある。右の引用文の著者の絓も、学習院大学全共闘に参加したノンセクトであった。例えば、日大全共闘にとって、日大闘争のたたかいは、東大のような「自己否定」ではなく、「自己肯定」の「悦び」であり、「素晴らしく楽しい日々」だったと言う（眞武善行『日大全共闘1968――叛乱のクロニクル』〔白順社、二〇一八年〕三四九頁）。つまり、闘争そのものが労働からの解放として現象していたのであり、それは一種の日常性批判―非日常性肯定だったわけである。もちろん、東大系用法のエリートの「自己否定」も流行したが、これと対立的であれ相互転換的であれ、労働否定としての「自己否定」という用法も流布していたことに注意するべきだろう。そして、本稿で論じた武田崇元や吉永は、敢えて言えば後者の「自己否定」（＝日常性批判）に近いラインに位置付けられる。

（45）弓山達也「書評　島薗進著『現代救済宗教論』」（『東京大学宗教学年報』一〇号、一九九三年）二一四頁。

（46）こうした視点は、島薗の場合、特に以下のような初期の論考に色濃くみられる。東京大学新宗教運動研究会「浄霊と地上天国」（『伝統と現代』二巻二号、一九七一年）、島薗進「神がかりから救けまで――天理教の発生序説」（『駒澤大学佛教学部論集』八号、一九七七年）、同「疑いと信仰の間――中山みきの救《たす》けの信仰の起源」（『筑波大学哲学・思想学系論集』五二号、一九七八年）、同「金光教学と人間教祖論

——金光教の発生序説」（『筑波大学哲学・思想学系論集』四号、一九七八年）など。
(47) 小杉前掲、一三、一一二―一一三頁。絓前掲、二九二頁。
(48) 前掲「余はいかにして「類似宗教学者」になりしか」七四頁。
(49) 前掲「余はいかにして「類似宗教学者」になりしか」六四、七四、八九頁。
(50) 前掲「余はいかにして「類似宗教学者」になりしか」八九―九一頁。
(51) 前掲「余はいかにして「類似宗教学者」になりしか」八九―九〇頁。
(52) 前掲「余はいかにして「類似宗教学者」になりしか」九一頁。これについて思い出すのは、吉永が神秘体験や霊性思想を主題にしたアメリカ宗教史研究を比較した際に、膨大な資料からアメリカ霊性思想を文化史として描き切ったキャサリン・オルバニーズ Catherine L. Albanese『心と霊の共和国——アメリカのメタフィジカル宗教文化史 *A Republic of Mind and Spirit: A Cultural History of American Metaphysical Religion*』（二〇〇七年）よりも、心理学や精神医学・福音派（正統派）キリスト教・スピリチュアリズムやマインド・キュアを自動運動を軸に横断的に記述したアン・テイヴエス Ann Taves『痙攣・トランス・幻視——ウェスリーからジェイムズに至る宗教の体験と体験の解釈 *Fits, Trances, and Visions: experiencing religion and explaining experience from Wesley to James*』（一九九九年）を高く評価していたことである。「裂け目」の体験を「宗教」や「文化」に押し込めて安心するよりも、学問や科学といった合理的精神をも揺るがしていく研究を評価していたことがわかる。
(53) 吉永進一「序論」（前掲『近現代日本の民間精神療法』所収）一一頁。
(54) 前掲「余はいかにして「類似宗教学者」になりしか」六六頁。
(55) 個人的な体験ではあるが、筆者が博士論文のタイトルを「信と行の近代」としたとき、吉永から「行という言い方だと宗教の問題だと思われるから身体技法のような言葉のほうがよかった」というアドバイスを受けたことがある。そのときは、身体技法だと概念が広すぎるのではないかと思ったが、その後、吉永の学問スタイルに触れるなかで、本解説で述べたような意図を理解するようになった。

（56）赤池憲昭「E・トレルチの「自然法」概念再考」（『宗教法』九号、一九九〇年）一一七—一三〇頁。

（57）Howard Becker, *Systematic Sociology: On the Basis of the Beziehungslehre and Gebildelehre* (John Wiley & Sons, Inc., 1932), pp. 624–642.

（58）櫻井義秀「カルト」（星野英紀・池上良正編『宗教学事典』丸善出版、二〇一〇年）。Rodney Stark and William Sims Bainbridge, *The Future of Religion: Secularization, Revival, and Cult Formation* (University of California Press, 1985), pp. 26–30.

（59）Colin Cambell, "The Cult, the Cultic Milieu and Secularization," *A Sociological Yearbook of Religion in Britain* (vol. 5, 1972), pp. 121–123.

（60）最近、横山茂雄・竹下節子・清義明・堀江宗正・栗田英彦・辻隆太朗・雨宮純『コンスピリチュアリティ入門——スピリチュアルな人は陰謀論を信じやすいか』（創元社、二〇二三年）で使われた。同書内の辻隆太朗、堀江宗正による論文を参照。

（61）Danny L. Jorgensen, *The Esoteric Scene, Cultic Milieu, and Occult Tarot* (Garland Publishing, 1992).

（62）吉永の Facebook に、二〇一五年二月二十二日に投稿された文章より。

（63）橋迫瑞穂『妊娠・出産をめぐるスピリチュアリティ』（集英社、二〇二一年）、山中弘編『現代宗教とスピリチュアル・マーケット』（弘文堂、二〇二〇年）など。

（64）公共宗教論の代表的論者であるホセ・カサノバ自身、公共宗教論を自己批判している（José Casanova, *Public Religion in the Modern World* [The University of Chicago Press, 2011], p. 69）。

（65）櫻井前掲「カルト」二九七頁。

（66）一例を挙げるならば、島薗進編『これだけは知っておきたい統一教会問題』（東洋経済新報社、二〇二三年）では、統一教会問題を日韓の歴史的経緯や近代日本の新宗教弾圧と関連付けてとらえる論考（川瀬貴也による第二章や永岡崇による第三章）など多面的な考察がありつつも、基本的には旧統一教会を「悪質な組織」と捉える問題意識を「特に重いもの」としてまとめている（二四、二二六頁）。

（67）櫻井は、「社会的構築」という言葉を、市民社会倫理のみを「社会」とする前提で使っている（櫻井前掲「カルト」二九七頁）。だが、市民社会倫理とはそもそも一枚岩のものではなく、それ自体のなかに矛盾を孕んでいる。この矛盾を無視して「カルト問題」の「社会的構築」を言う時、ある特定の立場のみを正しい「市民社会」とし、他の「市民社会」の住人を抑圧、排除することにもつながる。このような社会内部の多元的対立や矛盾を軽視する議論は、まさに「知識人／大衆」の吉本的フレームワークの頽落と言わざるを得ない。

（68）この問題についての異口同音の指摘はX（旧 twitter）に散見されるが、はっきりとした指摘として、浅山太一「宗教2世を宗教被害者としてのみ論じることの問題について～荻上チキ編著『宗教2世』書評～」（https://note.com/girugamera/n/n51a41590c0f）やダッヂ丼平「宗教問題に取り組むにあたって隔離型という教団類型を使わないほうがいい理由」（https://note.com/d_yosoji_man/n/nea95d08452b2）などの論考がある。

（69）一方、広義の宗教概念批判・宗教学批判を踏まえた新宗教（民衆宗教）研究として、例えば永岡崇『新宗教と総力戦――教祖以後を生きる』（名古屋大学出版会、二〇一五年）や同『宗教文化は誰のものか――大本弾圧事件と戦後日本』（名古屋大学出版会、二〇二〇年）、石原和『「ぞめき」の時空間と如来教――近世後期の救済論的転回』（法藏館、二〇二〇年）などがある。特に永岡の著作では〈研究主体／研究対象〉の二項対立図式の問題が強く意識されており、それゆえ、その問題は新宗教研究という研究領域の不可避な問題ではなく、新宗教研究であれ何であれ、その乗り越えについて正面から取り組みうるということである。その点で永岡の諸著作から学ぶものは大きい。なお、永岡は、先述の科研費研究課題の⑧と⑨の研究分担者であり、石原もまた両科研に深く関わっていたことを付言しておく。

（70）磯前順一『近代日本の宗教言説とその系譜』（岩波書店、二〇〇三年）。磯前順一『宗教概念あるいは宗教学の死』（東京大学出版会、二〇一二年）。

（71）深澤英隆『啓蒙と霊性――近代宗教言説の生成と変容』（岩波書店、二〇〇六年）四四―四五頁。

（72）本セレクション第一巻第一〇章「大川周明、ポール・リシャール、ミラ・リシャール――ある邂逅」二一九九頁。

（73）磯前前掲『宗教概念あるいは宗教学の死』一九頁。

（74）磯前前掲『宗教概念あるいは宗教学の死』二九、三三―三四頁。付言するならば、それは本来ならばデリダ的な脱構築の対極にある態度のはずである。この対極性は、デリダに依拠して「サバルタン」を言うスピヴァクが明瞭に示している。スピヴァクは、フーコーやドゥルーズを批判するが（G・C・スピヴァク『サバルタンは語ることができるか』上村忠男訳、一九九八年、三―二九頁）、ここには暗にフーコーに依拠して異種混淆性を提起したホミ・バーバも想定されていると見るべきだろう。磯前は、ポストモダンの思想家たちに依拠するあまりに、ポストモダンの前期と後期の差異程度にとどまり、それらの諸思想家のあいだのさらなる差異を曖昧にしてしまっているようだ。

(75) 磯前前掲『宗教概念あるいは宗教学の死』三八頁。

(76) 磯前順一「「近代の超克」と京都学派――近代性・帝国・普遍性」(酒井直樹・磯前順一編『「近代の超克」と京都学派――近代性・帝国・普遍性』以文社、二〇一〇年)四〇―四一頁。

(77) 大川周明については、本セレクション第一巻第一〇章参照。岡田式静坐法を実践者する日本主義哲学者の身体論や他者理解、ドイツ・コネクションについては、栗田英彦「日本主義の主体性と抗争――原理日本社・京都学派・日本神話派」(石井公成監修・近藤俊太郎・名和達宣編『近代の仏教思想と日本主義』法藏館、二〇二〇年)、同「昭和一〇年代の文部省と知識人――日本神話派(「生みの哲学」派)周辺人脈を中心に」(『藝林』七三巻一号、二〇二四年)を参照。

(78) 磯前順一『マルクス主義という経験――1930―40年代日本の歴史学』(青木書店、二〇〇八年)三五八頁。

(79) 磯前前掲「「近代の超克」と京都学派」六六―六八頁。

著者紹介

吉永進一（よしなが しんいち）

1957-2022年。舞鶴工業高等専門学校元教授。京都大学大学院文学研究科博士後期課程宗教学専攻学修退学。

主な業績：『日本人の身・心・霊』（復刻版編集、クレス出版、2004年）、『催眠術の黎明』（復刻版編集、クレス出版、2006年）、*Religion and Psychotherapy in Modern Japan*（Routledge Contemporary Japan Series, 54）（Routledge, 2014, 共編）、『ブッダの変貌』（共編、法藏館、2014年）、『近現代日本の民間精神療法』（共編、国書刊行会、2019年）、『日本仏教と西洋世界』（共編、法藏館、2020年）、『神智学と仏教』（法藏館、2021年）、『術と行の近代』（復刻版共編、クレス出版、2021年）、『神智学とアジア』（共編、青弓社、2022年）、『増補改訂　近代仏教スタディーズ』（共編、法藏館、2023年）。

編者紹介

栗田英彦（くりた ひでひこ）

1978年生まれ。佛教大学、愛知学院大学等非常勤講師。東北大学大学院文学研究科修了。博士（文学）。

主な業績：『近現代日本の民間精神療法』（共編、国書刊行会、2019年）、『術と行の近代』（復刻版共編、クレス出版、2021年）、『「日本心霊学会」研究』（編著、人文書院、2022年）、『コンスピリチュアリティ入門』（共著、創元社、2023年）。

吉永進一《よしながしんいち》セレクション　第一巻

霊的近代の興隆――霊術・民間精神療法

ISBN 978-4-336-07553-6

2024年12月16日　初版第1刷発行

著　者　吉永　進一

編　者　栗田　英彦

発行者　佐藤　丈夫

〒174-0056　東京都板橋区志村1-13-15

発行所　株式会社　国書刊行会

電話 03(5970)7421　FAX 03(5970)7427

E-mail: info@kokusho.co.jp　URL: https://www.kokusho.co.jp

落丁本・乱丁本はお取替えいたします。

装幀　山田英春

DTP　プレアデス

印刷　株式会社シナノパブリッシングプレス

製本　株式会社ブックアート